악을
기념하라

악을
기념하라

카체트에서 남영동까지, 독일 국가폭력 현장 답사기

김성환 글

보리

1. 이 책은 보리 인문학 둘째 권이다.
2. 독일을 비롯한 여러 나라 인명이나 지명 표기는 국립국어원 외국어 표기법을 따랐다.
   다만 외국어 표기법과 실제 토박이 발음이 다른 경우에는 되도록 토박이 발음을 따라
   적었다.
3. 책에 나오는 사진들은 모두 직접 찍은 것으로 글쓴이에게 저작권이 있고, 그 밖에 스
   톡 사진 사이트(www.alamy.com)에서 구매한 몇몇 사진은 사진 설명에 출처를 표시해
   두었다.

책을 내면서

이 책은 내가 독일과 폴란드 곳곳에 있는 나치 관련 유적과 기념관들, 그리고 독일 동독 체제와 관련된 박물관과 기념관들을 둘러보고 조사한 답사기이다. 답사한 지역은 독일의 베를린, 오라니엔부르크, 퓌르스텐베르크·하벨, 뮌헨, 오버잘츠베르크, 뉘른베르크, 플로센뷔르크, 바이마르, 함부르크 등지이고 폴란드의 바르샤바, 크라쿠프, 켕트신 등지이다.

사실 2016년 처음 답사를 시작할 때는 책을 쓰고자 하는 의도는 없었다. 그보다는 한국에 유일하게 남아 있는 고문 수사의 현장인 치안본부 남영동 대공분실을 잘 보존해서 기념관으로 만들어야겠다는 생각에서 독일의 사례들을 참조해 보고자 했다. 그리고 2018년부터 '남영동 대공분실 인권기념관추진위원회(추진위)'를 결성하여 남영동 보존을 위한 시민운동에 직접 뛰어들게 되면서 좀 더 적극적으로 독일 각지를 답사했다. 당시 내 생각은 우리보다 앞서간 독일의 사례를 잘 연구해서 남영동 대공분실 부지에 들어설 기념관이 '그저 그런 기념관'이 아닌, 그곳을 찾는 이들에게 감동을 안겨 주는 명소가 되도록 하자는 데 맞추어져 있었다.

그런데 활동을 펼쳐 나가면서 관련된 사람들의 생각이 나와 같지 않음을 알게 되었다. 남영동 대공분실은 1970년대와 80년대에 걸쳐 많은 이들이 밀실에서 가혹한 고문을 당했던 공간이다. 공포가 짙게 배어 있는 건물과 시설들을 어떻게 보존할 것인지, 이미 재건축되어 고문 수사의 흔적이 사라져 버린 시설들을 어느 정도까지 과거의 것으로 복원할 것인지, 이곳에 조성될 기념관의 전시는 어떤 방식으로 해야 할 것인지에 대해 의견이 모아지지 않았다.

다른 의견들이 존재한다는 것 자체가 문제는 아니었다. 문제는 다른 의견들을 드러내서 토론하고 합의점을 찾아 나가는 과정이 빠져 있다는 것이었다. 그래서 나는 시민 사회에서 공론화 토론을 할 것을 주장했다. 그리고 그 공론화 토론을 활성화하고 시민적 합의를 만들어 나가기 위한 하나의 방편으로 그동안 내가 해 온 답사와 조사를 한 권의 책으로 엮어 내기로 결심했다.

책을 쓰는 동안 2018년에 경찰이 남영동 대공분실 부지에서 철수하고 민주화운동기념사업회(기념사업회)가 관리권을 인수했다. 나는 추진위를 대표하여 남영동에 상주하며 기념사업회와 기념관 조성에 대해 머리를 맞대고 논의했다. 한편으로 추진위를 주축으로 탐방객에게 해설 활동을 펼쳤다. 그러는 동안 남영동 부지에 신축할 건물의 설계 공모가 이루어졌고, 2021년 4월에 남영동 대공분실 부지는 공사를 위해 잠정 폐쇄되었다. 기존 건물의 반대편에 3층 건물을 신축하고 부지 지하에 대규모 전시 공간을 조성할 것이며, 기존 7층 건물과 지하에 전시 설계를 완료하여 2023년 6월에는 '(가칭)민주인권기념관'을 개관할 예정이다. 그 전시 설계의 과정에서 내가 쓴 이 책이 하나의 작은 토론 기준점이나마 제공할 수 있기를 소망한다.

이 책을 쓰는 데 도움을 준 이들을 소개해야 할 것 같다.

우선 2018년부터 함께 활동해 온, 일일이 이름을 거명하기에는 너무 많은 추진위원회 활동가들에게 감사하고 싶다. 또한 기념관 조성을 위해 헌신하며 추진위와 협력하고 있는 민주화운동기념사업회 임원과 직원들에게도 감사를 표한다. 나의 활동과 집필을 떠받쳐 주는 가장 큰 원동력은 민청련(민주화운동청년연합) 동지회이다.

독일어를 못 하는 내가 독일을 두루 답사할 수 있었던 데는 베를린에서 공부하고 있던 딸 민하와 여행에 얼뜨고 길치인 나를 도와준 아내 임은임의 도움이 절대적이었다. 무엇보다도 집필을 다그쳐 탈고를 할 수 있게 해 준 편집자 김용심이 없었으면 이 책은 아직도 세상에 나오지 못했을 것이다.

이제 내 나이도 예순을 훌쩍 넘었다. 남영동 대공분실 자리에 미래 세대를 위한 훌륭한 기념관이 조성되도록 하는 것이 아마도 마지막 '운동'일 것이라고 생각한다. 마지막인 만큼 있는 힘을 다하고 나머지는 천명에 맡길 뿐이다.

2021년 12월
남영동 대공분실을 바라보며, 김성환

차례

들어가는 글

나는 누구인가

남영동 대공분실에서

"치안본부 남영동 대공분실은 한국의 아우슈비츠 기념관이 되어야 합니다."

2018년 내가 남영동 대공분실 인권기념관추진위원회 집행위원장으로 활동하면서 낸 성명서에서 한 말이다. 익히 알다시피 아우슈비츠는 나치의 유대인 학살 현장으로, 아우슈비츠 기념관은 나치가 운영하던 당시의 시설을 그대로 보존하여 오늘날을 사는 우리로 하여금 나치 과거사를 성찰하게 하는 장소이다. 따라서 남영동 대공분실 또한 박정희와 전두환 독재 정권 시절 그곳에서 자행된 고문 같은 국가폭력의 현장으로 보존하여, 우리나라에 다시는 그러한 반인권적인 권력이 들어서지 못하도록 자성하는 장소가 되어야 한다는 뜻이었다. 다행히 나의 말은 헛되지 않아서 그해 연말 문재인 정부의 결단으로 숱한 민주화운동가들이 고문당했던 옛 남영동 대공분실이 경찰의 관리에서 벗어났고 그 자리에 기념관을 조성하는 길이 열렸다.

남영동 대공분실은 독재자 박정희 시절인 1976년에 세워졌다. 박정희는 1972년에 유신 체제를 선포했는데 이는 다름 아닌 박정희 종신 집권 체제의 시작이었다. 대학생과 재야 정치인들을 중심으로 그에 반대하는 민주화운동이 일어났고 독재자 박정희는 그러한 움직임을 억눌러야만 했다. 이윽고 1975년에는 긴급조치 9호를 발동하여 유신 체제에 대한 토론 자체를 처벌하는 강경책으로 치달았다. 그리고 반대자를 억압하기 위해서는 경찰력을 강화해야 했으므로 내무부 경찰국을 치안본부로 격상시키고, 치안본부 중에서도 북한을 비롯한 공산주의자들의 반체제 활동을 조사한다는 명목으로 대공 업무 부서를 대폭 확장시켰다. 이러한 업무를 전담하기 위해 별도의 조사 시설을 만들기로 했는데 그 가운데 대표적인 곳이 서울 용산구 남영동에 지은 치안본부 대공분실이었다.

나는 남영동 대공분실의 보존과 기념관 조성에 관심을 갖고 2016년부터 2021년까지 독일과 폴란드에 있는 나치 및 동독과 관련된 기념관들을 답사했다. 장소를 둘러보고 인상을 적는 보통의 답사기와는 다르게 각 기념관들의 설립된 배경과 운영 방식에 관해 접근 가능한 자료들을 조사하여 장소 설명에 덧붙였다. 아울러 남영동 대공분실 터에 조성 중인 기념관을 독일의 기념관들과 여러 각도에서 비교했다. 결국 내가 이 책을 쓴 목적은 남영동 대공분실이라는 독재정권이 국가폭력을 자행한 현장에 어떻게 하면 가장 좋은 기념관을 만들 것인가에 대해 고민하고 숙고한 과정을 독자 여러분들과 공유하려는 데 있다고 하겠다.

학생운동가와 사회운동가로서

내가 왜 이런 고민을 하게 되었는지를 설명하기 위해서는 그저 당위적인 몇 마디로는 충분하지 않을 것 같고, 나라는 사람이 살아온 삶에 대해 간략하게나마 소개하는 것이 좋을 듯하다.

남영동 대공분실이라는 곳이 평범한 장소가 아니듯 나 또한 보통 시민들에 비하면 평범한 삶을 살아오지 않았다. 나는 '운동권'이었다. 그러나 민주화운동 과정에서 엄청난 역할을 한 영웅은 전혀 아니고, 다른 많은 민주화운동가들과 비교한다면 오히려 지극히 평범한 소시민으로 살아왔다고 생각한다. 그래서 나는 일찍부터 내가 민주화운동 과정에서 겪은 고초에 명예 회복이나 피해 보상을 신청하지 않기로 결심했다. 시대가 나에게 요구하는 일을 거부하지 않고 실행했다는 나만의 자부심으로 충분했기 때문이다. 그런데 사실 20대 청년 시절에 그런 결단을 하는 것이 그리 쉬운 일은 아니었다.

나는 1958년 서울 동숭동 뒤편에 있는 낙산 언덕에서 태어났고, 부근 명륜동에서 어린 시절을 보냈다. 지금 보면 꽤나 서울 중심부에서 태어난 것으로 보이지만, 내가 태어나던 시절에 서울 사람들의 계급은 강남이냐 강북이냐는 식의 '위도'로 정해지는 것이 아니라 '고도'로 결정됐다. 무슨 이야기냐 하면 같은 명륜동이라고 해도 성균관

대학교 뒤편 산언덕에 조성된 '산동네'에 사느냐, 큰길가 부근 평지의 '아랫동네'에 사느냐가 계급의 차이를 규정했다는 말이다. 산동네는 허름한 판잣집과 좁고 지저분한 골목과 비탈길이 주된 풍경을 이뤘고, 아랫동네에는 반듯하게 정비된 골목에 번듯한 기와집이나 양옥집이 줄지어 있었다. 나는 산동네에서 태어나서 산동네에서 어린 시절을 보냈다.

내 '운동' 결단이 나의 가난한 가정 환경과 연관이 있는 것일까에 관해 나에게 스스로 물어본 적이 있다. 별 관계가 없다는 게 내가 내린 답이다. 무엇보다도 대학교 시절 나와 함께한 많은 운동 동료들 중에는 상류층이라고 불러도 될 정도로 부유한 집 자식들이 꽤 있었기 때문이다.

다만 나의 결단에 영향을 준 가정 환경이 있다면 아버지와 어머니의 출신일 수는 있겠다고 생각한다. 아버지는 함경남도 안변이 고향인데, 아버지의 표현을 빌자면 "어린 시절 우리 땅 아닌 데를 밟아본 적이 없다"고 할 정도로 대지주 집안의 자식이었다. 그러나 남북이 분단되고 북에 공산당 통치가 시작되자 할아버지와 7남매 자식 중 첫째 아들과 둘째 아들인 나의 아버지 셋만 월남을 했다. 머지않아 돌아갈 수 있을 것으로 생각하여 빈손으로 내려왔으나, 결국 할아버지는 부산 피난민촌에서 돌아가셨고 부잣집 아들들이라 생활력이 부족했던 두 아들은 평생 가난 속에서 살아야 했다.

아버지는 가난에서 벗어날 기회가 있기는 했다. 월남한 아버지는 북에 두고 온 재산과 가족을 찾아야겠다는 생각에서 당시 모집하던 육군사관학교 8기에 지원해 장교가 되었다. 육사 8기는 대한민국 정부 수립 이후 급속하게 군대를 양성하기 위해 많은 인원을 뽑아 속성으로 교육하고 임관시킨 기수이다. 육군 소령 계급을 달고 한국전쟁에 참전한 아버지는 고향 근처에는 가 보지도 못한 채 전투 중 입은 부상으로 제대해야 했다. 제대 후 정부에서 알선해 준 공기업에 취직되었으나 아마도 일종의 낙하산 인사였는지 얼마 못 가 퇴사했다. 그리고 이후 돌아가실 때까지 변변한 일자리를 가져 본 적이 없다.

아버지는 자신이 가난한 탓을 박정희와 김종필에게 돌렸다. 같은 사관학교 출신인데 자기들끼리 '해 먹으면서' 당신은 보살펴 주지 않는다는 이유였다. 나는 어린 시절부터 아버지가 박정희 욕하는 걸 귀에 못이 박히도록 들었다. 그 때문인지 박정희에 대한 존경심이 애초부터 없었다.

고등학교 1학년 때인 1974년 8월 15일, 박정희 대통령 부인인 육영수 여사가 광복절 행사 도중 문세광의 저격으로 사망하는 큰 사건이 일어났다. 하지만 육영수 장례식이 국민장으로 치러질 때, 나는 광화문을 뒤덮은 한복 차림의 어른들이 통곡하는 모습을 보며 이해할 수 없다고 혀를 끌끌 찼을 뿐이었다. 그러니 내가 대학교에 들어가서 박정희 유신 체제에 대한 저항운동에 쉽게 가담할 수 있었던 것에는 아버지의 영향이 조금은 있었을 것 같다.

어머니는 함경남도 원산 출신이고, 외할머니가 20대 초반에 홀몸이 되어서 어머니는 무남독녀 외동딸로 자랐다. 외할머니는 독실한 가톨릭 신자였는데, 혼자가 된 후 원산의 독일인 신부가 사목하던 성당에서 신부의 식사와 청소 수발을 하는 일종의 집사 같은 일을 했다. 외할머니와 어머니는 한국전쟁이 일어난 뒤 1·4후퇴 때 미군 배를 타고 부산으로 피난을 왔다. 이때 독일인 신부도 내려와서 경상북도 김천의 성당에서 본당 신부로 사목했는데 외할머니는 성당 사택에서 살며 원산에서 하던 일을 계속 이어 나갔다.

내가 대여섯 살쯤 되던 무렵 부모님과 떨어져 김천 성당에서 살았던 기억이 있다. 듣기로는 외할머니가 우리 집안에서 신부가 나오기를 원했고 내가 그 대상으로 점지됐던 모양이다. 그때 특별하게 기억나는 것은 독일인 신부의 독특한 교육법이었다. 성당에는 과수원이 딸려 있었는데, 어려서부터 스스로 일하는 걸 배워야 한다는 뜻인지 신부는 내 작은 몸에 맞는 지게를 만들어 주었다. 노동을 시키려는 것은 아니었을 테고, 놀잇감 삼아 놀면서 일하는 것도 몸에 익히라는 뜻이었을 것이다. 신부님이 불의의 사고로 돌아가시는 바람에 나는 다시 서울로 돌아왔다. 아무튼 이때 비록 어렸지만 부모에 의지하지 않고 독립적으로 살아가는 것에 대해 조금은 터득했던 것 같다. 이것도 나의 결단에 조금은 영향을 끼쳤으리라.

초등학교, 중학교, 고등학교 때를 회상하면 행복했던 순간보다는 우울한 장면들이 압도적으로 많다. 나는 가난한 집 아이였고 늘 선생님들로부터 차별 대우를 받았다. 당시 교사에게 학생은 두 종류였던 듯하다. 어머니가 찾아오는 학생과, 전혀 그럴 기미가 안 보이는 학생. 학생들도 어머니가 오면 선생님은 서랍을 은근히 열고 어머니는 거기에 촌지 봉투를 넣는다는 것을 다 알고 있었다. 나처럼 어머니가 학교에 올 일이 없는 학생들은 아무리 공부를 잘해도 찬밥 신세였다. 아마도 나는 그런 것에 오기가 발동해 더 공부를 열심히 했던 것 같다. 가난은 소년을 조숙하게 만들었다.

당시 어느 집안이라도 마찬가지였겠지만 내가 서울대학교에 입학한 것은 경사 그 이상이었다. 이제 내 앞날은 창창할 것이고 우리 집안은 그 지겹던 가난에서 벗어날 것이었다. 적어도 그때는 그렇게 생각했다.

그때 우리 집은 명륜동에서도 밀려나 서울의 북쪽 맨 끝자락이었던 북한산 기슭 우이동에서 살았다. 집은 염소 우리였던 곳을 살림집으로 개조해 키보다 작은 문을 열고 허리를 굽히고 들어가야 할 정도였다. 아버지와 어머니는 버스 종점 큰 느티나무 아래서 가판대를 놓고 신문을 팔았다. 이제 이 모든 것은 옛날 일이 될 터였다.

1978년, 나는 대학에 들어가자마자 '언더'라고 불리는 지하 서클에 가입을 권유받았다. 박정희의 유신 체제라는 것이 자신의 종신 집권을 위한 '사기'라는 것을 이미 알고 있던 나는 가입을 망설이지 않았다. 하지만 그런 서클에서 운동권 선배들에게 휩쓸려 데모에 나선다든지 할 생각은 털끝만큼도 없었다. 나에게는 내가 책임져야 할 가족이 있었기 때문이다.

서클에서는 이른바 '의식화 교육'이라고 하는 커리큘럼이 정해져 있었다. 주로 사회에 비판적인 책을 읽고 토론하는 방식으로 진행했다. 학년이 올라가면서 커리큘럼은 좀 더 좌파에 가까워져 갔다. 결국은 마르크스의 역사 유물론, 그리고 사회주의 사상과 만났다. 지금에 와서 보면 이상한데, 마르크스의 《자본론》은 워낙 금서여서 갖고 있는 것 자체가 위험하다고 보았는지 대개 일본의 진보적인 학자들이 해설한 마르크스주의 입문서들을 읽었다. 이를 위해 일본어를 공부해야 했는데, 덕분에 나중에 일본어 번역으로 돈을 벌기도 했다.

마르크스의 역사 유물론은 지적인 충격이었다. 역사를 그처럼 거시적으로 바라보며 일목요연한 발전 법칙을 논파한 책을 나는 본 적이 없었다. 인류 사회가 고대 노예제, 중세 농노제, 근대 자본제로 계기를 밟아 발전해 왔다는 통찰은 당시 나에겐 어둠 속을 비추는 한 줄기 빛과 같았다.

하지만 대학 3학년쯤 되자 마르크스가 설파한 것 가운데 과거가 아닌 미래에 관한 것, 즉 사회주의와 공산주의에 대해서는 고개가 갸우뚱해졌다. 마르크스가 한 유명한 말, "이제까지 철학은 과거를 해석해 왔으나 이제부터는 미래를 변화시켜야 한다"는 주장 자체는 받아들일 수 있었다. 그런데 미래를 변화시키면 반드시 사회주의와 공산주의로 귀결된다는 주장은 일종의 예정론 아닐까. 그것은 인간의 의지를 쓸모없게 만드는 것으로 보였다.

냉전의 극성기였던 1970년대 말 대학가 운동권에는 미국을 제국주의 세력으로, 소련을 제국주의에 저항하는 정의의 세력으로 보는 경향이 있었다. 그 정도는 아니어도 냉전 세력이 소련을 실제 이상으로 악마화해서 묘사한다는 의구심을 갖고 있는 이들이 많았다. 하지만 나름 '문학 청년'이었던 나는 소련의 반체제 작가 알렉산드르 솔제니친의 책 《수용소 군도》를 이미 고등학교 때 읽었고, 실제 소련 사회가 막연히 생각하는 것처럼 사회주의 이상 세계가 아니라는 것을 눈치채고 있었다.

아마도 아무 일 없이 이러한 지적 방황이 계속 이어졌다면 나는 대학원에 진학해 한국사를 전공했을 것이다. 그러나 대학 2학년을 마칠 무렵 10·26사건으로 박정희가 죽었고, 대학은 '운동'으로 뒤덮였다. 그리고 3학년 봄 '광주항쟁'이 일어났다. 이 격동의 순간에 나 개인의 인생 설계를 고려하는 것은 사치라고 생각했다. 우리나라가 다시 박정희식 유신 체제로 돌아가서는 안 될 일이었고, 그것을 위해서는 전두환 정권과 정면으로 맞서 싸워야 했다.

전두환 정권의 서슬이 시퍼렇던 1981년 가을, 평소 때 같으면 졸업을 앞두었을 나는 인문대학 건물 옥상에 섰다. 동료 4명과 함께 밤새 등사기로 찍은 유인물을 건물 아래로 던지면서 "학우여, 떨쳐 일어나서 싸우자!"고 외쳤다. 채 30분이 안 된 시위 끝에 현장에서 경찰에 체포되었고 이 일로 학교에서 제적되고 재판에 넘겨져 '집회와 시위에 관한 법률' 위반으로 1년 6개월의 실형을 선고받았다.

우리 가족에겐 날벼락이었다. 서울대의 꿈이 허공으로 사라졌다. 아버지는 나에게 심한 욕을 퍼부었고 어머니는 쓰러졌다. 지금에 와서 돌이켜 생각해도 나는 어머니와 아버지에게 죄송스럽다. 그분들의 상심이 얼마나 컸을지 생각하면 가슴이 쓰리다. 하지만 다시 그러한 순간이 온다고 한들 다른 선택을 할 것 같지 않다. 까짓것 서울대학교를 나온 삶만이 가치 있는 것은 아니지 않은가. 돈이야 열심히 일해서 벌면 되는 것이다.

징역을 살고 나오니 전두환 정권은 여전히 기세등등했다. 이왕 싸운 것, 갈 데까지 가서 결판을 내야 했다. 이때쯤 혁명이라는 단어를 꽤나 현실적으로 생각하기 시작했다. 학생 데모 정도로는 안 될 것 같았다. 조직을 만들고 훈련을 해야 했다.

때마침 내가 출소하자마자 학생운동 출신자들이 모여 민청련, 곧 '민주화운동청년연합'이라는 단체를 만든다는 소식을 들었고, 나는 기꺼이 그 대열에 합류했다. 나는 이 단체에서 가장 막내였고, 내 위로 기라성 같은 선배들을 이곳에서 만났다. 김근태, 김병곤, 홍성엽, 이범영, 김희상. 지금은 이 세상에 없는 그들을 잊을 수 없다.

특히 김근태를 만나면서 강한 리더십은 어떤 것인가를 배웠다. 김근태는 적과의 대결에서는 앙칼지고 저돌적이었지만, 동지들과의 대화와 토론 중에는 단 한 번도 목소리를 높이는 것을 본 적이 없다. 모든 주변 정세를 차분하고 낮은 목소리로 분석해 내고 동지들을 다독이던 모습이 내 뇌리에 선명하게 남아 있다. 당시 민청련 회원은 약 3백 명으로 각 대학에서 내로라하는 투사와 논객들이 모였는데 그 모두가 김근태 앞에서는 껌뻑 죽었다.

민청련은 한국 현대사의 큰 분기점인 1987년 '6월민주항쟁'의 한복판에 있었다. 6월항쟁 때 겉으로 드러난 지도부는 민주헌법쟁취국민운동본부였지만, 그 조직이 만들어지도록 막후에서 이리저리 뛰어다니며 이견을 조정하고 실행 계획을 세우고 조직들을 동원한 이들은 민청련 조직원들이었다. 나는 민청련이 6월항쟁을 이끈 중심이었다고 생각한다. 나 또한 민청련 조직원으로서 최루탄으로 뒤범벅이

된 서울 시내 시위 현장을 누볐고 명동 성당 농성장에 합류했다. 그리고 마침내 6·29선언으로 미흡하나마 성과를 거두었다. 6월항쟁의 주역들 이름에 내 이름이 새겨져 있지는 않지만, 1987년은 내 인생에서 가장 보람 있는 순간이었다.

이후 민청련 지도부의 세대 교체가 이루어져 막내 세대였던 내가 의장의 자리까지 맡게 되었다. 그런데 나이 서른 살에 이른 시점에 나는 활동을 접기로 했다. 가장 직접적인 이유는 당시 운동권을 휩쓴 이른바 '민족해방파'의 등장이었다. 민족해방 계열의 주장은 한마디로 북한을 재평가해서 우리 운동의 파트너로 보아야 한다는 것이었다. 물론 김일성 주체사상도 재평가의 대상에 포함됐다. 내가 보기에 말도 안 되는 노선이었다. 국가보안법 때문에 북한에 대한 정보가 엄격하게 차단돼 있기는 했지만 솔직히 북한의 실상을 모를 수 없었다. 민족해방파 사람과 밤을 새우며 토론한 적도 있는데, 마치 벽을 보고 얘기하는 것 같았다. 그들과 함께할 수는 없었다.

그러나 다른 이유도 있었다. 절차적 민주주의가 보장된 87년 체제가 가동되면서 함께 운동을 해 왔던 많은 이들이 정치권으로 옮겨 가기 시작했다. 대부분 총선에 출마하여 국회의원이 되는 길을 택했다. 나는 김영삼이나 김대중 밑에서 정치인의 삶을 살기는 싫었다. 이것도 내가 운동을 정리한 환경 요인의 하나였다.

운동을 정리한 나는 본격적으로 생활 전선에 뛰어들었다. 이미 결혼했고 아이도 태어났으니 생계를 이어 나가야 했다. 내가 잘할 수 있는 일은 글을 다루는 일이었고, 비록 대학원에 진학하지 않았지만 한국사를 전공했으니 출판사에서 일을 찾을 수 있었다. 이후 거의 30년 동안 출판 편집자, 기획자, 프리랜서로 일하며 역사를 대중들이 쉽게 읽을 수 있도록 기획하고 가공하는 일들을 했다.

직업인으로서 출판에 종사했기 때문에 가장 중요한 것은 대중들에게 좋은 평가를 받는 책, 쉽게 말하자면 잘 팔리는 책을 만드는 것이 사명이었다. 내 나름으로는 기획자로서 좋은 평가를 받았다고 생각하고, 덕분에 운동하면서 아내에게 지웠던 경제 부담을 어느 정도 덜어 줄 수 있었다. 무엇보다도 역사책 기획자로서 습득한 많은 역사학 지식들이 이 책을 쓰는 데 밑바탕이 되어 주었다.

남영동에서 독일까지

나이가 들어 직장인으로서는 물러날 나이가 되었고, 때마침 민청련 활동을 했던 이들의 모임인 민청련동지회의 회장을 맡게 되었다. 나는 나이 든 사람들이 서로 경조사나 챙기는 모임을 뛰어넘고 싶었다. 그래서 생각해 낸 것이 시민 교육이었다. 과거에 민주화운동을 했던 이들이 자신의 경험을 후배 세대에게 들려주는 봉사 활동을 하면 보람 있겠다고 생각한 것이다.

2015년에 시범적인 프로그램을 만들어 실행했는데, 그중 하나가 남영동 대공분실 탐방이었다. 처음으로 김근태가 고문당했던 방을 보았고 충격을 받았다. 그곳은 텅 빈 채 아무것도 없었다. 김근태가 칠성판 위에 묶인 채 온갖 물고문과 전기 고문으로 만신창이가 되었던 흔적은 깔끔하게 치워져 있었다. 경찰이 관리하고 있으니 자신들의 치부를 드러낼 일을 할 이유가 없었으리라.

이 무렵 개인적인 일로 독일을 방문하게 되었는데, 가는 길에 남영동 대공분실에 비교될 만한 곳들을 찾아보기 시작했다. 이후 매년 거르지 않고 독일과 폴란드 각지를 답사했다. 그리고 과거사를 청산하려는 독일인들의 노력들이 언제, 어떤 계기로, 어떤 방식을 통해 이루어졌는가를 알아보기 위해 다양한 문서 자료들을 섭렵했다. 이를테면 '공포의 지형도 기록관'을 방문하면 도록뿐만 아니라 그 기록관이 설립된 역사를 기록한 책자들을 구입해서 답사한 현장과 비교해 가며 독일의 나치 과거사 청산 과정을 이해해 나갔다.

한편으로 남영동 대공분실이 경찰의 관리에서 벗어나 시민의 기념관이 되도록 하는 활동을 시작했다. 나는 민청련동지회를 대표해서 박종철기념사업회를 비롯한 여러 시민 단체들과 함께 2018년 4월 남영동 대공분실 인권기념관추진위원회, 곧 남영동추진위를 조직했다. 추진위에는 20여 개 시민 단체들이 참여했고 오늘날까지 활동을 이어 나가고 있다.

사실 남영동 대공분실을 보존하여 기념관으로 만드는 일은 2005년 노무현 정부에서도 시도했다. 그러나 노무현 대통령의 강력한 의지도 경찰의 기득권 벽을 뚫지 못했다. 그래서 겨우 대공분실로서의 기능은 이전하고, 그 대신 경찰청 인권센터라는 이름으로 건물을 운영하면서 5층 조사실을 보존하고 4층에 박종철 기념관을 조성하는 선에서 절충이 되었다.

추진위는 활동 목표를 경찰의 퇴거에 두었다. 경찰에 의해 고문이 이루어졌던 장소를 경찰이 관리하는 한, 아무리 간판에 '인권'이란 글자를 넣는다고 해도 진정한 인권의 장소가 될 수는 없었다. 성명서를 발표하고, 청와대에 국민청원을 하고, 남영동 대공분실과 경찰청 앞에서 1인 시위를 이어 가며 활동을 계속해 나갔다.

문재인 정부가 적극적으로 반응해 주었다. 문재인 대통령을 움직인 힘은 2016년 촛불시위라고 생각한다. 촛불시민의 힘으로 박근혜 대통령이 탄핵되고 문재인 정부가 출범했다. 사실상 무혈 혁명이었다. 따라서 문재인 대통령의 의지가 이번에는 경찰의 기득권을 누를 수 있었다. 2018년 12월, 경찰청이 남영동 대공분실을 떠났고 민주화운동기념사업회가 그 관리권을 인수했다.

기념사업회가 관리권을 인수한 데는 특별한 사정이 있었다. 애초에 문재인 정부는 남영동 대공분실을 시민 사회에 이관하는 방법도 생각했지만 정부 재산을 민간에 넘기는 데는 여러 가지 법률적인 난관이 있었다. 당시 문재인 정부는 여소야대의 상황이었기 때문에 국회를 통해서 해결하기는 어려웠다. 한편 기념사업회는 김대중 정부 때인 2001년에 설립된 공공기관으로 '민주화운동기념관' 건립을 사업 목표로 하고 있었다. 그래서 문재인 정부는 정부 재산을 관리할 법률적 자격을 갖춘 기념사업회가 관리권을 인수하되, 시민 사회와 함께 '(가칭)민주인권기념관'을 건립하는 것으로 절충점을 찾아냈다. 이후 시민 사회를 대표하여 남영동추진위가 기념사업회와 함께 기념관 조성을 협의하게 되었다.

남영동추진위와 기념사업회는 서로 협력하는 관계지만, 의견이 달라 크게 충돌하기도 했다. 가장 컸던 이견은 현장 보존과 건물 신축 문제였다. 남영동추진위는 남영동 대공분실이라는 국가폭력의 현장을 유적으로 보존해야 한다는 입장이었고, 기념사업회는 한국 민주화운동을 포괄하는 기념관을 위해서는 새로운 전시관을 신축할 수밖에 없다고 주장했다. 이는 건물을 건축하느냐 마느냐의 문제, 곧 물리적인 차원의 대립이었기 때문에 합의가 쉬울 수가 없었다. 장기간의 토론 끝에 결국 신축은 하되 경관을 훼손하지 않도록 최소한에 그치자는 쪽으로 논의가 정리되었고, 남영동추진위는 설계 공모에서 그에 합당한 작품이 당선되도록 노력해 결과적으로 절충이 이루어졌다. 하지만 아직도 기념관이 완성되기까지 많은 우여곡절이 기다리고 있을 것이다.

이러한 과정 중에도 나는 틈나는 대로 독일을 방문하여 여러 기념관들을 답사하고 사례를 연구했다. 내가 방문했던 장소 중 이 책에 소개된 곳을 들자면, 나치가 남긴 건축물에 조성된 기념관으로는 베를린의 공포의 지형도 기록관, 반제 회의 기념관이 있고 뮌헨의 민족 사회주의 기록관, 뉘른베르크의 전범 재판소 기념관과 교외의 나치 전당 대회장 기념관 들이 있다. 나치가 건설한 강제 수용소 기념관으로는 베를린 교외의 작센하우젠 수용소, 뮌헨의 다하우 수용소, 체코와의 국경 부근에 있는 플로센뷔르크 수용소, 바이마르의 부헨발트 수용소, 함부르크 교외의 노이엔가메 수용소, 퓌르스텐베르크·하벨의 라벤스뷔르크 수용소 들이 있다. 또 오스트리아와의 국경 지방에 있는 히틀러 별장인 베르그호프 기록관과 켈슈타인 하우스 기록관이 있다. 폴란드에서는 아우슈비츠 기념관 이외에 유대인 박물관, 바르샤바 봉기 박물관, 히틀러 사령부인 늑대소굴 유적지 들을 답사했다. 동독 관련 시설로는 베를린의 이스트사이드 갤러리, 장벽 박물관, 동독 박물관, 슈타지 박물관, 호헨쇤하우젠 기념관 들을 둘러보았다.

남영동추진위 활동을 하면서 토론 자리가 마련될 때마다 나의 연구 결과를 전달하려고 노력했다. 나는 무조건 독일을 따라 배우자고 주장하지는 않았다. 오히려 독일도 우리와 비슷한 고민과 좌절을 겪었고 긴 토론의 과정이 있었다는 것을 소개했다. 그것을 통해서 독일은 독일이고 우리는 우리라는 식의 섣부른 이분법에서 벗어나 독일의 사례가 바람직한 결과를 위한 하나의 자료로 받아들여질 수 있기를 바랐다.

이 책은 이러한 나의 고민과 연구, 그리고 여러 상대와의 토론 과정에서 깨달았던 점들을 총정리한 결과물이라고 할 수 있다. 순전히 독학으로 이루어 낸 결과이기 때문에 내가 몰랐던 오류와 실수가 분명히 있으리라고 생각한다. 읽으신 분들이 지적해 준다면 기꺼이 수정하고 보완하겠다.

1
독일에서 무엇을 배울 것인가

독일과 일본의 차이

2013년 8월 20일, 앙겔라 메르켈 독일 총리는 뮌헨에 있는 다하우 강제 수용소 기념관을 방문하고, 추모관 앞에서 피해자들에 대해 머리 숙여 사죄했다. 다하우 수용소는 히틀러가 집권한 직후 중앙 정부 차원으로는 최초로 세운 강제 수용소로 제2차 세계 대전이 끝날 때까지 유대인을 비롯해 약 20만 명이 수용되었고, 그 가운데 3만 명 이상이 목숨을 잃은 곳이다. 메르켈은 기념관 조형물 앞에 조화를 봉헌하고 "독일인 대다수가 당시 대학살에 눈을 감았다. 깊은 슬픔과 부끄러움을 느낀다"며 참회했다.

이는 1970년 빌리 브란트 총리가 폴란드 바르샤바의 유대인 박물관을 방문하고 그곳에 있는 위령탑 앞에서 무릎을 꿇고 사죄한 이래, 1985년 독일 패전 40년 기념일에 리하르트 폰 바이츠제커 대통령이 한 사죄, 1998년 헬무트 콜 총리의 미국 홀로코스트 기념관 방문 사죄에 이어지는 독일 정치인들의 일관된 행위이다. 독일이 과거사 반성에 얼마나 철저한가를 보여 주는 예라 하겠다.

독일 정치 지도자들의 이러한 행동은 강제종군 위안부와 난징 대학살 같은 만행을 사과하기는커녕 그러한 일이 있었다는 사실조차도 한사코 부정하는 일본 정치 지도자들과 비교되면서 더욱 돋보였다. 일본의 사과가 전혀 없었던 것은 아니다. 1983년 방한한 나카소네 총리의 사죄 발언을 시작으로 일본을 방문한 전두환, 노태우 대통령에게 한 일본 천황의 사죄가 있었다. 특히 1995년 종전 50주년을 기념하는 자리에서 무라야마 총리는 "식민지 지배와 침략으로 아시아 제국의 여러분에게 많은 손해와 고통을 줬다. 의심할 여지없는 역사적 사실을 겸허하게 받아들여 통절한 반성의 뜻을 표하며 진심으로 사죄한다"고 밝혔다.

그럼에도 이러한 사죄 발언 뒤에는 으레 장관이나 유력 정치인들이 나서서 앞선 사죄를 뒤엎고 과거사를 부정하는 발언을 일삼았다. 일본 정치인들은 마치 "사과는 한 번으로 족하다. 왜 우리에게 자꾸만 사과를 반복하라고 요구하는가"라며 불평하고 있는 것처럼 보인다. 그래서 일본의 사과는 피해자인 아시아인들로부터는 그 진정성을 의심받고 있다.

그렇다면 우리는 묻게 된다. 과거사에 대한 이러한 독일과 일본의 차이는 어디에서 비롯되는 것일까? 이 질문에 대한 전문적인 연구는 아주 적다. 누구나 수긍할 만한 대답을 내놓은 연구 결과를 찾아보기 힘들다. 그래서 우리는 기존의 상식을 기반으로 그럴듯한 추론을 내리곤 한다.

가장 흔하게 접하는 답은 이런 것이다. 애초에 독일의 민족성, 또는 국민성이 일본과 다르기 때문이다. 독일인들은 매사에 철저하며 합리적인 데 견주어 일본인들은 당장의 국면을 벗어나기에만 급급하고 본심은 잘 변하지 않는다는 것이다.

그러나 이러한 섣부른 추론은 아주 위험한 것이다. 오늘날 세계의 문명 국가라면 과거사에 대한 태도의 문제를 민족성이나 국민성에서 찾는 일은 하지 않는다. 무엇보다도 '민족성'이나 '국민성'이라는 용어를 사용하는 것 자체를 부정적으로 본다.

일찍이 역사학자이자 사회학자인 베네딕트 앤더슨은 그의 저서 《상상의 공동체》에서 '민족' 또는 '국민'이란 개념은(영어로는 'nation'이며 때에 따라 민족으로도, 국민으로도 번역된다.) 근대에 '정치적 필요에 의해 만들어진 것'이라고 주장했다. 말하자면 근대로 접어들면서 민족 국가를 창설할 때 그 국가의 구성원들을 하나로 묶어 줄 연대의 끈이 필요했고, 그 끈으로 개발된 것이 바로 '민족' 혹은 '국민'이라는 주장이다. 이렇게 '만들어진 민족'은 국가를 향한 애국심을 불러일으키며 긍정적인 역할을 수행하는 측면이 분명히 있다. 그러나 또한 그것이 다른 민족에 대한 배타심으로 이어져 전쟁의 불씨가 된 것도 사실이다.

앤더슨의 연구에 따르면 '민족성'이란 개념 또한 근대 국가의 탄생 이후에 비로소 등장했다. 민족 국가 이전 수천 년 동안 우리는 '민족성'이란 개념 없이 살아왔다. 한편으로 다윈의 생물학적 진화론을 인간 사회에 적용한 허버트 스펜서는 '사회 진화론'을 내세우며 우월한 인종과 열등한 인종을 구분하고 열등한 인종의 도태를 자연의 섭리로 받아들여야 한다고 주장했다. 이것이 제국주의 침략의 이데올로기적 근거로 사용되었다. 이러한 사회 진화론의 맥락과 민족성 개념은 그 사이의 거리가 아주 가깝다고 할 수 있다. 민족성 운운하는 것은 제국주의자의 언어로 들릴 수 있다는 말이다. 그래서 오늘날의 인문학에서 민족성이나 국민성이라는 개념으로 국가의 시민들을 뭉뚱그려 규정하는 것은 거의 금기 사항이 되어 있다.

사실 민족성이란 개념을 굳이 학술적으로 접근하지 않아도 우리는 실생활 속에서 그것이 별 쓸모없는 개념이라는 것을 실감하고 있다. 우리는 일본 정치 지도자들의 망언을 비판해 마지않지만, 일본을 여행하며 만나는 평범한 일본 시민들에게서 그러한 망언을 일삼는 '민족성'을 느끼지는 않는다. 마찬가지로 독일을 여행한다면, '반성을 잘하는 민족성'과는 전혀 맞지 않는 뻔뻔스러움과 이기주의를 갖고 있는 시민들도 적지 않다는 것을 경험할 수 있다.

무엇보다도 민족성이란 개념은 파시즘과 군국주의 체제를 구축하는 데 이용되었다. 히틀러는 제멋대로 독일인을 아리안족이라고 규정하고는 아리안족의 '민족적 우수성'을 주장했고, 일본은 식민지 조선인들에게 조선 민족의 '열등한 민족성'을 교육했다. 이렇게 독일의 파시즘과 일본의 군국주의 체제에서 활용된 민족성 개념을 우리가 그대로 가져다가 그들을 비판하는 데 사용하는 것은 모순된 태도일 것이다.

따라서 과거사 반성의 태도에서 독일과 일본이 차이를 보이는 것을 두 나라의 민족성이나 국민성 때문이라고 볼 수는 없다. 그것은 앞으로 서술할 실제로 일어난 일들을 살펴보면 자명하게 밝혀질 것이다.

다음으로 흔히 듣게 되는 답은 두 나라가 처한 정치 상황의 차이에서 비롯됐다는 것이다. 2차 대전 이후의 동아시아에는 일본이 굳이 사과를 하지 않아도 버틸 수 있는 국제 정치 질서가 형성됐다. 반면에 독일은 유럽이라는 다국적 환경 속에서 사죄 없이는 생존을 유지할 수 없었을 것이라는 추론이다.

그러나 막연한 추론과는 달리 사실을 자세히 들여다보면 2차 대전 이후 일본과 독일이 처한 국제 정치 환경은 오히려 판박이처럼 닮아 있었다. 일본은 공산화된 중국과 북한이라는, 자본주의 진영의 적대 세력과 맞서는 냉전의 최전선에 위치하게 되었다. 일본과 마찬가지로 독일 또한 사회주의 종주국인 소련과 동독이라는 자본주의의 적대 국가를 접한 최전선에 서게 되었다. 너무나도 동질인 환경이었다. 오히려 이렇게 동일한 환경 속에서 왜 그토록 다른 태도를 보였던 것인지 되물어야 할 형편인 것이다.

뉘른베르크 전범 재판

독일과 일본은 전후 국제 질서에서 거의 같은 상황에 처했을 뿐만 아니라, 그 상황 때문에 과거 청산 시도가 철저하게 진행되지 못하고 사실상 실패로 돌아간 과정도 거의 같다. 즉 냉전이라는 국제 정치 상황에서 사회주의 진영에 맞서야 한다는 이유로 일본에서는 도쿄 전범 재판이 축소되고, 천황제는 그대로 유지되며 상징적인 거물급 전범을 제외한 대부분의 군국주의 정치인과 행정 공무원들이 현직에 복귀한다. 마찬가지 이유로 독일에서도 뉘른베르크 전범 재판의 주요 피의자들을 제외하고 대부분의 나치 시대 공무원들과 기업인들이 현직에 복귀한다.

이 점에서 뉘른베르크 전범 재판을 오해해서는 안 된다. 뉘른베르크 전범 재판이 나치의 전쟁 범죄에 엄한 처벌을 내림으로써 독일에서 나치의 잔재를 청산하는 데 결정적인 역할을 했다고 보는 것은 주관적인 평가일 뿐이다. 객관적 사실은 전혀 그렇지 않았다.

혼드리히Karl Otto Hondrich라는 독일 사회학자는 독일의 과거 청산에는 다섯 단계가 있었다고 주장한다. 첫 번째는 뉘른베르크 전범 재판, 두 번째는 68학생운동, 세 번째는 1980년에 미국에서 〈홀로코스트〉 텔레비전 방송을 계기로 일어난 반성운동, 네 번째는 1980년대의 역사 수정주의 논쟁, 다섯 번째는 1990년 독일 통일 후 일어난 동독 과거사 청산 논의이다. 혼드리히가 주장하고자 한 핵심은 독일의 과거 청산이 뉘른베르크 전범 재판 하나만을 계기로 일어나고 정리된 것이 아니라 1990년대까지 이르는 수십 년에 걸친 노력의 과정을 통해 이루어졌으며 그러한 노력은 현재도 계속되고 있다는 것이다.

그런데 혼드리히가 말한 다섯 단계 중 첫 번째인 뉘른베르크 전범 재판은 그 자체로만 보자면 과거 청산의 계기였다기보다는 오히려 그 반대로 과거 불청산의 계기였다고 보는 것이 옳다. 왜 그런지 찬찬히 들여다보자.

우선 전범 재판은 왜 뉘른베르크에서 열린 것일까? 패전 당시 독일의 수도는 베를린이었다. 세계의 주목을 받게 될 재판을 수도 베를린이 아닌 지방의 작은 도시에서 연 이유는 무엇일까? 표면적인 이유는 연합군의 공습으로 베를린이 폐허가 되다시피 해서 다른 도시를 찾을 수밖에 없었고, 그 가운데 공습 피해가 적은 곳이 뉘른베르크였다는 것이다. 재판정뿐만 아니라 수백 명에 달하는 피의자들을 수감할 장소도 필요했는데 뉘른베르크가 그러한 조건을 충족시키는 적합한 장소였다고 한다.

뉘른베르크의 구시가지는 그 주위를 둘러싼 중세 시대의 성벽과 성안의 옛 건물들이 잘 보존돼 있어 관광객이 많이 찾는 곳이다. 특히 해마다 크리스마스 철이 되면 구시가지 중심가에 크리스마스를 장식할 물건들을 파는 마켓이 열리는데 다른 어느 곳의 크리스마스 마켓과도 견줄 수 없을 만큼 인기가 있다. 내가 처음 뉘른베르크를 방문한 것도 아름다운 구시가지를 관광할 목적에서였다. 그러나 이런 것이 전범 재판 장소 결정에 고려되지는 않았다.

연합국이 뉘른베르크를 재판 장소로 택한 더욱 중요한 이유는 이 도시가 나치의 본거지였다는 데 있지 않았을까. 뉘른베르크는 흔히 '히틀러가 사랑한 도시'라고도 불릴 정도로 히틀러가 애착을 가졌던 도시이다. 히틀러는 이곳에서 나치 전당 대회를 열기 위해 교외에 엄청난 규모의 전당 대회장을 지었다. 전당 대회장뿐만 아니라 경기장과 광장 같은 여러 시설을 지어 이를테면 일종의 '나치당 단지'를 건설했다. 현재 그곳은 단지 전체가 보존되어 과거사 반성을 위한 교육 장소로 운영되고 있다.

연합국은 이렇게 히틀러와 나치의 본거지에서 전범 재판을 열어서 나치 청산에 대한 시각적 효과를 분명히 하고자 했을 것으로 보인다. 실제로 전범 재판에 임하는 연합국, 특히 미국은 그 목적이 '독일의 탈나치화'에 있다는 점을 분명히 했다. 연합국 수뇌들은 전쟁이 끝나기 전에 이미 얄타 회담에서 "군국주의와 나치즘을 제거하고 독일이 결코 다시는 세계 평화를 깨트릴 수 없도록⋯⋯ 모든 전범을 정당하고 신속하게 처벌"하기로 명시했다. 독일이 항복한 뒤에는 점령 정책의 핵심 과제로 탈나치화, 탈군국주의화, 카르텔 해체, 민주화까지 4가지를 제시했다.

독일 국민은 물론 전 세계 시민들의 뜨거운 관심 속에 시작된 전범 재판은 단순히 전쟁 책임을 넘어 "인도주의에 반하는 범죄"까지도 처벌 대상으로 정했다. 전쟁과는 직접 관련이 없는 유대인 학살, 즉 홀로코스트에 대한 책임도 엄중하게 묻겠다는 것이었다. 이에 따라 홀로코스트에 책임이 있는 인물들을 포함하여 나치의 비밀경찰인 게슈타포를 창설하고 나치돌격대SA 지휘관을 지낸 나치의 핵심 지도자 헤르만 괴링, 나치의 이인자로 불린 루돌프 헤스, 실질적 이인자 행세를 한 카를 하우스호퍼, 히틀러 총통의 비서였던 마르틴 보어만 등 24명이 재판에 회부되었다.

독일 과거 청산의 좌절

뉘른베르크 전범 재판이 열린 곳은 뉘른베르크 시내에 있는 법원의 600호 법정이었다. 이 법정은 오늘날도 그대로 법정으로 사용되고 있으며 재판이 없는 시간에는 일반인에게 뉘른베르크 전범 재판 장소로 공개되고 있다. 그리고 600호 법정 위층에는 '뉘른베르크 전범 재판 기념관'이 있어 나치의 전쟁 범죄와 전범 재판 과정을 상세하게 알리고 있다.

그러나 외지에서 온 답사자가 뉘른베르크 재판 기념관을 찾아가는 길은 쉽지 않다. 중심가에서 약간 떨어진 곳의 대로변 뒷골목에 있는 데다 주변에는 위치를 표시하는 간단한 안내 표지판 말고는 특별한 것이 없다. 법원 2층(독일에서는 우리의 1층이 0층이므로 우리 식으로는 3층)에 있는 600호 법정 또한 실제로 보면 아주 작은 공간이다. 나는 처음 방문했을 때 이런 곳에서 세기의 재판이 열렸나 싶어서 실망감이 들었다.

하지만 알고 보니 현재의 법정 규모는 전범 재판 당시와 차이가 있었다. 현재 판사석이 있는 법정 정면은 당시의 판사석이 아니고, 판사석을 바라보면서 우측에 바깥을 향해 창이 나 있는 쪽이 당시의 판사석이었다. 그리고 현재 판사석 뒤쪽 벽을 헐어서 공간도 넓혔다. 대체로 현재보다 2배 정도의 공간이었다고 보면 된다. 전범 재판이 끝난 뒤 다시 벽을 세워 공간을 좁혀 놓은 것이다.

그렇다고 해도 재판정의 규모는 당시 이곳에 쏠린 눈길에 비하

뉘른베르크 전범 재판소. 현재는 정면이 판사석이지만, 1945년 전범 재판 당시에는 오른쪽이 판사석이었고 정면에 보이는 벽을 헐어서 공간을 넓혀 썼다.

뉘른베르크 전범 재판 기념관. 전범 재판정 바로 위층에 있으며, 전범 재판 전 과정을 볼 수 있다.

면 다소 좁았다고 할 수 있다. 그런데 연합국 재판장들이 의도한 것은 아닐 테지만, 재판이 열리는 1년 동안 과정에서 실제 재판의 내용은 세계 시민들의 기대에 못 미치게 점차 축소되어 갔다. 그 1년 동안 도대체 무슨 일이 일어났던 것일까.

뉘른베르크 전범 재판은 전쟁이 끝난 해인 1945년 11월에 시작되었다. 세계의 주목을 받은 이 재판은 독일에서 나치의 잔재를 청산하는 중요한 시금석으로 받아들여졌고, 실제로 그러한 역할에 충실했다. 이 재판에서 나치의 지도급 인물 24명을 피고로 소추하고 약 1년여 재판을 거친 뒤 1946년 10월, 그 가운데 12명에게 사형을 선고했다. 앞에서 언급했듯이, 이 재판에서는 실증적으로 입증 가능한 전쟁 행위뿐만 아니라, 전쟁과 직접 관계가 없어 보이는 강제 수용소에서 한 인권 침해와 같은 행위도 '인도주의에 반하는 범죄'로 규정하여 나치의 만행에 대한 철저한 청산 의지를 내보였다.

나치 청산이라는 관점에서 보면, 사형 선고를 내린 피고가 고작 12명이라는 데 실망할 수도 있다. 하지만 첫 재판이 끝난 뒤 곧이어 후속 재판이 속개돼 중하위급 나치 인물들 185명이 기소, 24명이 사형 선고를 받았다. 그리고 미국, 영국, 프랑스 점령 지역에서 독자적으로 전범 재판이 열려 거기에서도 총 5,133명의 나치 전범이 기소되고 그중 668명에게 사형 선고가 내려졌다.

미국이 주도하는 나치 청산 작업은 전범 재판에서만 진행된 것이 아니다. 미국은 행정 공무원과 경제 분야 인물들 중 나치 전범과 협력자들을 색출하여 퇴출시키는 작업을 진행했다. 즉, 미국은 점령

초기부터 "나치즘과 군국주의를 적극적으로 후원했던 모든 독일인들은 공직에서, 그리고 국영 기업이나 민간 기업의 주요 직위에서 해고되어야 한다"는 목표를 설정하고, 실행에 들어갔던 것이다.

공직 추방을 하려면 엄청난 수의 나치 혐의자들을 심사해야 했는데, 이를 위해 심사 대상자들을 일시적으로 수감할 장소가 필요했다. 당장 활용할 수 있는 것이 나치가 만든 강제 수용소였다. 자신들이 만든 강제 수용소에 이번엔 그들이 수감자로서 갇혔다. 1945년 말 당시 미국 점령 지역에 10만 명, 영국 점령 지역에 50만 명, 프랑스 점령 지역에 10만 명 정도가 강제 수용소에 수감되었다.

심사 후 처분 결과는 엄청났다. 당시 독일 최대 도시였던 뮌헨에서는 공무원의 25퍼센트가 해고되었다. 작은 도시 뷔르츠부르크에서는 해고를 피한 공무원이 30퍼센트뿐이었다. 헤센주의 경우 1946년 5월에 대기업 경영진의 26퍼센트가 해고 통지를 받았다.

여기까지만 보면 미국 주도에 의한 독일의 탈나치화 작업은 순조롭게 진행된 것처럼 보인다. 그러나 바로 그다음 순간부터 미국에게 시련이 다가온다. 그것은 일본에서 점령 정책을 펴고 있던 미국이 처한 것과 완전히 똑같은 시련이었다. 바로 사회주의권과의 냉전이라는, 전혀 새로운 도전에 부딪힌 것이다.

사실 미국은 냉전이 시작되기 이전부터 고민이 있었다. 그것은 점령지를 어떻게 통치할 것인가에 관한 것이었다. 미국은 유럽의 구식민 제국들과는 달리 해외에서 직접 식민지를 경영해 본 경험이 거의 없었다.

이를테면, 일본을 점령했을 때 이전까지 '가미카제 특공대'와 '옥쇄 작전'으로 결사 항전하던 일본인들이 본토에 상륙한 미군에게 언제 그랬냐는 듯 깍듯하게 대하는 것을 보고 미국은 적잖게 당황했다. 그래서 인류학자 루스 베네딕트에게 의뢰해 일본인들의 속성에 대해 연구하도록 했다. 그 결과로 나온 것이 이제는 고전이 된 명저《국화와 칼》이다.

　　미국은 독일에서는 또 다른 당황스러운 상황에 직면한다. 미군정이 주도해서 강력한 탈나치화 작업을 진행하자 독일인들 사이에서 불만이 터져 나오기 시작했다. 이방인인 미국이 수행하는 숙청에 다소간 무리함이 있기도 했는데, 그러자 '억울하게' 나치 추종자로 몰린 독일인들에게 보통 독일인들이 동정심을 보였다. 이러한 현상이 점차 확산된다면 탈나치화 명제는 사라지고 반미 감정과 반미 투쟁이 일어날지도 모를 일이었다.

　　결국 미군정은 탈나치화 작업의 주체를 독일인들 스스로 담당하는 것으로 정책을 전환했다. 1946년 3월 '나치 청산법'을 공포해 독일인들 스스로 '나치 심사청'을 운영해 나치 전범자들을 숙청하도록 한 것이다. 나치 심사청은 18세 이상 전 독일인들에게 의무적으로 '신상조사서'를 작성하도록 하고, 그 내용에 따라 독일인을 주요 책임자, 적극 참여자, 소극 참여자, 단순 가담자, 무혐의자 5등급으로 분류해 직업 활동 금지, 재산 몰수, 노동 수용소 수용 같은 처벌을 내리도록 하고 있었다.

　　문제는 바로 이 '독일인들에 의한 심사와 처벌'에서 발생했다. 초록은 동색이라고 했던가, 지역마다 다소 차이는 있었지만 대체로 나치 심사청의 심사는 대상자들을 하향 조정해 주는 추세를 보였다. 즉 수많은 나치 추종자와 협력자들이 '적절한' 신상 조사서를 작성하고 '단순 가담자'로 분류돼 벌금형처럼 가벼운 처벌만 받고 나치 전범자 딱지를 떼어 버렸던 것이다. 그래서 사람들이 이때의 나치 심사청을 '단순 가담자 공장'이라고 비아냥거릴 정도였다.

사실 독일인들의 이러한 행동은 이상한 일이 아니다. 히틀러는 쿠데타로 집권한 독재자가 아니라 선거에서 독일인들의 지지를 받아 권력의 자리에 올랐다. 물론 권력을 잡은 뒤 헌법과 법률을 무시하고 전체주의 체제로 일탈해 나갔지만, 그런데도 독일인들의 히틀러 지지 열기는 식지 않았다. 사실 패전 직전까지도 독일인들 대다수는 독일의 패망을 예측하지 못하고 있었다.

놀라운 것은 이러한 독일인들의 히틀러 정권에 대한 태도가 전후에도 크게 달라지지 않았다는 사실이다. 그것도 최근까지도. 1995년에 한 연구 기관이 독일인들에게 설문 조사를 했는데 거기에 "히틀러가 전쟁을 하지 않았다면 가장 위대한 독일 정치가 중 한 사람이었겠는가?"라는 질문이 있었다. 이 질문에 "그렇다"라고 대답한 사람이 무려 48퍼센트였다. 2007년에 〈슈테른Der Stern〉지가 포르사 연구소에 의뢰한 조사에서는 조사 대상의 25퍼센트가 "제3제국 시대에 모든 것이 나쁜 것은 아니었으며 좋은 면도 있었다"고 대답했다. 그 이유로 고속도로 건설을 비롯한 경제 성장, 가족 문화 장려, 낮은 실업률 들을 차례로 들었다. 물론 60세 이상의 연령에서 압도적 지지를 보였다.

사정이 이러한데도 독일인들의 민족성이나 국민성에 반성을 잘 하는 기질이 있다고 말할 수 있을까. 오히려 독일 사람들도 다른 모든 민족들과 마찬가지로 인간이 품을 수 있는 보편적인 감수성과 인간적인 약점을 갖고 있다는 것을 증명해 준다고 할 것이다.

냉전 시대의 장벽

어쨌든 '독일인 스스로에 의한 탈나치화' 작업이 미국의 의도와는 다르게 흘러가자 미군정 당국은 당혹했다. 하지만 그러한 걱정은 오래가지 못했다. 바로 소련의 급속한 대두와 함께 개시된 냉전 때문이었다.

소련은 연합군이 점령한 독일 전체를 미국과 영국이 주도하는 자본주의 경제권에 통째로 넘겨줄 의사가 애초부터 없었다. 적어도 소련 점령지에서는 소련식 사회주의 체제를 이식시켜 그곳을 소련 세력권 확대를 위한 기지로 삼을 작정이었다. 그래서 소련은 나름으로 신속하게 나치 청산 작업을 진행하고 일찍이 1948년 초에 '탈나치화 종료'를 선언해 버린다. 하루 빨리 '독일의 사회주의화' 작업을 진행시키기 위해서였다.

소련의 이런 태도를 극명하게 드러낸 것이 1948년의 '베를린 봉쇄' 조치였다. 베를린은 소련 점령지 안에 있었지만 수도였으므로 연합국 4개국이 공동으로 관리하고 있었다. 소련은 미국, 영국, 프랑스 군대가 베를린 경계를 벗어나지 못하도록 했고, 베를린 안에서조차 소련 관리 지역과 타 연합국 관리 지역 사이에 철조망을 쳐 자유 왕래를 제한했다. 그리고 독일 전역의 미국, 영국, 프랑스 점령지에서 소련 점령지를 통과해 베를린시로 가는 모든 육상 교통로를 차단해 버렸다. 베를린은 일종의 섬처럼 고립된 장소가 돼 버렸다.

1961년에는 동서 베를린을 가로막고 있던 철조망을 아예 콘크리트 장벽으로 대체해 왕래를 완전히 차단했다. 장벽을 오갈 수 있는 곳은 포츠담 광장 부근 찰리 검문소 한 곳뿐이었다. 나중에 찰리 검문소는 1989년 11월 동베를린 시민들이 망치와 곡괭이로 이 부근의 장벽을 허물어서 독일 통일이 시작된, 역사의 현장이 되었다.

이제는 통일이 되어 다시 통일 독일의 수도로 지위를 회복한 베를린시에는 찰리 검문소 부근을 비롯해 곳곳에 장벽의 흔적을 남겨 두어 역사 교육의 현장으로 활용하고 있다. 도심에서 약간 떨어진 곳에는 '장벽 기념관'이라는 이름으로 상당 구간의 장벽을 그대로 보존하고 인근에 문서와 사진을 전시하는 전시관을 운영하고 있기도 하다.

가장 흥미로운 장벽 흔적은 교외 슈프레 강변에 있는 1.3킬로미터에 달하는 장벽 유적이다. 이곳의 이름은 '이스트사이드 갤러리'이다. 장벽의 벽면을 전시 공간으로 활용하고 있어서 붙여진 이름이다. 한쪽 벽면에는 그라피티 양식으로 현실을 풍자한 작품들이 그려져 있는데, 아마도 가장 유명한 것은 러시아 화가 드미트리 브루벨이 그린 '형제의 키스'일 것이다. 나이 지긋한 두 노인, 브레즈네프 소련 공

이스트사이드 갤러리에 있는 러시아 화가 디미트리 브루벨의 작품. 제목은 '형제의 키스'. 왼쪽이 브레즈네프 소련 공산당 서기장, 오른쪽이 호네커 동독 사회주의통일당 서기장이다.

시리아 내전 참상을 주제로 열린 전시 〈장벽 위의 전쟁〉 가운데 일부. 폐허가 된 시리아 마을의 하늘과 베를린의 하늘이 이어져 보인다.

산당 서기장과 호네커 동독 사회주의통일당 서기장이 진한 '딥 키스'를 하고 있는 모습이다. 이 그림은 1979년 동독 건국 30주년 기념 행사 때 실제로 두 사람이 나눈 키스 장면 사진을 복제한 것이다. 사회주의 형제국인 소련과 동독의 유대를 보여 주기 위한 키스였지만, 작가는 이 그림 위에 "신이여, 이 치명적인 사랑에서 저를 구하소서"라고 써 놓아서 사회주의 체제를 조롱하고 있다.

강변에 있는 장벽의 반대쪽 면은 시기에 따라 주제를 정해서 전시하는 공간이다. 내가 방문했던 2016년에는 〈장벽 위의 전쟁WAR on WALL〉이라는 제목으로 시리아 내전의 참상을 담은 사진들을 벽면 전체로 확대 인화해서 전시하고 있었다.

벽면에 그려진, 무자비한 폭격으로 파괴되어 건축물 폐기장처럼 변해 버린 시리아의 거리를 보다가 시선을 위로 들어 보았다. 시리아의 하늘과 베를린의 하늘이 같은 파란색으로 마치 한 하늘인 것처럼 이어져 있었다. 의도적으로 배치한 시각적 효과인 듯했다. 지금은 평화로운 베를린과 내전의 참상을 겪고 있는 시리아가 같은 하늘 아래에 있다는 것을 호소하는 것으로 보였다.

어떤 벽면에는 폭격 피해로 시각 장애가 된 남자와 여자가 마치 관람자를 바라보는 듯한 모습이 사진에 담겨 있었다. 나는 건강한 눈으로 그들을 보고 있고, 그들은 장애가 된 눈동자로 나를 바라보고 있다. 묘한 대조였다. 이렇게 과거의 베를린 장벽을, 오늘날 세계를 나누고 있는 '장벽'을 고발하는 데 활용하고 있는 모습에서 감명을 받았다.

베를린시 곳곳에서 장벽의 유적을 접할 수 있는 것 역시 독일인
들의 '민족성'이나 '국민성'하고는 관계가 없다. 2013년, 이스트사이
드 갤러리는 근처에 아파트를 개발하고 있던 '업자들'의 횡포에 의해
훼손될 위기에 처했다. 수많은 시민들이 항의하고 시위를 벌여서 막
아 냈고, 그럼에도 결국 장벽 약 5킬로미터는 잘려 나가고 말았다. 그
리고 2021년에 방문했을 때는 그나마 남아 있는 장벽 유적의 중간을
끊고 신축 건물 공사가 진행되고 있었다. 바로 이 점이 이 책의 주제
이기도 한데, 독일의 반성은 다른 무엇보다 독일 시민운동가들의 피
와 땀이 섞인 헌신에 의해서 가능할 수 있었다.

탈나치화가 재나치화로

다시 종전 시점으로 돌아가서, 소련의 사회주의 건설 노선을 접
한 미국은 새로운 대결 상대의 등장을 직감했다. 소련이라는 새로운
'적'으로부터 독일을 지켜 내야 했다. 독일을 지키기 위해서는 전쟁으
로 폐허가 된 독일을 신속하게 재건하는 것이 급선무였다.

당시 미국의 처지를 잘 보여 주는 것이 국무장관 조지 마셜이 기
획한 이른바 '마셜 플랜'이다. 마셜의 막후에서 소련에 대한 봉쇄 정
책, 즉 냉전의 이데올로그 역할을 한 이가 국무부 정책 기획국장 조지
케난이었다. 케난의 사고는 이러했다.

"우리는 미국과 생활 양식을 공유할 수 없다고 광적으로 확신하

HANADI, 20,

is from Bab al-Amr, Homs. She was injured in September 2011 during an exchange of gunfire between government soldiers and rebels. Her house was located next to a Syrian Army checkpoint, which came under fire. The regime was using the school next to their house as a military base, forcing Hanadi and her family to move to her aunt's house, which was then also attacked by Assad's soldiers. They threw a hand grenade, which hit Hanadi in the face. Hanadi was in a room packed with 3 or 4 families. The fighting forced them to stay there for another day. Hanadi was then driven to a private hospital where all of the shrapnel was removed. She and her mother stayed at the hospital for three days before going back to her aunt's house. They then moved to her parents-in-law in Wael and stayed there for eight months. She has not received the further treatment she needs on her eye and she has had to pay for all of her medicine out of her own pocket. She still has allergic reactions to steam or cleaning chemicals. From Wael they went to stay with relatives in Lebanon for two months. They then rented a garage for $100 but when the rent was raised to $200 they had to leave. They had no place to live so the UNCHR gave them $1,000 to build a small structure. They have been in it now for two years. They pay $100 to rent the property and for electricity. They are a family of twelve. They have no valuable belongings left. One of Hanadi's brothers was arrested at a checkpoint three years ago. There has been no word of him since. He had served in the army for three years and bribed an official to tell him if the regime had any charges against him. He was told that there were none.

Saad Nayel, Beka'a, December 2013

Hanadi, 20,

aus Bab al-Amr, Homs. Ihr Haus befand sich neben einer Schule, die das Regime als Militärstützpunkt nutzte, und ganz in der Nähe eines Kontrollpunktes der regimetreuen Kräfte. Als dieser unter Beschuss kam, zog die Familie ins Haus einer Tante, aber auch das wurde von Assads Soldaten angegriffen. Hanadi wurde im September 2011 gegen drei Uhr nachmittags verletzt, als sich Regierungssoldaten und Rebellen ein Feuergefecht lieferten. Eine Handgranate traf sie im Gesicht. Mit Hanadi drängten sich drei oder vier Familien im Raum, die wegen der Kämpfe das Haus erst am nächsten Tag verlassen konnten. Hanadi wurde dann mit dem Auto in eine Privatklinik gebracht, wo die Granatsplitter entfernt wurden. Dort blieben sie und ihre Mutter drei Tage, kehrten dann nach Hause zurück, schliefen aber im Haus der Tante. Da die Kämpfe in Bab al-Amr anhielten, zogen Hanadi und ihre Familie für acht Monate zu den Schwiegereltern nach Wael, einer Satellitenstadt nahe Homs. Von Wael aus flohen sie in den Libanon. Für zwei Monate kamen sie bei Verwandten unter, dann mieteten sie eine Garage für knapp 90 Euro, die sie gegen einen selbst gebauten Verschlag eintauschen mussten, als die Miete auf 180 Euro erhöht wurde. Vom UNHCR erhielt Hanadis Familie hierfür 870 Euro. Für Land und Strom bezahlen sie etwa 90 Euro im Monat. Die zwölfköpfige Familie musste sämtliche Wertgegenstände verkaufen. Einer der Brüder Hanadis wurde bereits 2011 an einem Kontrollpunkt verhaftet. Seitdem hat niemand etwas von ihm gehört. Er hatte drei Jahre in der Armee gedient und einen Beamten bestochen, um zu erfahren, ob das Regime ihm etwas zur Last lege. Dies war nicht der Fall. Hanadis verletztes Auge wurde nicht weiter behandelt, für Medikamente muss sie selbst aufkommen. Sie reagiert noch immer stark allergisch auf Dampf und chemische Reinigungsmittel.

Saad Nayel, Bekaa-Ebene, Dezember 2013

< Kobane, a street in the business district, March 2015
< Kobane, eine Straße im Geschäftsviertel, März 2015

전시회의 설명에 따르면, 왼쪽은 하나디(20세)로 당시 집에 머물고 있었는데 인근에서 정부군과 반란군 사이에 교전이 벌어졌다고 한다. 그때 정부군이 하나디의 집에 수류탄을 던져 얼굴에 부상을 입었다. 오른쪽은 라이드(23세)로 반란군에 가담해 활동하던 중 정부군에 저격을 당해 코와 눈에 중상을 입었다.

고 있는 세력과 대치하고 있다. 이 정치 세력은 또한 우리 사회의 내적 평형을 깨뜨리고, 우리의 일상적 생활 양식을 파괴하며, 세계적으로 우리 국가의 권위를 서서히 약화시키는 것이 바람직하고 필요하다고 광적으로 확신하고 있다."

케난이 말하는 정치 세력은 다름 아닌 소련이다. 케난은 미국 대사로 모스크바에서 근무하면서 스탈린이 전국에 방송된 라디오 연설에서 공공연하게 "(소련식) 공산주의가 자본주의를 대체하지 않는 한 미래의 전쟁은 불가피하다"고 말하는 것을 직접 들은 사람이었다. 그가 생각하기에 소련이 그런 생각을 갖고 있다면 미국은 마땅히 대응을 해야 했다.

그래서 만들어진 것이 전후 유럽 부흥 계획인 '마셜 플랜'이다. 자본주의 진영을 재건해서 공산주의 소련에 대응하자는 것이었다. 물론 거기에는 독일도 포함됐다. 독일은 전쟁 이전 바이마르 공화국 때부터 좌익 사회주의자들의 활동이 극렬하게 전개된 곳이었다. 자칫하다가는 독일 전체가 사회주의화될 가능성이 있었으므로, 미국의 독일에 대한 우려와 관심은 아주 컸다.

이렇게 독일을 재건해야 하는 입장에서 본다면, 국가를 운영하는 데 필요한 수많은 행정 전문가와 경제를 담당할 기업가들을 청산하고 추방하는 데 골몰할 수는 없는 일이었다. 그래서 1948년을 기점으로 미국의 나치 청산 의지와 행동은 급격하게 약화되기 시작한다.

바로 이런 배경 때문에 독일인 스스로의 나치 청산 작업이 애초 미국의 의도와 달리 미흡하게 진행되는 것도 용인해 주게 된다. 물론 미국이 처음 뉘른베르크 전범 재판에 임하는 자세는 분명 철저하고 엄격했다. 하지만 냉전이라는 새로운 환경을 접하면서 초심은 맥없이 흐물흐물해져 버렸다.

앞에서 뉘른베르크 재판정의 규모가 생각보다 작았고, 실제 재판도 날이 갈수록 축소되어 갔다고 했는데, 바로 이런 의미에서 그렇게 본 것이다. 뉘른베르크 전범 재판은 글자 그대로 용두사미 격이 됐는데, 그 장소의 협소함이 그것을 상징하고 있다고나 할까.

그리고 지구 반대편에서 미국 주도로 동시에 진행되던 도쿄 전범 재판도 판박이처럼 같은 모습을 연출했다. 미국은 한반도의 북위 38도선 이북을 점령한 소련, 그리고 1949년에 공산 정부가 장악한 중국을 눈앞에 두고 일본의 전범 재판을 철저하게 밀어붙일 여유를 잃어 갔다. 급기야 한국전쟁이 터지자 중하위급 전범들 대부분을 복권시켜 행정부와 경제계에 복귀시켰다.

독일에서도 같은 일이 진행됐다. 헤센주에서는 공공기관 근무자의 34퍼센트가 나치 경력을 이유로 해고됐는데, 1948년에는 전원 복직됐다. 바덴·뷔르템베르크주의 경우 나치 전범자들을 복귀시킨 결과 48년 초에 고위 공직자의 44.3퍼센트를 옛 나치 당원이 차지했다. 바이에른주의 경우 48년 말 당시, 공무원의 41.5퍼센트가 나치 경력자였고 그중 약 5분의 3은 나치 심사청의 처분을 받은 뒤 복직된 자들이었다.

이를 두고 독일의 보통 사람들은 '탈나치화'가 아니라 '재나치화'라고 비아냥거렸다. 엄격하게 말하자면, 1945년 시작된 독일의 나치 청산은 1948년에 중단됐고 그 정신은 실종됐다. 이후 독일 사람들의 입에서 나치 청산이라는 말은 사라졌다. 나치는 청산되지 않은 채로 1948년 우리가 '서독'이라고 부른 독일연방공화국이, 1949년 '동독'이라고 부른 독일민주공화국이 성립하면서 독일의 분단이 확정되고 냉전 시대에 돌입했다. 이후 1960년대 후반까지 20여 년 동안 독일 사회에서 그 누구도 나치 청산이라는 말을 화두로 꺼내지 않았다.

68운동과 과거 청산의 재개

1968년에 전후 세대의 젊은이들이 기성세대에 대한 전면 비판을 감행하며 전개한 이른바 '68학생운동'이 일어나면서 비로소 과거 청산이 다시 화두로 떠오른다. 젊은이들은 나치에 무력하게 맹종했던 아버지 세대에게 반항하고 고발에 나섰다. 그들은 과거를 반성하지 않는 기성세대 일부가 비뚤어진 민족주의 감정으로 외국인에게 적대감을 표출하고, 급기야 신나치주의까지 등장하는 것을 보고 더는 참을 수 없었던 것이다. 나치 청산이라는 관점에서 보면 68운동은 20년의 암흑기를 거치면서 곪아 터진 상처가 비로소 겉으로 드러난 것이라고 볼 수 있다. 앞에서 사회학자 혼드리히가 말한 나치 청산의 5가지 계기 중에서 첫 번째인 뉘른베르크 전범 재판을 그 계기로 보기 힘들다고 한 까닭이 바로 여기에 있다.

이렇게 독일인들의 나치 청산은 적어도 그 첫 단계에서는 마치 우리가 친일파 청산에 실패한 것과 똑같은 이유와 정치 정세로 말미암아 실패했다. 이 점에서 우리는 독일이 민족성이나 국민성 때문에, 또는 유럽의 특수한 정세 때문에 자연스럽게 나치를 청산하고 반성해 왔다고 생각하는 것이 얼마나 잘못된 편견인지 알 수 있다.

암흑기를 거쳐 다시 나치 청산을 햇볕 아래로 호출해 낸 힘은 학생운동에서 나왔다. 좀 더 보편적으로 규정하자면, 의식적인 노력을 기울인 소수 사람들의 헌신에 의해 사회 전반으로 확장된 운동, 곧 '사회운동'의 힘에서 나왔다.

이 점에서 짚고 넘어가야 할 또 한 가지가 있다. 이 책은 내가 독일의 나치 청산 과정을 살펴보고, 그들로부터 배우고자 하는 목적에서 쓴 것이다. 그들과 우리의 역사 경험이 상당히 닮아 있기 때문에 더욱 배울 것이 많다고 보았다.

그런데 독일과 한국의 유사성을 비교할 때, 시대적으로 독일의 나치 시기와 우리의 일제강점기를 나란히 두고 독일의 나치 청산과 우리의 일제 잔재 청산을 비교하려는 것은 완전히 잘못된 것이다. 독일인들이 나치를 청산하고자 하는 것은 자신들에 의해 저질러진 비인도적 만행과 학살을 참회하고 반성한다는 뜻이다. 그러나 우리에게 일제 잔재 청산이란 타민족에 의한 침략과 억압의 시기에 우리 내부에서 발생한 배반자들을 청산하는 문제이다. 전혀 차원이 다른 문제이며, 이런 관점에서라면 우리는 차라리 프랑스나 폴란드가 나치 잔재를 청산한 데서 배울 점을 찾아야 할 것이다.

따라서 나는 독일의 나치 청산 작업은 우리의 박정희와 전두환 독재의 청산과 비교되어야 마땅하다고 생각한다. 독일인들은 히틀러 제3제국이 그들 스스로 선출한 권력이었다는 사실에, 그리고 히틀러가 자행한 독재와 탄압과 학살에 보냈던 지지와 묵인에 대해 반성하고자 한다. 우리 역시 우리 스스로 박정희와 전두환을 대통령으로 선출했고, 유신 체제와 제5공화국 아래서 자행된 독재와 폭력과 학살에 눈을 감았다. 바로 이 점에서 서로 비교되는 것이고, 우리가 독일로부터 배울 점이 있는 것이다.

박정희 유신 체제와 전두환 체제는 나치당의 파시즘에 버금가는 파쇼 체제였다. 그런데 독일인들은 효과적으로 나치를 청산했지만, 우리는 박정희, 전두환 체제를 청산하지 못하고 있다.

한국 현대 정치사의 가장 결정적인 전환점을 들자면, 나는 최초로 선거를 통해 평화적으로 정권이 야당으로 교체된 1998년 김대중 정부의 집권이라고 본다. 그 시기를 기점으로 대체로 한국에서 민주주의가 정착되었다는 평가를 받고 있다. 민주주의를 위해 싸워 온 이른바 '운동권'도 그 점에 이의를 달지 않았다. 노무현 정부에서 장관을 지낸 운동권 인사 유시민은 당시에 "이제는 야당(당시 한나라당)에게 다시 정권을 내주고 우리가 야당을 해도 좋다"고까지 말했다. 하지만 그렇게 내준 이명박, 박근혜 정부는 어떠했는가. 명백하게 민주주의를 후퇴시켰다. 시민들은 당황했고, 결국 박근혜 대통령을 탄핵시킴으로써 민주주의의 역주행을 순행으로 돌려놓았다.

그렇다면 우리는 묻게 된다. 문재인 정부가 민주주의의 순행을 가져왔으나 다음 선거에서 다시 보수 야당으로 권력이 넘어간다면 민주주의는 후퇴하지 않겠는가? 그것을 막고 민주주의를 지키기 위해서는 민주 세력이 영구 집권해야 하는가? 하지만 민주주의를 위해 한 정당이 영구 집권해야 한다는 것은 명백한 자기 모순이다. 선거에서 집권 정당이 교체되는 것이 곧바로 민주주의의 후퇴를 의미한다면, 그러한 정치 질서는 건전하지 않기 때문이다.

바로 그런 점을 우리는 독일로부터 배워야 한다. 독일의 나치 청산은 진보 진영만의 의제가 아니며, 어느 당이 집권하더라도 변화되지 않는 고정된 상수이다. 이것이 가능했던 이유는 과거 청산 의제를 내건 독일 시민 사회의 '운동'이 그 의제를 여야, 진보 보수를 모두 포괄하는 국민 전체의 것으로 만든 데 있다. 우리 또한 자랑스러운 '민주화운동'의 역사를 갖고 있다. 그러나 우리의 운동 세력이 내건 '적폐 청산' 의제는 점점 정파적 이데올로기로 전락하는 느낌이다. 따라서 독일의 사례를 깊이 들여다보면서 그들이 어떻게 나치라는 과거사 문제를 해결했는가를 알고 그것을 우리 현실에 적용할 수 있기를 바라는 것이다.

2
바이마르 공화국은 왜 무너졌나

베를린과 바이마르

독일에서 왜 히틀러와 같은 괴물 정치가가 나타나게 됐는가를 이해하려면 그에 앞선 체제인 바이마르 공화국을 살펴보아야 한다. 바이마르 공화국은 독일 역사상 최초의 공화국으로 현대 독일 민주주의 정치 체제의 주춧돌이라고 할 수 있다. 그러나 어떠한 이유에서인지 그 공화국 체제가 무너지고 히틀러 총통 체제가 들어섰다. 프랑크푸르트학파 철학자 에리히 프롬이 쓴 책 제목처럼 '자유로부터의 도피'였다. 바이마르 공화국에 무슨 문제가 있었던 걸까.

1919년부터 1933년까지 유지된 바이마르 공화국 시대의 수도는 베를린이었다. 바이마르는 베를린에서 남서쪽으로 400킬로미터 정도 떨어져 있는 작은 도시이다. 그런데 왜 공화국에 바이마르라는 지명을 붙인 것일까. 1919년 이곳에서 새로운 헌법이 제정되고 그에 따라 독일 최초의 공화국이 수립됐기 때문이다.

1919년 8월 11일, 바이마르 국립 극장에서 국민 의회가 열려 새로 제정한 헌법에 따라 제정을 종식하고 공화국 수립을 선포했다. 이 국립 극장 앞에는 두 사람이 함께 서 있는 동상이 있는데, 독일 문학의 거장 괴테와 실러이다. 두 사람이 19세기 초반에 바이마르에 거주하면서 작품을 쓰고, 그 작품들을 이 극장에서 공연한 적이 있었다.

괴테의 대표작은 《젊은 베르테르의 슬픔》 — 우리는 근대 초기 일본을 통해서 서양 문물을 받아들였고, 그 과정에서 이 작품 제목도 일본인들의 번역을 그대로 따랐다. 하지만 정확히 번역한다면 《젊은 베르테르의 고뇌》라고 해야 하며, 최근엔 그렇게 번역된 작품이 출간되기도 했다. — 과 《파우스트》이다. 《젊은 베르테르의 슬픔》은 주인공이 가문 대 가문의 결합이었던 중세적 결혼관을 벗어나 개인의 연애 감정으로 한 여인을 사모하며 괴로워하는 이야기이다. 《파우스트》는 중세 장원 경제를 벗어나 이미 자본주의 경제로 이행한 세계사적 변화 앞에서 느낀 두려움이 작품의 모티브이다. 말하자면 괴테는 중세에서 근대로 이행하는 격변의 과정에서 일어난 혼돈과 불안감을 인간 개인의 심리 속에서 포착한 작가이다.

실러는 괴테를 존경한 후배 작가로서, 《오를레앙의 처녀》와 《빌헬름 텔》이 대표작이다. 두 작품에는 프랑스 대혁명의 거대한 파도가 유럽을 휩쓰는 것을 목격하며 독일에서도 민중이 일어나 정치의 주역으로 등장하기를 바라는 염원이 담겨 있다.

독일 문학사에서 괴테와 실러는 고전주의의 완성자로 일컬어진다. 고전주의란 무엇인가? 거시적인 역사의 흐름에서 고전주의를 규정한다면, 프랑스 대혁명의 정신을 수혈 받아서 18세기 후반에서 19세기 전반에 걸쳐 일어난 계몽운동의 한 조류라고 할 수 있다.

프랑스 대혁명으로 중세 질서가 붕괴되는 것을 목격한 유럽의 젊은이들은 스스로 중세와 결별해야 한다는 것을 자각하고 새로운 시대의 모델을 찾는데, 그 대상으로 선정된 것이 그리스와 로마 제국 문화에 담겨 있던 인문주의였다. 이미 14세기에 유럽을 풍미한 르네상스와 비슷한 맥락이었다. 그런 점에서 고전주의는 다시 살아난 르네상스라고도 할 수 있다. 독일 문학에서 고전주의를 완성한 대가들이 괴테와 실러였고, 그들이 바이마르에서 작품 활동을 했기 때문에 독일 고전주의는 '바이마르 고전주의'라고도 불린다.

바이마르는 문학의 도시만은 아니었다. 그들의 뒤를 이어 음악가 리스트, 건축가 발터 그로피우스가 바이마르에서 활동했다. 그로피우스는 바이마르에 세워진 예술학교 바우하우스의 초대 교장이었고, 그로 인해 '바우하우스'라는 근대 건축 양식이 수립됐다.

그래서 바이마르는 독일의 문화 수도라고도 불린다. 독일 지도를 놓고 보면 국토의 중앙에 위치한 대도시는 프랑크푸르트이다. 독일 경제의 중심지로서 경제 수도라고 불린다. 바이마르 또한 프랑크푸르트와 가까운 중심부에 있다.

프랑크푸르트나 바이마르와 달리 베를린은 독일 영토의 동북쪽에 치우쳐 있어 수도로 적합하지 않아 보인다. 그럼에도 수도가 된 것은 근대 이전 수많은 공국으로 나뉘어 있던 독일이 통일될 때, 공국들 중 가장 세력이 강했던 프로이센이 통일을 주도했고 그 프로이센의

독일 현재 지도. 수도 베를린은 동북쪽에 치우쳐 있는 것에 견주어 바이마르는 국토 한가운데에 있다.

독일 옛지도. 1871년 성립한 독일 제국은 나중에 폴란드 영토가 되는 부분을 포함했고 이때의 베를린 위치
는 국토 중앙에 가까웠다.

수도가 베를린이었기 때문이다. 하지만 새로 태어난 독일 제국의 영토에서 보면 경제와 문화의 중심지는 프랑크푸르트와 바이마르였다.

이렇게 바이마르가 문화 수도라고는 해도 그 규모에서는 베를린과 달리 작은 도시에 지나지 않았다. 현재도 인구가 7만 명을 넘지 않는 수준이다. 문화적으로는 수준이 높지만 규모는 작은, 아담한 예술 도시라고나 할까.

그렇다면 헌법 제정이 왜 수도 베를린이 아니라 작은 시골 도시에서 이루어진 것일까. 물론 바이마르가 독일의 문화 중심지라는 자부심이 작용했다고 할 수 있다. 하지만 그것 때문만은 아니었다. 더 현실적인 이유가 있었다. 의원들이 베를린에서 헌법 제정 작업을 하는 데 겁을 냈기 때문이었다. 당시 베를린에서 계속 소요 사태가 일어나 의원들이 안전한 상태에서 헌법 제정 작업을 진행할 수 없을 정도로 독일 정치 상황이 불안했던 것이다.

불안한 정세의 원인은 제1차 세계 대전으로 거슬러 올라간다. 1914년에 발발한 제1차 대전은 한마디로 규정한다면, 영국과 프랑스를 중심으로 한 '선진 산업화 국가'들과 독일을 주축으로 한 '후발 산업화 국가'들이 오스만 제국이 멸망하고 난 뒤 그 땅을 차지하기 위해 벌인 식민지 쟁탈전이었다고 할 수 있다.

전쟁 상황은 1918년에 들어서면서 독일의 패배가 기정사실로 되고 있었다. 결국 제1차 대전은 후발 산업화 국가 독일이 선진 산업화 국가들과의 경쟁에서 이길 수 없다는 것을 증명해 주었다. 독일에게는 뼈아픈 좌절의 경험이었다.

페르가몬 박물관

오늘날 독일은 영국, 프랑스와 함께 유럽의 강대국으로 꼽히지만, 근대 민족 국가의 길에는 가장 늦게 들어섰다. 근대 이전 독일 지역에는 프로이센이라는 강력한 군주 국가가 존재했다. 하지만 프로이센 이외의 지역은 수많은 영방들로 나뉘어 있었다. 그러다가 통일된 국가의 틀을 갖춘 것은 1871년 독일 제국 성립 때였다. 비스마르크라는 뛰어난 정치 전략가의 활약에 힘입은 것이었다.

우리가 동아시아에서 일본보다 늦은 19세기 말에 비로소 조선 왕조의 틀을 벗고 입헌 군주제인 대한 제국을 세운 것과 비슷하다. 다만 우리에게는 비스마르크에 비길 만한 전략가가 없었다.

뒤늦게 민족 국가 체제를 갖춘 독일 제국은 산업화에 박차를 가했다. 그 정책을 추진한 지도자는 통일의 주역 비스마르크였다. 비스마르크는 흔히 '철혈 재상'이라고 불리는데 이는 그가 통일 이전 프로이센 수상이었던 시절에 행한 독일 통일을 촉구한 연설에서 비롯된 것이다. 그 대목은 이러했다.

"이 시대의 중대한 문제들(독일에 근대 민족 국가를 세우는 일)은 연설과 다수결이 아닌, 철과 피로써 해결되어야 할 것이다."

비스마르크는 통일된 독일 제국의 수상이 된 뒤 실제로 철과 피를 연상시키는 뚝심 있는 지도력으로 독일을 산업화시키고 해외 식민지를 개척했다.

이렇게 산업화의 길에 늦게 들어선 자본주의 지각생이었던 독일이, 비스마르크라는 무단 통치자의 지휘 아래 이룬 업적을 오늘날 실감할 수 있는 장소가 있다. 베를린에 있는 페르가몬 박물관이다.

베를린시에는 한강이 서울의 동서로 흐르듯이 슈프레강이 동서를 가로질러 흐른다. 그리고 한강의 중간쯤에 여의도라는 섬이 있듯이 슈프레강 중류에도 섬이 있다. 이 섬의 이름은 박물관섬이다(정확하게는, 섬의 북쪽 절반은 박물관섬, 남쪽 절반은 어부섬이라고 부른다). 물론 박물관이 있기 때문에 붙여진 이름이다. 이곳에 독일을 대표하는 대규모 박물관 4개, 즉 알테스(구) 박물관. 노이에스(신) 박물관, 보데 박물관, 페르가몬 박물관이 밀집해 있다.

물론 박물관섬에서 가장 눈에 띄고 유명한 건물은 베를린 돔이라고도 하고 베를린 대성당이라고도 불리는 커다란 돔을 가진 교회 건물이다. 가톨릭 신자인 나는 베를린을 방문했을 때 일요일 아침에 이곳에 미사를 보러 가려 했다가 큰 실수를 할 뻔했다. 이곳은 가톨릭 성당이 아니라 개신교 교회였던 것이다. 누군가 잘못 번역해 퍼트린 것이 고쳐지지 않았다고 한다. 종교 개혁가 마르틴 루터가 독일 북부 출신이어서 북부에서는 개신교 세가 강하고 남부로 갈수록, 즉 로마에 가까워질수록 상대적으로 가톨릭 세가 강해진다. 베를린에도 헤드비지스 성당이라는 서울의 명동 성당에 비교될 만한 주교좌성당(대성당)이 있지만, 시내의 구석진 곳에 있어서 찾기가 쉽지 않다.

어쨌든 박물관섬의 주인공은 박물관들이다. 4개 박물관들은 모두 독일은 물론 세계적으로도 유명할 정도의 전시품을 갖고 있지만, 냉전 시대에 동베를린에 속해 있었기 때문에 서방 세계에는 알려질

뒤쪽에서 찍은 페르가몬 박물관 모습. 박물관섬에 있는 박물관들 가운데 가장 규모가 크다.

수 없었다. 그래서인지 현재까지도 세계인들의 주목을 충분히 받고
있지 못하다.

　박물관 가운데 가장 규모가 큰 곳이 페르가몬 박물관이다. 처음
이 이름을 접하는 사람에게 페르가몬은 왠지 독일 역사에 등장하는
지명이나 왕조명으로 읽히지 않는다. 실제로 페르가몬은 독일 역사
와는 전혀 상관없는, 현재 터키 영토인 아나톨리아에 존재했던 고대
왕국의 이름이다.

　페르가몬 왕국이 있었던 정확한 위치는 터키의 지중해 연안 지
방 이즈미르에서 내륙으로 약간 들어간 곳 베르가마 일대이다. 터키
도시 베르가마는 성서에 언급되는 버가모 교회가 있던 곳이기도 하

다. 베르가마와 버가모는 모두 고대에 존속했던 왕조 이름 페르가몬을 각자의 언어로 번역한 것이다. 페르가몬 왕조는 기원전 3세기에서 1세기 사이 헬레니즘 시대에 번성했다.

기원전 4세기에 그리스 마케도니아 출신의 알렉산드로스 대왕이 동방 원정으로 페르시아를 정복하고 더 동진하여 인도 접경지까지 다다랐다. 그리고 기원전 323년, 알렉산드로스 대왕의 갑작스런 죽음으로 대제국의 꿈은 중단되고, 이후 그의 후예들이 알렉산드로스가 점령한 동방의 영토를 분할하여 다스렸다. 로마 제국이 성장하기 전까지 이들 알렉산드로스 대왕의 후계자들이 세운 왕국이 번성했던 시기를 '헬레니즘 시대'라고 부른다. 지역의 특성 때문에 그리스 문명과 페르시아 문명을 융합시킨 독특한 문명을 발전시켰다.

이때 헬레니즘에서 유행한 그리스식 인물 조각 양식이 인도에 전해져, 그때까지는 없었던 석가모니 상을 조각하는 풍조, 이른바 간다라 미술이 탄생했다. 그리고 그것이 중국을 거쳐 우리에게 전해져 석굴암 본존불 같은 것이 만들어지는 바탕이 되었다.

여러 헬레니즘 왕조들 가운데 페르가몬이 최강자가 되었는데, 이는 왕조가 위치한 곳의 지리적 이점 때문이었다. 당시 동방, 곧 페르시아와 아라비아 반도와 인도의 문물이 그리스 지방으로 전해지려면 이스탄불 해협을 건너 육로를 이용할 수도 있었지만, 이즈미르 지방 해안에서 해로를 통해 그리스 반도로 건너가는 해상 교역로도 활발하게 이용됐다. 페르가몬 왕조가 바로 그러한 이즈미르 해안 지방을 관할하고 있었다. 나중에 그리스도교가 창시되었을 때 예루살렘을 떠나 로마를 향해 전파되는 경로에도 이곳이 중요한 거점이 됐고 그래서 버가모 교회가 세워졌던 것이다.

이러한 페르가몬의 지리적 이점은 근대 독일 제국 시대에도 또한 번 위력을 발휘한다. 독일 제국은 선진 열강국들과 치열한 식민지 쟁탈전을 벌였는데, 흔히 그것을 독일의 '3B 정책'과 영국의 '3C 정책'의 충돌이라고 설명한다.

독일보다 먼저 식민지 경영에 나선 영국은 아프리카에서는 최남단에 케이프타운을 건설했고, 인도 식민지의 거점으로 캘커타(현재 공식 명칭은 콜카타)를 건설했다. 그리고 수에즈 운하를 통해 인도로 가는 지름길을 개척하면서 이집트의 카이로를 점령했다. 이렇게 알파벳 C로 시작하는 케이프타운, 캘커타, 카이로를 잇는 3C 삼각형이 대영 제국의 글로벌한 식민지 경영의 위용을 자랑했다.

한편 뒤늦게 뛰어든 독일에게 돌아갈 몫은 이제 거의 수명을 다해 가는 오스만 제국의 영토밖에 남지 않았다. 그래서 독일의 수도 베를린에서 동방의 관문 비잔티움(오스만 제국 때 명칭은 이스탄불)을 거쳐 바그다드에 이르는 이른바 바그다드 철도를 건설하려고 했다. 이를 베를린, 비잔티움, 바그다드의 머릿글자들을 따서 3B정책이라고 했다. 바그다드 철도는 오스만 제국의 영토를 가로지를 뿐만 아니라 종점 바그다드에서 페르시아만으로 나가 인도와 아시아로 진출할 수도 있었다.

독일은 결국 바그다드 철도를 완공하지는 못했지만, 비잔티움에서 바그다드까지 이어지는 철로는 거의 완성 단계까지 나아갔다. 그 과정에서 오스만 제국 영토 안의 페르가몬 왕조 유적과 바그다드 바빌론 유적을 독일 고고학자들이 발굴할 기회를 잡았다. 영국이 식민지에서 발굴한 유적들을 자국으로 가져가 대영 박물관을 채웠듯이, 독일도 유적을 발굴하는 족족 자국의 수도 베를린에 있는 국립 박물관으로 실어 날랐다.

베를린 국립 박물관은 동방의 유물들로 차고 넘쳤고, 결국 동방의 유물들만 전시할 새 박물관을 건설하기로 한다. 그 유물 가운데 가장 인상적인 유물이 페르가몬 왕조의 것이었기 때문에 박물관 이름이 페르가몬 박물관이 된 것이다.

페르가몬 왕조 유적지에는 거대한 페르가몬 신전이 있었다. 헬레니즘이 그리스 문명을 모태로 했던 만큼, 이 신전은 마치 아테네에 있는 파르테논 신전을 모방한 듯 거대한 규모였다. 오히려 파르테논 신전보다 훼손이 적어서 신전으로 오르는 계단과, 계단 위 정면과 좌우측의 회랑이 그대로 남아 있었다. 독일 고고학자들은 이 전체를 그대로 뜯어 통째로 베를린으로 옮겼다. 그리고 마치 신전이 건축된 기원전 2세기의 모습처럼 생생하게 복원해 놓았다.

사실 페르가몬 박물관에는 페르가몬 신전보다 더욱 유명한 유적이 전시돼 있다. 1900년대 초, 독일인들이 바그다드에 도착했을 때 그곳에는 고대 도시 바빌론의 성벽 유적이 남아 있었다. 독일인들은 이것도 뜯어내 독일로 가져가 원래의 형태와 색깔로 복원해 전시했다. 바빌론 성벽 유적은 이슈타르문과 그 좌우 벽이 아름답기로 유명했는데, 벽면은 푸른색 타일 벽돌로 쌓았고 그 벽면에는 사자를 비롯

독일은 터키의 페르가몬 신전 유적을 통째로 옮겨와 자기 나라 베를린에 박물관을 세워 복원했다. 이를 계기로 박물관 명칭도 페르가몬 박물관이 되었다.(© Alamy stock photo)

바빌론 성벽의 이슈타르문. 기원전 575년 바빌로니아 제국 네부카드네자르 2세가 건설했다. 독일은 20세기 초 바그다드시 남쪽에서 이 유적을 발굴하여 그 재료인 벽돌들을 베를린으로 가져와 건설 당시 모습으로 복원했다.

해 신화에 나오는 신비한 동물들이 돋을새김으로 장식돼 있었다고 한다. 독일은 그 모습 그대로 재현했다. 그래서 마치 2,600년 전 세워질 당시로 돌아간 듯이 바빌론 성벽과 이슈타르문을 눈앞에서 감상할 수 있다. 바빌론 이슈타르 성벽의 아름다움을, 정작 바그다드가 아닌 베를린 페르가몬 박물관에서 감상해야 한다는 점에서 페르가몬 박물관은 제국주의 박물관이기도 하다.

이 밖에도 독일은 역시 터키 해안에 있는 고대 도시 밀레토스에서도 엄청난 것을 가져다 놓았다. 이곳에는 기원후 2세기에 지어진 것으로 추정되는 거대한 시장 유적이 있었으나 지진으로 파괴되어 있었다. 그것을 발굴하여 페르가몬 박물관에 2층으로 된 거대한 시장 정면 입구와 벽체 구조물을 고스란히 복원하여 놓았다. 또 바그다드 철도가 지나가는 요르단에서 이슬람 우마이야 왕조의 므샤타 궁전 외벽 역시 통째로 뜯어 왔다. 그 어느 것이라도 보는 순간 그토록 엄청난 구조물을 옮겨 온 것에 감탄을 금치 못하게 한다. 페르가몬 박물관을 보면 아테네 파르테논 신전의 박공만을 뜯어와 대영 박물관에 전시한 영국인들보다 독일인들이 훨씬 과감했다는 것을 실감한다. 제국주의 후발주자의 청출어람이라고나 할까.

독일 혁명

페르가몬 박물관이 보여 주는 19세기 말에서 20세기 초까지 독

밀레토스 시장의 문. 밀레토스는 터키 서해안에 있는 도시로, 고대 페르시아와 그리스에 속해 있었으며 로마 제국 때는 하드리아누스 황제가 도시를 개발하여 안에 거대한 시장을 지었다. 지진으로 무너져 있던 것을 독일이 20세기 초 페르가몬 박물관으로 옮겨 길이 30미터, 높이 16미터에 달하는 시장 문을 복원했다.

므샤타 궁전은 요르단의 수도 암만 교외에 있는 이슬람 우마이야 왕조의 유적이다. 8세기에 건설된 것으로 알려졌는데, 성벽을 해체하여 통째로 페르가몬 박물관으로 가져왔다.

일의 대외 진출 활약상은 1914년에 갑자기 멈춘다. 독일의 거침없는 식민지 쟁탈전이 다른 강대국들의 우려를 낳았고 결국 제1차 세계 대전으로 비화된 것이다. 그런데 전쟁이 진행될수록 독일인들에게는 아쉽게도 독일의 패색이 짙어만 갔다. 그러자 독일인들은 전쟁을 개시하고 패배로 이끈 빌헬름 황제에게 책임을 묻기 시작했다.

특히 1917년 이웃 러시아에서 일어난 사회주의 혁명에 고무된 사회민주당 같은 좌파 정치 세력들은 이 기회에 제정을 타도하고 사회주의 정부를 수립해야 한다고 주장한다. 급기야 1918년 11월 7일, 사회민주당의 주도로 봉기가 일어난다. 봉기의 불길이 수도 베를린을 휘감았고, 결국 빌헬름 황제는 망명하고 독일 제국은 붕괴된다. 이것이 '독일 11월혁명'이고 이를 계기로 제1차 대전도 종결된다.

황제가 망명하고 사회민주당 소속 수상이 공화국을 선포했으나 그것은 그저 선언이었을 뿐, 정부의 정체성이 헌법적으로 규정된 것은 아니었다. 사실상 무정부 상태였다고 할 수 있다. 이때 카를 리프크네히트, 로자 룩셈부르크, 클라라 체트킨 들이 이끄는 강경 좌파 세력들은 정치 체제가 우익에 의한 자본주의 체제가 아닌, 노동자 계급에 의한 사회주의 체제가 되어야 한다며 온건한 사회민주당에서 탈당해 스파르타쿠스단을 결성한다. 사회민주당은 이미 1차 대전 초기에 '전쟁 반대'라는 당 방침을 버리고 전쟁 비용을 조달하기 위한 공채 발행에 찬성함으로써 당내 좌파 세력으로부터 수정주의라는 비판을 받고 있던 참이었다.

리프크네히트와 룩셈부르크는 1917년 러시아 사회주의 혁명의 독일판을 이루기 위해 1919년 1월 베를린에서 무장 봉기를 일으킨다. 그러나 이 봉기는 실패하고 리프크네히트는 체포되어 처형당하고 룩셈부르크는 살해되어 강물에 던져진다.

리프크네히트는 처형된 시신이 존재했기 때문에 그를 따르는 노동자 민중들에 의해 엄숙하게 장례식이 치러졌다. 하지만 여성 투사 룩셈부르크의 시신은 발견되지 않았고, 장례식도 치르지 못했다. 다만 룩셈부르크의 시신이 던져졌다고 알려진 장소는 남아 있다. 오늘날 그 장소에는 'ROSA LUXEMBURG'라는 글자가 새겨진 철제 기념물이 설치돼 있다. 옆에 있는 작은 철제 다리 이름도 '로자 룩셈부르크교'이다. 기념물 앞에는 지금도 붉은색 장미꽃 헌화가 끊이지 않는다. 로자를 잊지 않는 강경파 공산주의자들이 많다고 생각하니 감회가 묘했다.

베를린에서 로자 룩셈부르크 기념물을 찾아가는 길은 쉽지 않다. 베를린에는 티어가르텐Tiergarten이라는 거대한 공원이 있고, 그 안에 또 상당히 넓은 규모의 동물원이 있다. 미국 뉴욕시의 센트럴 파크에 비견될 만큼 넓은 공원이다. 분단 시기에 서베를린의 중심부에 해당되는 곳이었는데, 시 중심에 이렇게 큰 공원을 만든 데는 이유가 있었다. 당시 서베를린은 동독 영토에 둘러싸인 섬과 같았다. 고립된 섬에 사는 서베를린 시민들에게 그 고립감을 덜어 주고 여유롭게 쉴 공간을 만들어 주기 위해 인공적으로 조성한 숲이었다.

로자 룩셈부르크 기념물은 티어가르텐 안의 동물원 부근에 있다. 대중교통으로는 닿을 수 없어서 상당한 거리를 걸어서 찾아가

로자 룩셈부르크가 살해된 뒤 버려진 베를린시 강가에 세워진 기념 조형물. 로자의 이름이 새겨져 있으며 오늘날까지도 헌화가 끊이지 않는다.

야 한다. 2020년 이곳을 방문했을 때 한참 동안 길을 찾지 못하고 헤매다가 길을 가던 노동자 차림의 사람들에게 도움을 청했다. 그들은 반색을 하며 길을 자세히 가르쳐 주었다. 그 옆에 리프크네히트를 기념하는 동판도 있으니 찾아보라는 말과 함께. 로자 룩셈부르크는 여전히 독일 노동자들의 가슴속에 살아 있는 것인가 하는 생각이 들었다.

아무튼 1919년 1월, 로자 룩셈부르크 무리가 주동이 되어 일으킨 봉기로 베를린 정세가 어수선했기 때문에 앞서 말했듯 새 헌법을 만들기 위한 의회를 베를린에서 열지 못하고 바이마르로 옮기게 되었다. 문화 도시 바이마르에서 만들어진 헌법안은 과연 극좌와 극우의 입김을 제어하고 국민의 의사가 제대로 정치에 반영되도록 하는 모범 답안이었다. 정부 형태는 공화국으로 못을 박았고, 정부 운영은 국민을 대표하는 의회가 권한을 행사하도록 했다. 의원 선출 투표는 보통 선거를 보장했고 특히 비례 대표제를 통해 국민의 의사가 왜곡 없이 의회에 반영되도록 했다. 무엇보다도 좌파 세력의 의사를 반영해 복지 제도와 사회 보장 제도를 도입했다.

그리고 평상시에는 의회 우위의 정부를 운영하지만, 국가가 위험에 닥쳤을 때는 대통령에게 비상 대권을 주어 해결하도록 하는 장치도 두었다. 독일 정치의 어수선한 현실까지도 감안했던 것이다.

바이마르 체제의 허약성

바이마르 헌법과 그에 따라 구성된 바이마르 체제는 제도의 측면에서 평가한다면 가장 모범적이었다고 할 수 있다. 그러나 현실에서 그 체제의 운명은 비극으로 끝나고 말았다. 왜 그랬을까? 현실의 경제 형편이 제도의 순항을 뒷받침해 주지 못했기 때문이었다.

바이마르 체제의 독일을 괴롭힌 두 개의 경제 현실이 있었다. 하나는 제1차 세계 대전을 종결한 베르사유 조약에 따른 과중한 배상금 문제였고, 다른 하나는 1920년대 말 미국에서 발생해 전 세계를 덮친 대공황이었다.

마르크스주의 역사학에서는 물질적 토대인 경제 조건이 상부구조, 곧 정치 체제를 규정짓는다고 주장한다. 이는 인류 역사 전체를 조망하는 거시 역사학에서는 적용 가능할지 모르지만, 미시적인 시야로 개별 국가를 볼 때 그런 이론은 쓸모가 없는 경우가 많다.

우리나라의 예를 들자면, 1980년 광주항쟁을 무력으로 짓밟고 집권한 전두환 정권은 이후에도 민주주의를 유린하며 폭압 통치로 일관했지만, 때마침 맞이한 3저 호황으로 경제는 전례 없는 호황을 누렸다. 정권의 폭압에 대항해 1987년 폭발한 6월시민항쟁으로 전두환 체제는 위기에 처했지만, 전두환의 후계자 노태우가 대통령 선거에서 유권자의 36.6퍼센트를 득표해 대통령에 당선될 수 있었던 것은 야당의 분열이라는 요인 이외에 경제 상황이 작용한 결과라고도 할 수 있었다. 호황이라는 풍요로운 경제 토대 위에 포악한 독재 체재가 세워진 셈이었다.

반면 한국 헌정 사상 최초로 야당으로의 정권 교체를 이룬 김대중 정부와 그의 뒤를 이은 노무현 정부는 한국 정치에 비로소 민주주의를 정착시키는 업적을 이루었지만, IMF 금융 위기 이후 불어닥친 신자유주의 파도에 휩쓸려 대량 실직이 일어나고 부동산 가격이 폭등하면서 경제 상황은 최악이 되었다. 민주 정치라는 상부 구조를 최악의 경제가 떠받치고 있었다고나 할까. 결국 경제라는 토대와 정치라는 상부 구조를 연관지으려는 마르크스의 구도는 적어도 한국의 경우에는 허망한 듯하다.

1919년에 출범한 독일 바이마르 정부는 한국의 민주 정부에 비교할 수 있다. 바이마르 헌정 체제 자체는 제도적으로 나무랄 데 없이 완벽했지만, 경제 상황의 악화가 국민들을 그 체제로부터 점차 등을 돌리게 만들었다.

첫 번째로 닥친 경제적 악조건은 1차 대전을 종결하는 베르사유 조약에 의해 강제된 전쟁 배상금이었다. 독일은 패전의 대가로 동쪽의 옛 프로이센 땅 대부분을 폴란드에, 서쪽의 슐레스비히를 덴마크에, 알사스·로렌을 프랑스에 넘겨주어야 했다. 독일인들에게는 살을 떼어 주는 아픔이었다. 나중에 히틀러는 이러한 독일 사람들의 아픈 마음을 비집고 들어가 선동해서 정치적으로 성공을 거둔다.

더욱 현실적인 아픔은 2,260억 마르크라는 거액의 전쟁 배상금 부담을 지게 된 것이었다. 바이마르 정부는 과도한 전쟁 배상금을 지불함으로써 재정이 고갈됐고, 화폐를 찍어 내 그 부족을 충당할 수밖에 없었다. 이로 인해 인플레이션이 발생하자 재정 상태는 더욱 악화되고 다시 화폐를 찍어 이를 틀어막고자 하는 악순환이 되풀이되었다. 1922년에 인플레이션 때문에 1만 마르크짜리 고액권 화폐를 새로 만들어야 했는데, 그 이듬해에는 무려 1조 마르크짜리 화폐가 발행되기에 이르렀으니 그 인플레이션의 강도를 짐작할 수 있다.

당시 인플레이션이 국민 생활에 미친 영향은 어떤 면에서 포탄이 퍼붓는 전쟁보다도 더 심각했다.《독일 바이마르의 문화와 인플레이션》을 쓴 베른트 비디히Bernd Widdig는 상황을 이렇게 설명했다. 전쟁 이전에 5만 마르크 정도의 재산을 가졌다면 거기에서 나오는 이자로 그럭저럭 생활을 꾸려 나갈 수 있었다, 그러나 전쟁이 끝난 뒤 그 돈으로는 일간지 한 부를 살 수 있을 뿐이었다고. 그래서 사람들은 바이마르 정부를 '종이 공화국'이라고 부르며 비웃었다고 했다.

하지만 개혁적인 사회민주당 세력이 주도한 바이마르 정부는 실제로 '종이'처럼 무력하지는 않았다. 전승국들과의 외교 회담을 끈질기게 벌이면서 배상금 지불 조건을 완화시키기 위해 노력했다. 또한 외국 자본을 끌어들여 경제를 부흥시키기 위해 노력했고, 그러한 노력들이 효과를 발휘해 1920년대 중반이 되자 치솟던 인플레이션이 진정되고 국민들의 생활 형편이 나아지기 시작했다.

그런데 이렇게 일어서려는 독일 경제는 다시 한번 초대형 철퇴를 맞는다. 1929년 미국 금융권에서 발화돼 곧바로 전 세계로 번져 나간 대공황 때문이었다. 특히 독일에 유입된 자금은 대부분 미국 자본이었기 때문에 독일이 받은 타격은 엄청난 것이었다.

독일의 실업자는 1929년 말에 순식간에 200만 명에 이르렀다. 바이마르 정부는 사회 보장 제도로 최대 실업자 80만 명을 가정해서 설계한 실업 보험을 마련했지만 그 한도를 두 배 이상 넘은 것이었다. 1930년에는 실업자 수가 350만 명으로 급증했다. 길거리에서는 "무슨 일이든 하겠다"는 문구를 쓴 피켓을 목에 걸고 일자리를 구하는 실업자들을 흔하게 볼 수 있었다.

사태가 최악으로 치닫자 독일 국민들은 아우성치기 시작했다.

'베르사유 조약에 서명한 것이 문제였다', '바이마르 정부는 무능하다' 같은 의견이었다. 아울러 좀 더 근본적으로는 1차 대전에서 패배한 것이 문제였다는 여론이 일었다.

그런데 왜 패배했나? 1918년 11월혁명 때는 그 책임을 전쟁을 시작한 빌헬름 황제에게 돌렸다. 그런데 이제 사람들은 전쟁을 일으킨 황제가 아니라 전쟁 중에 전쟁을 반대한 세력들, 즉 사회주의자들에게 화살을 겨누기 시작했다. 이미 베르사유 조약 체결 당시 독일인들이 전쟁 영웅으로 떠받들던 힌덴부르크 장군이 이런 말을 했다. "독일은 전쟁에 패배한 것이 아니고, 배후에서 비수에 찔린 것이다"라고. 이 말은 1차 대전 중에 사회민주당을 비롯한 좌파 세력들이 전쟁을 반대하며 태업을 벌임으로써 독일이 이길 수도 있었던 전쟁을 패배하게 만들었다는 선동이었다.

이러한 선동은 특히 히틀러의 나치당이 즐겨 사용했다. 그런데 사회주의자들이 전쟁에 반대하고 심지어 사보타주를 했다는 것은 사실일까. 전적인 거짓말은 아니지만 실은 아주 사소한 것을 엄청나게 과장한 것이다.

독일 사회주의 최대 세력인 사회민주당이 전쟁 이전에 국제 사회주의와의 연대에 따라 전쟁 반대를 당론으로 채택한 것은 사실이다. 그러나 1914년 빌헬름 황제가 전쟁을 결심하자 전 국민, 특히 노동자 대중이 열렬하게 전쟁에 호응했다. 사회민주당은 그것을 외면하고 국제주의 연대를 고수하는 것은 국내 정치에서 고립을 자초하는 것이라고 생각했다. 그래서 정부가 전시 공채를 발행하는 안을 의회에 제출했을 때 사회민주당은 찬성표를 던진다. 그리고 이후 정부가 전시에 정당 활동과 노동조합 활동을 금지하는 정책을 펴는 데도 찬성하고 협력했다.

다만 사회민주당 내부에서 그러한 우편향 정책에 대한 반발이 일어났다. 주동자는 로자 룩셈부르크 같은 이들이었고, 그들은 탈당하여 스파르타쿠스단이라는 단체를 만들어 전쟁을 반대하는 독자 행동에 나섰다. 하지만 그들의 행동이 실제로 전쟁에 영향을 미칠 정도는 전혀 아니었다.

따라서 전쟁 패배의 원인이 내부 반역자들에게 있다는 주장은 터무니없는 선동이었다. 그러나 악화된 경제 상황과 그러한 선동이 맞물리면서 히틀러 세력이 사회주의자들을 이유 없이 반역자로 몰고 그에 대한 반사 이익으로 정치력을 획득해 나가게 된다.

바이마르 체제 붕괴의 책임

바이마르 체제는 베르사유 조약에 의한 전쟁 배상금 폭탄과 경제 대공황 폭탄을 연달아 맞아 만신창이가 되며 휘청거렸다. 결국 1930년 3월 내각은 붕괴되고, 대통령의 비상 대권 체제로 넘어가게 되면서 사실상 바이마르 체제는 종말을 맞이한다.

그런데 체제 위기의 모든 책임을 경제 상황으로만 돌리는 것이 타당할까. 체제를 담당한 주체들에게는 책임이 없을까.

베를린시의 중심에 있는 브란덴부르크문. 그 문에서 옛 동베를린 쪽으로 난 대로를 따라가다 보면 훔볼트 대학이 나오는데 그 정문 바로 옆에 고전적인 석조 기둥을 한 건물이 있다. 건물의 명칭은 노이에바헤Neue Wache, 옛 독일 제국 왕궁의 경비 초소로 쓰이던 건물인데 지금은 특별한 미술관으로 쓰이고 있다. 이곳이 특별한 이유는 한 화가의 단 하나의 작품만을 영구 전시하고 있기 때문이다. 바로 케테 콜비츠의 조각상 '피에타'이다.

피에타는 '비탄' 또는 '슬픔'을 뜻하는 이탈리아어인데, 미술사에서는 성모 마리아가 십자가에서 곧바로 내린 예수의 시신을 껴안고 비탄에 잠겨 있는 모습을 표현한 조각상을 가리킨다. 로마 성베드로 성당에 있는 미켈란젤로의 '피에타'가 여러 피에타들 중 가장 유명하다.

노이에바헤에 있는 피에타의 원래 작품명은 '죽은 아들을 안은 어머니'이다. 케테 콜비츠가 현대적으로 해석한 피에타라고 할 수 있다. 케테 콜비츠는 제1차 대전과 제2차 대전 시기에 활동했는데, 가난하고 억압받는 농민과 노동자들의 비참함을 미적으로 표현한 진보적 화풍의 화가였다. 특히 판화 작업을 많이 했는데, 선이 굵고 투박한 것이 특징이다. 우리나라에서 1970년대와 80년대를 풍미한 '민중미술'이 바로 케테 콜비츠의 판화에서 영향받았다는 것은 작품들을 비교해 보면 금방 알 수 있다.

케테 콜비츠는 민중을 대변한다는 뜻에서 전쟁에 반대했는데, 무엇보다도 그 자신이 개인적으로 아들을 1차 대전에서 잃은 비극의 어머니이기도 했다. '피에타'는 죽은 아들의 시신을 안고 있는 어머니 모습을 검은 석재로 작업한 조각이다. 가난한 민중의 어머니가 자식을 잃은 비통함에 잠긴 모습을 절절하게 표현하고 있다.

원래 이 장소는 나치 시대에는 나치즘을 위해 싸우다 전사한 이들을 기리는 장소로, 동독 시대에는 파시즘에 저항한 이들을 추모하는 장소로 사용되었다. 그리고 독일이 통일된 이후 이 장소를 어떻게 할 것인가 논의한 끝에 케테 콜비츠의 '피에타' 작품 한 점을 위해 노이에바헤 공간을 제공하기로 결정했다.

건물의 넓직한 사각형 공간은 텅 비어 있고, 그 한가운데에 유일한 작품 '피에타'가 덩그렇게 놓여 있다. 피에타 바로 위 천정은 둥그렇게 뚫려 있다. 조명이 없는 공간에 낮에는 이곳을 통해 햇빛이 들어와 작품을 비춘다. 비가 올 때면 '피에타'는 오롯이 비를 맞는다. 그리고 한겨울 눈이 올 때면 눈이 천정을 통해 내려와 어머니의 머리와 어깨 위에 하얗게 쌓인다. 누구든 그 모습을 보노라면 자식 잃은 어머니의 애절한 슬픔에 젖어든다. 아마도 작가는 상상하지 못했을 효과가 노이에바헤 전시 공간을 통해 구현되고 있는 것이다.

이 피에타가 역사에 던져 주는 메시지에 가장 아파할 이들은 사회민주당원들이어야 할 것이다. 그들 역시 콜비츠와 함께 전쟁을 반대하고 평화를 옹호하는 편에 서 있었다. 그런데 1914년 전쟁이 발발하자 이들은 태도를 180도 바꾸어 전쟁에 찬성했다. 그리고 전쟁 수행에 적극 협력했다.

단지 전쟁에 찬성했다는 사실이 문제가 아니라 그러한 변화를

노이에바헤 미술관. 원래는 프로이센 왕국 왕궁의 경비 초소였던 건물이다. 현재는 케테 콜비츠의 작품 단한 점만을 위한 전시 공간으로 사용되고 있다.

케테 콜비츠의 피에타. 원제는 '죽은 아들을 안은 어머니'. 전쟁의 고통을 고발하는 작품이자 콜비츠 자신의 모습을 표현한 작품이기도 하다.

두고 당내에서 충분한 토의를 거쳐 합의를 이루어 내지 못한 것이 진짜 문제였다. 그러한 부실한 지도력은 결국 바이마르 공화국이 출범할 때 당내 강경파가 이탈하여 별도의 공산당을 창당하는 결과를 만들었다.

바이마르 공화국이 출범하자 사회민주당은 연립 정부의 일원으로 정국을 주도하게 되었는데, 부실한 지도력 문제는 계속되었다. 경기 침체가 이어지자 실업자가 늘어났고 그 대안으로 실업 보험법을 제정하여 실업자를 구제하는 제도를 만들었다. 실업 보험법 제정은 사회민주당, 곧 사민당이 노동자의 정당임을 보여 준 큰 성과였다. 그러나 대공황이 덮쳐오자 다시 지도력의 문제가 드러났다.

실업 보험법은 기업과 노동자가 각각 급여의 3퍼센트에 해당하는 금액을 보험료로 부담하도록 규정했다. 그런데 대공황으로 실업자가 실업 보험이 감당할 수 있는 수준을 몇 배 넘게 폭증했고, 실업 기금은 고갈되었다. 사민당은 정부의 보조금을 인상하여 이를 해결하자고 제안했다. 하지만 연정 파트너인 보수 정당은 정부 보조금 인상에 반대하고 노동자에 대한 보험금 지급액을 삭감할 것을 주장했다. 노동자 대표와 기업가 대표가 대립하는 형국이었다.

사민당은 주장만 하고 책임 안 져도 되는 야당이 아니라 여당으로서 연립 정부를 이끌고 있었다. 따라서 어떤 식으로든 보수 정당과 절충하여 합의안을 만들어 낼 책임이 있었다. 그러나 보수 세력에게 끌려다니기만 하고 노동자의 이해로부터는 점점 멀어져 갔다. 결국 정국 주도권을 잃었고 연정은 붕괴되었다.

연정의 붕괴로 인해 정부 운영의 권한이 내각에서 대통령에게 넘어갔다. 바이마르 헌법에서 대통령의 통치는 정상적인 정치가 불가능했을 때를 대비한 것이었다. 그런데 힌덴부르크 대통령은 비상대권을 남발해 공화국의 정체성을 허물어 나갔고 나중에는 히틀러를 수상으로 지명해 히틀러 집권의 길을 열어 주었다. 이렇게 볼 때 바이마르 체제를 수렁에 몰아넣은 원인 제공자는 다름 아닌 사민당이라고 해야 할 것이다.

그렇다면 사민당에 반대해 탈당한 강경파들에게는 책임이 없을까. 사민당이 전쟁에 찬성표를 던졌을 때 로자 룩셈부르크, 카를 리프크네히트 같은 전쟁 반대파들은 탈당했다. 그들은 스파르타쿠스단을 결성해 노동자 봉기를 조직하는 방식으로 활동했다. 바이마르 공화국 출범에 즈음해서는 부르주아 민주주의 방식의 정부 구성을 반대하며 공산당을 결성했다. 이들은 사민당과 뿌리를 같이하는 사회주의자들이었지만 바이마르 체제 내내 협력하기보다는 적으로 대하며 싸우기만 했다. 그 싸움의 결과가 무엇이었던가. 바이마르 공화국의 붕괴와 히틀러 체제의 도래였다. 무책임한 싸움이었다고 할 것이다.

1970년, 80년대에 우리나라 학생운동가들이 강경 좌파들의 전기, 특히 로자 룩셈부르크의 전기를 즐겨 읽었고 그들의 사민당 '우경화' 비난 대열에 함께했다. 로자 룩셈부르크는 바이마르 공화국 수립 이전에 죽었으니 파멸에 이른 결과가 자신이 의도한 것은 아니었다고 변명이라도 할 수 있겠지만, 우리나라 학생운동권은 이미 결과를 다 알고 있었으면서도 로자를 애독했다. 소련과 동독의 붕괴를 그때는 예상할 수 없었다고 변명해야 할까.

이렇게 바이마르 체제는 외부에서 가해진 경제 충격파와 내부 지도력의 취약함이 어우러져 휘청거리다 무너져 내렸다. 그 혼란을 정치적으로 가장 영리하게 이용한 세력이 다름 아닌 히틀러와 나치 세력이었다.

3

강제 수용소 공간의 탄생

히틀러의 등장

    독일 최초의 공화국인 바이마르 정부는 출범부터 제1차 세계 대전 패전국으로서 짊어진 과도한 전쟁 배상금을 감당하느라 기초가 허약했다. 그것을 겨우 극복해 내려고 하는 시점에 다시 세계 대공황의 일격을 받아 휘청거렸다. 경제 형편이 어려워지자 곧 실업률이 급등하고 높은 인플레이션으로 물가가 치솟았다. 국민들이 생활고에 시달리게 되자 공화국이라는 진일보한 정치 체제라는 것도 한낱 허울 좋은 겉치레에 지나지 않게 되었다.

    독일에서 경제 형편의 악화는 주로 좌파들의 단골 투쟁 주제였다. 곧 사민당과 그보다 더 왼쪽에 있는 공산당 같은 범좌파 세력들은 마르크스주의 경제학 이론에 따라 노동자 계급이 궁핍해지는 것은 다름 아닌 자본가 계급의 착취에 의한 것이라 규정했다. 따라서 자본가 계급을 상대로 한 더욱 근본적인 계급 투쟁을 전개하는 것이 시대의 임무였다.

하지만 그 뒤 역사에서 드러났듯이 정작 경제 형편의 악화로부터 정치적 이득을 본 이들은 좌파에게 적대적이었던 히틀러 세력이었다. 그들은 사회가 혼란에 빠진 것이 좌파들의 무분별한 계급 투쟁 때문이라고 선동했다. 그리고 선동은 실제로 혼란 속에서 두려움에 떨던 자본가 계급은 물론이고 중산층과 자영업자들에게도 호소력을 발휘했다. 이들을 기반으로 히틀러 세력은 급속하게 세력을 키워 나갈 수 있었다.

히틀러가 처음으로 던진 정치적 승부수는 1923년 11월 뮌헨에서 일으킨 유명한 '맥주홀 폭동'이다. 히틀러는 뮌헨이 속한 바이에른주의 정치 지도자들이 모여 집회를 하고 있던 맥주홀을 급습하여 쿠데타를 시도했으나 실패하고 감옥에 갇히고 말았다. 이때 감옥에서 그 유명한 《나의 투쟁》을 집필한다. 이후 《나의 투쟁》은 나치 집권과 통치의 교본이 되었다.

제2차 세계 대전이 끝난 뒤 나치 청산의 일환으로 바이에른주가 《나의 투쟁》의 저작권을 인수하고 독일에서 출판과 배포를 금지했다. 2016년, 70년의 저작권 기간이 만료되어 독일에서 재출간이 가능해졌다. 그러자 재출간 찬반 논쟁이 일어났고 결국 뮌헨 현대사 연구소에서 비판적 주석을 붙인 《나의 투쟁》을 발간했으나 여전히 논쟁은 가라앉지 않았다. 하지만 출판 금지는 독일 국내에서만 적용되었기 때문에 우리나라에서 이 책을 구해서 읽는 것은 예나 지금이나 큰 문제가 없다.

나는 대학생이었을 때 이 책을 지하 서클 선배의 권유로 읽게 되었는데, 별다른 감흥은 없었다. 선배가 권유한 이유는 히틀러의 선전 선동 기술은 배워 둘 필요가 있다는 것이었다. 지금 생각하면 어이가 없다. 그런데 내가 시위 주동자로 체포되어 경찰에서 조사받던 중 내 집을 압수 수색해서 여러 '불온서적'들을 가져왔는데 거기에 이 책이 포함되어 있었다. 무식한 수사관은 제목만 보고 이 책이 좌파 운동권의 지침서 가운데 하나인 줄 착각한 것이었는데 그 또한 어이가 없는 일이었다.

감옥에서 나온 히틀러는 폭력에 의한 집권이 만만치 않다는 것을 깨닫고 의회 진출을 통한 집권의 길을 모색하기로 한다. 하지만 나치당이 독자적인 정당으로 처음 참여한 1928년 총선에서 나치당은 총 491석 가운데 겨우 12석을 얻는 데 그쳤다. 그리고 이때까지만 해도 독일 국민 중 히틀러가 장차 독일을 통치할 것으로 믿는 이들은 거의 없었다.

나치당의 집권 과정은 순전히 우연의 연속이었다. 첫 번째 우연은 1929년 미국에서 시작돼 전 세계를 강타한 대공황의 쓰나미였다. 하루가 다르게 길거리가 실업자들의 물결로 뒤덮이는 극도의 혼란과 국민들의 아우성 속에서 나치당이 외쳐 대는 "좌파가 이 모든 혼란의 원흉이다!"라는 선동은 점차 호소력을 얻기 시작했다. 사실 나치에게는 억세게 운 좋은 우연이지만, 뒤집어 본다면 다수당으로서 정국을 주도하고 있던 사민당 같은 진보 진영의 정책 실패와 지도력 부재가 원인을 제공한 필연이라고 볼 수도 있다.

어쨌든 이러한 상황 속에서 1930년 의회 해산 후 치러진 선거에서 나치당은 577석 중에서 107석을 얻어 143석의 사민당에 이어 일약 제2당으로 도약한다. 그리고 1932년 5월 선거에서는 230석을 얻어 133석의 사민당을 제치고 압도적인 제1당 지위를 획득한다. 그런데 나치당이 이렇게 선거를 거듭하면서 의석을 늘려간 과정만은 결단코 우연이라고 할 수 없다.

1930년 선거는 1928년에 치러진 정례 총선의 결과로 출범한 사민당 주도의 연립 내각이 붕괴하면서 치러진 선거였다. 선거 결과는 사민당이 제1당을 차지하기는 했으나 과반을 넘기지는 못했고 적절한 연정을 구성하는 데도 실패했다. 안정적인 제1당을 가리기 위해 선거를 반복했고 그 결과 1932년 선거에서 나치당이 제1당이 되는 대사건이 도래한 것이다. 지리멸렬한 내분과 정책적 무능을 되풀이한 진보 진영이 초래한 역사적 필연이었다.

나치당은 제1당이 됐지만 단독 과반에는 이르지 못했기 때문에 군소 보수 정당들과 연립하여 연립 내각을 구성했고, 힌덴부르크 대통령은 히틀러를 수상에 지명했다. 1933년 1월 30일의 일이다.

히틀러는 민주적인 바이마르 공화국의 수상에 만족할 생각은 없었다. 그래서 의회를 다시 해산하고 총선을 치르도록 힌덴부르크 대통령을 압박해 재가를 받아 낸다. 단독 과반 의석으로 의회를 장악한 뒤 나치당 1당 체제를 구축하고 말겠다는 계획이었다. 그것은 히틀러가 수상이 된 직후인 2월 1일 전국에 송출된 라디오 연설에서 그대로 드러났다. 연설의 첫 대목은 "14년 전 범죄자들이 반역을 저지른 이후로 하느님은 우리나라에 대한 축복을 거두었습니다"로 시작되었다. 바이마르 공화국의 출범 자체를 부정한 것이었다. 그러고는 "마르크스주의는 14년 동안 나라를 폐허로 만들었습니다. 볼셰비즘은 1년 안에 독일을 멸망시킬 것입니다"라고 했다. 다시 치러질 선거에서 나치당의 구호가 '마르크스주의 타도'라는 것을 명확히 한 것이다. 그러면서 농민을 도탄에서 구하고 노동자들의 실업 문제도 해결할 자신이 있다며 "4년만 시간을 주십시오!"라고 호소했다.

이쯤 되자 국민들과 보수 기득권 정치인들 사이에서 나치에 대한 경각심이 표면화되기 시작한다. 그들은 나라 형편이 개판이 된 책임이 좌파 진영에 있다는 선동에 고개를 끄덕이고 있었지만, 그렇다고 나치당이 전제 권력을 휘두르는 것도 탐탁지 않게 여기고 있었다. 바로 이러한 순간에 또 하나의 거대한 우연이 일으킨 축복이 히틀러에게 내린다. 선거일 직전인 1933년 2월 27일 밤에 일어난 의사당 화재 사건이다.

의사당 화재 사건

그날 밤 9시경, 수도 베를린 중심에 있는, 중앙에 둥근 돔이 있는 웅장한 석조 건물 의사당이 화염에 휩싸였다. 소방관들이 출동하여 화재를 진압하는 과정에서 건물 뒤쪽에 숨어 있던 범인을 검거한다. 이름은 마리누스 판 데어 루베Marinus Van der Lubbe, 34세의 네덜란드

청년이었다. 체포한 뒤 조사한 결과 그는 네덜란드 공산당에 가담하여 활동해 온 전력이 있는 것으로 밝혀진다.

그런데 화재가 일어난 당일 밤, 불타는 의사당 앞으로 달려온 나치당 간부들이 있었다. 심복 괴벨스와 저녁을 먹던 히틀러가 괴벨스와 함께 달려왔다. 히틀러의 신임을 받고 있던 프로이센주 내무장관 괴링은 이미 도착해 있었다. 그 자리에서 괴벨스는 "이것은 방화와 테러로 치안을 어지럽히고 혼란을 틈타 권력을 탈취하려는 공산주의자들의 기도"라고 규정했다. 히틀러는 이렇게 말했다.

"이것은 하늘이 내린 계시입니다. 이 방화가 공산주의자들의 소행이라면 우리는 이 악랄한 병균에 철퇴를 가해야 합니다."

아마도 히틀러의 속마음은 이랬을 것이다. '이참에 공산주의자들을 제거하는 대대적인 공안몰이를 해서 선거에서 압승하는 기회로 삼아야 한다'고.

그리고 히틀러의 생각대로 사태는 전개된다. 루베를 취조한 경찰서장은 그가 '정신이 좀 이상한 사람'이며 배후는 없는 단독 범행으로 보인다고 보고했으나 히틀러는 버럭 소리를 지르며 그럴 리 없다고 했다. 이미 거리에는 "화염에 휩싸인 의사당! 공산당원이 방화! 공산당원을 불태워 죽이고, 사회민주주의자들을 타도하고, 히틀러에게 투표하라!"는 나치당의 선거 포스터가 나붙기 시작했다.

히틀러는 정말로 좌익 세력이 봉기의 신호탄을 올린 것으로 알았을까. 아니면 단지 공안 정국을 조성하기 위해 사태를 과장한 것일까. 많은 히틀러 연구자들은 당시 히틀러가 실제로 공산주의자들의 봉기를 믿고 있었으리라고 보고 있다. 히틀러가 수상에 취임한 이후 그런 소문이 심심치 않게 돌고 있기도 했다. 또한 1919년 1월, 공산주의자인 카를 리프크네히트와 로자 룩셈부르크가 스파르타쿠스단 봉기를 일으켜 수도 베를린을 마비시켰던 전적도 있었다. 또 1년 뒤인 1920년 1월에는 노동법 개정에 대한 노동자와 공산주의자들의 항의 시위가 의사당 건물 앞에서 벌어졌고 유혈 사태가 일어나 수십 명의 사망자가 발생한 일도 있었다. 이러한 흐름 속에서 히틀러는 이번에도 좌익 공산주의자들이 봉기를 일으킬 것으로 예상하고 있었을지도 모른다.

다른 한편으로, 나치의 탄압을 피해 해외로 도피한 공산주의 지도자들은 이 방화 사건을 '나치에 의한 자작극'이라고 주장하며 음모론을 제기한다. 방화가 의사당 여러 곳에서 동시에 발화된 것은 루베의 단독 범행이 아니라는 것을 보여 주며, 화재 직후 현장에 히틀러를 비롯한 나치당 간부들이 출동한 것은 그들이 사전에 알고 있었을 가능성을 암시한다는 것이다. 더구나 바로 다음 날 긴급 명령을 발동하여 헌법의 기본권을 제한하며 대대적인 진보 진영 체포 작전에 돌입한 것도 이미 사전 준비가 돼 있었음을 보여 준다고 주장했다. 이러한 주장은 소련의 지지를 받았고, 공산주의 국제 조직인 코민테른을 통해 전 세계 사회주의 진영에 전파됐다.

이러한 음모론과 음모론의 대립은 나치 시대는 물론 종전 이후에도 계속됐다. 특히 냉전 시기에는 진영 논리가 압도하는 가운데 객관적인 조명은 거의 이루어질 수 없었다. 오늘날 많은 연구자들은 루베의 단독 범행으로 결론 짓고 있지만, 사실 아직까지도 진영에 따른 음모론 주장은 계속되고 있다.

독일 연방 의사당

여기서 방화 사건의 현장인 의사당 건물을 답사해 보자. 베를린 시내 중심에 있는 이 건물은 현재 완벽하게 복원돼서 연방 의회로 사용되고 있으며 베를린 관광의 명소로서 많은 여행자들이 찾는 곳이기도 하다. 여행자들에게 개방되어 있지만, 보안이 필요한 시설이기도 해서 아무 때나 들어갈 수 있는 것은 아니고 입장 허가를 받아야 한다. 현장에서는 여러 시간이 걸리기 때문에 대개 사전에 인터넷 사이트를 통해 등록하고 입장 허가를 받은 뒤 방문한다.

연방 의회 건물에서 가장 눈에 띄는 것은 건물 중앙 지붕에 있는 투명한 유리로 만든 돔이다. 처음 이 구조물을 봤을 때 나는 잠시 헛웃음이 나왔다. 이 돔은 우리나라 국회 의사당 건물의 돔과 비슷한데, 어린아이들이 멀리서 이 돔을 바라보면서 저 뚜껑을 열면 혹시 로봇이 튀어나오느냐고 묻곤 한다는 우스갯소리를 들었던 기억이 났기 때문이었다. 혹시 그런 우리나라 아이들의 궁금증이 독일 아이들에게도 있었을지 모른다. 그래서 이 돔을 디자인한 건축가 노르만 포스터는 그런 궁금증을 갖는 이들이 누구나 속을 훤히 들여다볼 수 있도록 투명 유리로 만든 것은 아닐까. 물론 우스갯소리다.

독일 연방 의사당. 복구하면서 돔을 투명 유리로 만들었다. 정면 박공 아래에 〈DEM DEUTSCHEN VOLKE(독일 국민에게)〉라는 글귀가 새겨져 있다.

실제로 이 유리 돔 안으로 들어가면 바닥도 유리로 돼 있다. 그 바닥은 바로 의사당 본 회의장의 천정이기도 하다. 따라서 이 유리 돔의 콘셉트는 의원들의 의정 활동을 시민들이 투명하게 들여다볼 수 있게 한다는 것이다. 물론 물리적으로 투명한 유리의 존재가 정치적으로 투명한 의정 감시를 가능하게 하는 것은 아닐 터이다. 하나의 상징적인 구조물이라고 할 수 있다.

1933년 방화 사건 이후 나치당은 건물을 완전히 복구하지 않은 채 방치했다. 거기에는 사정이 있었는데, 공안몰이 광풍 속에서 치러진 3월 5일 선거에서 나치는 압도적인 제1당이 되기는 했지만 이번에도 의석수가 단독 과반에는 못 미쳤다. 그러자 히틀러는 힌덴부르크 대통령을 겁박하고, 공산당과 사민당 의원들을 체포해서 가두고는 막무가내로 그들을 출석 의원수로 계산한 뒤 자신이 제안한 법률안을 통과시킨다. 이른바 수권법, 또는 전권위임법이라고 하는 것으로 의회의 입법권을 히틀러 행정부에게 위임하는 악법이었다. 이 법률안이 통과되면서 권력 분립을 규정한 바이마르 공화국은 사실상 종식되고 히틀러의 독재 체제가 시작되었다.

이후 히틀러의 1인 독재 체제에서는 의회가 거의 열리지 않았기 때문에 의사당을 사용할 일이 거의 없었으므로 불탄 의사당을 복구할 동기도 없었다. 그리고 2차 대전이 일어나자 베를린의 이 건물은 연합군의 집중 포격 대상이 되었다. 특히 소련군은 이 건물의 접수를 전쟁 승리의 상징으로 여겨 집중적으로 공격했다고 한다. 마침내 1945년 5월, 소련군이 이 건물을 접수한다. 당시 소련군 병사들이 승전의 기쁨으로 이 건물 벽에 여러 낙서들을 남겼는데, 일부는 현재까지도 보존되고 있다.

전쟁이 끝난 뒤에 이 건물의 운명은 또 한 번 우여곡절을 겪는다. 종전에 이어 베를린은 동서로 분단되고, 곧 독일 전체가 서독과 동독으로 분단된다. 베를린시 한가운데에 설치된 분단 철조망이 의사당 건물 바로 옆을 지나갔다. 건물의 위치는 서베를린에 속하게 됐지만 살벌한 동서 분단선에 인접해 있어서 서독 정부는 이 건물을 복구할 엄두를 내지 못했다. 더구나 1961년에는 동베를린 측에서 철조망 대신 장벽을 쌓고 양측의 경계가 험악해져서 이 건물은 더욱 쓸모가 없어졌다. 정치적으로도 서독이 수도를 멀리 서쪽의 본에 정하고 그곳에 의회 건물을 마련했기 때문에 의사당이라는 명칭도 잃게 됐다. 냉전 기간 동안 이 건물은 파괴된 돔은 철거해서 없애 버리고 석조 건축물만 대충 수리하여 가끔 전시장이나 공연장으로 사용했다.

이 건물이 다시 역사의 한복판에 등장하는 것은 1989년 베를린 장벽이 무너지고, 1990년 동서독이 통일된 순간이었다. 1990년 10월 3일, 독일 통일 기념식이 바로 이 건물과 그 앞 광장에서 수많은 군중이 모인 가운데 열렸기 때문이다.

그런데 통일 독일의 수도를 어디로 둘 것인가에 대해 논쟁이 뜨겁게 달아올랐다. 무엇보다도 동독 측이 통일 독일의 수도를 베를린으로 할 것을 요구했다. 하지만 동독을 흡수 통일한 서독 측에서는 이미 50년 동안 수도 역할을 해 온 본을 포기할 수 없다는 의견이 강했다. 현실적으로 따져도 본은 비록 서쪽에 치우쳐 있지만 독일에서 가장 인구가 많고 경제 활동이 활발한 지역에 있는 반면, 베를린은 낙후된 동독 지역에 둘러싸여 있고 지리적으로도 국토의 동북쪽 귀퉁이 외진 곳이었다.

우리나라에서도 2004년 노무현 정부가 충청도 지역으로 행정수도를 이전하려고 했을 때 기득권 세력의 엄청난 저항에 부딪혔고 결국 좌절된 바 있다. 당시 노무현 대통령은 "수도 이전은 한 시대와 지배 세력의 변화를 의미한다"고 말했는데, 오히려 이 말이 기득권 세력의 격렬한 반대를 자극한 측면이 있었다. 1990년 독일에서도 본에서 베를린으로의 수도 이전은 기득권 세력에게는 기득권 상실이라는 공포를 가져다주었을 것이다. 수도 이전 찬성론자들은 노무현 정부처럼 수도는 베를린으로 옮기되, 행정 수도는 본에 둔다는 절충안을 냈지만 반대 측을 설득하지 못했다. 이런 가운데 굳이 동독의 요구 때문이 아니라 분단과 히틀러 체제 이전 독일 제국의 수도 베를린으로 복귀하는 것이 자연스럽다는 주장도 제기됐다. 결국 표결에 부쳤는데 아주 근소한 차이로 수도 이전이 결정됐다.

그런데 여기서 반대론의 한 논거였던 베를린의 지리적 위치를 짚고 넘어갈 필요가 있을 것 같다. 앞서 보았듯 오늘날 독일 지도를 펴 놓고 베를린 위치를 보면 국토의 동북쪽 구석에 치우쳐 있다. 대부분 국가 수도가 국토의 중앙에 있는 것에 비하면 자연스럽지 않다. 여기에는 독일 근대사의 우여곡절이 얽혀 있다.

중세 시대에 독일이라는 국가는 존재하지 않았다. 그 대신 오늘날 대략 독일의 영토인 지역에 3백여 개의 '영방'이 자리 잡고 있었다. 영방이란 영주가 다스리는 장원 정도 규모의 정치적 단위를 말한다. 1871년 이들이 처음으로 하나의 국가로 뭉쳐져 독일 제국을 건국한다. 이때 건국을 주도한 세력은 영방 가운데 가장 영토가 넓고 왕권이 강했던 프로이센 왕국이었다. 프로이센은 비스마르크라는 강력한 지도자의 영도 아래 덴마크, 프랑스, 오스트리아 순서로 세 차례에 걸친 전쟁을 벌여 연승하면서 국토를 확장하고 빌헬름 1세를 황제로 하는 제국을 수립했다.

이때 제국의 수도를 제국 건국을 주도한 프로이센의 수도인 베를린으로 정한다. 당연히 베를린은 프로이센 영토의 중앙에 있었다.

프로이센의 범위는 오늘날 독일 영토의 북부와 동쪽으로 폴란드 영토의 상당 부분을 합친 지역이었다. 당시 지도를 놓고 보면 베를린이 프로이센 영토의 중앙에 위치하고 있을 뿐만 아니라 전체 영토에서 보아도 중앙에 가까웠다는 것을 알 수 있다.

그런데 독일 제국이 1차 세계 대전에서 패하면서 영토 중 동프로이센, 곧 오늘날의 폴란드에 속한 지역을 잃게 되고 대략 현재의 국토 모습을 갖추었다. 베를린은 이 영토 안에서는 동북쪽 귀퉁이에 자리하게 되었다. 독일인들의 처지에서는 국토를 빼앗기는 억울한 처사였다. 따라서 1939년 히틀러가 폴란드를 침공함으로써 2차 대전을 개시했을 때 대부분의 독일인들이 잃어버린 땅을 되찾는다는 감격에 휩싸인 것은 그들로서는 당연한 일이었다.

독일 통일 이후에 수도를 베를린으로 정한 데는 이러한 역사적 경험이 자리잡고 있다. 독일 최초의 국가 '독일 제국'의 수도라는 자부심이 베를린에 서려 있는 것이다. 베를린이 수도가 되자 거의 폐허로 방치되다시피 한 의회 건물이 다시 주목을 받기 시작했다. 열띤 논의 끝에 이 건물을 재건축하여 연방 의회로 사용하기로 결정한다. 재건축을 할 때 애초에는 돔을 복원한다는 계획은 없었다고 한다. 건축가인 노르만 포스터가 나중에 돔을 만들기로 추가하면서, 투명 유리 돔이라는 기발한 아이디어를 냈다. 아무튼 이러한 과정을 거쳐 오늘날 관광 명소가 된 연방 의회 지붕의 유리 돔이 탄생했다.

이 연방 의회 건물의 정면 삼각형 박공 바로 밑에는 독특한 글씨체로 〈DEM DEUTSCHEN VOLKE〉라는 글귀가 새겨져 있다. 해석

독일 연방 의사당의 유리 돔. 안에서는 바닥 유리를 통해 의원들이 본회의장에서 의정 활동을 하는 모습을 볼 수 있다.

하면 '독일 국민에게', 또는 '독일 민족에게'가 된다. 여기서 'VOLK'는 '국민' 혹은 '민족'으로 번역되는데, 이 단어에는 독일 역사의 특수한 상황이 깃들어 있다. 독일이라는 국가는 1871년에 이르러서야 역사에 등장한다. 따라서 '국민'이라고 한다면 1871년 이후의 독일인만 가리키게 된다. 그러나 독일인들은 그 훨씬 이전부터 같은 언어와 같은 문화를 가진 공동체를 이루고 있었다. 그러한 의미에 따라서 'VOLK'를 우리말로 번역한다면 '민족'이 본뜻에 더 가깝다고 할 수 있다.

또한 그렇기 때문에 'VOLK'는 독일인들에게 '민족주의'를 연상시키는 단어이다. 우리에게는 '민족주의'가 일제에 항거한 자랑스러운 역사적 기억을 불러일으키지만, 독일인들에게는 나치의 민족적 우월성을 강조한 국수주의가 떠올라 입에 올리기를 꺼려 한다. 길거리에서 흔히 볼 수 있는 자동차 폭스바겐에 이 단어가 들어가 있지만, 폭스바겐 자체가 히틀러가 집권하고 포르쉐 박사를 불러 만들라고 지시한 국민차이다. 그런 단어가 연방 의회 건물에 큼지막하게 새겨진 이유는 무엇일까.

1871년 독일 제국 건국과 함께 제국 의회 건물의 건축 논의가 일어난다. 하지만 부지 마련 등으로 작업이 진척되지 않다가 빌헬름 2세 치세인 1894년에 비로소 오늘날의 장소에 세워졌다. 이때 건축가가 정면 박공 아래에 〈DEM DEUTSCHEN VOLKE〉라는 글귀를 새겨 넣을 것을 제안했다. 그런데 이 문구에 논란이 일었다. 지식인들과 언론에서는 이 글귀가 모순된다는 말이 제기됐다. 의회 건물의 주인은 독일 국민인데, 주인이 자기 건물에 '나에게'라고 쓰는 것과 같다는 지적이었다. 반면에 황제 빌헬름 2세는 오히려 이 문구가 '국민 주권'을 연상시킨다며 황제권에 대한 도전으로 인식해 반대했다. 그러자 사회 각계에서 이러저러한 대안들을 내놓았지만 결국 의견이 합치되지 않았다. 그래서 빈 채로 두기로 했다. 건물을 쳐다보는 이들마다 '저 자리에 무언가 글귀가 적혀 있어야 하는데'라며 아쉬워했다.

그런데 1차 대전이 한창 때인 1916년 상황이 반전됐다. 독일은 전세가 여의치 않게 되고, 빌헬름 2세는 국민들로부터의 협력이 절실해졌다. 이때 의회 측에서 황제에게 의사당 건물에 〈DEM DEUTSCHEN VOLKE〉를 새겨 넣음으로써 국민들의 지지를 얻을 것을 제안했고, 빌헬름 2세는 "정 그렇게 하고 싶다면, 나는 반대하지 않겠다"며 소극적인 허락을 내렸다. 이렇게 우여곡절 끝에 새겨진 이 문구는 애초에 황제가 우려했던 그대로 '국민 주권'을 상징하게 되었다. 2차 대전 때 폭격으로 훼손된 이 문구를 재건축하면서 복구한 것도 이러한 배경이 있기 때문이었다.

공안 정국 몰아치다

다시 1933년 2월 의사당 방화 사건으로 돌아가자. 히틀러는 화재 당일 밤에 우선 괴링이 내무장관을 맡고 있던 프로이센 전역에 걸쳐 공산주의자들을 체포할 것을 지시한다. 그리고 다음 날엔 힌덴부르크 대통령을 겁박해 '인민과 국가를 보호하기 위한 긴급 명령'을 받아낸다. 이 명령은 헌법에 보장된 언론, 출판, 집회, 결사의 자유 같은 기본권을 제약할 수 있는 초헌법적인 조치였다.

그 뒤부터 전국에 걸쳐 검거 선풍이 몰아닥쳤다. 우선 중앙과 지방 공산당의 당직자들이 체포됐고, 공산당과 사민당 소속 의원들도 검거 대상이 되었다. 이어서 공산주의와 연관이 있다고 의심되는 이들은 모두 체포 대상이 되었다. 프로이센에서는 불과 며칠 만에 1천 명이 검거됐고, 3월 중순이 되면 그 숫자는 8천 명에 이른다. 프로이센을 넘어 전국에서 검거된 숫자는 정확한 기록이 남아 있지 않지만, 수만 명에 이를 것으로 추산된다.

이러한 대량 검거 선풍은 경찰력만으로는 감당할 수 없는 일이었다. 히틀러는 이런 일을 대비해 사조직을 준비해 두었다. 우선 '돌격대SA'. 당 조직으로 당의 행사나 시위 때 당원들을 외부의 공격으로부터 보호한다는 명목으로 만들어졌다. 하지만 혼란한 정국 속에서 정치적 반대파에게 무력을 행사하는 무장 단위가 되어 갔다.

다음으로 좀 더 히틀러 개인에 충성하는 조직인 친위대SS. 친위대는 검은색 제복에 명칭인 SS를 번개 모양으로 변형한 문장과 해골 마크를 달았다. 그리고 은으로 만든 단검을 지니고 다녔다. 애초에 위계로 보면 돌격대보다 아래였지만 히틀러의 총애를 받아 세력을 확장해 비공식적 경찰 조직으로서 권력을 행사한다. 나중에 건설되는 강제 수용소의 운영도 이들이 맡게 된다.

그리고 어린 학생들을 규합해 '히틀러 유겐트'라는 조직을 만들었다. 어린 학생들이 나치 조직에 쉽게 흡수된 것이 납득하기 어려울 수도 있는데, 독일 특유의 상황이 있었다. 19세기 초 프랑스 나폴레옹의 침략에 대항하는 과정에서 프랑스 대혁명의 진보 이념이 독일에 전파됐고, 이후 독일에 사회 개혁 바람이 불면서 사민당과 공산당 같은 진보적인 정치 세력이 성장했다. 그들을 주축으로 바이마르 공화국이라는 민주 공화국 체제를 건설하면서 이 당시 세대는 거대한 진보를 이루어 냈다.

그런데 바이마르 공화국이 지리멸렬한 끝에 붕괴되는 것을 지켜본 청소년 세대에게는 진보를 주도한 기성세대에 반감이 싹트기 시작한다. 청소년들은 기성세대에 대한 반항으로 스스로 조직을 만들어 숲속을 탐색하며 독일 민족의 고유한 문화에 대한 자부심을 고취한다. 그렇게 기성세대는 진보, 다음 세대는 보수라는 역전된 흐름이 생겨났다. 바로 이러한 때에 히틀러가 아리안 민족의 우수성을 호소하며 다가오자 청소년들은 기꺼이 호응했던 것이다.

그 밖에도 나치당 이전부터 활동하던 우익 준군사 조직 '철모단'을 나치당 조직으로 흡수하기도 했다. 히틀러 통치의 특징은 이렇듯 자신에게만 충성하는 비정부적 사조직의 운영이었다.

이러한 비정부 당 조직들이 1933년 공안몰이에서 경찰의 역할을 대신했다. 정부 조직이 아니었기 때문에 오히려 법의 제약에서 자유로웠던 그들은 체포자들에게 무자비한 폭행과 고문을 자행하고는 했다.

바로 이때 중대한 문제가 발생한다. 전국에 걸쳐 수많은 공산주의자와 사회주의자들을 검거했는데, 그들을 수용할 공간이 부족했다. 경찰서 유치장이나, 법원의 구치감으로는 감당할 수 없는 숫자였다. 독일 중서부 오스트호펜이라는 마을의 경우를 보자. 나치 돌격대는 이 지역에서 수백 명의 '좌익'들을 검거했는데, 경찰서 유치장은 이미 만원이었다. 때마침 마을에 비어 있는 제지 공장이 있었다. 소유자는 유대인이었다. 나치는 일찍부터 유대인에게 적개심을 품어 왔던 차였다. 공장을 몰수하고 그곳에 검거된 이들을 수용했다. 수용자들을 먹이는 일도 큰일이었다. 돌격대는 마을의 유대인들을 겁박해 수용자들이 먹을 음식을 조달하도록 강제했다. 이 모든 일은 중앙 정부의 지시 없이 지역에서 자발적으로 이루어졌다. 이것이 당시 전국 곳곳에 세워진 강제 수용소의 일반적인 모습이었다.

여기서 반드시 짚고 넘어가야 할 것이 있다. 나치당 집권 초기에 그들이 표적으로 삼은 타도 대상은 유대인이라기보다는 좌파 사회주의 세력이었다. 유대인 전면 탄압이 본격화되는 것은 2차 대전을 일으키고 난 뒤인 1940년부터이다. 이때 왜 유대인을 표적으로 삼았는지는 사실 아직까지도 연구 대상이 되고 있는 히틀러의 수수께끼인데, 9장에서 자세히 다룰 것이다.

나치가 어떤 사람들을 적대시했는지 알 수 있는 자료가 있다. 나치가 강제 노동 수용소에 수감한 수용자들의 웃옷 가슴에 달게 한 역삼각형 모양의 식별표이다. 식별표는 수감자를 색깔별로 여섯 종류로 분류하고 있는데, 정치범, 일반범, 불법 이주자, 여호와의 증인, 동성애자, 부랑인 순서이다. 유대인은 별도의 범주로 노란색 정삼각형 표지를 사용했다. 이를테면 공산주의자이면서 유대인인 경우 붉은색 역삼각형과 노란색 정삼각형을 겹쳐 두 색깔의 별 모양 표지가 된다. 나중에는 단지 유대인이라는 이유만으로 강제 수용소에 끌려오는데, 이때는 노란색 삼각형 표지 두 개를 겹쳐서 노란색 별 모양이 됐다. 그것이 마치 유대인들의 상징인 '다윗의 별'처럼 보였다.

의사당 방화 사건을 계기로 전국에 불어닥친 공안몰이의 1차 대상은 중앙과 지역의 공산당 간부들, 공산당 의원들, 공산당과 연계된 사민당 의원과 당직자들이었다. 1933년부터 1945년까지 나치에 의

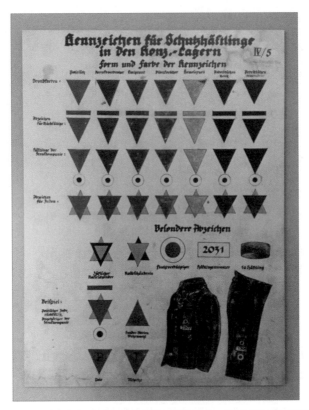

강제 수용소 수감자가 가슴에 다는 식별표. 가장 왼쪽부터 오른쪽으로 정치범, 중범죄자, 이민자, 여호와의 증인, 동성애자, 부랑자 순이다. 아래의 정삼각형 모양이 유대인 표시이다.

해 핍박받고 살해, 또는 처형당한 연방 의원 수는 96명에 이른다.

현재 연방 의회 입구 부근에는 이들 96명 의원을 기리는 추모비가 설치돼 있다. 다양한 모양의 철판을 연이어 세워서 독특한 경관을 만들고 있는데, 각 철판의 모서리 단면에는 희생자의 이름, 출생 연도, 사망 연도, 사망 장소를 기록해 놓았다.

연방 의회 희생자 기념비. 연방 의사당 건물 입구에 있으며 각 철판의 단면 위에 희생자의 이름, 끌려간 곳, 처형당한 곳들이 표시돼 있다.

사망 장소에 'KZ'라는 단어가 붙은 경우가 많은데 '카체트'라고 읽으며 'Konzentrationslager^Concentration Camp', 곧 강제 수용소를 가리키는 독일어 약자이다. 독일 곳곳에 있는 이들 강제 수용소 기념관에는 독일어로 'KZ Gedenkstätte'라고 쓰여 있는데 번역하면 '강제 수용소 기념관'이다.

의원들뿐만 아니라 전국에서 수만 명의 공산주의자와 사회주의자들이 검거됐다. 경찰서 유치장과 법원 구치소는 그들을 감당할 수 없었다. 그래서 전국 각지에서 지역 경찰들이 자발적으로 구금 시설을 마련했고 이것이 강제 수용소의 시초가 된다. 그러나 이때의 강제 수용소는 지방 정부 차원에서 폐업한 공장 건물들을 몰수해서 만든 것으로 지역마다 각양각색이었다.

정규 경찰이 관리한 수용소의 경우 수감자에 대한 대우가 그렇게 열악한 수준은 아니었다고 한다. 제공되는 음식은 형편없기는 했지만, 외부에서 음식 반입이 허용되기도 했고 면회도 허용되었다. 그리고 일정 기간이 지난 뒤 별다른 혐의가 드러나지 않은 수감자는 석방하기도 했다.

그러나 이런 가운데 히틀러는 각지에 자생적으로 만들어진 강제수용소를 국가가 직접 관리하는 대규모 시설로 격상시킬 방안을 모색한다. 그리고 그 책임자로 친위대를 책임지고 있던 하인리히 히믈러를 발탁하고 바이에른주 경찰 총수로 임명해 뮌헨으로 보낸다.

뮌헨을 중심 도시로 하는 바이에른주는 독일 동남부에 자리하고 있으며 정치적으로 보수색이 강한 지역이다. 우리나라의 경상도와 비슷한 것 같다. 타 지역에 대한 지역 감정도 우리와 비슷해서, 북부 프로이센에 대해 늘 정치적 반대파의 역할을 해 왔다. 하지만 뮌헨은 히틀러가 처음 정치를 시작한 히틀러의 정치적 고향이며, 그가 1923년 이른바 '맥주홀 폭동'을 일으키고 실패한 곳이기도 하다. 아마도 히틀러는 그때의 실패에 대한 보복이라도 하듯 히믈러를 뮌헨에 보냈을지도 모른다.

바이에른에서도 공안몰이 이후 수천 명이 검거됐고, 이들을 수용할 공간이 부족하자 히믈러는 뮌헨 북쪽 약 30킬로미터에 있는 다하우 마을 인근에 있는 문 닫은 무기 공장을 찾아낸다. 1차 대전 패전 이후 베르사유 조약의 제한에 따라 무기를 생산할 수 없어 폐업한 공장으로 잡풀이 우거져 거의 폐허가 된 상태였다. 하지만 이곳엔 울타리가 쳐 있고 그 안에 800명 정도의 노동자들이 묵었던 숙소 건물이 있어 수용소로 안성맞춤이었다. 히믈러는 검거자들에게 강제 노역을 시켜 공장을 정리하고 임시 건물을 지어 강제 수용소로 삼았다. 이것이 오늘날 보존되고 있는 '다하우 강제 수용소'의 시초였다.

다하우 강제 수용소 기념관

오늘날 많은 탐방객들이 방문하는 다하우 강제 수용소 기념관은 가장 잘 보존된 나치 시설 가운데 하나이다. 이 시설들은 최초의 임시 수용소 때의 것이 아니라 이후 새로 건축된 것들이다. 히믈러는 일시적으로 사용될 용도의 수용소가 아닌, 국가의 필수적이고도 항구적인 운영 기관으로서 강제 수용소를 규정하고 이를 위해 체계적인 계획 아래 시설들을 건축했다. 다하우 수용소는 그 최초의 본래 모습을 보여 주고 있다.

다하우 수용소 기념관은 뮌헨에서 전철과 버스를 갈아타고 1시간 이내에 도착할 수 있다. 뮌헨 시내에는 많은 가이드들이 활동하고 있어 개인적으로 탐방객을 모집해 현장까지 인솔하기도 한다.

입구를 통과하면 바로 커다란 기념 조형물을 만날 수 있다. 이곳에 수감돼 있던 사람들의 고통을 상징적으로 표현하고 있는 조형물이다. 이 조형물이 있는 장소는 메르켈 총리가 방문해서 사죄한 곳이어서 널리 알려졌다.

메르켈은 이곳을 두 번 방문했다. 2013년 8월, 독일 총리로서는 처음으로 이곳을 찾아 헌화하고 나치 과거사에 대해 반성했다. 그리고 2015년 5월, 이곳이 더 이상 지옥이기를 그친 날을 기념하는 '다하우 해방 70주년' 기념식에 다시 참석하여 희생자를 위로하고 "독일의 책임과 반성은 영원할 것"이라고 연설했다. 메르켈 총리는 2020년에는 폴란드에 있는 아우슈비츠를 방문하여 또 다시 사죄했다.

독일의 과거사 사죄는 1970년 빌리 브란트 수상이 폴란드 바르샤바를 방문해 희생자 기념비 앞에 무릎을 꿇은 장면이 상징하고 있다. 그러나 브란트의 사죄와 메르켈의 사죄는 약간 다른 의미가 있다. 브란트는 갑자기 무릎을 꿇는 모습을 연출함으로써 깊은 인상을 주기는 했지만 사민당 정치인이자 68운동의 지지자로서 어찌 보면 당연한 행보이기도 했다. 반면에 메르켈은 보수적인 기민당 소속 총리로서 과거사를 반복해서 사죄했다. 이로써 독일의 사죄는 진보, 보수를 가리지 않는 국가적 의사라는 것을 보여 주었다.

또 메르켈은 나치의 침공을 받은 폴란드가 아닌, 독일 국내에 있는 수용소를 방문했다는 점이 브란트와 다르다. 국내의 같은 장소를 두 번씩이나 방문함으로써 독일의 사죄가 외교의 차원이 아닌, 내면으로부터 우러나오는 반성이라는 것을 보여 주었다.

다하우 수용소 기념관 정문을 통과하여 안으로 들어가면 정면을 향해 쭉 뻗은 길 좌우로 이제는 크게 자란 나무들이 가로수처럼 늘어

다하우 강제 수용소 기념관. 기념관 입구의 안쪽에서 바깥쪽을 바라보는 풍경이다. 전면에 보이는 기념 조각 아래에서 메르켈 총리가 헌화했다.

다하우 강제 수용소 소각장. 수용소에서 죽거나 처형된 수감자들의 시신은 소각로에서 태워서 처리했다.

서 있고, 그 나무 뒤로는 옛 막사 자리들이 잡석만으로 그 흔적을 남기고 있다. 실제로 독일의 수용소 기념관들은 그 어느 곳이든 옛 수감자 막사를 복원하지 않고 잡석으로 그 흔적만을 알려 준다. 한두 사동만 복원하여 당시의 실상을 알려 주는 전시관 공간으로 사용한다.

그래서 탐방객들이 바라보는 전체 풍경은 왠지 휑하고 쓸쓸한 느낌을 준다. 폐허를 바라보는 듯한 느낌도 든다. 이것은 뒤에 4장에서 '공포의 지형도 기록관'을 설명하면서 언급할 것인데, 설계의 의도가 담긴 연출이다. 황량한 경관을 통해 관람자가 나치의 고통스런 과거사와 직면하도록 유도하는 것이다.

다하우에서 탐방자에게 가장 충격적인 장소는 소각장일 것이다. 나치는 수용소에서 처형되거나 사망한 시신들을 소각하여 처리했는데, 특히 전쟁 말기에 유대인 절멸 정책이 결정된 이후에 대량 살상을 자행하고 소각장에서 밤낮없이 시신을 불태웠다. 그러나 다하우의 소각장은 전쟁 말기에는 사용되지 않았다. 물론 다하우 수용소를 관리하던 친위대는 대량 처형을 계획했지만, 실행하지는 않았다. 그 이유로는 소각장을 운영할 연료인 석탄 공급이 끊겼기 때문이라고도 하고, 이미 연합군이 근접한 상황에서 시신을 태운 냄새가 퍼져 나가는 것을 친위대 간부들이 꺼렸을 것이라고도 한다. 실제로 가스실과 소각장에서 대량 학살이 일어난 대표적인 곳은 폴란드의 아우슈비츠를 비롯한 절멸 수용소들이다. 그럼에도 다하우의 소각장은 나치의 반인류 범죄를 증명하는 음산한 장소임에는 틀림없다.

다하우 수용소 초기 상황으로 돌아가 보면, 정규 경찰의 운영 아래에서는 물자는 빈약했으나 대우가 그렇게 나쁘지는 않았다. 야외 식당에서 음식을 조리하고 식사해야 했고, 화장실은 야외의 노출된 곳에 있었다. 하지만 히틀러 생일인 4월 20일에는 음악도 틀어 주고 특별 음식과 흡연자를 위해서는 담배도 제공했다고 언론 매체를 통해 홍보했다.

이 모든 것이 히믈러가 뮌헨에 부임한 이후 돌변한다. 우선 수용소 운영을 경찰이 아닌 친위대에 맡겼다. 친위대는 법률 조직인 경찰과는 달리 당 조직이므로 법률의 제한에서 자유로웠다. 히믈러가 원한 것은 바로 이 점이었다.

나치의 돌격대나 친위대는 모두 1차 대전부터 바이마르 공화국 시기 사이의 정치적 혼란기 속에서 자라난 폭력 조직들이다. 우리나라도 비슷한 사례가 있다. 해방 이후 정치적 격동기 속에서 서북청년단, 조선민족청년단과 같은 극우 폭력 조직들이 생겨났다. 서북청년단은 1948년 제주도에서 일어난 4·3항쟁 때 양민들에게 잔혹한 행동을 한 것으로 유명하다.

여기서 왜 정치적 혼란기에 특히 극우 세력에서 폭력 조직들이 싹트는가 생각해 보게 된다. 아마도 그들 자신들은 극좌 폭력에 대한 대응이었다고 답할지 모르겠다. 사실 독일의 경우에도 1919년 1월 리프크네히트와 로자 룩셈부르크가 스파르타쿠스단 무장 봉기를 일으켜 베를린시를 무정부 상태로 몰아넣기도 했다. 제주도에서도 남로당의 무장 봉기가 사건의 도화선이 됐다.

그러나 독일의 스파르타쿠스단이나 제주도의 남로당은 비록 극좌 노선을 걸었지만, 그들 자체가 폭력 조직이라고 말할 수는 없다. 폭력 조직이었다기보다는 폭력 혁명 노선을 취했다고 표현하는 것이 정확할 것이다. 그들 공산주의자들이 신봉하는 마르크스주의에 따르면, 자본주의 체제는 무산 계급인 프롤레타리아트의 폭력 혁명에 의해 전복될 운명을 갖고 있다. 국가라는 것도 자본가들의 노동자 착취를 제도화해 주는 '자본가의 도구'일 뿐이니 그 부속 기관인 경찰은 국가와 함께 타도되어야 할 적이다. 현실 세계에 등장한 공산주의 국가인 소련, 중국, 북한 들에서 한결같이 당이 국가 위에 군림하는 위상을 갖는 것은 이 때문이다.

공산주의자들은 자신들의 마르크스주의 세계관과 정치 노선에 따라 자본주의 체제가 인민의 폭력에 의해 전복될 것이라고 믿지만, 그들을 바라보는 우익들이 그들의 그러한 논리를 이해해 줄 의무는 없다. 우익이 바라보기에, 좌익이 경찰과 국가는 인민의 적이라며 그들을 상대로 과격한 시위를 벌이는 것은 두려운 일이 아니었을까. 정말로 그들 말대로 경찰도 국가도 없어지면 자신들은 누가 지켜 줄 것인가. 여기에서 '우리 스스로 지켜야겠다'는 자각이 일어나고 그것이 극우 폭력 단체 결성으로 나아간 것은 아닐까. 나치 돌격대와 친위대가 바로 좌익 시위대에 맞서 자신들의 시위대를 보호하기 위한 '질서 유지대'에서 출발했고, 그것이 평상시에 '육체 단련대'로 유지되다가 나중에 정치적 반대파를 공격하고 지도자를 보위하는 조직이 되었던 것이다.

아무튼 나치 친위대는 법률의 제약을 받는 조직이 아니었기 때문에 수용소를 운영함에 있어서 더욱 잔혹해질 수 있었다. 1933년 4월 히믈러가 다하우 수용소를 방문한 날, 그는 앞으로 수용소를 관리할 친위대 대원들을 앞에 놓고 말했다. "너희 중에 수감자를 인간의 얼굴을 한 존재로 보거나, 피를 보는 것을 두려워하는 자는 즉시 대열을 이탈해서 이곳을 떠나라"고.

이어서 히믈러는 수용소 사령관을 테오도르 아이케Theodor Eiche 라는 흥미로운 인물로 교체한다. 이 인물을 임명한 것 자체가 히믈러의 의도를 충분히 짐작할 수 있게 했다. 그는 장차 나치의 강제 수용소 운영에서 큰 역할을 하게 된다.

아이케는 1차 대전에 참전했고 바이마르 공화국 아래에서 경찰로 복무했다. 그러나 폭력적인 극우 시위에 참여하고 극우 단체에 가입한 일로 사직당한다. 이후 바이마르 공화국에 적개심을 불태우던 아이케는 나치 돌격대를 거쳐 친위대에 참여한다. 이때 그는 정치적 반대파에게 사용할 의도로 폭발물을 제조한 혐의로 체포되고 2년 형을 선고받는다. 그러나 사법부 안의 나치 우호 인사들의 도움으로 간신히 석방되고 이탈리아로 피신한다. 아이케는 이탈리아에서도 파시스트 무솔리니를 위해 일했다.

1933년 히틀러가 집권하자 아이케는 귀국해 다시 친위대에 복귀한다. 그러나 그를 기소했던 나치 간부 요제프 뷔르켈은 아이케가 정신 상태가 정상이 아니라며 그를 정신 요양원으로 보내 버린다. 이때 아이케를 불러내 발탁한 사람이 히믈러였다. 히믈러는 아이케의 친위대 초기 시절부터 그를 유심하게 관찰해서 아이케에 대해 잘 알고 있었다. 폭력적 성향을 갖고 있는 그가 수용소 관리에 적임자라고 판단했던 것이다.

수용소 사령관이 된 아이케는 수용소의 운영 규칙을 정하고, 수감자들을 효율적으로 관리할 체계를 정비한다. 그가 만든 운영 규칙의 첫 번째 조항은 "관용은 곧 나약함이다"였다. 이에 따라 규칙을 어기거나 탈출을 기도한 수감자들에게 매우 혹독한 처벌을 내렸다. 고문이 일상화됐고, 살인도 심심치 않게 자행됐다.

히믈러가 보기에 아이케의 수용소 운영은 탁월했다. 그래서 그에게 전국의 강제 수용소를 관리하는 총감독관 지위를 부여한다. 아이케는 총감독관 직책으로 수도 베를린 인근 오라니엔부르크에 있는 작센하우젠 수용소에 부임한다. 그리고 이 수용소를 앞으로 지어질 모든 수용소의 모델 하우스로 재건축한다. 오늘날 독일에 보존된 강제 수용소 기념관들을 방문하면 그 구조가 모두 판에 박힌 듯이 같다는 것을 알 수 있는데, 바로 아이케의 설계 작품이다.

작센하우젠 강제 수용소 기념관

흔히 나치의 강제 수용소 하면 아우슈비츠를 떠올리는데, 이곳은 나치가 2차 대전을 개전하고 폴란드를 점령하여 영토를 넓히면서 점령지에 만든 수용소이다. 나치는 그보다 먼저 1933년부터 독일 국내에 많은 수용소를 지었다. 자생적으로 만들어지던 시기를 지나 중앙 정부의 지도 아래 규격화되고 체계화된 운영 지침을 가진 수용소들을 건설하기 시작하는데, 그 설계자는 앞에서 언급한 테오도르 아이케였다.

아이케는 수용소 총감독관이 된 뒤 다하우를 떠나 베를린 교외 오라니엔부르크에 있는 작센하우젠 수용소에 부임한다. 여기에서 아이케는 이후 지어질 다른 모든 수용소의 원형을 설계하고 작센하우젠에 그 시범 시설을 완공한다. 아이케는 정교하게 설계된 작센하우젠 수용소를 시범 운영해 본 다음 그와 똑같은 형태의 수용소를 독일 전국과 점령지에 건설하게 된다.

오늘날 아우슈비츠와 작센하우젠을 차례로 방문해 보면 작센하우젠이 마치 아우슈비츠의 축소 모형처럼 보인다. 사실은 작센하우젠을 원본으로 삼아 아우슈비츠에 그 확대형을 건설한 것이다. 그래서 작센하우젠 수용소는 규모는 비록 작지만 매우 조밀하고 압축되어 있다는 것을 느낄 수 있다.

베를린 중앙역에서 기차를 타고 1시간쯤 걸리는 곳인 오라니엔부르크는 작고 아담한 전원 마을이다. 이렇게 아름답고 평화로운 마을에 나치 수용소라니 좀처럼 어울리지 않는 느낌이다. 기차역에서 버스를 타고 수용소에 도착하면 곧바로 입장하지 말고 수용소 주변 집들을 구경할 것을 권하고 싶다. 한없이 평화롭고 아담한 전원주택들을 만날 수 있다. 그런데 이 집들은 나치 수용소 시절 때부터 있었다. 바로 수용소에 근무하던 친위대 간부들이 거주하던 집들이다. 평화로운 겉모습의 집 안에 살인마들이 살았던 셈이랄까. 한나 아렌트가 말한 '악의 평범성'을 실감할 수 있는 현장이다.

작센하우젠 수용소의 전체 부지는 한 변이 약 600미터인 정삼각형 모양이다. 밑변의 중앙이 입구이며 세 꼭지점 자리에 높은 감시탑이 세워져 있다. 그리고 밑변 중앙을 중심으로 삼각형에 내접하는 반원형 모양에 방사형으로 각 수용소 막사가 배치돼 있다. 기하학적으로 잘 짜여진 구조라는 걸 알 수 있다.

삼각형 밑변의 중앙에 아담하고 단정하게까지 보이는 하얀색 2층 건물이 있다. 수용소의 출입구이자 수용소 전체를 통제하는 감시탑이기도 하다. 이 하얀 건물의 꼭대기에 시계탑이 있다. 내가 방문했을 때 시각은 정오에 가까웠는데, 시계탑은 11시 7분을 가리키고 있었다. 시계가 고장 난 것으로 알았고, 꼼꼼하고 철저하기로 유명한 독일인들이 이런 실수도 하나 싶었다. 하지만 곧바로 가이드의 설명을 듣고 그것이 실제 시계가 아니라 시계 그림이었으며, 11시 7분은 1945년 4월 22일 연합군의 일원인 소련군이 접수하여 이곳이 더 이상 지옥이기를 멈춘 시간을 가리킨다는 것을 알았다.

수용소 입구는 2층 건물로 된 업무 시설 1층 중앙에 철문으로 만들어져 있다. 이 건물 2층에서 전체 사동을 한눈에 조망할 수 있도록 배치한 것으로, 제레미 벤담이 제안한 근대적 감옥 시설인 '파놉티콘 Panopticon'을 실제로 구현한 것이었다. 벤담은 이른바 '최대 다수의 최대 행복'을 주장한 공리주의자로 알려져 있는데, 그런 그가 '최대 다수 수용자에 최소 감시자'를 통해 '또 다른 공리'를 추구하는 아이케에게 영감을 제공했다니 씁쓸할 뿐이다. 결국 '공리'라는 추상적 개념

작센하우젠 수용소 시계탑. 시계는 11시 7분을 가리키며 멈춰 있는데 이곳이 연합군에게 해방된 시각을 나타낸다.

작센하우젠 수용소 정문. 〈ARBEIT MACHT FREI〉, 곧 "노동이 너희를 자유롭게 하리라"라는 뜻으로 이 문구는 나치가 건설한 모든 수용소 정문에 새겨져 있다.

의 주체는 민주주의자일 수도, 히틀러와 같은 전체주의자일 수도 있다는 것을 새삼 깨닫게 하는 장소이다.

철문에는 〈ARBEIT MACHT FREI〉라는 문구가 박혀 있다. 뜻은 "노동이 (너희를) 자유롭게 하리라"이다. 이 문구의 원본은 신약 성서 요한복음 8장 32절, "진리를 알지니 진리가 너희를 자유롭게 하리라"이다. 물론 요한복음이 전하고자 한 것은 하느님을 믿으면 현실 세계의 모든 제약과 한계로부터 벗어나게 된다는 신앙의 가르침이다. 19세기에 독일의 문학가들이 이 성서 문구에서 '진리'를 '노동'으로 바꾸어 표현하는 일종의 문학적 패러디를 시도하곤 했다. 이를테면 일하지 않고 도박으로 지새며 인생을 허비하면서도 한편으로는 정신적으로 고통스러워하는 이들에게 "노동이 너희를 자유롭게 하리라"는 표현을 써 일종의 선도용 문구로 사용했던 것이다.

그러던 것이 어느 사이엔가 이 문구가 나치의 정책 슬로건이 되어 나타났는데, 그 자세한 이유는 명확하지 않다. 아마도 1차 대전 이후 독일 경제가 곤두박질치고 실업률이 치솟자 일자리를 강조하는 차원에서 이 문구가 쓰이지 않았을까 추측해 볼 수 있겠다.

그러나 어쨌든 본뜻과는 사뭇 다르게 이 문구가 강제 수용소 입구의 철문에 새겨지게 되었다. 이 문구를 수용소 정문에 걸어 놓을 생각을 한 자는 물론 아이케였다.

아이케는 나치에 반대하는 '적대 세력'은 엄한 처벌을 받는 것이 마땅하다고 생각했다. 그래서 수용소를 관리하는 부하 친위대원들에게 수감자들을 엄격하게 대할 것을 요구했다. 아이케는 '관용은 나

작센하우젠 수용소 전경. 수감자들이 묵었던 옛 건물들은 모두 철거되고 없으며 빈터만 남아 있다. 그 가운데 일부만 복원하여 전시 공간으로 사용한다.

약함의 표시'라는 것이 지론이었다. 바로 이런 관점에서 입구 철문에 "노동이 너희를 자유롭게 하리라"라는 문구도 새겨 넣도록 했다. 아이케가 이 문구를 통해 수감자들에게 전달하고자 한 것은 결코 그 어떤 철학적, 신학적, 윤리적 격언이 아니었음은 물론이다. 그저 단순하게 "시키는 대로 열심히 일하면 풀려날 수 있다"는 의미였다.

그리고 이것은 거짓말이었다. 우리가 잘 알듯이 나치의 강제 수용소는 노동을 통한 '교화'의 장소가 아니라, 처음엔 사회로부터의 격리와 강제 노동을 통한 '착취'의 장소였고 나중엔 수감자들을 이 세상으로부터 '절멸'시키는 곳이 되었다. 1941년 작센하우젠에 수용됐다

살아남은 한 생존자의 증언에 따르면, 그가 친위대 대원들에게 이끌려 이곳에 와서 문을 통과할 때 이 문구를 보고 작게 소리 내어 읽었다고 한다. 그때 뒤에서 그것을 들은 한 친위대 대원이 나지막한 목소리로 "그래, 3호 소각실에서"라고 말하는 것을 들었다. 즉 이곳 강제 수용소에서 자유롭게 되는 것은 결국 죽음을 통해서만 가능했다는 이야기였다.

폭력적인 성향의 극우 정치인이자 정신 병력까지 가진 아이케에 의해 고안된 수용소 입구 문구, "노동이 너희를 자유롭게 하리라." 이렇게 보면 이것은 차가운 현실을 표현하는 냉소의 문구이자 심지어 희극적인 문구이기도 했다.

중앙 감시탑을 중심으로 그 앞에 반원형의 형태로 늘어선 막사들은 현재 남아 있지 않다. 막사 건물들의 처리 과정은 이러했다. 1945년 소련군이 이곳을 접수한 뒤 이곳을 역으로 나치 전범자들의 수용 시설로 이용했다. 감시탑에서 가장 먼 삼각형 꼭짓점 뒤편으로 나가면 당시 소련군의 활동상을 보여 주는 전시관이 따로 마련돼 있다. 거기에는 해방자로서의 소련군만 기록돼 있지 않다. 점령자로서 소련군이 독일 시민들에게 가한 만행도 가감 없이 담고 있다. 특히 많은 독일 여성들이 소련군에게 성폭행당한 사실을 기록한 것이 나에겐 인상 깊었다. 독일 분단 이후 이 수용소는 동독 지역이 되었다. 동독은 북한과 마찬가지로 소련 점령군의 만행을 기록할 수는 없었지만 통일 이후 진실을 복원해 기록한 것이다.

소련군이 철수한 뒤 동독 정부는 수용소 시설을 말끔하게 철거한다. 이는 서독 지역에서도 마찬가지였다. 수용소는 나치의 잔재이기 때문에 그때의 기억을 되살리고 싶지 않은 독일인들은 이 시설들을 하루빨리 눈앞에서 사라지게 하고 싶었다. 이러한 나치 범죄 시설의 복원을 논의하기 시작한 것은 68운동이 일어난 이후였다. 그때 복원 논의의 결과는, 나치 시설이 있던 터는 보존하되, 건물을 그대로 복원하지는 않는다는 것이었다. 다만 몇 개 막사만을 당시와 똑같이 복원하여 전시관으로 활용하기로 했다.

그래서 작센하우젠 수용소 입구를 들어서면 좌우로 막사 몇 개가 복원돼 있고 나머지 수십 개 막사가 있던 자리는 건물 터만 잡석을 깔아 표시해 두었다. 다하우 수용소와 똑같은 모습이다. 전국 어느 수용소 기념관을 가도 동일한 유형을 볼 수 있다. 앞에서 설명했듯이, 탐방자가 날것 그대로의 나치 과거와 직면하도록 하기 위한 설계이다.

치안본부 남영동 대공분실

이러한 독일의 나치 수용소 기념관 설계와 관련하여 내가 관여하고 있는 한국의 독재 정권 시대 공포 기관 중 한 곳인 남영동 대공분실의 보존 논의를 소개한다. 우리나라는 박정희와 전두환 두 대통령의 27년 집권 기간 동안 공포 정치를 겪었다. 대표적인 공포 기관은 남산에 있던 중앙정보부 6국, 서빙고동에 있던 보안사 분실, 남영동에 있던 치안본부 대공분실이다. 그 밖에도 서울과 지방 곳곳에 위장

간판을 달고 운영됐던 많은 '분실'들이 있었다.

남산 중앙정보부 건물 가운데 지하에 고문실이 있었던 제6국 건물은 원형을 알아볼 수 없을 정도로 고쳐져 다른 용도로 사용되고 있다. 지하에 있던 고문실 일부를 뜯어내 보존하고 있지만 원형의 보존이라고 보기는 힘들다. 서빙고 보안사 분실은 아예 깨끗이 철거되고 그 자리에 신축 아파트가 들어섰다. 길바닥에 박아 놓은 작은 동판에 이곳에 그 악명 높은 보안사 분실이 있었다는 간단한 사실만 남기고 있을 뿐이다. 그 많은 공포 기관 가운데 유일하게 남영동 대공분실만이 보존되어 복원 논의를 진행 중이다.

남영동 대공분실은 1976년에 지어져 2005년 그 기능이 다른 곳으로 이전될 때까지 많은 민주화운동가들을 고문하여 '반국가 사범', 즉 '빨갱이'로 조작해 내던 악명 높은 장소이다. 1985년 김근태가 민청련 사건으로 잡혀 와 10여 차례 물고문과 전기 고문을 당한 곳으로, 1987년에는 서울대생 박종철이 연행되어 고문당하다 사망한 사건으로 세상에 널리 알려졌다. 하지만 그 밖에 이름이 널리 알려지지 않은 수백 명의 사람들이 이곳에서 가혹한 고문을 당했고 그 후유증으로 사망하거나 질병에 시달렸다.

고문 생존자들과 그 가족들의 끈질긴 노력, 특히 박종철의 아버지 박정기 씨의 '투쟁'으로 악명 높은 5층 조사실이 보존될 수 있었다. 하지만 이곳을 관리하는 주체는 여전히 경찰이었다. 노무현 정부가 이곳의 수사 기능을 홍제동에 신축한 건물로 이전하고 이곳에 기념관을 조성하려고 시도했으나 경찰의 강력한 저항에 막혀 뜻을 이루

남영동 대공분실 전경. 한국 건축계의 대가 김수근이 설계했으며 5층에 세로로 좁은 창이 있는 곳이 연행자들이 수감되어 있던 조사실들이다.

지 못했다. 겨우 대공분실이 아닌 '경찰청 인권센터'라는 용도로 바꾸는 데 그쳤을 뿐이다.

2017년 촛불혁명으로 박근혜 대통령이 탄핵, 구속되고 문재인 정부가 들어서면서 근본적인 변화가 가능해졌다. 2018년 6월 10일, 6월 민주항쟁 31주년 기념식에서 문재인 대통령은 이 장소에서 경찰이 철수하도록 하고 이 자리에 '(가칭)민주인권기념관'을 조성할 것을 약속했다. 이제 우리도 독일의 나치 강제 수용소 기념관처럼 독재 정권의 국가폭력 현장을 보존하여 기념관을 세울 수 있게 되었다는 점에서 감개무량한 순간이었다.

남영동 대공분실 7층 건물과 담장 안 조경은 한국 건축계의 거장 김수근이 설계했는데, 짙은 회색 벽돌로 지어진 건물들은 음침하고 왠지 모를 공포감이 감도는 경관을 연출하고 있다. 이 또한 거장 김수근의 면모인지 모를 일이다.

내가 속한 남영동 대공분실 인권기념관추진위원회는 이 음습하고 등골 오싹한 경관을 그대로 보존하기 위해서, 부지에 건물을 신축하는 것은 최소한도로 자제해야 한다고 주장했다. 하지만 많은 민주화운동가들이 고통을 겪은 이 장소에 한국의 민주화운동을 기념하는 전시관을 세워야 한다는 주장도 제기됐다.

나는 독일 답사 경험을 토대로, 독일 사람들이 강제 수용소 터에 저항운동 기념관 건물을 신축하지 않은 것과 마찬가지로 남영동은 그 자체를 보존하는 것이 더 바람직하다고 주장했다. 폴란드에 있는 아우슈비츠뿐만 아니라, 독일 내에 있는 여러 수용소 기념관 그 어느 곳에도 나치에 저항한 운동을 보여 주기 위해서 번듯한 새 건물을 지은 곳은 없다.

독일 저항 기념관

독일 베를린에 '저항 기념관German Resistance Memorial Center'이 있기는 하다. 이 기념관은 나치에 저항한 모든 운동을 기념하는 곳은 아니고, 가장 상징적인 저항운동인 1944년 7월 20일에 발생한 히틀러 암살 기도 사건을 기록하고 그 희생자들을 추모하기 위해 만들어졌다. 이 기념관이 있는 곳은 베를린 시내 옛 육군 사령부 건물이다.

기념관이 이 자리에 있는 까닭이 있다. 2차 대전에서 독일의 패색이 짙어지자 독일 군부 내에서 히틀러를 제거하고 새 정부를 세우려는 쿠데타가 논의되기 시작했다. 구체적인 계획이 마련되고, 암살 시도는 7월 20일 히틀러가 머무르고 있는 폴란드 지역의 사령부 건물에서 실행하기로 한다.

이 동부 전선 사령부는 히틀러가 2차 대전을 개전하고 동쪽으로 영토를 확장하면서 설치했다. 히틀러는 아리안 민족의 생존을 위해서 기존 독일 영토로는 비좁으니 이른바 '생존 공간Lebensraum'을 확보해야 한다며 그 대상을 동유럽으로 설정했다. 오늘날의 폴란드와 우크라이나, 그리고 러시아까지 이어지는 광활한 평원이다. 1941년에 그 진격의 최전선에 사령부를 세웠는데, 도시가 아닌 폴란드 시골의 울창한 숲속에 터를 만들고 은폐된 건축물들을 지었다. 나중에 패전이 확실해지자 독일군들이 후퇴하며 건물들을 폭파시켰지만 그 잔해가 남아 '늑대소굴Wolfschanze'로 불리며 현재도 보존되어 있다.

오늘날 늑대소굴 유적은 폴란드 수도 바르샤바에서 북쪽으로 약 250킬로미터 떨어진 숲속에 있는데, 대중교통을 통해서 가려면 철도로 켕트신이라는 마을까지 가서 다시 마을버스로 갈아타고 한참을 가야 한다. 숲속에 조성된 기지의 입구를 통과해서 안쪽으로 걸어 들어가면 우거진 나무들 사이로 탐방자를 압도하는 육중하고 거대한

늑대소굴 유적. 육중한 콘크리트 덩어리 건물이어서 연합군의 공습은 물론 독일군 자신의 폭파도 견디어 내고 보존되었다.

건축물 잔해를 만나게 된다. 아마도 대부분의 탐방자에게 이제까지 한 번도 본 적이 없는 건축물일 것이다. 아무 치장도 창문도 없는 거대한 직육면체나 정육면체 콘크리트 덩어리가 건물인데, 이 외벽의 두께는 2미터나 되고 건축물의 상부는 폭격에 견디기 위해 그 이상의 두께로 만들었다. 그리고 옥상에는 풀과 나무를 심어 위장했다. 지금 건축물은 나치가 후퇴하면서 폭파한 잔해라고 하는데, 건물의 형태가 거의 그대로 남아 있다. 너무나도 육중한 콘크리트 덩어리여서 웬만한 폭약으로는 부술 수가 없었기 때문이다.

수십 동에 이르는 이 특이한 건축물은 히틀러가 머물던 사령부 건물을 비롯해 나치군 간부들의 요새들이었다. 건물 입구로 들어가 좁은 복도를 걸어가면 콘크리트 덩어리 내부 중앙에 사무실이나 회의실이 마련돼 있다. 연합군의 어떠한 폭격에도 끄떡없이 버틸 수 있도록 설계한 것이다. 이집트의 거대한 피라미드 내부에 아주 작은 파라오의 묘실 한 칸이 마련돼 있는 것이 연상된다.

1944년 7월 20일, 히틀러 암살 계획 실행자인 슈타우펜베르크 대령은 폭탄을 설치한 서류 가방을 들고 이곳에 도착한다. 오후 1시에 히틀러가 머무는 사령부 벙커에서 회의가 열리면 슈타우펜베르크는 히틀러 곁에 서류 가방을 놓고 자신은 빠져나올 계획이었다. 그러나 히틀러가 무솔리니와 회동이 갑자기 잡혀 회의 시간이 12시 30분으로 당겨졌고, 장소도 예정된 벙커가 아닌 일반 건물로 변경됐다. 그럼에도 슈타우펜베르크는 예정대로 히틀러에 가까운 회의 테이블 위에 서류 가방을 놓고 나왔고, 얼마 뒤 폭발이 일어났다.

그러나 히틀러에게는 행운이, 암살 계획자들에게는 불운이 겹쳐 일어난다. 우선 한 부관이 놓여 있던 서류 가방을 히틀러에게서 먼 곳으로 옮겨 놓았다. 그리고 내부가 밀폐된 벙커 회의실을 상정한 폭발물은, 창문이 있고 사방으로 환기가 되는 일반 사무실에서는 그 효용을 발휘하지 못했다. 폭발로 회의실 안에 있던 많은 이들이 죽거나 다쳤지만, 히틀러는 운이 좋게도 가벼운 상처만 입었을 뿐이었다. 암살 계획은 실패했다.

베를린에서 대기하고 있던 군부 내 암살 계획자들은 폭발 소식을 듣고 이른바 '발키리 작전'이라고 이름 붙인 쿠데타 계획을 실행에 옮겼으나 얼마 지나지 않아 히틀러의 지시를 받은 군인들에 의해 검거되고 만다. 나치는 체포된 슈타우펜베르크를 비롯해 주모자 5명을 바로 다음 날인 21일 육군 사령부에서 군사 재판을 열어 사형을 선고했다. 그리고 그날 자정 무렵 육군 사령부 건물 앞마당에서 자동차 헤드라이트를 켜서 불을 밝힌 뒤 총살형을 집행했다.

전쟁이 끝난 뒤, 독일 정부는 이들의 희생을 기리기 위해 이들이 총살당한 현장에 청동상을 세웠다. 슈타우펜베르크를 모티브로 한 나체의 남성이 두 손이 묶인 채 슬픔에 잠긴 듯 서 있는 형상이다. 그리고 아마도 이 청동상 자리에 서 있었을 슈타우펜베르크를 향해 총살 집행자들이 총을 겨눴을 자리에는 길고 낮은 청동 단을 만들어 놓았다. 총살자가 서 있었을 자리에서 희생자 동상을 바라보며 나치의 과거를 생각해 보라는 의도일지도 모르겠다.

전쟁 뒤에도 이곳 건물들은 국방부가 계속 사용했다. 다만 그 건물들 중 하나에 '저항 기념관'을 마련해 놓았다. 기념관 입구 옆 벽에는 "여기 군 사령부 간부들이었던 독일인들이 1944년 7월 20일 무법한 나치 체제를 타도하기 위한 계획을 조직했다. 그 대가로 그들의 목숨을 바쳤다"고 쓰여진 동판이 붙어 있다. 기념관은 상설 전시실과 특별 전시실, 그리고 회의실로 이루어져 있다. 2018년 내가 방문했을 때 특별 전시실에서는 〈나치에 저항한 이름 없는 3인의 영웅〉이라는 제목의 특별전이 열리고 있었다. 그 세 사람이 했던 나치 저항운동뿐만 아니라 그들의 출생과 성장, 나치에 핍박받은 이후 삶까지 전 인생을 깊이 있게 조명하고 있는 점이 인상에 남았다.

1944년 7월 21일 히틀러를 암살하려다 이 자리에서 처형된 5명을 상징하는 청동 인물상. 인물상 앞에 있는 길고 낮은 청동 단이 총살 집행자들이 총을 발사한 자리이다.

이렇듯 기념관을 조성하는 데 있어 장소성은 중요하다. 사건이 일어난 그 장소에 기념관을 두는 것이 가장 바람직하다. 우리나라의 경우, 1960년 4·19혁명으로 이승만 정권이 타도된 뒤 민주당 정부에서 곧바로 기념관과 기념물 건립 논의를 했다. 당연히 4·19시위의 현장인 서울 시청 앞 광장에 조성하는 것으로 결정이 됐다. 희생자 묘역은 시청 앞 광장에서 가까운 남산 기슭에 조성하기로 했다.

그러나 민주당 정부의 조성 계획이 채 실행되기도 전에 1961년 5·16쿠데타가 일어나 민주당 정부는 붕괴됐다. 그리고 쿠데타 주역 박정희는 시민들이 일상적으로 4·19 기념물과 접촉하는 것을 원하지 않았던지 당시만 해도 서울을 벗어난 시골 수유리로 옮겨 기념관과 희생자 묘역을 조성했다. 도대체 4·19와 수유리 사이에 무슨 관계가 있겠는가. 오늘날 우리는 수유리라는 지명에서 쿠데타로 정권을 찬탈한 박정희의 뜻을 읽을 수 있을 뿐이다. 아니, 그런 배경을 설명해 주는 그 어떤 글도 장치도 찾아볼 수 없다.

독일의 경우, 모든 강제 수용소 기념관은 기본적으로 원형을 보존하면서 '가해자를 기억하고, 피해자를 추모하는 공간'으로 삼고 있다. 그곳에 '영웅적인 저항 기념관'을 짓기 위해 건물을 신축하는 일은 하지 않는다. 저항 기념관은 저항을 기념할 만한 공간에 따로 만들면 되기 때문이다.

공포의 현장을 보존하라

남영동 대공분실 이야기로 돌아오자.

남영동에 민주화운동기념관을 조성하자는 주장의 논리는 대체로 다음과 같다. 우선 21세기 한국의 정치는 민주화운동을 탄압한 세력이 주축인 정당과, 민주화운동과 함께한 정당이 번갈아 집권하는 경향을 보이고 있다. 민주 정부가 집권한 상황이라고 해도 보수 반동 정당의 눈치를 안 볼 수가 없다. 이러한 조건에서 문재인 정부가 남영동에 기념관을 조성하도록 한 일은 어떻게 보면 그들이 할 수 있는 최대한의 일을 한 것이다. 그 정부에게 남영동 이외에 또 다른 대규모 기념관 터를 제공하라고 요구하는 것은 무리라는 논리이다.

내가 보기에는 편협하고 근시안적인 안목이다. 한국의 민주화운동은 1960년 4·19에서 시작해 1964년 한일회담반대운동, 1970년대 유신 체제에 항거한 대학생, 종교인, 지식인, 문인들의 운동, 1979년 부산마산항쟁, 1980년 이른바 '서울의 봄' 시위와 광주항쟁, 1986년 5·3인천시위 사건, 1987년 6월항쟁, 그리고 이어진 통일운동과 2016년 촛불시위까지 약 60여 년의 도도한 흐름을 갖고 있다. 그래서 그것을 기념할 기념관은 각계의 논의를 모아야 하고 그 규모에 적합한 만큼 충분한 공간을 필요로 한다. 그 공간이 있을 장소는 당연히 민주화운동이 발생한 현장성 속에서 모색되어야 한다. 그러한 논의를 거친 다음에 정부에 요구하는 것이 순서이고 순리이다. 그것은 문재인 정부 때일 수도 있고, 불가피하게 다음 기회로 미룰 수도 있을 것이다. 문재인 정부에서 남영동 공간을 마련해 줬으니 이 기회를 놓치지 말고 이 공간에 민주화운동기념관을 조성해야 한다는 것은 아무리 보아도 조급하고도 졸속한 생각이다.

또 하나의 논리는 남영동의 기존 건물이 고문의 공포를 떠올리게 하며 색깔도 칙칙해서 미관상 사람들에게 좋은 인상을 주지 못한다는 것이다. 그래서 이러한 남영동의 어두운 색깔을 상쇄할 밝고 희망에 찬 새 건물을 옛 건물 옆에 대비되도록 지어 부정적 이미지를 약화시키자는 주장이다. 이러한 주장을 하는 이들에게는 역사를 직시한다는 것이 어떤 의미인지 성찰하라고 말해 주고 싶다.

남영동은 우리 역사의 아픈 상처일 수 있다. 이곳에서 당한 고문

후유증으로 세상을 떠난 김근태의 아내 인재근은 아직까지도 이곳을 방문할 엄두를 못 내고 있다고 말했다. 차라리 이곳이 폭파되어 사라지기를 원한다고도 했다. 그럼에도 나는 아픔은 아픔 그대로 드러내서 많은 사람들이 그 아픔을 자신의 아픔으로 공감할 때 비로소 사회적 치유가 시작된다고 믿는다. 아픔을 감추고 아름답게 치장한다면 그 아픔은 속으로 곪아 들어가게 되고 결국 더 큰 아픔이 되어 돌아올 것이다. 국가폭력이라는 상처를 감추고 치장함으로써 또 다시 국가폭력의 반복을 가져올 수 있다는 말이다.

미학의 관점에서 보아도, 남영동 대공분실이 주는 어두운 느낌은 그 자체로 독특한 분위기를 형성하고 있다. 그 옆에 그 분위기를 희석시키는 건축물을 조성한다는 것은 죽도 밥도 아닌 것을 만드는 격이다. 독일의 강제 수용소 기념관들이 하나같이 황량한 폐허와 같은 경관을 하고 있는 것은 바로 그러한 분위기를 통해서 나치 시대의 상처를 드러내고, 기억하고, 치유하기 위한 의도적인 설계이다. 남영동은 이 점을 독일로부터 배워야 한다.

작센하우젠의 시설들

작센하우젠 기념관은 옛 막사가 있던 자리에 건물 2개 동을 복원해서 당시 수감자들이 머물던 동물 우리와 같은 침상들과, 개인의 사생활이 보장되지 않는 화장실과 욕실을 보여 준다. 옆방에는 수감자들이 사용했던 옷과 신발들, 수저들이 전시돼 있다. 그러나 과거의 모습을 재현하는 전시물은 이 정도에 그친다. 나머지 공간들은 나치 가해자의 신상 명세를 세세하게 기록하고 그들이 행한 반인류, 반인권적인 만행들을 폭로하는 데 할애하고 있다. 아마도 나치는 공산주의자나 사회주의자들은 일반인과 다른 육체적 정신적 특징들을 갖고 있다고 보았던 듯하다. 수감자들의 머리형, 눈동자 색깔, 체모에 이르기까지 마치 생물 표본을 연구하듯이 분류해 놓았다.

수감자들을 조사하기 위해 가두어 두었던 독방도 있는데, 남영동 대공분실의 조사실과 비슷한 구조이다. 하지만 남영동 조사실마다에는 욕조가 있는 것이 달랐다. 물론 이 욕조는 수감자의 편의를 위한 것이 아니라 가해자의 물고문 편의를 위한 시설이다. 독방에는 아마도 그곳에 머물렀을 수감자의 사진과 간단한 소개글이 적힌 안내판들이 걸려 있다. 어떤 방에는 꽃다발이 걸려 있기도 한데 아마도 방문자들이 특별히 기억하는 인물이 머물렀던 장소일 것이다.

전시실에는 가해자만큼이나 피해자에 관한 정보도 수집해 놓고 있다. 어떤 인물들의 경우에는 서랍식 자료 파일 형태로 출생에서 사망에 이르기까지 세세한 기록을 모아 놓았다. 그래서 이곳 전시실들을 충분히 관람하려면 하루로는 부족할 정도이다.

막사 건물이 있던 자리 옆에는 담장으로 둘러싸인 빈터가 있는데, 벽에 사람 이름을 새긴 명판이 걸려 있고 그 아래에 꽃과 향초가 놓여 있기도 하다. 아마도 그 장소에서 처형당한 사람일 것이다. 한쪽에는 교수형을 집행한 나무 기둥 세 개가 나란히 서 있다. 숙연해지는 장소이다.

그런데 안내문에 따르면 이 빈터는 생각 밖의 만행이 저질러졌던 장소이기도 하다. 바로 '군화 실험장'이었다.

나치는 전쟁터에서 군인들이 신을 군화의 견고성을 실험하기 위해 이곳 수감자를 생체 실험 대상으로 삼았다. 곧 수감자들에게 수십 킬로그램의 군장 배낭을 짊어지고 둥근 원을 그리며 뛰게 한 것이다. 아침부터 저녁까지 쉴 틈 없이 행군하게 하면서 군화가 얼마나 빨리 닳는지, 어떤 곳이 잘 해어지는지 따위를 검사했다. 나치 친위대는 군화의 테스트에만 관심이 있었지 생체 실험 대상자의 건강 따위는 아랑곳하지 않았다. 그 과정에서 많은 생체 실험 대상자들이 목숨을 잃었다. 친위대는 그저 부품을 갈아 끼우듯 다른 수감자로 교체해서 실험을 계속했다.

작센하우젠에도 소각장이 있다. 이곳은 설계자 아이케가 다른 모든 수용소의 모델로 시범 건축한 곳이므로 규모는 오히려 작은 편이다. 따라서 이곳에서 대량 학살이 일어나고 대량 소각하는 일은 일어나지 않았다. 주로 유대인을 대상으로 한 대량 학살이 일어난 것은 폴란드에 절멸 수용소를 건설한 이후였다.

작센하우젠의 소각장 옆에는 인상적인 조각품이 설치돼 있다. 살해된 시신을 몇 사람이 들고 운반하는 모습이다. 그들 운반자의 복장이나 인상이 관리자인 친위대의 형상은 분명 아니다. 그들 또한 수감자였다. '특별 임무 대원'이란 뜻의 '존더코만도Sonderkommando'라고 불렸다. 친위대는 수용소에 수감자들이 실려 들어오면 처음 하는 일이 그들을 분류하는 것이었다. 그중 하나가 자신들의 수감자 관리 업무를 보좌할 건장한 남자들을 존더코만도로 선별하는 일이었다.

존더코만도들이 하는 임무 중 가장 중요한 것이 수감자들을 가스실로 들여보내고 그들이 죽은 뒤 시신을 소각장으로 운반하는 일이었다. 같은 수감자로서 가장 견디어 내기 힘든 일이었을 것이다. 1942년 이후 아우슈비츠에서는 모든 수감자들이 가스실로 보내져야 할 절멸 대상이었는데, 이들 존더코만도도 예외가 아니었다. 이들의 임무 기간은 평균 6개월. 그들은 자신들 또한 6개월 뒤에는 가스실에서 죽어 나갈 것을 인식한 가운데, 그 6개월 동안이라도 좋은 음식과 좋은 대우를 받기 위해 열심히 학살 임무를 수행했다.

전쟁이 끝나고 아우슈비츠가 해방되면서 그곳에 살아남은 존더코만도들이 구출된다. 이들에게 정신과 진찰을 한 결과, 대부분이 극도의 신경 쇠약증에 걸려 있는 것이 밝혀졌다고 한다. 얼마 뒤 자신 역시 죽을 것을 알면서도 죽이는 임무를 실행하는 것이 얼마나 괴로웠을지 짐작할 수조차 없다. 그래서 작센하우젠 소각장에 설치된 조각상의 존더코만도들은 어깨가 축 처져 있고 눈동자가 퀭하며 우수에 가득 찬 표정이다. 나는 그들이 운반하고 있는 시신보다도 운반자 존더코만도의 모습에서 우러나오는 슬픈 아우라에 잠시 가슴이 미어졌다.

작센하우젠 수용소 소각장 옆에 조성된 조각상. 처형된 시신을 옮기는 두 명의 존더코만도 조각상이다.
그들의 퀭한 표정이 보는 이들의 마음을 아프게 한다.

4

공포의 지형도

공포의 기관들

내가 이 책을 집필하는 이유는 독일 현대사를 서술하고자 하는 것이 아니다. 독일이 나치의 과거사를 어떤 방식으로 청산하고 있는지 살펴봄으로써 우리의 독재 정치 과거사 청산에 시사점을 얻을 수 있지 않을까 하는 바람 때문이다. 그 목적을 위해 불가피하게 독일 현대사에 대한 배경 지식이 필요할 뿐이다.

앞에서 설명했듯이 독일의 나치 과거사에 대한 청산과 반성은 전쟁이 끝난 직후 바로 시작된 것이 아니다. 20여 년 동안 침묵이 있었고, 나치를 경험하지 않은 새 세대가 등장해 기성세대의 침묵을 비판하면서부터 과거사를 직면할 용기가 자라났다. 이러한 '지체된' 과거사 청산과 반성을 잘 보여 주는 곳이 있다. 베를린시에 있는 '공포의 지형도Topographie des terrors' 기록관이다.

'기록관'이라는 명칭을 잠시 설명할 필요가 있겠다. 독일에는 많은 나치 과거사 관련 시설들이 있는데 그 모두를 우리에게 익숙한 '박물관'이나 '기념관'으로 부르기에는 어색한 점이 있다. 내가 답사한 경험으로 보면, 시설들은 크게 두 종류로 나눌 수 있다. 독일어로 한편은 'Gedenkstätte' 다른 한편은 'Dokumentationszentrum'이다. 영어로 번역한다면 'Meorial(기념관)'과 'Documentations center(기록관)'로 볼 수 있다.

'Gedenkstätte'로 분류되는 대표적인 시설은 강제 수용소이다. 그곳에서 고통받고 희생된 피해자들을 생각하는 장소라는 뜻이다. 우리 말로는 기념관이라고 해석하는 것이 원뜻에 가장 가깝다. 'Dokumentationszentrum'은 주로 나치 가해자와 관련된 장소로 나치의 국가폭력 실태, 그것이 자행될 수 있었던 시대 상황, 국가폭력 가해자들의 면모 같은 것을 소개하고 있다. 나치가 저지른 국가폭력의 물질 증거들은 거의 남아 있지 않기 때문에 대개 사진과 글로 쓴 설명이 전시의 전부이다. 자칫 지루하고 재미없는 전시일 수 있는데, 내가 경험한 바로는 많은 설명글이 대중들이 이해하기 쉽게 쓰여졌고 또 전체 맥락을 잘 간추리고 있기 때문에 오히려 읽을수록 빠져드는 매력이 있다. 이런 장소를 우리말로 번역하면 '기록관'이라고 할 수 있겠다. '공포의 지형도'는 기록관에 속한다.

공포의 지형도라는 다소 낯선 명칭에서 '공포'는 물론 나치의 '공포 통치'를 가리킨다. 실제로는 더 구체적인 뜻을 품고 있다. 이 장소가 나치의 '공포 기관'이 있던 자리라는 뜻이다. 나치 통치 시기에 이곳에는 친위대 본부, 비밀경찰 게슈타포 본부, 중앙안보국까지 세 기관이 사용하던 건물이 있었다.

친위대는 앞에서 설명했듯이 정부 조직이 아닌 당 조직으로서, 법률의 제한에서 벗어나 자유롭게 시민을 향해 폭력을 행사했다. 당 조직이면서도 마치 공적 조직인 것처럼 제복을 입고 경찰 역할도 했고 전쟁에 나가 군인으로서 전투에 임하기도 했다. 특히 곳곳에 건설된 강제 수용소의 운영을 맡아 대량 살상을 자행했다.

게슈타포는 일반 경찰에서 사상범을 다루는 정치 경찰을 분리해 특화시킨 조직으로 친위대와는 달리 정부 조직으로서 형사 사법권을 행사하는 국가 기관이었다. 히틀러는 친위대 간부가 게슈타포 간부를 겸직하게 함으로써 게슈타포의 공공성을 무의미하게 만들어 버렸다. 중앙안보국은 우리나라의 국가정보원과 비슷한 정보기관이었는데, 이 역시 친위대가 그 간부직을 대부분 차지했다.

베를린시 중심인 포츠담 광장 부근의 프린츠 알브레히트 거리에 나치의 세 공포 기관들이 한자리에 모여 있었다. 당시 독일 시민들에게 이곳은 글자 그대로 공포의 장소였다. 이곳 지하에 수감 시설이 있었는데, 우리나라의 남영동 대공분실과 마찬가지로 여기에 끌려와서 조사받는 과정에서 혹독한 고문을 받았고 조사 뒤에는 강제 수용소로 이송되는 것이 다반사였다.

우리나라에서 독재 정권 시절 학생운동가들 사이에 널리 알려졌던 본회퍼Dietrich Bondhoeffer 목사도 이곳에 잡혀 왔다. 그는 군부 내에서 1944년 7월 20일 히틀러를 암살하려 했던 사건에 가담했고, 그 혐의로 이곳에 붙잡혀 와 지하 감옥에 수감되어 조사를 받았다.

본회퍼는 목사의 신분으로 암살에 가담했다고 동료 신학자들로부터 어떻게 성직자로서 인명을 살상하는 일에 가담할 수 있느냐는 비판을 받았다. 그때 그는 이렇게 말했다고 전해진다.

"만일 미친 사람이 대로로 자동차를 몰고 간다면 나는 목사이기 때문에 그 차에 희생된 사람들의 장례식이나 치러 주고 그 가족들을 위로나 하는 것으로 만족하겠는가? 만일 내가 그 자리에 있었다면 달려가는 그 자동차에 뛰어올라 그 미친 사람으로부터 차의 핸들을 빼앗아 버려야 하지 않겠는가?"

본회퍼가 게슈타포 지하 감옥에서 조사받던 중 약혼녀에게 보낸 시 한 편이 전해지고 있다. 그 한 구절을 옮겨 본다.

주님께서 이 어둠 속에 내려주신 촛불이여.
오늘 따뜻하고 밝게 타오르기를.
그리고 가능하다면, 우리를 결속시켜 주기를.
우리는 이 밤 속에서도 당신의 불빛이 빛나고 있음을 압니다.

어두운 지하 감옥에서 혹독한 고문을 견디어 내며 하느님에게 바친 기도였을 것이다. 본회퍼는 이곳에서 바이마르 인근의 부헨발트 강제 수용소로 이송됐고, 다시 체코 국경 부근 외진 곳에 있는 플로센뷔르크 수용소로 옮겨진 뒤 종전 직전인 1945년 4월 9일 그곳에서 처형됐다. 위에 인용한 시는 이후 독일인들 사이에서 노래로, 기도문으로 널리 애송되었다.

플로센뷔르크 강제 수용소 기념관

여기서 본회퍼 목사가 처형된 플로센뷔르크 수용소를 답사하고 가기로 하자. 앞에서 설명했듯이 독일에서는 1948년 무렵 나치 청산 작업이 종료된 이후 20여 년 동안 나치라는 '선출된 독재'가 저지른 범죄와, 그리고 그 범죄가 일어난 장소를 어떻게 다룰 것인지에 대해 정치적으로 침묵했다. 오늘날 우리가 독일에서 보는 강제 수용소 기념관과 그 희생자들을 향한 기억과 기념의 방식은 무려 20년 동안의 침묵을 깬 68운동 이후 비로소 재개된 기억, 기념, 역사에 관한 다양한 논의 과정의 결과라는 사실을 잊어서는 안 된다.

플로센뷔르크 강제 수용소 기념관도 같은 길을 걸었지만, 다른 곳들과 다른 점도 있다. 이곳이 독일에서 아주 외진 지방이고 이 지역만이 갖고 있던 특성이 있었기 때문이다.

플로센뷔르크는 대도시 뉘른베르크에서 동쪽으로 약 150킬로미터쯤 떨어져 있는, 체코와의 국경에 인접한 시골 마을이다. 탐방자가 대중교통을 통해 플로센뷔르크로 찾아가려면 뉘른베르크에서 기차를 타고 알텐슈타트라는 곳까지 가서 1시간에 한 번 정도 다니는 지방 버스를 갈아타고 40분 정도 더 가야 한다. 현재도 주민이 1천5백 명 정도밖에 살지 않는 시골 마을이다. 마을이 작다 보니 수용소의 규모가 상대적으로 더욱 거대하게 보인다. 수용소 입구 건물이 보존돼 있는데, 거대한 성채의 성문을 연상시킨다. 이렇게 외진 곳에 강제 수용소를 만든 이유는 무엇일까. 이곳은 1933년 의사당 방화 사건을 계

플로센뷔르크 강제 수용소 기념관 정문. 아마도 작은 마을 플로센뷔르크에서 가장 규모가 큰 건물일 것이다.

기로 좌파 세력들을 사회로부터 격리한다는 목적으로 건설된 수용소와는 약간 결이 다른 특수한 목적으로 1938년에 만들어졌다.

　이곳의 지역 특성은 수용소 기념관 현관을 들어서는 순간 알 수 있다. 정면에 커다란 채석장 사진이 걸려 있다. 이곳에 매장량이 풍부한 화강암 채석장이 있었던 것이다. 사진 한가운데 솟아 있는 채석장의 바위 봉우리는 사실 지금도 마을에서 볼 수 있다. 나는 처음 마을에 들어서서 돌산이 우뚝 서 있는 풍경을 무심코 바라보았는데 기념관 탐방을 하면서 그것이 채석장 자리임을 알게 됐다.

　이곳의 채석장이 1930년대 중반부터 호황을 누리게 된 것은 전적으로 나치 덕분이었다. 히틀러는 집권하고 나서 도시 재개발 사업을 정력적으로 펼쳤는데, 그 과정에서 화강암 석재 수요가 폭발적으로 늘어났다. 특히 인근 뉘른베르크에 건설한 나치 전당 대회장과 체펠린 광장과 스타디움 공사에 사용된 화강암 석재가 모두 이곳에서 공급한 것이었다. 나치는 화강암 석재의 생산 증대를 위한 목적에서 이곳에 강제 수용소를 만들었다. 즉 플로센뷔르크 강제 수용소는 글자 그대로 '강제 노동'을 위해 만들어졌다. 2차 대전 발발 이후에는 전투기 부품 같은 군수품 공장도 가동되었다.

종전 때까지 이곳에 끌려와 강제 노동을 강요당한 이들은 10만 명으로 추산되고 있으며 그중 약 3만 명이 목숨을 잃었다. 수감자 대비 사망자 비율은 다른 강제 수용소와 비슷한데, 전쟁 말기에 이르면 이곳 역시 강제 노동이라는 목적보다는 '절멸 정책'이라는 나치의 대량 학살 계획이 실행되었기 때문이다. 이곳의 위치가 국경에 가까운데다 초기엔 강제 노동이 주목적이었기 때문에 수감자 중 3분의 2 정도는 인접한 체코나 동유럽에서 끌려온 이들이었다.

이렇게 나치 시기의 다른 강제 수용소와 사정이 약간 달랐던 플로센뷔르크 수용소는 전쟁 이후에도 다른 곳과는 다른 길을 걷게 된다. 1945년 4월 23일 미군이 도착해 이곳을 해방시켰다. 당시 시점에는 미군도, 풀려난 수감자들도 이곳에서 저질러진 범죄를 어떻게 기록하고 기억할지 별다른 생각이 없었다. 다만 이곳에서 목숨을 잃은 사망자를 예의를 갖춰 묻어 주는 것이 최초의 자발적인 대응이었다. 그래서 이곳에는 다른 수용소 기념관에서는 볼 수 없는 희생자 묘역

플로센뷔르크 강제 수용소 기념관 묘역. 멀리 보이는 굴뚝 있는 건물이 시체 소각장이고, 오른쪽 초소와 벽의 안쪽이 수용소 공간이다.

이 있다. 묘역은 막사가 있던 부지 뒤편, 소각장이 있는 곳 옆 언덕 기슭에 조성했다.

당시 풀려난 수감자나 과거 수감 경험이 있던 이들 누구도 희생자들을 처리한 소각장을 제외하면 수용소 터에 특별히 기념할 만한 가치를 두지 않았다. 수용소 막사는 전쟁 시기에 어느 수용소에서나 볼 수 있는 모습이었으므로 그들의 눈에는 평범하게 보였고, 따라서 그 가치보다는 시설물을 어떻게 활용하면 좋을 것인지 실용적인 관점에서 바라보았다.

1945년 7월 미군은 수용소를 나치 친위대 전범자 수용 시설로 삼았다. 1946년 봄 전범자 수용소가 해체되자 동유럽에서 추방당해 돌아온 이들이 숙소로 사용했다. 막사들을 거주 공간으로 사용했기 때문에 수용소의 상징적 흔적은 사라지지 않고 남을 수 있었다. 자신들이 나치 수용소 막사에서 생활하고 있다는 것을 깨달은 폴란드인들이 이 장소에 기념관을 세울 것을 최초로 시도했다. 비로소 강제 수용소라는 '오욕의' 장소에 기념 공간이 마련됐다. 하지만 절반은 여전히 거주 공간으로 사용됐다. 그 뒤 수용소는 거주자들과 외부 방문자들이 함께하는 공간이 되었다.

1947년 소각장 부근 묘역에 희생자들을 기리기 위한 기념 교회가 세워져 세계 여러 나라에서 온 사람들이 참석한 가운데 개관식이 열렸다. 이 교회와 수용소 터는 유럽 최초의 강제 수용소 기념관이 되었다. 이 묘역과 교회는 지금도 남아 있어, 다른 수용소 기념관과 사뭇 다른 경관을 보여 주고 있다.

1948년 마을 주민들과 이곳 거주자들로 기념위원회가 구성되고 기념위원회는 소유자인 바이에른주로부터 관리권을 넘겨받는다. 그러나 이 기념위원회는 묘역과 교회의 관리 이외에는 무관심했다. 냉전 시대의 도래와 함께 나치 과거사 청산이 용두사미로 끝난 뒤 다른 대부분의 독일인들과 마찬가지로 이곳 주민들도 나치에 대한 기억을 잊고 싶어 했다. 그래서 기념관으로 관리하기보다는 다른 용도로 사용할 방도를 찾았다. 남아 있던 막사 중 낡은 것들은 철거하고, 사용할 만한 것들은 공장이나 거주 용도로 전환했다.

이후 수십 년 동안 이러저러한 단체들이 이 장소를 사용했다. 중앙 정부와 바이에른주 기관들이 석조로 지어져 철거를 면한 막사를 난민 수용 시설로 이용하기도 했다. 또 채석장을 불하받은 기업들은 외지에서 데려온 노동자들의 숙소로 삼았다. 그 밖에 소기업들이 옛 수용소의 연병장, 세탁장, 식당 자리에 들어섰다. 이렇게 수용소는 플로센뷔르크의 전후 경제 개발을 위한 사회 기반 시설로 활용됐다.

결국 원래 수용소의 흔적은 거의 사라지고 남지 않게 되었다. 수용소 수감자들이 목소리를 내지 않았고, 바이에른 주정부의 관심도 적었기 때문이다. 바이에른주는 수용소를 상징적 기념물 이상으로 확장한다는 생각이 없었다. 1950년대 말이 되어서야 바이에른 주정부는 묘지를 포함해 기념관을 확장하는 계획을 입안한다. 하지만 이 계획은 과거의 기억을 지우고 이곳을 평화와 비폭력의 장소로 재창조하는 것이 방향이었다.

과거의 기억을 지우기 위해서 그나마 남아 있던 막사는 철거하고, 묘지마다 철제 십자가를 장식한 묘역을 조성했다. 동시에 막사 터에 신축 건물 부지를 조성했다. 결국 수용소를 제거, 철거하고 다른 부지로 전환함으로써 전쟁과 그로 인한 희생의 역사를 기억할 기념관으로 자리매김하는 일은 불가능해졌다. 희생자를 기리기 위해 묘역을 조성했지만, 그들의 폭력적 죽음을 가능케 한 역사적 상황에 대해서는 아무 설명이 없었다.

이러한 상황은 68운동이 일어난 뒤에도 변하지 않았다. 대도시에서 일어난 운동의 여파가 이곳 시골까지 미치기에는 시간이 필요했는지도 모른다. 수용소 해방 50주년인 1995년에 비로소 과거에 대한 새로운 기억과 정책을 가능케 할 조건이 마련됐다. 성대한 규모로 치러진 기념식에 참석한 여러 나라의 개인과 단체들은 수용소의 기억을 회상해 냈다. 이미 다른 지역의 수용소들에 기념관들이 들어서고 있던 상황이 더욱 그들을 자극했다. 주로 동유럽 사람들, 그리고 많은 독일 시민과 단체들이 기념식에서 이곳을 '잊힌 수용소'로 지칭하며 호소했고 언론 매체를 통해 보도되어 큰 반향을 일으켰다. 이를 계기로 '플로센뷔르크 묘역 및 기념관'은 명칭은 50년대 그대로였지만, 새롭게 재인식되고 재규정되기 시작한다.

1995년 이전까지 이곳을 방문한 생존자는 약 칠팔백 명에 지나지 않았다. 1995년 당시 수용소의 거의 모든 흔적은 사라지고 없었다. 기념식에 참가한 옛 수감자와 가족들은 이러한 기념관 경관에 비판을 쏟아 냈다. 1년 뒤 그러한 비판에 대한 대응으로 최초로 '연구 및 기록 센터'를 건립하게 된다. 이것이 플로센뷔르크 수용소를 유럽 차원의 기억 장소로 재규정하는 초석이 되었다. 특히 이곳은 독일 국내에 조성됐으면서도 수감자의 다수가 주로 동유럽 출신 외국인이었다는 점에서 독일사를 벗어나 유럽사의 관점에서 바라보아야 할 중요한 장소로 다루어졌다. 몇 년 뒤 플로센뷔르크 기념관은 '묘역'에서 '기념 연구소'로 바뀌고 나치가 유럽에서 자행한 만행과 관련된 유적지 중 하나로 역사적 자리매김을 하게 된다.

새로운 기념관을 건설하기 위한 자금은 중앙 정부와 지방 정부의 예산과 함께 그동안 부지를 사용해 온 기업들의 기부로 마련됐다. 이렇게 해서 1998년에 옛 연병장, 식당, 세탁장이 있던 공간을 기념관으로 개조하기로 결정한다. 그 뒤 집중적인 발굴과 건축 설계 공모를 거쳐 2004년에 수용소 유적을 전시실로 개조하는 공사가 착공된다.

이와 동시에 전시 기획자들이 영구 전시를 위한 디자인 콘셉트 작업에 들어갔다. 작업은 크게 두 개 범주로 나뉘었다. 하나는 나치 친위대가 운영하던 당시 강제 수용소 운영 체계에 관한 철저한 연구였다. 다른 하나는 종전 이후 수용소 부지가 변화되어 온 과정에 관한 것이었다. 따라서 건축 설계와 전시 콘셉트는 처음부터 밀접하게 연결될 수밖에 없었다. 여기에서 도출된 결론은, 남아 있는 역사적인 건물과 수용소 구조물을 발굴하고 보존하지만 철거된 건물과 구조물의 복원은 하지 않는다는 것이었다. 이는 전후에 수용소 건물을 대하는 태도와 그 처리 과정 또한 자신들이 직시해야 할 역사에 포함되어야 한다는 뜻이었다.

서대문형무소역사관

이런 점에서 우리가 배워할 점이 있다. 오늘날 우리나라에는 남산 중앙정보부나 서빙고 보안사 분실 같은 시설이 사라지고 없다. 그것을 반성한다면, 그 시설들이 있던 자리에 다시 옛 시설물들을 복원해 놓아야 할까. 남산 건물 지하에 있던 조사실은 수많은 고문이 일어났던 현장으로 많은 생존자들이 이를 증언하고 있다.

서빙고동의 보안사 분실에는 악명 높은 이른바 '엘리베이터실'이라는 조사실이 있었다고 한다. 일반 단독 주택을 개조한 이곳의 2층에 그 방이 있었는데, 피조사자가 앉아 있던 의자를 순식간에 1층으로 떨어뜨릴 수 있는 장치가 설치돼 있었다. 장치에 당한 피조사자들은 순간적으로 죽음의 공포에 휩싸였다고 증언한다. 한 증언자는 1층에 떨어져 거의 실신 지경에 있는 자신에게 수사관이 다가와 1층에서 다시 지하 배수로로 떨어뜨리는 장치도 있다며, 시신을 토막 내서 거기에 던져서 그대로 한강으로 흘러가게 할 수도 있다는 협박을 받았다고 말했다. 이러한 시설들을 모두 복원해야 할까.

우선 복원 자체가 기술적으로 쉽지 않은 일이지만, 더욱 중요한 것은 복원에 성공한다고 해도 그 복원물은 그것을 사라지게 만든 역사 과정을 생략한다는 결정적인 약점을 갖게 된다. 말하자면 일정한 시점에 못 박힌, 박제화된 역사의 한 단면만을 보여 주는 것이다. 건물과 조사실이 남아 있는 남영동 대공분실의 경우에도 많은 시설들이 1980년대 폭압 통치 시기가 끝난 이후 1990년대와 2000년대에 고쳐졌다. 그 고쳐진 과정을 역사에서 없었던 일로 지워 버리고 모두 1980년대 시설로 복원하는 것이 올바른 일일까. 플로센뷔르크 기념관은 이 점에 대해 깊이 생각하게 해 준다.

이러한 무리한 복원의 사례를 우리나라의 서대문형무소역사관에서 볼 수 있다. 서대문형무소의 기원은 1908년 경성감옥으로까지 거슬러 올라가지만, 현재의 모습은 1920년대에 일본 총독부 치하에서 건설된 것이다. 이곳은 1945년 해방 이후에도 계속 감옥으로 사용되었고 1987년에 의왕에 지어진 새 건물로 이전하기까지 서울 구치소였다. 따라서 이곳은 김구와 유관순 같은 독립운동가들, 해방 직후 좌익 사범들, 박정희와 전두환 독재 체제에 저항한 민주화운동가들이 거쳐 간 파란만장한 역사의 현장이다.

일제가 감옥 건물을 지을 때 사용한 건축 재료는 붉은 벽돌이었다. 그러던 중 1960년대에 건물을 고치면서 건물 담장과 주 건물의 외벽에 흰색 회를 덧칠했다. 그런데 1995년 이곳에 기념관을 세우기로 하고 공사를 하면서 이번에는 거꾸로 흰색 회칠을 걷어 내고 일제가 지었던 당시의 붉은 벽돌 표면을 드러냈다. 흰색 회칠을 한 벽보다 붉은 벽돌이 시각적으로 더 강렬하고, 무엇보다도 일제의 기억을 선명하게 떠올리게 해 준다. 하지만 그렇게 함으로써 해방 이후 현대사의 흔적은 적어도 외벽에서는 사라져 버렸다. 실제 내부에는 1970년, 80년대 민주화운동가들이 수감됐던 방들이 전시되고 있다. 외부와 내부가 서로 달라 불협화음을 일으키고 있는 것이다. 당시 전시 설계자들이 이 점을 심각하게 고려했다면, 무엇인가 지금과는 다른 해결점을 찾을 수 있었을지도 모른다.

더욱 나쁜 경우는 형무소역사관 지하에 있는 고문실이었다. 이곳에 재소자들을 고문했던 장소가 있었다고 하는데, 그 흔적을 보여 주는 것이 아니라 고문실과 고문 도구들을 모두 다시 '재현'해 놓았다. 어떤 고문 도구들은 너무 새것처럼 재현해 놓아서 과거의 물건이라는 느낌을 주지 않았다. 더구나 인형으로 고문자와 피조사자를 만들어 재현해 놓았다.

전시 기획 전문가들은 이러한 마네킹을 활용한 방식의 재현은 가능하면 피해야 한다고 말한다. 그 이유는 이러한 재현의 과정에서 혹시라도 과장이나 왜곡이 있을 수도 있기 때문이다. 그것은 오히려 심각한 문제가 될 수 있다. 내가 보기에도 재현된 그 모습은 마치 놀이공원 같은 곳에서 사람들을 놀래 주려고 인위적으로 만들어 놓은 공포 체험관 같은 느낌이었다. 역사의 무게가 주는 공포로는 전혀 다가오지 않았다. 다행히도 이러한 비판에 귀를 기울여 현재는 전시 방식을 다소 바꾸었다.

이러한 재현 방식이 갖는 더 근본적인 문제점이 있다. 현재의 지하 고문실 전시는 조사자가 일본 제국주의의 경찰 또는 교도관이고 피조사자는 우리 독립운동가로 설정돼 있다. 그런데 실제 역사의 과정은 어떠했는가. 해방이 된 뒤 일제 앞잡이들이 그대로 경찰로 남아 좌익 사범들을, 심지어 귀국한 독립운동가들을 조사하고 고문했다. 독재 정권 아래에서 그들의 전통이 그대로 이어져 같은 방식으로 민주화운동가들을 탄압했다. 그럼에도 지하 전시실은 일제 치하라는 시간에 멈춰 있다. 1980년대까지 이어진 이곳의 역사를 1945년 이전 시간에서 끊어 내 버린 것이다.

내가 아는 이들 가운데 1980년대에 이곳 지하의 징벌방, 두 손을 뒤로 하여 가죽 수갑에 묶인 채 빛이 한 점도 들어오지 않는 이른바 '먹방'에 수감된 경험을 말하는 이들이 있다. 그런 상태로 개처럼 엎드려서 입으로 밥을 먹고, 용변도 그런 자세로 처리해야 했다고 한다. 서대문형무소역사관의 지하에 그런 내용의 전시는 존재하지 않는다. 이 전시는 역설적으로 역사의 단절을 보여 주고 있다고나 할까. 이 시설들을 만든 전시 기획자는 기념관의 명칭이 '서대문형무소역사관' 이듯이 애초부터 전시 대상은 일제강점기로 한정했다고 주장할지 모른다. 하지만 이 장소가 일제를 끝으로 폐쇄된 것이 아니라 같은 용도로 계속 사용되었다면 애초부터 전시를 일제강점기에 한정해서는 안 될 일이다.

앞으로 기념관이 들어설 또 한 곳, 중요한 장소가 있다. 서울의 용산 미군 기지이다. 남산 남쪽 기슭에서 한강변에 걸쳐 있는 1백만 평이 넘는 이 부지는 1882년 임오군란 때 진압군으로 진주한 청나라 군대의 주둔지로 시작해서, 1904년 러일 전쟁 시기에는 일본군이 주둔했고, 일본 패망과 함께 진주한 미군이 오늘날까지 사용해 거의 150년 동안 우리 땅이지만 우리가 밟을 수 없었던 금단의 지역이었다. 마침내 2004년 한국과 미국 정부는 이곳의 미군 기지를 평택으로 이전하기로 합의했고, 2005년 한국 정부는 미군에게서 반환받은 용산 부지에 공원을 조성하겠다는 계획을 발표했다. 이후 공원 조성 계획을 둘러싸고 많은 논의와 토론이 있었다.

그런데 2020년에 공개된 정부의 '용산 공원 조성 계획안'에 따르면 부지에 있던 건물 1천여 동 가운데 약 10퍼센트를 남기고 나머지는 철거하는 안을 제시했다. 그런데 남겨지는 10퍼센트의 건물은 대부분 일제강점기 때 건물이라고 알려졌다.

그렇다면 이상한 일이다. 일제강점기의 건물 중에는 조선 총독 관저, 일본군 병기창, 일본군 감옥 시설 들이 포함돼 있다. 물론 이것들은 문화재로서 가치가 충분하다. 그런데 이곳에 일본군보다 훨씬 더 오랫동안 주둔한 미군이 남긴 건축물들은 문화재 가치가 없다는 말인가. 정말로 일본 건물만 남기고 미군 건물은 철거한다면 그것은 이 땅이 품은 아픈 역사를 1945년에서 단절하는 일이 될 것이다. 미군 주둔은 마치 없었던 것처럼 되고 만다.

아마도 계획안 작성자는 일제와 미군 건물을 함께 남기는 것이 자칫 미군을 일제와 같은 급의 침략자로 인식시킬 우려를 했을지 모르겠다. 불필요한 우려다. 오히려 공원 조성자는 이곳에 미군이 주둔했다는 역사적 사실을 지우지 않고 남겨 놓을 의무가 있다고 해야 할 것이다. 그 시설물들이 갖는 의미의 해석은 이곳을 찾는 탐방객들 몫으로 남겨 놓으면 된다. 앞으로 조성될 용산 공원이 또 하나의 역사 단절의 장소가 되지 않기를 바란다.

플로센뷔르크 기념관, 인간 중심의 전시

다시 플로센뷔르크 기념관으로 돌아오자. 1995년부터 추진해 온 기념관이 정식으로 개관한 것은 2007년이다. 석조로 지어진 덕분에 철거되지 않고 남은 세탁장 건물을 전시 공간으로 꾸몄다. 이곳을 매년 수천 명의 탐방자들이 방문하고 있다.

기념관 디자인 콘셉트의 중심은 인간에 두었다. 그것을 상징적으로 보여 주는 것이 세탁장 건물 지하에 있는 목욕장의 원형 보존이다. 이곳 목욕장은 아우슈비츠와 같이 대량 살인을 위한 가스실로 사용된 것은 아니다. 그러나 이곳에 끌려온 수감자는 맨 먼저 이곳에 와서 감시자들이 보는 앞에서 입었던 옷을 벗는다. 남자들은 수염이 깎인다. 그리고 목욕한 뒤 줄무늬 죄수복으로 갈아 입는다. 죄수복 가슴에는 번호가 적혀 있다. 고유한 이름을 갖고 있던 한 존엄한 개인이 그 이름을 빼앗기고 단지 번호로 불리는 '물건'이 되는 순간이다. 그렇게 목욕장은 인간에서 물건으로의 전환이 일어난 '역사적 장소성'을 갖고 있다고 판단해서 특별히 보존한 것이다.

따라서 목욕장은 타일이 붙여진 벽과 배수구가 있는 바닥, 배관 같은 모든 것을 있는 그대로 보존하는 것을 원칙으로 했다. 거기에 더해진 것은 단 하나, 이 장소를 설명하기 위해 입구에 설치한 안내판 한 개가 전부이다. 다만 탐방자들의 발자국으로 목욕장 바닥이 훼손되는 것을 막기 위해 바닥 위 일정한 높이에 투명 유리를 깔아 탐방로로 삼도록 했다. 아무 장식도 처리도 하지 않은 그저 낡고 휑한 지하 공간이지만, 이곳에 서서 잠시 눈을 감으면 당시 희생자들이 당했을 곤욕이 쉽게 머리에 떠오른다. 굳이 나체가 된 채 치욕을 당하고 있는 희생자 마네킹이 필요하지 않다.

앞에서 설명했듯이 이 수용소의 막사들은 해방 뒤에 대부분 훼손되고 철거됐으며, 그 수십 년 동안 희생자들도 거의 잊혔다. 전시는 그들을 다시 불러내는 데 중점을 두었다. 1층 전시장 한가운데에 희생자들의 일대기를 배치했고, 그들의 삶을 입체적으로 조명하기 위해 최첨단 전시 기법을 도입했다. 실제로 이곳은 내가 방문한 다른 기념관에 비해 전시에 디지털 기술을 많이 사용하고 있었다.

그리고 전시에서 강조하는 또 한 부류 인간들이 있다. 바로 가해자들이다. 기념관은 피해자들과 거의 같은 공간을 할애해서 이곳을 운영한 나치 친위대의 면면들을 사진과 함께 상세하게 기록하고 있다. 나아가 나치가 이곳에 수용소를 건설하게 된 배경과 이곳이 나치 수용소 전체 체계에서 어떠한 위상을 갖고 있었는지에 관해서도 여러 문서 증거들을 동원해 전시하고 있다.

플로센뷔르크 강제 수용소 기념관의 변화 작업은 한번에 끝나지 않았다. 2007년 1차 계획에서는 옛 세탁장 건물의 1층에 주 전시실을 만들고 지하 목욕장을 복원했다. 1차 개관 이후 1945년 이후 조성된 기념 구조물, 1950년대 말 조성된 기념 묘역들을 포함해 전체 부지에 재구조화 작업을 계속했다. 특히 1945년 이후 역사의 여러 층위를 보존하고 해석한다는 전시 지침을 만들었다.

그중 중요한 대목은 우리가 현재의 관점에 얽매여 1945년 이후의 시설들을 바라볼 때 그 장소가 가진 역사와 의미를 경시하려는 충동이 일어날 수 있는데, 다시 말하자면 나치 시대와는 상관없는 시설들은 의미가 없는 것으로 생각할 수 있는데, 그러한 자세를 갖지 않도록 주의해야 한다는 것이었다. 이를테면 1950년대나 60년대에 조성된 시설에 문제가 있다고 느끼고 불편해할 수도 있지만, 그것을 회피하지 않고 있는 그대로 바라보아야 한다는 것이다.

이러한 2차 계획이 완료되어 선을 보인 것이 2010년이다. 이때 현재 기념관 정문으로 사용되고 있는 옛 수용소 정문, 얼마 남지 않은 막사들, 옛 수용소 사령부 주변 부지들을 전체 경관에 어울리도록 정리했다. 뒤편의 소각장과 묘역과 교회도 새로 단장했다. 그리고 주 전시장으로 석조로 지어진 옛 식당 건물을 고쳐 재단장했다. 이렇게 해서 1차 세탁장 건물 전시관에 이어 그 옆에 나란히 있는 2차 식당 건물 전시관이 마련됐다.

이렇게 플로센뷔르크 기념관은 우리나라의 서대문형무소역사관과는 다르게, 1945년 해방 이후 이 장소의 변화 과정도 전시의 중요한 한 축을 이루고 있다. 앞에서 설명했듯이 기억의 장소로서의 플로센뷔르크 수용소는 해방된 이후 60년 동안 근본적으로 변화되어 왔다. 초기는 추모 묘역으로 출발했으나 희생자의 존엄성을 기리고 역사적, 정치적 기록물과 교육을 제공하는 기념관으로 변화되는 과정을 전시하고 있다. 한때 이곳이 평화와 화해라는 허울 좋은 명분으로 치부를 은폐했던 역사를 숨기지 않는다.

기념관 뒤편 언덕 기슭, 소각장 부근에 수감자들을 처형했던 장소에 희생자 묘역이 있다. 이곳에서 나치에 저항한 본회퍼 목사가 연합군이 오기 직전인 1945년 4월 8일 처형되고 소각되었다. 사실 내가 이곳을 답사하게 된 이유는 본회퍼 목사가 이곳에서 처형됐다는 기록 때문이었다. 따라서 전시실에 본회퍼 목사가 큰 비중으로 다루어져 있을 것이라고 예상했다. 그러나 한참을 뒤진 뒤에야 아주 작은 사진과 간단한 설명을 발견하고는 조금 실망했더랬다. 그러나 알고 보니 이곳 전시에서 그의 비중이 작은 데는 이유가 있었다.

플로센뷔르크 수용소의 용도는 '위험 분자'의 격리와 처형보다는 채석장 강제 노동에 있었다. 본회퍼가 이곳에 이감되어 온 것은 처형되기 직전인 1945년 4월 초였다. 이때는 사실 친위대가 패전에 대비하여 수용소를 비우는 작업을 하던 때였으므로 그의 이감은 특별한 경우였다. 나치는 1945년 4월, 패전이 임박해 오자 각 수용소의 수감자들을 연합군의 힘이 미치지 못하는 곳으로 이동시키는 이른바 '죽음의 행진' 작전을 시행한다. 헐벗고 굶주린 상태의 수감자들을 무리하게 행군시키는 과정에서 또 많은 희생자들이 발생했다. 4월 초 플로센뷔르크 수용소 수감자들 대부분은 이미 '죽음의 행진'을 떠나고 막사들은 거의 비워져 있었다.

한편으로 본회퍼는 1944년 7월 20일 히틀러 암살 계획이 실패로 돌아갔을 때 이미 저항운동 혐의로 감옥에 수감돼 있었다. 게슈타포가 암살 계획을 수사하면서 본회퍼의 가담 사실을 알아내고 베를린 본부로 불러 조사를 벌였다. 이후 부헨발트 수용소로 보냈는데, 패전이 임박해지자 나치는 수감돼 있던 암살 계획 관련자들을 처형하기로 결정한다. 그에 따라 본회퍼는 6명의 군 간부 관련자들과 함께 플로센뷔르크로 보내졌고, 도착 바로 다음 날 모두 처형당했다.

플로센뷔르크 기념관의 관점에서 보면, 본회퍼는 의로운 저항운동가임에는 틀림없으나 수용소에 장기 수용되어 강제 노동에 시달린 피해자는 아니었다. 그래서 그에 합당한 전시 공간을 마련한 것이 아닐까. 그나마 플로센뷔르크에는 다른 수용소 기념관과는 달리 그의 명복을 빌어 줄 작은 교회가 본회퍼가 죽은 곳 바로 곁에 있다는 것이 다행으로 보였다.

'공포의 지형도' 전시

먼 길을 돌아 다시 '공포의 지형도' 기록관으로 돌아오자. 이 기록관은 현재 베를린 시내 중심가인 포츠담 광장 부근에 있는데 기념관의 경관이 특이하다. 언뜻 보면 그저 넓은 공터로 보인다. 가까이 가면 부지 한편에 정사각형에 가까운 모양의 1층짜리 건물이 있다. 부지에 깔려 있는 회색 잡석들과 거의 비슷한 건물색이어서 건물의 존재감이 크게 느껴지지 않는다. 사실 이 기념관의 주 전시 공간은 이 건물에 있지도 않다.

기념관 부지의 한쪽 경계면에는 이제는 유물이 되어 보존되고 있는 베를린 장벽이 길게 늘어서 있다. 장벽 유적 안쪽으로 장벽과 평행하게 좁고 긴 지하 통로가 있는데, 내려가 보면 오래된 건물의 지하 벽면을 그대로 보존한 채 그 벽면을 전시 공간으로 활용하고 있다. 물론 그 벽면은 나치 시대에 이곳에 있었던 건물의 지하 구조 가운데 일부이다.

나치의 공포 기관들이 사용하던 공포의 건물들은 주 전시장으로 쓰이고 있는 곳과 같이 일부 잔해만 남아 있을 뿐 그 형체는 남아 있지 않다. 우선 2차 대전 말기에 연합군의 공습으로 건물의 상당 부분이 붕괴됐다. 연합군이 친위대 본부가 있던 이곳을 공습의 표적으로 삼은 것은 당연한 일이었다. 그러나 완전히 파괴되지는 않아서 복구해서 다시 사용할 정도는 됐다. 하지만 독일인들은 그렇게 하지 않았다. 나치의 수치스러운 과거를 떠올리게 하는 건물을 남겨 두고 싶지

공포의 지형도 야외 전시장. 게슈타포 본부 같은 공포의 건물들은 사라졌지만 그 지하층 벽체가 발굴되어 전시 공간으로 사용되고 있다. 그 위에 보이는 시설물은 동서 베를린을 분단했던 장벽의 유적이다.

않아서 남아 있던 건물 부분도 종전 후 깨끗이 철거해 버렸다. 이러한 처리는 이곳뿐만이 아니었다. 뮌헨의 다하우 수용소, 베를린의 작센하우젠 수용소, 바이마르 인근의 부헨발트 수용소처럼 현재 기념관으로 운영되는 곳들 모두에서 나치 당시의 건물들은 보존돼 있지 않다. 독일인들은 기억에서 지우고 싶은 듯이 말끔하게 철거했다.

그리고 이 건물터 옆으로는 동서 베를린 분단선이 지나갔다. 1961년에는 동독 측이 철책선 대신 콘크리트 장벽을 쌓고 양측 사이의 경계가 삼엄해지면서 서베를린 쪽 장벽에 접한 이곳은 마치 우리 휴전선 옆 비무장 지대처럼 방치된 땅이 되어 버렸다.

그러면 빈터였던 이곳에 어떻게 '공포의 지형도'라는 기록관이 들어서게 된 것일까. 그 시초는 1970년대 말, 이 장소 옆에서 국제 건축 박람회가 열린 때로 거슬러 올라간다. 박람회를 관람하러 온 시민들이 방치된 이 땅에 관심을 갖게 된다. 그때는 68운동의 거대한 파도가 서독을 휩쓸던 시절이었다. 이 땅에 주목한 청년 학생들은 이곳에 있던 공포의 건물들에 대해 알아내고 건물의 보존과 복원에 대해 발언하기 시작했다.

시민들의 관심에 자극받아 베를린 시의회에서 이 터에 관해 논의하게 된다. 그런데 정치인들은 이 비어 있는 땅을 부동산의 가치라는 측면에서 바라보았다. 사실 오늘날 우리나라의 남영동 대공분실 터에 대해서도 '부동산의 가치'로 바라보는 이들이 있다. 토지 가격이 '1천억 원'에 달한다는 이곳에 새 건축물이 들어설 경우 그것이 창출할 부가 가치에 주목한 것이다. 아마 당시 베를린 시의원들도 마찬가지였던 듯하다.

1982년 베를린 시의회는 이 터에 건축물을 짓기로 결정하고 설계를 공모한다. 그런데 원래 나치 공포 기관 건물을 건축할 때 인근에 있던 프린츠 알브레히트 궁전 터와 병합해서 부지로 사용했다. 베를린 시의원들은 나치 건물보다는 궁전에 주목했다. 그래서 공모의 주제를 '전 프린츠 알브레히트 궁전 터의 디자인'으로 정했다. 공모에 응한 건축가들은 이 주제에 호응할 수밖에 없었고, 아무도 이곳에 있던 나치의 공포 기관들에 대해 의식하지 않았다. 공모에 194점이 출품됐고, 그 가운데 1등과 2등 작품을 선정했다. 두 작품 모두 옛 궁전의 아름다움을 재현하는 작품이었음은 물론이다.

당선작을 본 시민들은 문제를 제기했다. 나치의 국가폭력이 자행된 공포의 장소를 예술적으로 치장하는 것이 과연 올바른 것인지 의문을 표하고 나선 것이다. 이 문제를 두고 시민 사회에서 격렬한 논쟁이 벌어졌고, 결국 1984년 베를린시는 시민들의 의견에 굴복해 건축 프로젝트를 취소한다.

이후 베를린에서는 이 터에 관심을 갖는 시민들이 주체가 된 '문화 아카데미' 단체들이 만들어진다. 이 시민 단체들은 그 터에 나치 희생자를 기리는 기념물, 또는 나치의 만행을 기록한 기록관을 만들 것을 주장한다. 이러한 시민운동의 결과로 1985년에 '체험박물관협회'와 '베를린 역사연구소'(두 단체 모두 나치 과거사를 연구하고 기록하는 활동을 목적으로 결성됐다.) 주최로 문제의 터에 시범 발굴을 실시한다. 이 장소가 영구적으로 보존되어야 할 역사 유적이라는 것을 보여 주기 위한 행동이었는데 뜻밖의 발굴 성과가 나왔다. 발굴 도중 본건물의 지하실 벽체가 드러난 것이다. 부속 건물이 있던 자리 밑에서는 줄지어 있는 지하 감옥 독방들이 모습을 드러냈다. 이 발굴을 지휘한 사람은 역사학자 라인하르트 뤼루프Reinhard Rürup였다.

때마침 1987년에 베를린시는 도시 건설 750주년을 맞아 성대한 행사를 준비한다. 뤼루프 교수는 이 행사의 일환으로 이때까지의 발굴 성과를 일반에 공개하기로 하고, 발굴지에 해설 안내판을 설치해 전시회를 연다. 전시의 제목은 〈공포의 지형도 : 프린츠 알브레히트 궁전 터 위의 게슈타포, 친위대, 국가보안국〉이었다. 이 제목을 통해 알 수 있듯이 '공포의 지형도'라는 글귀는 어떤 은유적 표현으로 사용된 것이 아니라, 구체적 실물인 공포의 기관들이 자리 잡고 있던 땅의 지적도라는 의미였다.

전시회는 대성공이었다. 밀려드는 사람들 때문에 애초 계획된 전시 기간을 연장한 끝에 나중엔 무기한으로 바꾸었다. 발굴된 지하 벽체와 감옥, 그리고 설치된 해설판에 지붕을 씌워 비를 피할 수 있도록 했다. 그리고 베를린시 당국은 영구 전시를 위해서 좀 더 튼튼한 시설로 보강하는 조치를 시민 단체들과 함께 논의했다.

이렇게 시설 보완 논의를 진행하던 중에 거대한 역사의 파도가 밀려왔다. 1989년 11월 9일 밤, 동서 베를린 시민들이 몰려나와 베를린 장벽을 부숴 버린 것이다. 그리고 갑작스럽게 통일이 되었다.

독일 통일은 1987년 베를린시 750주년 행사를 계기로 시작된, 공포의 기관들이 있던 장소를 어떻게 보존하고 이용할 것인가 하는 논의를 더욱 활성화시켰다. 논의의 결과로 유적의 원형을 보존한다는 원칙에 합의가 모아졌다. 뤼루프 교수를 비롯해 이러한 공론화 논의를 주도한 이들은 항구적인 활동을 위해 1992년에 '공포의 지형도 재단'을 설립했다. 이사장에는 뤼루프 교수가 선임됐다.

이들이 재단을 설립한 이유는 항구적인 활동을 위해서이기도 했지만, 보다 중요한 이유는 정부 기관에 예속되지 않는 독립적인 활동을 보장받기 위한 것이었다. 재단은 자신의 임무를 나치 체제와 그 범죄에 대한 역사적 사실을 발굴하는 것, 시민들이 역사적 사실을 직시하도록 고무하는 것, 베를린시에 자문 기능을 수행하는 것으로 정했다. 이후 재단은 왕성하게 활동을 펼쳐 나갔다.

베를린시는 공포의 지형도 재단이 제시한 유적 보존의 원칙을 지침으로 삼아 1992년에 두 번째로 설계 공모를 실시한다. 이번에는 무작위로 일반에 공모하지 않고 설계 지침을 잘 이해하는 유명 건축가 12명을 대상으로 했다. 그 결과 스위스 건축가 페테르 춤토르의 작품이 당선작으로 결정되고 1997년에 시공에 들어갔다.

그러나 이번에도 순탄치 않아 시공 2년 만에 공사는 중단됐다. 설계안대로 시공하려면 발파 작업을 해야 했는데, 이 때문에 기존 건물 유적의 훼손이 불가피했다. 훼손을 최소화하려면 막대한 공사비가 추가로 투입되어야 했지만 시에서 난색을 표했다. 그러자 공포의 지형도 재단은 공사 중지를 요구했다. 정부에 대한 항의로 뤼루프 이사장이 사퇴하고, 정부와 시민 사회 사이에 격론이 오갔다. 결국 이번에도 베를린시와 연방 정부는 시민 사회의 의견을 받아들여 2004년에 건축 계획 취소 결정을 내렸다.

한편 이 무렵 공포의 지형도 재단은 활발한 활동을 통해 입지를 확고하게 다졌다. 2004년 당시 공포의 지형도 유적지 연간 방문객이 50만 명에 이르렀다. 재단은 독일 국내외에서 나치 역사와 관련한 대규모 전시회, 학술회의, 토론회, 세미나 들을 개최했다. 그리고 꾸준하게 수집한 자료들을 모아서 전문 도서관을 만들고 일반에 공개했다. 국내에 산재한 기념관들과 협력 관계를 맺었고, 국외의 기관들과 국제적인 네트워크도 구축했다. 무엇보다도 베를린시와 연방 정부를 상대로 광범위한 활동을 벌여 자문 기구로서 위상을 확고히 했다.

남영동 대공분실과 '공포의 지형도'

이 점에서 우리나라 남영동 대공분실 부지에 마련할 (가칭)민주인권기념관의 운영 주체에 대해 생각해 보게 된다. 2018년 12월 경찰청이 퇴거한 이후 공공 기관인 기념사업회와 시민 단체인 남영동추진위가 협력해서 앞으로 부지에 만들어질 기념관의 운영 주체를 구성할 예정이다.

공포의 지형도 재단 사례와 비교해 본다면 공공 기관인 기념사업회보다는 시민 단체인 남영동추진위가 운영의 주체로 서야 바람직하다. 그러나 한국 사회의 특수한 사정도 감안해야 한다. 기념사업회는 그 설립과 목적이 법률로 보장된 특수 법인이다. 따라서 직원들의 급여와 사업비를 정부 예산으로 충당하고 있다. 시민 단체는 아무리 법인을 구성하더라도 이 정도의 정부 지원을 기대할 수는 없는 것이 한국의 현실이다. 그런데 바로 이 점이 기념사업회의 약점이기도 하다. 정부로부터 예산을 지원받는 대신 직원의 채용에서부터 사업의 기안과 집행에 이르기까지 정부의 감독 아래에 놓여 있다.

반면에 남영동추진위는 이미 남영동에서 경찰청이 퇴거하도록 하는 강력한 시민운동을 조직해 냈던 것에서 드러났듯이, 앞으로 설립될 기념관이 정부로부터 독립된 기관이 되도록 만들 수 있는 강력한 한 축이다. 이론적으로는 공공 기관으로서 기념사업회의 장점과 시민 단체로서 남영동추진위의 장점이 결합해서 상승 효과를 내도록 하는 구조를 창출하는 것이 최상이다. 하지만 현실은 각각의 단점만

드러나서 최악의 결과를 낼 가능성도 있다. 최상의 결과를 향해 나아가기 위해서 공포의 지형도 재단 사례를 남영동 주체들이 세심하게 살펴볼 필요가 있다고 생각한다.

공포의 지형도로 돌아가자. 두 번의 실패를 거듭한 뒤 베를린시와 시민 사회는 먼저 건축 설계 지침에 좀 더 확고한 원칙들이 정립되어야 한다고 보고, 의견 수렴에 들어갔다. 특히 공포의 지형도 재단은 〈역사적 장소와 역사의 기록 : 공포의 지형도 건축〉이라는 제목으로 심포지움을 열고 공론을 모아 나갔다. 그 결과 건축 기본 지침에 사회적인 합의가 도출되었다. 내용은 이러했다.

첫째로, 이 터는 독일사를 넘어 유럽사의 장소가 되어야 한다. 나치 체제는 독일 국내에만 영향을 미친 것이 아니라 전 유럽을 대상으로 전쟁 범죄를 저질렀다. 따라서 공포의 기관들이 비록 독일 국내에 있기는 하지만, 그 행위는 전 유럽에 걸쳐서 행사됐기 때문에 기록관의 전시와 기록은 그에 걸맞게 구성되고 표현되어야 한다. 만약 기록관의 중심이 국내로 맞춰진다면 '교육'에 초점이 모아질 것이고, 시각을 국외로 넓힌다면 '반성'에 초점이 맞춰질 것이다. 즉 교육과 반성이라는 두 가지 범주를 모두 소화하는 기록관이어야 한다.

둘째로, 이 터는 피해자가 아닌 가해자의 장소여야 한다. 강제 수용소 기념관의 경우에는 그곳에서 고통을 겪은 피해자들을 향한 추모와 가해자들에 대한 고발이 전시의 중심 개념이다. 그런데 나치의 인권 탄압 범죄를 기획하고 실행하고 감독한 기관들이 있던 장소인 이곳은 피해자보다는 가해자들에 대한 기록에 더 중심이 두어져야 한다. 이곳이 나치 범죄를 직시하고 그것을 통해 독일에서 다시는 나치와 같은 체제를 용납하지 않도록 시민들을 교육하는 장소여야 하기 때문이라는 것이다.

셋째로, 독일사의 상처를 있는 그대로 드러내는 장소여야 한다. 나치 체제는 주권자 시민들의 뜻을 억누르고 폭력적으로 성립된 것이 아니다. 합법 선거를 통해 나치당이 제1당으로 인정을 받았고, 이후 히틀러가 헌법을 무력화시키고 1인 독재 체제로 전환할 때에도 국민의 지지가 밑받침되었다. 강제 수용소 인근 주민들은 종전 후 자신들은 그곳에서 무슨 일이 일어나고 있는지 몰랐다고 말한다. 하지만 정확하게 말한다면, 몰랐다기보다는 관심이 없었다고 해야 할 것이다. 나치가 그곳에서 하는 일을 '나와는 상관 없는 일'로 치부하고 무덤덤하게 대한 것이다. 그렇게 함으로써 평범한 시민들은 나치 범죄의 공범자가 되었다. 이것이 한나 아렌트가 말한 '악의 평범성'이다. 따라서 공포의 지형도 기록관은 나치 고위 관료들로 한정된 가해자들만의 공간이 아니라 그때를 살았던 평범한 독일 시민들의 뼈아픈 상처를 드러내는 공간이기도 해야 한다. 그래서 기록관을 찾는 이들이 그러한 상처가 주는 아픔을 공감하도록 하는 것이 설립의 중요한 목적이 되어야 한다.

넷째로, 이 장소 자체가 역사 연구의 1차 사료로 다루어져야 한다. 이곳에 있던 공포의 기관 건물들은 철거되고 그 흔적만 남았다. 이곳에 세워질 기록관의 1차 기록물이 바로 이 터 자체이다. 가해자들을 기억하기 위해서 그 건물들을 복원하려는 욕구가 있을 수 있다. 또한 탐방객들의 편의를 위해 현대적인 시설들을 신축할 필요도 있을 수 있다. 그러나 그러한 시도들은 1차 사료를 훼손하는 행위가 된다. 그 어떠한 예술적 가공 없이 있던 모습 그대로 보존하고, 그것을 시민들에게 공개해야 한다. 따라서 기록관의 기본 틀은 1987년에 이곳에 처음으로 조성된 '공포의 지형도' 전시관이어야 한다.

다섯째로, 역사적 장소이자 유적인 이곳에 '목소리'를 부여해야 한다. 이곳이 1차 사료로서 기본적으로 변형을 최소화하고 원형을 보존해야 한다고 하면, 자칫 박제화된 유적에 그칠 수 있다. 그것을 극복할 수 있는 장치는 시민의 참여에 있다. 유적에 기록관 건물을 신축하는 이유가 여기에 있다. 신축 기록관은 전시 공간일 뿐만 아니라 재단이 수집한 자료들을 집적한 도서관으로 일반에게 공개되어야 한다. 나아가 시민들을 위한 강연과 세미나 장소, 시민들 스스로가 조직한 포럼과 워크숍을 위한 장소이기도 해야 한다. 기록관은 나치의 만행을 일방적으로 보여 주는 공간으로 그쳐서는 안 되며, 시민들 스스로 나치 체제가 성립한 원인과 그 구조에 대해 스스로 연구하고 통찰할 수 있는 공간으로 활용되어야 한다.

마지막으로, 기록관 건물의 내부와 외부가 유기적인 관계를 맺어야 한다. 전시와 교육을 위해 건물 신축은 불가피하다. 이때 신축된 건물은 반드시 전체 터의 한 구성 부분이어야 한다. 건물의 외양이 터의 이미지와 충돌하는 파격은 자제되어야 한다. 이곳에는 이미 옥외 전시장이 있고, 지하 감옥 유적도 있다. 신축 건물은 '튀지 않고' 이들과 조화를 이루어야 한다. 건축가는 신축 건물을 통해 이 터를 압도하거나 변형시키려고 해서는 안 된다.

2005년 이러한 설계 지침에 따라 공모가 실시됐고, 2006년에 건축가 우르술라 빌름스Ursula Wilms와 조경가 하인츠 할만Heinz W. Hallmann의 작품이 당선작으로 선정됐다. 당선작은 설계 지침 중에서 특히 1차 사료로서의 역사적 장소여야 한다는 점, 신축 건물이 내외부와의 다양한 관계를 맺어야 한다는 점, 장소에 목소리를 부여해야 한다는 점을 충실하게 반영한 것이 높은 평가를 받았다. 이후 공사에 들어가 4년 만인 2010년 5월 8일 역사적인 개관식을 가졌다. 5월 8일은 히틀러 체제가 종말을 고한 제2차 대전 종전 기념일이기에 특별히 이날을 택했다.

1982년 첫 설계 공모를 시도한 이래 무려 28년 만에 그 결실이 세상에 모습을 드러냈다. 28년 동안의 과정을 모르는 이들이 이곳을 방문한다면 '28년 동안 고민한 결과가 고작 이 정도인가'라며 의아해할 것이다. 우선 기록관 부지의 상당 부분은 텅 빈 공터로 남아 있다. 그곳엔 흔히 보듯이 잔디밭이 조성되는 대신에 회색 잡석이 깔려 있다. 울퉁불퉁한 잡석들이기에 거닐기 불편하다. 설계자의 의도이다. 원래 이곳에 있던 공포의 기관들 건물은 철거되고 말았는데 회색 잡석은 마치 그 철거된 건물들의 파편들처럼 느껴진다. 그 건물들이 시민들에게 불편했듯이 지금도 시민들은 그 흔적을 걷는 것에 불편함을 느낀다. 공포의 지형도 기록관을 상징하는 이미지는 바로 이 회색 잡석이다. 이곳을 바라보는 시각에도, 이곳을 밟아 보는 신체의 감각에도 불편함을 주려는 의도가 보인다.

공포의 지형도 전경. 멀리 보이는 단층 건물이 신축된 기록관이고, 오른쪽 장벽 유적 아래에 전시장이 있다. 이전에 공포의 건물들이 있었던 바닥에는 잔디밭 대신 회색 잡석이 깔려 있다.

부지의 한쪽에 신축돼 있는 1층짜리 기록관 역시 이 회색 빛깔과 같은 계통의 색조를 띠고 있다. 형태도 반듯한 사각형이어서 튀는 구석이 없다. 1차 사료인 빈터의 경관에 돌출되는 느낌을 최대한 자제한 설계이다. 실제 건물의 외벽은 투명 유리이다. 따라서 건물 내부로 들어가서도 바깥으로 장벽 유적과, 옛 터와, 옛 궁전 터에 자라난 푸른 나무들을 그대로 바라볼 수 있다. 내부에서 들어가서도 내부에 있는 것 같지 않은 느낌이다.

1층은 전시실로 쓰이고, 지하 공간에는 전문 도서관, 세미나실 들이 마련돼 있다. 시민들에게 공개되고 시민 모두가 사용할 수 있는 개

방된 공간이다. 설계 지침에서 제시한 '목소리를 부여하라'는 조건을
충실하게 구현하고 있다.

1층 전시실을 돌아보던 중 나는 재미있는 사진을 발견했다. 사진
은 수백 명의 사람들이 오른손을 펴고 높이 들어 히틀러에게 경례, 곧
'살루트'를 하고 있는 장면이다. 사진에는 1936년 6월 13일 함부르크
조선소에서 있었던 해군 훈련함 호르스트 베셀호의 진수식 장면이라
고 적혀 있다. 진수식에서 히틀러의 연설이 끝난 뒤 군중들이 손을 치
켜들고 국가를 부르고 있는데, 사진은 인파 속에 단 한 사람을 둥근
원으로 표시해 두었다. 유일하게 그만이 손을 치켜들지 않고 팔짱을
끼고 있었던 것이다. 사진의 제목을 보니 '순응과 거부'였다. 모두 히
틀러를 향해 살루트를 하는 순간에 단 한 사람이 거부하고 있는 것을
전시 기획자가 발견한 것이었다. 사진 설명에는 그의 신원을 찾아내
는 것이 쉽지 않았지만, 기어코 아우구스트 란트메서August Landmesser
라는 이름을 알아냈다고 쓰여 있다.

독일의 기록관 전시는 대부분 사진과 거기에 붙은 설명으로 이
루어져 있다. 자칫 밋밋할 수도 있는 양식인데, 간결하고 핵심을 찌르
는 설명글이 그것을 보완해 준다. 그리고 이러한 사진과 같이 세심한
조사와 발굴이 가져다주는 재미도 종종 있다.

기록관 전체에서 주 전시 공간은 신축 건물이 아니라 야외의 장
벽 유적 옆에 있는 옛 건물 지하 벽체 유적이다. 붉은 벽돌로 된 벽면
에 해설판을 붙여 전시 공간으로 삼고 있다. 장벽을 따라 약 1백 미터
쯤 이어져 있는 전시 공간에는 늘 관람객들로 북적인다. 그리고 다른

공포의 지형도 전시실의 사진. 모든 사람들이 히틀러를 향해 경례를 하고 있는 가운데 동그라미 속 단 한 사람만이 팔짱을 끼고 있다. 기록관 측에서 밝혀낸 그의 이름은 아우구스트 란트메서다.

편 코너에 있는 지하 감옥 유적도 빼놓을 수 없는 전시 공간이다. 기록관은 이곳들을 포함해 부지 전체에 15곳 정도의 포인트를 정해 순회 관람로를 조성해 놓았다.

　내가 이 장소를 길게 설명한 이유는 이곳의 전시 공간이나 전시물이 특별히 인상적이어서가 아니다. 이 장소를 보존하고 기념하기 위해 20여 년에 걸친 치열한 토론의 과정을 겪었다는 것, 그 과정을 주도한 주체는 정부가 아니라 시민 사회였다는 점을 알고 배우기 위해서이다.

베를린 유대인 박물관과 남영동

의도적으로 '불편함을 느끼게 하는' 전시는 베를린시의 다른 전시관인 유대인 박물관에서도 볼 수 있다. 베를린시에는 1930년대에 유대인 박물관이 건립됐으나 나치 시대에 문을 닫았고 1980년대 말에 재설립을 위한 설계 공모가 있었다. 이때 당선작은 유대인 건축가 다니엘 리베스킨트Daniel Liebeskind의 작품이었다. 약 10년 동안의 공사 끝에 2001년에 완공돼 일반에 공개됐다.

다니엘 리베스킨트는 자신이 유대인이지만 이 박물관이 유대인 만을 위한 공간이 되어서는 안 된다고 생각했다. 오히려 비유대인이 유대인이 겪은 고통을 공감할 수 있도록 한다는 콘셉트를 세웠다. 그 콘셉트는 전시물 이전에 건축 자체에서 구현됐다.

반듯한 모습의 옛 박물관 건물 옆에 신축된 건물은 한마디로 파격이다. 하늘에서 조감도처럼 내려다보면 건물은 마치 벽에 그려진 그라피티에서 보이는 굵은 알파벳 글자를 이어 놓은 듯한 모양이다. M과 Z 같은 글자를 이어 놓은 것 같다. 지면에서 건물을 바라보면 이런 모습은 파악할 수 없고 그저 아연 재료의 철제 벽체를 한 거대한 건물 외양만 보인다. 옛 건물의 입구에 있는 매표소를 통해 들어가 긴 관람 복도를 따라 새 건물로 진입하면 복도가 직각 혹은 그 이상의 각도로 꺾어지는데, 바로 길게 이어진 건물 구조 때문이다.

이 박물관은 전시물보다 건물 그 자체가 인상적이다. 특히 관람 복도는 평평하지 않고 마치 배가 파도에 기운 듯 기울어져 있다. 그래서 걷기에 왠지 불편하고 약간 어지러운 느낌까지 든다. 아마도 작가는 관람자를 불편하게 함으로써 유대인이 걸어온 고통의 역사를 느끼게 하려는 것인지도 모르겠다.

박물관은 복도를 걷고 계단을 오르내리며 여러 개의 방을 들르도록 설계돼 있다. 그 어느 것도 평범한 전시실이 아니다. 그중에서 가장 인상적인 방은 'The Memory Void'라는 곳으로 메나쉐 카디쉬만Menashe Kadishman의 〈낙엽〉이란 작품을 전시하고 있다.

'텅 빈 기억'이란 뜻의 방 이름처럼 빛이 거의 없는 어두침침한 공간이 건물 꼭대기까지 높이 솟아 있다. 그리고 바닥에는 사람 얼굴 크기의 두꺼운 철판에 눈, 코, 입 자리가 뚫려 있는 철가면들이 1만 장 넘게 낙엽처럼 깔려 있다. 관람자는 이 얼굴 철가면들을 밟으며 거닐게 되는데, 발걸음을 옮길 때마다 그 쇠붙이들이 부딪히며 내는 소리가 높은 천정까지 메아리처럼 울린다. 이곳을 방문했을 때 나는 그 소리가 귀에 거슬려서 조금 걷다가는 멈추었다. 켜켜이 쌓여 있는 철제 '낙엽'들이 발에 닿는 물리적 느낌도 불편했다.

이 모든 것이 무엇을 느끼게 하려는 것일까 생각했는데, 문득 깨달았다. 아, 이 불편함이 작가의 의도가 아닐까. 유대인들이 겪었던 고통에 대한 공감을, 혹은 철가면들을 밟으며 가해자가 피해자에게 가한 폭력에 가책을 느끼라고 호소하는 것이 아닐까.

그렇다면 이쯤에서 남영동 대공분실 부지에 기념관을 조성할 때 어떤 원칙과 지침으로 임해야 할 것인지 베를린의 공포의 지형도 기록관 사례와 비교하면서 나의 의견을 제시해 보겠다.

유대인 박물관의 'The Memory Void' 방 안에는 아무런 설명도 쓰여 있지 않지만, 바닥에 깔려 있는 철가면들이 유대인 희생자들을 상징한다는 것을 누구나 느낄 수 있다.

우선 남영동에 세워질 기념관은 남영동 대공분실만이 아니라 독재 정권의 정보기관과 수사 기관 전체가 저지른 고문과 다양한 인권 침해를 다루는 센터의 역할을 하는 전국적 기구가 되어야 한다. 중앙정보부, 보안사 같은 다른 기관들의 흔적이 사라져 버렸기 때문에 실체가 보존된 유일한 공간 남영동이 독재 정권이 자행한 국가폭력 기록의 중심이 될 임무를 지니게 되었다.

다음으로 기념관은 가해자의 장소, 반성과 교훈의 장소여야 한다. 우리는 피해자를 잊지 않아야 하지만, 적어도 남영동이라는 공간은 이러한 범죄를 기획하고 조직하고 실행한 사람들과 그것을 가능케 한 정치 사회적 상황에 중점을 두어야 한다. 사실 우리는 아시아 국가들 가운데서는 민주화를 성공적으로 이루어 낸 나라이지만, 박정희 유신 체제와 그에 이어진 전두환 폭압 통치에 대한 학문적 연구는 대단히 얕다. 독일에서 나치 체제와 히틀러에 대해 엄청난 연구가 축적되어 있는 것에 비하면 초라하기 짝이 없다. 박정희와 전두환 체제를 겪은 세대라면 그것이 나쁜 체제였다는 것을 체득하고 있다. 하지만 이후 세대는 그 체제가 어떤 체제였는지, 왜 나쁜 체제인지 교육을 통해서만 인식할 수 있다. 그런데 그들에게 교육할 교재, 즉 축적된 연구가 너무나 부족해서 효과적인 교육을 할 수가 없는 것이 현실이다. 남영동에 세워질 기념관이 그것을 위한 초석이 되어야 한다.

흔히 남영동은 이곳 509호 조사실에서 고문받던 중 사망한 박종철, 515호 조사실에서 10여 일 동안 온갖 물고문과 전기 고문을 받은 김근태의 장소로 기억된다. 하지만 고문이라는 극악한 국가폭력을 자행한 범죄자들과 그들을 지휘한 정치 세력에 대해서는 구체적인 사실과 이름이 기억되지 않고 있다. 박종철 사건의 경우, 실형으로 처벌된 가해자들은 고문을 직접 실행한 말단 수사관들뿐이었다. 그들에게 고문을 지시한 상급자들은 집행유예로 석방되었으며 그들의 이름은 좀처럼 거론되지 않고 그들에 대한 연구와 기록은 거의 존재하지 않는다.

예를 들면 박종철 사건에서 고문자들을 지휘한 상급자로 경정 계급의 유정방이라는 인물이 있었다. 내가 조사한 바에 따르면 그는 박종철 사건 이전에도 여러 건의 공안 사건을 처리한 경력자였다. 유정방은 박정희가 5·16쿠데타를 일으킨 해인 1961년에 경찰에 투신하여 정보과와 대공과에서 '혁혁한' 공로를 세워 정부로부터 총 4차례나 훈포장을 받았다.

유정방이 1981년 12월 31일자로 받은 보국훈장 광복장은 그해에 있었던 이른바 '학림 사건'(전국민주노동자연맹과 전국민주학생연맹 조직 사건을 총칭)의 공로를 인정받아 수여된 것이 확실하다. 그는 1985년에 박정희가 자신이 일으킨 쿠데타를 기념하여 제정한 '5·16민족상'을 받았는데 공적 조서에도 "좌경학생운동권의 주축인 '전국민주학생연맹' 및 노동자 좌경의식화의 근간인 '전국민주노동자연맹' 사건의 이태복, 이선근 일당 등을 일망타진함으로써 국가안정에 이바지하였다"고 기록되어 있기 때문이다.

그런데 이 학림 사건은 2010년 불법 구금과 고문에 의한 수사라는 이유로 재심이 결정되었고, 2012년 대법원에서 이태복, 이선근을 비롯한 관련자 전원에게 무죄 판결을 확정했다. 상훈법에서는 "서훈 공적이 거짓으로 밝혀진 경우"에 서훈을 취소하도록 규정하고 있다. 그렇다면 유정방에게 수여된 보국훈장 광복장은 취소되어야 마땅하지만 그런 논의는 전혀 일어나지 않았다.

유정방은 또 1986년에 녹조 근정훈장을 받았다. 81년 광복장 서훈 이후 82년부터 86년까지 남영동에서는 민청련 사건, 민추위 사건, 5·3인천시위 사건, 건대 농성 사건, 보임다산 사건 들을 수사했다. 민청련 사건은 김근태 의장에게 무자비한 고문을 가한 사건이고, 민추위 사건도 김근태와 학생운동을 엮기 위해 대학생들을 고문하여 날조한 사건이다. 5·3인천시위는 대통령 직선제를 요구하는 시민들의 운동이었고, 건대 농성은 평화로운 학생 집회를 헬기를 동원, 무자비하게 진압한 사건이다. 보임다산 사건은 진보 서적을 출판한 출판사들을 용공 조작한 대표적 사건이다.

모두가 민주화운동을 좌경 용공으로 조작하기 위해 고문 수사를 했던 반인도적 인권 침해 사건들이다. 그 책임자 중 한 명이 유정방이었다. 그는 이러한 수사의 '공적'을 인정받아 녹조 근정훈장을 받은 것이다. 그리고 연이은 훈장에 기고만장한 그가 1987년 박종철 고문치사 사건을 일으키는 데까지 나아갔다.

남영동에 들어설 기념관에는 이러한 가해자에 관한 사실들이 기록되고 보존되고 전시되어야 한다. 그 기록을 통해 우리는 고문 실행자들을 거느린 권력의 불의를 인식할 수 있고 그러한 권력을 용인하고 지지한 시민 자신들에 대한 반성으로 나아갈 수 있다. 그러나 우리 사회는 몇몇 피해자에 대해서는 기억하고 추모하지만, 이러한 가해자들에 대해서는 기록도, 기억도 회피해 왔다.

우리는 피해자뿐만 아니라 가해자가 걸은 삶의 과정도 낱낱이 기록해야 한다. 가해자를 기억함으로써 우리는 그러한 가해를 지시한 권력을 생각하게 되고, 나아가 그 권력을 지탱해 준 사회 구조와 배경을 되돌아보게 된다. 불의한 권력에 대한 시민 사회의 무관심과 용인, 나아가 지지가 있었다면 그러한 우리 사회에 대해 함께 반성하는 공간이 되어야 한다. 이때 비로소 기념관은 과거를 박제화하지 않고 오늘의 교육 현장으로서 의미를 갖게 될 것이다.

또한 남영동은 한국 현대사의 '드러난 상처'가 되어야 한다. 남영동 대공분실이라는 장소는 7층 건물에 국한되지 않는다. 1970년대 중반의 서울시 용산구 남영동이 갖는 지리적 위치성, 건물 구조, 철조망이 쳐진 담벼락이 합쳐져서 하나의 경관을 형성했다. 그러한 경관과 아우라는 한국 현대사의 1차 사료로서 보존되어야 한다. 독일이 많은 수용소와 나치 유적을 가능하면 모두 보존하고 있는 것에 비추어 보면, 단 하나밖에 남지 않은 국가폭력의 현장이기에 더욱 소중하게 다룰 가치가 충분히 있다.

그럼에도 남영동에는 전시 공간과 교육 공간을 위해 불가피하게 건물을 신축할 필요가 있다. 이때 신축되는 건물은 애초에 남영동에 형성된 아우라를 훼손하지 않도록, 쉽게 말하자면 튀지 않도록 절제되어야 한다. 남영동의 어두침침하고 을씨년스러운 경관을 불만스러워하면서 이와 대비되는 밝고 명랑한 공간을 함께 조성해야 한다는 의견이 제기된 적이 있다.

하지만 독일인들은 왜 작센하우젠과 다하우와 부헨발트와 플로 센뷔르크 수용소의 황량하고 을씨년스러운 경관 속에 밝고 미래 지향적인 건물을 지어 놓지 않은 걸까. 공포의 지형도 부지에 설계를 시작한 지 28년 만에 조성된 신축 건물은 왜 튀지 않을까. 그 장소 자체를 1차 사료로 다루어 최대한 보존한 결과이다. 기존 건물을 그대로 보존하더라도 그 회색 건물 옆에 새하얀 현대식 건물을 세워 놓는다면 1차 사료로서의 경관이 파괴되는 것이다. 개발이라는 이름을 앞세운 파괴이고 역사에 대한 커다란 범죄라고 말할 수 있다.

2020년에 남영동에 들어설 새 건물을 두고 설계 공모가 실시됐다. 많은 전문가들이 나와 같은 우려를 했고 남영동추진위를 통해 그러한 우려가 심사에 반영되도록 노력했다. 공모에서 당선된 작품은 디아건축사무소에서 응모한 '역사를 마주하는 낮은 시선'이라는 제목의 설계안이었다. 다행히 당선작은 많은 전시 공간을 지하에 마련하고, 지상으로 돌출되는 건물도 기존 건물과 경관이 충돌하지 않도록 배려했다.

남영동 기념관은 '목소리'를 내는 공간이어야 한다. 신축하는 건물은 전시 공간만이 아니라 문서 보존과 열람, 교육, 시민들의 자율적인 연구와 학습을 위해 사용되어야 한다. 이 공간이 스스로 목소리를 낸다는 것은 문서를 모아 놓은 아카이브나 도서관이 전문가뿐만 아니라 일반 대중에게도 차별 없이 공개되어 활력으로 넘쳐야 하며, 공공을 위한 행사와 교육 프로그램이 제공되어야 한다는 뜻이다. 나아

남영동 기념관 조감도. 왼쪽은 기존 건물이고 오른쪽 3층 건물과 지하 시설들이 신축되는 부분이다. 디아 건축사무소의 정현아 대표 작품이다.

가 시민들의 모임과 자율적인 행사의 장소로서 개방되어야 한다. 박제화된 과거를 일방적으로 관람하는 박물관이 아니라 시민들이 과거의 잘못을 오늘에 연결되는 문제로 인식하고, 스스로 다양한 활동 공간으로 활용하는 창의적인 기념관이 되어야 한다.

5

뮌헨의 나치 기록관

히틀러와 뮌헨

히틀러가 정치인으로서 성장한 정치적 고향은 독일 남동부 바이에른주의 중심 도시 뮌헨이다. 따라서 나치 당사도 그곳에 있었다. 그가 어떻게 해서 뮌헨에서 정치 활동을 시작하게 되었는지 히틀러가 정치가로서 성장하는 과정을 살펴보자.

히틀러는 1889년 오스트리아에서 태어났고 그곳에서 청소년기를 보냈다. 그리고 화가가 되고자 수도 빈으로 가서 미술 학교에 진학하려 했으나 연이어 낙방의 실패를 맛본다. 낙담한 그는 때마침 정부에서 병역 통지서가 나오자 입대를 피하기 위해 뮌헨으로 이주한다. 히틀러는 오스트리아에서도 북부의 독일어권 문화에서 자랐고, 그가 태어날 무렵은 최초의 독일 국가인 독일 제국이 수립돼서 철혈 재상 비스마르크가 개발 정책을 강력하게 밀어붙이고 있던 때였다. 그에 비해 오스트리아는 합스부르크 왕가가 통치하는, 신성 로마 제국의 그림자를 벗어나지 못한 케케묵은 나라로 히틀러의 눈에 비쳤다. 젊은 히틀러에게 독일은 선망의 나라였다. 따라서 그가 뮌헨으로 간 것은 히틀러의 성장 과정에 비추어 자연스러운 일이었다.

독일 중에서도 뮌헨으로 간 것은 아마도 뮌헨이 지리적으로 오스트리아에 가깝고 같은 문화권이었기 때문일 것이다. 그리고 당시 뮌헨은 프랑스의 파리, 독일의 베를린에 못지않은 예술가들의 도시였다. 프라하 출신 서정 시인 라이너 마리아 릴케, 《마의 산》을 쓰게 되는 소설가 토마스 만, 추상화의 선구자 바실리 칸딘스키 들이 뮌헨에서 활동하고 있었다. 특히 화가가 되고자 했던 히틀러에게 뮌헨은 그가 나중에 회상한 대로 "가장 행복하고 뿌듯한 나날"을 보낼 수 있는 곳이었다.

히틀러가 뮌헨에서 즐겨 찾았던 미술관이 있다. 바이에른의 제후 루드비히 1세가 조성한 '노이에 피나코테크'이다. 원래 있던 미술관, 곧 피나코테크를 분리해서 18세기까지의 작품은 기존 건물에 두고 명칭은 알테(독일어 alte는 영어로 old) 피나코테크로, 19세기의 작품은 새로 지은 건물로 옮겨 노이에(neue는 영어로 new) 피나코테크로 명명해서 세계적인 수준의 작품을 가진 대형 미술관이 되었다. 오늘날에는 20세기의 작품을 따로 전시하는 모던 피나코테크가 추가되었다. 히틀러는 피나코테크를 칭송하며 "뮌헨이 루드비히 1세에게 진 빚은 상상을 초월한다"고 말했다.

오늘날 피나코테크를 찾아서 작품을 감상하려고 한다면 아마도 하루로는 절대 부족할 것이다. 나는 일정 때문에 어쩔 수 없이 알테와 노이에 피나코테크를 하루 만에 둘러본 적이 있는데, 그 넓은 전시 공간을 시간에 맞추어 다 돌아보기 위해 거의 뛰다시피 해야 했고, 수많은 작품을 수박 겉핥기로 감상한 뒤에는 마치 너무 많은 음식을 급하게 먹고 체한 느낌마저 들었다.

그래도 기억에 남는 작품을 꼽는다면 알테 피나코테크에서는 알브레히트 뒤러의 자화상이다. 마치 우리 조선 시대 윤두서의 자화상을 연상시키는 그림인데, 관람자를 뚫어지게 바라보는 화폭 속 화가의 눈빛이 주는 강렬한 인상이 똑 닮았다.

알테 피나코테크의 관람로를 걷다 보면 대략 르네상스 시대에서 18세기까지 이어지는 서양 미술사의 대가들과 만날 수 있다. 르네상스 3대 거장 중 한 명인 라파엘, 비너스 누드 같은 신화의 세계를 즐겨 그린 티치아노, 중세 시골의 풍속화로 유명한 피터 브뤼겔, 명암의 극단적인 대조가 특징인 바로크 미술의 대가 루벤스와 반 다이크 같은 서양 미술사를 엮어 낸 쟁쟁한 화가들이다.

노이에 피나코테크의 작품들은 오늘날의 시각으로 보면 지나간 사조들이지만 히틀러가 감상할 당시로서는 파격적인 현대 미술 작품들이었다. 대표적인 것만 들자면 명암의 강렬한 대비와 기괴한 소재로 유명한 고야, 인상파 시대를 연 모네, 고갱, 세잔, 그리고 빈센트 반 고흐의 작품들이다. 아마도 고흐의 해바라기를 감상할 수 있다는 것만으로도 이곳을 찾을 이유는 충분할 것이다.

그런데 히틀러의 취향은 노이에 쪽보다는 알테 쪽, 즉 파격보다는 전통을 선호했던 듯하다. 나중에 권력을 잡은 뒤 그는 고흐와 같은 계통의 그림을 '퇴행적 예술'이라고 평가절하하면서 노이에 피나코 테크에서 철거해 버린다. 특히 이곳에는 고흐가 그려서 고갱에게 준 자화상이 있었는데, 고흐가 그린 30여 점의 자화상 중에서도 인상적인 작품이었다. 1938년에 히틀러의 지시에 의해 전시에서 내려졌고 경매상에게 넘겨져 팔렸다. 지금은 미국 하버드 대학 예술 박물관에 소장되어 있다.

히틀러는 빈에서 미술 학교 입학에 실패한 뒤 건축에 관심을 보였는데, 뮌헨에서도 회화보다는 전통적인 건물들이 늘어선 쾨니히 광장과 바이에른 군주가 머물던 님펜부르크 궁전 등을 둘러보기를 즐겼다고 한다. 오늘날 관광객들이 주로 찾는 곳은 구시가지인 마리엔 광장과 그곳에 있는 옛 시청사와 프라우엔 교회당 같은 곳이다. 히틀러는 그런 곳보다는 쾨니히 광장을 좋아했다. 웅장하게 솟은 옛 성문과 그 앞으로 죽 뻗은 대로, 그리고 대로변에 아테네 파르테논 신전을 모방해 지은 고고학 박물관과 피나코테크들이 줄지어 있다. 히틀러는 이렇게 고전적인 건물들이 늘어선 경관을 너무 좋아해서 나중에 바로 이 광장에 나치 당사를 마련했다. 아마도 뮌헨에서 정치적 성공의 실마리를 잡게 되었을 무렵부터 파시즘 건축 양식에 대한 자신만의 구상이 싹트고 있었을 것이다.

히틀러는 실제로 나중에 나치당의 1인자가 되었을 때 뮌헨을 대대적으로 재개발해서 자신이 구상한 건축물들을 현실화시킬 작정이었다고 한다. 그러나 실제로 권력을 차지했을 때는 그것이 여의치 않았던지 뉘른베르크 교외에 따로 부지를 마련하여 대규모 나치당 복합 단지를 건설하게 된다. 오늘날 이 단지는 폐허 상태로 보존되고 있다. 만약 뮌헨 재개발이 실행되었다면 도시 뮌헨의 모습이 어떻게 변화되었을지 상상하기 쉽지 않다.

히틀러가 도착할 당시의 뮌헨은 전통적인 귀족 출신들이 정치권을 장악하고 있는 보수적인 도시였다. 뮌헨의 공기는 히틀러 마음에 들었지만, 그곳의 정치권에 그가 끼어들 자리는 없었다. 히틀러는 독일인도 아니고 오스트리아 시골 출신에, 상급 학교 입학에 실패한 '루저'일 뿐이었다.

그런 백수의 히틀러에게 기회를 준 것은 제1차 세계 대전의 발발이었다. 이후 독일은 1차 대전에서 패전하고, 그 후유증으로 혁명이 일어나 독일 제국이 무너지고 바이마르 공화국이 수립되었으며, 패전 후의 극심한 경기 불황에 시달리면서 폭풍과 같은 정치 격랑으로 빠져들게 된다. 히틀러는 이러한 독일사의 격랑을 뮌헨에서 겪었고, 정치에 입문할 기회를 포착했다. 그는 자신에게 다가온 기회를 놓치지 않고 잘 활용해서 결국 독일 최고 통치자의 자리에 올랐다.

그 과정에 히틀러의 분투가 있었던 것은 확실하다. 하지만 거기에는 히틀러가 의도하지 않았던 수많은 우연과 행운도 따랐다. 히틀러에 관한 책 가운데 가장 널리 읽히는 저술인 《히틀러에 붙이는 주석》을 쓴 제바스티안 하프너에 따르면, 30대 초반에 정치적 기회를 잡기까지 히틀러는 그저 "역사에 의해 만들어진" 평범한 인간이었다. 그리고 권력을 잡은 뒤에 히틀러는 주객을 전도하여 스스로 "역사를 만들었다." 물론 엉망으로 만든 것이 문제였지만 말이다.

제1차 대전과 히틀러

　제1차 대전이 히틀러에게 기회를 주었지만, 그가 전쟁 영웅이 된 것은 전혀 아니었다. 히틀러는 독일 제국을 위해 전쟁에 나가는 것을 자랑스러워했고 열심히 복무해서 훈장을 받기도 했지만, 독일이 전쟁에서 패배하고 말았으므로 영웅이 될 기회가 없었다.

　나중에 히틀러는 총통이 된 뒤 자신을 1차 대전의 영웅으로 만들고 싶어진다. 없는 사실을 있었던 사실로 조작하기 위해서는 모종의 선전 기술이 필요했다. 이와 관련된 에피소드가 있다.

　1914년 8월 2일 독일이 선전포고를 발표하고 전쟁을 개시한 날, 뮌헨의 오데온 광장에는 수많은 군중이 몰려들어 독일의 참전을 환영했다. 당시 광경을 찍은 사진 중 나치당이 널리 선전한 한 장의 사진이 있다. 사진을 가득 메운 군중 속에 히틀러가 있다며 군중 속에 파묻혀 콩알만 하게 보이는 한 사람의 얼굴에 동그라미를 치고, 한쪽에 그 동그라미를 확대해 놓아서 특유의 콧수염으로 히틀러의 얼굴임을 알 수 있게 해 놓은 사진이었다. 히틀러 집권 시기에 독일 사람들은 도처에서 이 사진을 접했다. 사진 설명은 흔히 '아돌프 히틀러, 독일의 애국자', '민중 속의 아돌프 히틀러' 같은 식이었다.

　그런데 이 사진의 진위를 두고 논란이 있었다. 사진을 찍은 사람은 사진가 하인리히 호프만이었다. 그의 진술에 따르면 1914년에 사진을 찍을 때는 히틀러가 찍힌 것을 몰랐으며 1929년 히틀러가 자신의 스튜디오를 찾아왔을 때 이 사진을 보고는 "나도 거기에 있었다"

1914년 8월 2일 뮌헨시 오데온 광장에 제1차 세계 대전 참전을 환영하기 위해 모인 군중들. 사진을 찍은 하인리히 호프만은 그 속에 히틀러가 있었다고 주장했다. (©Alamy stock photo)

고 말해서 사진을 자세히 들여다보고 나서야 비로소 그의 얼굴을 찾아냈다는 것이었다.

그런데 호프만은 이후 나치 매체의 사진작가로서 왕성하게 활동한 친나치 인물이다. 따라서 그의 말에 신빙성이 있는지 많은 이들이 의심을 품었다. 우선 문제의 사진 말고는 같은 장소에서 찍힌 다른 사진이나 뉴스 필름 속에서는 아무리 찾아도 히틀러를 발견할 수 없다는 점이었다.

가장 결정적인 것은 수염의 모양이었다. 히틀러가 1차 대전 발발을 전후해서 찍은 사진 속의 수염은 모두 윗입술 양옆으로 길게 늘어진 모양이다. 당시는 그것이 유행이었다. 그런데 문제의 사진 속 히틀러는 인중 사이에 좁게 자른 칫솔 모양 콧수염을 하고 있다. 물론 이 칫솔 수염은 나중에 히틀러의 아이콘처럼 되어서 누구나 이 수염만으로도 히틀러를 알아볼 수 있었다. 그런데 1차 대전 발발 당시에는 히틀러가 그런 수염을 하지 않았다.

칫솔 모양 수염에는 역사적 사연이 깃들어 있다. 1차 대전은 전쟁사의 관점에서 보면 중세적 전투에서 근대적 전투로 이행한 결정적인 전환점에 위치하고 있다. 왕실과 귀족들이 주인공이 돼서 벌이는 귀족 전쟁에서 근대 국민 국가의 전 국민이 전쟁에 참여하는 총력전으로 이행했다. 그리고 산업 기술의 발달로 총기의 성능이 획기적으로 향상되자 병사들은 참호를 파고 거기에 들어가 고개만 빼꼼 내밀고 총으로 사격을 했다. 참호 주변에는 철조망을 쳐 놓아서 적군은 도저히 참호를 돌파할 수가 없었다.

이러한 참호전을 격파하기 위해 영국군이 개발한 신무기가 있었으니 바로 탱크였다. 고무 바퀴가 아닌 철제 궤도 바퀴를 장착한 탱크는 적군의 총격에 끄떡없이 전진해서 철조망을 짓밟고 참호를 간단히 건널 수 있었다.

한편 독일군은 다른 방식으로 참호전 돌파를 모색한다. 때마침 유대인 출신 독일 과학자 프리츠 하버가 공기 중에서 질소를 추출하는 데 성공한다. 이 연구의 목표는 비료 생산이었다. 당시 유럽 국가들은 아메리카 식민지에서 '구아노'라고 불리는 인광석을 채취해 들여와 비료로 사용했다. 인광석은 조류의 분뇨가 쌓여서 굳어진 것이다. 하지만 아메리카에 식민지가 없던 독일은 자체 개발을 시도해서 화학적으로 질소 비료를 합성하려고 노력하던 중 하버가 성과를 거둔 것이다. 하버는 이어서 공기보다 무거운 유독한 염소 가스를 무기로 개발했다. 최초의 독가스였다. 바람이 적진을 향해 불 때 염소 가스를 적군을 향해 흘려보내면 지표면을 따라 흐르다가 참호 속으로 흘러들어 가고 적군은 순식간에 궤멸될 것이었다.

독가스가 실전에 배치되자 상대방은 방어책을 찾게 됐고 그 결과 개발된 것이 방독면이다. 그런데 방독면을 착용할 때 문제가 있었으니 긴 콧수염이었다. 그래서 군에서는 병사들에게 옆으로 길게 자란 수염을 잘라 칫솔 모양을 하도록 권장했다. 이후 이러한 수염 모양이 널리 유행했다. 따라서 1914년 전쟁 발발 당시에는 없던 모양이다. 그러면 사진 속의 히틀러는 어떻게 된 것일까. 나중의 히틀러 모습을 이 사진 속에 합성한 것이라 의심을 받고 있다.

또 다른 논거도 있다. 히틀러는 나중에 저술하는 《나의 투쟁》에서 8월 3일 바이에른 군주에게 오스트리아인인 자신이 독일 제국을 위해 전쟁에 참전할 수 있게 해 달라는 청원서를 써서 보냈다고 했다. 그러면서도 바로 그 전날 오데온 광장에 나간 것에는 아무 언급이 없다. 따라서 이 또한 사진이 나중에 조작됐다는 의혹을 더했다.

나치 정권은 대중 선전에 능해서 아예 선전부라는 부서를 둘 정도였다. 선전부 장관 요제프 괴벨스는 여러 어록을 남겼는데 그중에 "선전은 사랑과 같다. 일단 성공하면 누구도 그 과정에 대해 책임을 물을 수 없다"는 말이 전한다. 그래서인지 아직까지도 문제의 사진을 진짜로 믿는 사람들이 있다.

어쨌든 히틀러는 독일 제국을 위해 기꺼이 전쟁에 뛰어들었다. 그러나 그의 열망과는 다르게 전황은 독일에게 유리하게 전개되지 않았다. 전투 도중 부상을 당해 후송됐고 때마침 전쟁은 독일의 패배로 종결되고 말았다. 전쟁 패배에 대한 책임 추궁은 황제 빌헬름 2세에게 집중되었고, 사회주의자들과 공산주의자들은 패전의 원인을 황제 체제에 돌렸다. 결국 1918년 11월 황제가 물러나고 제국은 붕괴됐다. 1918년 독일 11월혁명이다. 이어서 제국에서 공화국으로 정체를 전환하여 바이마르 공화국이 수립된다. 이 과정에서 히틀러는 좌절과 실망을 느낀다. 그가 흠모했던 체제는 독일 제국이었고, 비스마르크와 같은 강력한 지도력이었다. 혁명 소식을 들은 히틀러가 "눈앞이 캄캄해졌다"고 토로한 기록이 전한다. 이번에도 바이마르 체제의 뮌헨 정계에서 히틀러 자신의 자리는 없을 것이었다.

히틀러에게 찾아온 기회

그런데 혁명 이후 뮌헨에서 펼쳐진 정국의 소용돌이에 히틀러가 말려들어 가게 된다. 독일 제국이 붕괴된 이후 독일의 급진 좌파 활동가들은 바이마르 헌법 제정 논의를 거부한다. 그들에게는 1917년 러시아에서 일어난 볼셰비키 혁명이 모델이었다. 볼셰비키들은 1917년 2월에 차르 제정 체제가 붕괴한 혁명이 부르주아 혁명에 지나지 않는다면서 참여하지 않았고, 노동자와 병사들 소비에트를 중심으로 한 10월혁명을 일으켜 사회주의 체제를 수립했다. 독일 좌파들은 마찬가지로 독일에서도 부르주아 혁명에 지나지 않는 바이마르 헌법 제정 논의에 참여하지 않고 러시아식 소비에트 정부를 구성하려는 시도들을 펼쳤다. 뮌헨에서는 정국이 혼란한 가운데 이러한 사회주의 혁명을 시도한 좌파가 정권을 장악하고 1919년 4월 바이에른 소비에트공화국을 선포했다.

이 무렵 뮌헨의 좌파 활동가들은 러시아 혁명 때 볼셰비키들이 그랬던 것처럼 병사들의 소비에트를 열심히 조직했다. 그때 아직 전역하지 않은 병사였던 히틀러는 우연찮게 자기 부대의 소비에트 대의원으로 선출된다. 그의 생애 처음으로 정치에 발을 들여 놓게 된 것이다. '좌익' 공산주의자로서.

이 점은 우리나라의 독재자 박정희가 걸었던 길과 비슷하다. 박정희는 만주에서 식민 종주국 일본의 군대 장교로 근무하다가 1945년 해방을 맞았다. 해방 다음 해에 귀국하여 조국의 군인으로 재출발하는데, 이때는 일반 사회와 군대 어느 곳에나 사회주의자들이 득세하고 있었다. 일제 시대에 대세에 따라 일본의 군인이 되었던 박정희는 이번에도 대세를 좇아 남로당에 입당한다. 히틀러처럼 그도 정치의 출발 지점은 좌익이었다.

그러나 박정희의 좌익 경력은 그리 오래가지 못한다. 1948년 제주도에서 4·3항쟁이 일어나고, 정부는 그 진압을 위해 여수에 주둔하고 있던 군대에 출동 명령을 내린다. 이때 군 내부에 있던 남로당원들이 출동 명령을 거부하고 반란을 일으킨다. 그러자 정부에서 계엄령을 선포하고 군을 투입해 반란을 진압한다. 그 뒤 반란자 조사를 통해 군대 내의 남로당 조직을 색출하는 과정에서 박정희의 이름이 드러난다. 박정희는 군사 재판에 회부됐고, 1심에서 무기 징역, 2심에서 10년 형을 선고받는다. 그런데 돌연 형 집행정지로 석방된다. 사유는 그가 조사 과정에서 '적극 협조'한 것을 참조한 결과라고 했다. 동료 조직원들을 밀고한 대가로 사면을 받은 것이다.

그 뒤 박정희는 정치 역정에서 유난히 반공을 내세웠고, 좌파 탄압에 적극적이었다. 당시 정치 상황 속에서 미국의 지지를 얻어야 하는 박정희였기 때문에 그런 태도를 취했을 것이다. 하지만 '전향자의 콤플렉스'라고 부르는 심리적 기제 때문이었던 점도 있을 것이다. 전향자 콤플렉스란 반대편으로 전향한 자가 주위에서 자신의 전향을 의심할까 걱정되어 자신의 과거를 더욱 적극적으로 부정하려는 심리적 경향을 가리키는 용어이다. 남로당에서 전향한 박정희가 이렇게 좌익에 대한 혹독한 탄압에 앞장선 것과 마찬가지로 히틀러도 비슷한 상황에 처했다.

히틀러가 참여한 바이에른 소비에트공화국 정부는 한 달 만에 중앙 정부가 보낸 군대에 진압된다. 그리고 군대 내 좌익 사범들을 색출하기 위한 조사가 시작된다. 물론 병사 소비에트 대의원이었던 히틀러도 조사 대상이 되었다. 평소 진실한 공산주의자가 아니었던 그는 동료들을 밀고하고 그 대가로 풀려난다. 오히려 그 공을 인정받아 역으로 조사 위원회 위원이 되었다. 이후 히틀러는 군부대를 돌아다니며 반공 강연을 하는 부서에 몸담았다. 박정희와 같은 '전향자 콤플렉스'로 히틀러는 이 일에 열성을 바쳐 일한다. 바로 이 일에서 히틀러는 자신도 몰랐던 자신의 뛰어난 재능을 발견한다. 대중을 사로잡는 열정적 연설 재능을.

탁월한 연설 실력을 가진 히틀러에게 또 하나의 정치적 기회가 찾아온다. 정훈 요원 이외에 각종 정치 단체에 대한 사찰 임무도 맡은 그는 1919년 9월 어느 날 독일노동자당이라는 별 볼일 없는 작은 군소 정당 연설회장의 동태를 살피러 나갔다. 따분한 정치 연설을 듣는 둥 마는 둥 하고 있던 가운데 한 참석자가 연설자에게 반박하고 나서면서 토론이 벌어졌다. 히틀러는 그 참석자의 반박 논리가 터무니없다고 느꼈고, 자신도 모르게 연단으로 나가 그를 향해 열띤 모습으로 재반박했다. 청중들은 단번에 히틀러에게 매료됐다. 히틀러는 땀을 뻘뻘 흘리며 열변을 토했고 연설을 주최한 노동자당 지도자는 우연찮게 보석을 찾았다는 듯 그에게 다가와 "자네, 우리와 같이 정치해 볼 생각 없나?" 하고 물었다. 히틀러가 정치인으로서 첫걸음을 내딛는 순간이었다.

이후 히틀러는 일약 뮌헨 노동자당 소속의 유명 연설가로 발돋움한다. 히틀러의 연설 내용은 단순했다. 지금 독일인들이 경제적으로 어려움에 처한 것은 제1차 세계 대전 패전으로 떠안은 엄청난 배상금 때문인데, 그 전쟁을 패전으로 이끈 이들은 배후에서 사보타주한 좌파 사회주의자들이며 그 가운데에서도 유대인들이라는 것이었다. 대중들을 사로잡은 것은 연설 내용보다는 히틀러가 구사하는, 대중이 쉽게 알아들을 수 있는 언어와 가슴에 와닿는 호소와 열정적인 제스처였다.

이때 19살의 한 청년이 그의 연설에 감동을 받아 히틀러를 따라 정치에 뛰어든다. 한스 프랑크라는 인물로 종전까지 히틀러의 측근으로 활약했고, 뉘른베르크 전범 재판에서 사형을 선고받아 처형당했다. 그는 처음 히틀러의 연설을 들었던 당시를 이렇게 회상했다.

나는 한 방 얻어맞은 것처럼 충격을 받았다. 그때까지 집회에서 들어온 연설과는 너무나 달랐다. 그의 연설은 아주 간단명료했다. ……'이제 독일 사람들은 어떻게 해야 하나? 현실의 참모습은 무엇인가? 유일한 활로는 무엇인가?' 사이사이 우레와 같은 박수갈채를 받으면서 두 시간 반을 내리 연설했지만 더 길게 해도 얼마든지 들을 수 있을 것 같았다. 구구절절 가슴에서 우러나온 말이라 우리의 심금을 울렸다.

유명 연설가로 한 번에 수천 명씩 청중을 불러모으는 그였기에 당내에서의 지위도 수직 상승했다. 머지않아 당권을 움켜쥐었고 당명을 '민족사회주의독일노동자당 Nationalsozialistische Deutsche Arbeiterpartei', 약칭 '나치당 NSDAP'으로 바꾸었다. 여기에서 '민족'은 독일어로 'national'을 번역한 것이다. 어떤 이들은 이를 '국가'로 번역하여 '국가사회주의독일노동자당'으로 부른다. 하지만 히틀러가 강조한 것은 독일 민족인 아리안족의 혈통적 우수성이었고, 그에 기반하여 반유대인 선동을 펼쳤다. 그런 점에서 나는 '민족'으로 번역하는 것이 적합하다고 본다.

베르그호프 기록관과 켈슈타인 하우스

히틀러는 30대 중반에 당의 일인자가 되었고, 그의 명성은 당 바깥으로 번져 나가 뮌헨의 유력한 정치가 대열에 올라섰다. 히틀러는 기고만장했다. 당시 뮌헨의 구시대 무능력한 정치인들은 혼란한 정국을 무기력하게 방관하고 있었다. 패기에 찬 히틀러는 자신이 키운 돌격대 조직과 군대 안 인맥을 동원해 정부를 접수할 계획을 세울 정도로 간이 커진다. 히틀러는 1923년 11월 8일 밤, 뮌헨의 뷔르거브로이켈러 맥주홀에서 바이에른주 정부 요인들이 참석한 독일 11월혁명 5주년 기념식을 거사일로 정했다. 3천여 명이 참석한 행사장을 권총을 든 히틀러가 돌격대들을 이끌고 들어가 장악하고 '국민 혁명'이 일어났음을 선포했다. 이른바 '맥주홀 폭동'이다.

히틀러의 쿠데타 시도는 하룻밤을 넘기지 못하고 실패한다. 군대가 히틀러의 뜻대로 움직여 주지 않았고, 히틀러의 연설에 열광하던 뮌헨 시민들도 쿠데타에는 차가웠다. 실패한 쿠데타 주동자 히틀러는 반란죄로 체포되어 재판에 회부되고 5년 형을 선고받는다.

5년 동안 교도소에서 썩어야 했다면 히틀러의 정치 생명은 거의 끝장났을 것이다. 하지만 히틀러는 재판정을 또 하나의 연설장으로 만들었다. 조국의 현실과 장래에 대한 히틀러의 열띤 호소에 보수 일색인 판사들은 "정말, 인물은 인물이네!"라고 말하며 고개를 끄덕였다고 한다. 결국 히틀러는 수감 1년 만에 정치 집회를 하지 않겠다는 각서를 쓰고 석방된다.

우리나라에서 범죄자들은 교도소를 '학교'라는 은어로 표현하는데, 히틀러도 그랬다. 그는 자신이 수감돼 있던 란츠베르크 교도소를 "나라에서 학비를 대 준 대학"이라고 불렀다. 그도 그럴 것이 히틀러는 교도소에서 '나의 투쟁'이라고 하는 논문을 작성했다. 사실 진짜 대학에서라면 절대 통과될 수 없는 논문이었다. 자신의 정치인으로서의 성장 과정을 부풀려서 자랑하고, 유대인과 사회주의자에 대한 터무니없는 공격과 자신의 포부를 장황하게 늘어놓은 정치적 선언문일 뿐이었다. 출감한 그는 이 글을 책으로 출판하기로 한다.

《나의 투쟁》 초고를 책으로 출간하기 위해서는 글을 다듬고 내용을 보강해야만 했다. 따라서 이 작업을 할 조용한 공간이 필요했다. 또 나치당의 미래를 구상하고 참모들과 논의할 장소도 필요했다. 이를 위해 히틀러는 작은 별장을 마련한다. 오스트리아와의 국경 부근에 있는 오버잘츠베르크의 전망 좋은 산기슭에 집을 마련했고 이름을 '베르그호프Berghof'라고 지었다.

독일에서 대부분의 나치 기록관은 옛 강제 수용소, 또는 나치와 관련된 기관들 자리에 마련돼 있어서 주변 경관이 암울한 분위기를 연출하고 있다. 경관이 아니더라도 그 장소에서 고통받고 죽어 간 희생자들을 생각하면 가슴이 무거워질 수밖에 없다. 반면에 베르그호프는 눈을 시원하게 해 주는 알프스 봉우리들을 바라보는 명당에 자리하고 있다.

독일의 전국 지형을 보면 국토 대부분이 산이 없는 평원이다. 남쪽 국경만이 알프스 산맥에 걸쳐 있어 독일에서는 유일하게 이곳에서 높은 산들을 볼 수 있다. 이 일대의 지명이 오버잘츠베르크이고 그중에서도 경관이 수려한 곳을 베르히테스가덴 국립 공원으로 지정해 놓았다. 이곳에서는 한여름에도 꼭대기가 하얀 눈으로 덮힌 알프스 산봉우리들을 볼 수 있다. 이곳은 오스트리아와 국경을 맞대고 있고 특히 오스트리아 쪽으로는 잘츠부르크라는 유명한 마을이 있다. 잘츠부르크는 작곡가 모차르트의 고향이고 주변에 경관이 좋은 숲과 호수가 많아 관광객이 많이 찾는 곳이다.

히틀러의 고향도 오스트리아이다. 따라서 그가 고향의 정취를 느낄 수 있는 오버잘츠베르크에 베르그호프 별장을 마련한 것으로 보인다. 히틀러는 이곳에서 《나의 투쟁》 원고를 가다듬고 참모들과 당의 장래를 논의했다. 나중에 집권하고 2차 대전을 개시한 다음에도 이곳에 가끔 들렀으므로 히틀러 사령부 중 하나가 되었다. 오늘날 베르그호프는 보존돼 나치 기록관으로 운영되고 있다.

베르그호프 기록관 공간은 2층 건물뿐만 아니라 히틀러가 공습에 대비하여 이 건물 지하 깊숙이 만들어 놓은 방공호까지 포함하고 있다. 지하에 거미줄처럼 방공호 통로가 뻗어 있어 이곳이 나치 독일의 사령부 중 하나였음을 실감할 수 있다. 히틀러의 사저이자 나치 사령부였던 장소에 마련된 기록관인 만큼 다른 나치 기록관들보다도

베르그호프에서 바라본 알프스. 베르그호프가 있는 오버잘츠베르크 지방은 독일에서 눈 덮인 고산을 감상할 수 있는 유일한 곳이다.

베르그호프 지하 방공호. 베르그호프는 나치 사령부 가운데 하나였기 때문에 지하에 대규모 방공호를 만들었다.

히틀러 개인에 관한 내용에 좀 더 많은 할애를 하고 있는 것이 특징이다. 이를테면 히틀러가 이곳에서 약혼녀 에바 브라운, 그리고 반려견 셰퍼드 블론디와 함께 다정한 한때를 보내는 모습을 담은 사진을 볼 수 있다.

베르그호프를 찾는 탐방객의 자세에는 남다른 면이 있다. 히틀러와 나치당이 저지른 전쟁 범죄와 반인류적 만행에 대해 알아보는 '다크 투어 Dark Tourism'의 관점에서 보면 이곳은 너무 밝고 명랑한 장소이다. 실제로 이곳을 찾는 이들을 유심히 살펴보면 탐방 목적이 '다크 투어'이기보다는 명승지를 찾는 관광으로 보이는 이들이 많다.

그런 점을 더욱 극명하게 느낄 수 있는 곳이 베르그호프 뒤 산정에 있다. '독수리 둥지'라고 해석되는 켈슈타인 하우스 Kehlsteinhaus이다. 켈슈타인 산봉우리 절벽 끝에 진짜 독수리 둥지처럼 지은 히틀러의 작은 별장이다. 이곳에 가려면 베르그호프 부근에 있는 주차장에서 절벽 밑까지 운행하는 셔틀버스를 타야 한다. 산굽이를 휘휘 돌아가는 길이 너무 험해서 셔틀버스 이외 일반 차량의 운행은 금지하고 있다. 차를 타고 가면서 멀리 보는 알프스 봉우리들과 그 아래 계곡을 채우고 있는 호수의 그림 같은 풍경이 일품이다. 절벽 밑에 이르러 버스를 내리면 절벽 안으로 길게 수평으로 뚫은 터널로 걸어 들어간다. 터널의 끝에는 산정으로 올라가는 대형 엘리베이터가 있다. 이것을 타고 올라가 내리면 바로 독수리 둥지이다. 둥지 안 테라스에서 알프스 풍경을 바라보는 이들은 한결같이 탄성을 자아낸다.

별장 건물 안 거실에는 붉은색 대리석으로 장식된 벽난로가 있

켈슈타인 하우스는 독일어 이름 그대로 벼랑 끝에 있는 독수리 둥지처럼 생겼다.

는데, 이탈리아의 파시스트 동지 무솔리니가 선물한 것이라고 한다. 테라스로 통하는 복도에 히틀러가 방문했던 때의 사진들과 몇 개의 해설판이 설치돼 이곳을 설명하고 있다. 하지만 이곳을 찾는 이들이 그런 설명을 읽으려고 온 것은 아닐 터이다. 이곳이 선사하는 절경, 특히 산을 보기 힘든 독일 사람들에겐 더욱 진기한 알프스 풍경을 감상하는 것이 방문 목적일 터이다. 그래서 켈슈타인 하우스 공간은 전시 공간보다는 내부는 레스토랑으로, 외부 테라스는 맥주홀로 이용되고 있다. 나도 여기에서 독일산 밀맥주 헤페바이젠을 마시며 한참 동안 풍경에 취했다.

독일의 나치 관련 기념관이나 기록관 중 반성과 참회, 그리고 교육을 위한 장소가 아닌 단순한 상업적 관광의 용도로 사용되는 장소는 이곳 켈슈타인 하우스가 유일할 것이다. 맥주에 잠시 취했던 나도 '여기서 이래도 되는 것일까'라는 생각에 주위를 돌아보았다. 다들 평범한 관광객들이었다. '히틀러의 별장이었으면 어떠랴, 이 좋은 경치를 감상할 수만 있다면'이라고 말하는 듯했다.

결국 기념관이나 기록관을 조성할 때 주변 경관이 중요하다는 것을 깨닫게 된다. 켈슈타인 하우스와 같이 인위적으로 변경할 수 없는 자연 경관은 어쩔 수 없다고 해도, 건물을 짓고 주변 경관을 조성할 경우 장소의 목적에 어울리지 않는 예술적 치장은 오히려 시설을 조성하려는 목적에 해를 끼칠 수 있는 것이다.

뮌헨 나치 당사 브라운 하우스

감옥에서 풀려난 히틀러는 쿠데타가 아닌 합법적 절차, 즉 선거를 통한 집권의 길을 모색하기로 한다. 그러나 결과는 신통치 않았다. 1928년 연방 선거에서 나치당은 491석 중 12석을 얻는 데 그쳤다.

1919년에 출범한 바이마르 공화국의 정국은 사민당이 주도하고 있었다. 그러나 사민당의 의석은 과반에 턱없이 모자라서 연정을 통하지 않고는 정국을 이끌 수 없었다. 게다가 내부 분열과 지도력의 부재로 선거를 할 때마다 의석은 줄어들기만 했다. 국민들의 정치에 대한 불만이 임계점을 향해 치달았다. 이때 히틀러는 이 모든 혼란의 근본 원인은 1차 대전의 패전에 있으며, 패전의 책임은 아군의 배후에서 사보타주를 일삼던 좌파들에 있다고 공격했다. 공격은 점차 효과를 발휘하기 시작해서 1930년 선거에서 일약 제2당으로, 그리고 1932년 선거에서 마침내 제1당의 지위에 오른다.

나치당은 당세가 커지자 당직자들 수도 서너 명에서 수십 명으로 불어났다. 1930년 제2당으로 성장하자 그에 걸맞은 큰 당사 건물이 필요했다. 히틀러는 당사가 자신이 백수 시절 거닐곤 하던 쾨니히 광장 가까운 곳에 있기를 바랐다. 때마침 쾨니히 광장의 옛 성문이 바라보이는 곳에 매물이 나왔다. 쾨니히 광장 성문은 고대 아테네의 아크로폴리스 성문을 본떠서 지은 석조 건축물로 히틀러가 좋아하는 건축 양식이었다.

매물은 원래 대상인의 저택이었던 건물인데 매입 후 재건축해서 당사로 꾸몄다. 이때 히틀러는 자신이 젊은 시절 꿈꾸었던 화가와 건축가를 회상했다. 이제 그 이상을 실현할 위치에 올랐다. 자신이 재건축 설계에 개입하고 시공을 감독했다.

완성된 나치 당사가 예술적으로 어떤 평가를 받았는지는 알 수 없다. 당의 독재권을 구축한 일인자가 한 일을 두고 감히 누구도 평가할 수 없었으니까. 새로 고친 외벽의 석재 색깔이 갈색을 띠었는데, 이는 나치당의 제복 색깔과도 비슷했다. 그래서 나치 당사의 별칭이 '브라운 하우스'가 되었다. 히틀러는 이 정도의 건축으로는 성에 차지 않았는지 나중에 아예 장소를 뉘른베르크 교외의 빈터로 옮겨 자신의 건축 아이디어를 마음껏 펼친다.

나치 기록관 앞에서 쾨니히 광장을 바라본 모습. 정면이 프로필렌 성문이고 왼쪽은 국립 고미술품 전시관, 오른쪽은 글립토테크 미술관이다.

　히틀러는 당사에 이어서 당사의 옆에, 성문을 정면으로 마주 보는 위치에 대로를 사이에 두고 양쪽으로 대칭이 되는 두 개의 건축물을 세운다. '명예의 전당'으로 맥주홀 폭동 때 목숨을 잃은 나치 당원 16명을 기리는 기념물이었다.

　브라운 하우스는 2차 대전 당시 연합군의 집중 폭격 대상이 된다. 전쟁이 끝난 뒤 당사와 명예의 전당은 일부 기둥만 남았다. 보수나 복원이 불가능한 상태여서 연합군은 잔해를 철거해 버리고 명예의 전당에 조성된 묘들은 다른 장소로 옮긴 뒤 이곳을 빈터로 남겨 두었다. 이후 나치 과거 청산이 용두사미로 흐지부지되고 20여 년 동안 부지는 화강암 판석으로 덮여 나치당 행진 행사가 이루어진 곳은 주차장으로 바뀌고 브라운 하우스 자리는 잡초가 우거져 사람들의 기억에서 지워져 갔다.

　1968년부터 독일을 휩쓴 68운동의 결과로 젊은 세대를 중심으로 나치 청산 논의가 다시 일어난다. 그 결과로 쾨니히 광장 부근에 '나치 희생자 추모 광장'과 기념물이 조성된다. 하지만 브라운 하우스 터는 잡초를 거둬 내고 산뜻한 녹지로 재단장했을 뿐이었다. 나치 시대의 생존자 및 희생자 관련 시민 단체는 그 자리에 나치의 만행을 기억할 기념관을 세울 것을 요구했지만 받아들여지지 않았다. 이는 뮌헨의 보수적 정치 문화 분위기와도 연관이 있었다. 다하우 수용소와 같이 그 흔적이 확실한 장소를 보존하는 것에는 찬성하지만, 이미 사라져서 녹지로 변한 장소에 나치와 관련된 시설을 복원하거나 새로운 시설을 짓는 데 뮌헨 여론은 호의적이지 않았다. 시내 중심부에 굳이 나치 기억을 되살리는 시설을 만들어 이곳이 나치의 정치적 고향이었다는 사실을 드러내는 것에 거부감을 갖는 이들이 많았다. 그러다가 1989년 독일 통일이 이루어질 무렵에는 화강암 판석을 거둬 내고 잔디를 심어 시민들의 휴식 공간으로 조성했다.

　보수적인 분위기 속에서도 생존자 및 희생자 단체들은 꾸준히 이곳의 장소성을 기억해야 한다는 목소리를 냈다. 나치가 1933년 의사당 건물 방화 사건을 계기로 전국적인 검거 선풍을 불러일으킬 때 이곳 쾨니히 광장에서는 나치가 금서로 정한 책들을 불태우는 이른바 '분서' 행사가 열렸다. 1995년에 시민 단체들은 분서의 현장에 모여 분서의 대상이 된 책을 낭독하는 행사를 열었다. 첫 연사는 극작가 브레히트의 딸로 아버지의 작품을 낭독했다. 이후 매년 이곳에서 낭독회를 열었고 이는 오늘날까지도 이어지고 있다.

이러한 노력 덕분에 2000년에 들어서 변화의 움직임이 나타나기 시작한다. 이때는 이미 독일의 다른 대부분 지역의 나치 수용소 터와 나치 관련 건물들을 보존하고 기념관이나 기록관으로 운영하던 시기였다. 뮌헨 나치 당사 자리만 예외로 남았다는 반성의 목소리에 뮌헨 시의회가 반응을 보인 것이다. 2001년 시의회는 원칙적으로 나치 당사 자리에 나치를 기억하는 기록관을 세울 것을 확정했다. 여기에서도 알 수 있듯이 독일의 나치 과거 청산 운동은 지난한 과정이었고 그것은 현재까지도 계속 진행 중인 시민운동이다.

뮌헨 나치 기록관과 4·19탑

시 의회가 쾨니히 광장의 빈터에 나치 관련 기록관을 건축할 것을 결의하자 2003년에 바이에른주와 연방 정부가 예산 지원을 약속했다. 마침내 2015년에 옛 브라운 하우스 터에 건물이 완공되고 뮌헨 해방 70주년 기념일인 4월 30일, 나치 기록관NS-Dokumentationszentrum이 문을 열었다.

나치 기록관의 외관은 한눈에 봐도 특이하다. 주변에 19세기에 루드비히 1세가 조성한 신고전주의 석조 건물들이 있는데, 그와는 확

나치 당사인 브라운 하우스가 있던 자리에 2015년 개관한 뮌헨 나치 기록관.

연하게 구분되는 새하얀 외벽의 네모반듯한 직육면체 건물이다. 실
제 층수는 5층인데 세로로 가늘고 긴 창문들이 3단으로 나 있어 외관
으로는 층수를 알 수 없는 모습이다. 이러한 현대적인 디자인은 작가
가 의도적으로 주변 환경과 대비시킨 것으로 보인다. 독일의 다른 기
록관들과는 사뭇 다른 접근으로, 나는 외관으로라도 나치를 연상시
키지 않고 미래를 지향한다는 뜻으로 읽었다.

기록관은 1층 입구로 들어가 엘리베이터로 4층으로 올라간 다
음 한 층씩 내려오면서 관람하도록 돼 있다. 지하 1, 2층은 교육 공간
으로 할애되었다. 전시는 다른 기록관과 마찬가지로 주로 사진과 설

명으로 구성되어 있다. 히틀러가 뮌헨이라는 정치 지형 속에서 성장한 과정과 그가 권력을 획득하게 된 사회적 배경이 잘 정리되어 있다. '잘 정리되어 있다'고 표현한 까닭은 히틀러와 나치를 일방적으로 비난하고 고발하는 방식이 아니라, 왜 그 당시 독일인들이 히틀러의 등장을 용인하고 지지할 수밖에 없었는지에 대해 냉정하게 설명하고 있기 때문이다.

나는 전시 중 1937년에 뮌헨에서 열린 〈위대한 독일 미술〉 전시회 내용이 흥미로웠다. 히틀러는 뮌헨을 독일 예술의 중심 도시로 성장시킨다는 목적으로 미술관을 조성하고 대규모 전시회를 열었다. 사진을 통해 그때 전시한 인체 조각상들 일부를 볼 수 있는데 마치 보디빌더를 연상시키는 탄탄한 근육을 가진 건장한 남성상들이다. 히틀러는 인간의 나약함을 표현한 근현대 미술을 퇴출시켜야 할 나쁜 예술로 여겼고, 고전주의를 부활시켜 아리안 민족의 강건함을 사실적으로 표현한 작품을 장려했다. 파시즘 예술의 전형이다.

내가 이 부분에 눈길이 간 것은, 이와 비슷한 우리나라의 기념 조각품을 떠올렸기 때문이다. 서울 수유리에 있는 국립 4·19민주묘지는 애초에 4월혁명의 현장인 서울 시청 앞과 남산에 조성하기로 결정된 것을 5·16쿠데타 이후 박정희가 변두리인 수유리로 이전시킨 것이라고 앞서 설명한 바 있다. 그런데 박정희는 장소를 이전하면서 그곳에 조성할 기념 조형물도 교체했다. 새로 조형물을 만들기로 선발된 작가는 김경승이었는데, 오늘날 우리가 볼 수 있는 기념탑과 그 아래 청동을 소재로 한 '애도상', 그리고 기념탑 앞부분에 있는 석조 '수호자상'이 김경승의 작품이다.

'수호자상'은 우람한 근육을 가진 남자와 여자가 앞을 향해 전진하는 모습으로, 그 신체와 골격과 근육이 비현실적일 정도로 강건하다. 1960년 4월을 살았던 한국의 청년들 중에 이런 신체를 가진 이들이 있을 리 없다. 예술 작품이니 사실을 묘사한 것이 아니라 작가가 표현하고자 하는 어떤 의도가 담겼을 것으로 보아야 할까. 그렇다고 해도 도대체 어떤 의도로 이런 강건한 신체를 표현한 것인지 알 수가 없었다. 작가 김경승의 이력을 알고 나서 비로소 이해했다. 그것은 아마도 파시즘 예술의 표현 양식이었을 것이다.

기록에는 '수호자상'이 김경승과 이승택의 공동 작품으로 돼 있는데, 이승택은 김경승의 제자였고 후일 이승택이 김경승이 작품을 지도했다고 진술했으므로 김경승의 작품으로 보아도 무방하다. 수호자상 뒤편에 새겨진 설명에 따르면 이 작품은 1962년 '재건국민운동본부' 산하의 기념탑 건립위원회 주관으로 설치되었다. '재건국민운동본부'라는 기구는 박정희가 1961년 쿠데타 직후 공포한 '재건국민운동에 관한 법률'에 의해 구성된 관변 조직이다. 이 기구가 4·19 기념 시설의 수유리 이전을 수행했다. 이들이 기존의 작가와 작품을 취소하고 굳이 새로 선정한 것은 박정희의 쿠데타 정신과 이념을 가장 잘 구현한 작품으로 교체하려는 목적이었을 것이다.

그렇다면 작가 김경승은 누구인가. 그는 일제강점기 때인 1933년에 일본으로 유학을 가서 동경 미술 학교 조소과를 졸업한 한국 근대 조각의 선구자이다. 1939년부터는 일제의 전쟁 동원에 복무하는 작

4·19민주묘지 수호자상. 4·19혁명기념탑 앞 좌우에 한 쌍으로 배치돼 있는 김경승의 조각 작품이다.

품을 다수 제작하여 민족문제연구소가 편찬한 《친일인명사전》에 등재된 이른바 친일파 예술가이다. 민족을 배반하고 일제에 협력한 작가에게 4월혁명 기념물 제작을 맡겼으니 부끄러운 일이다.

그러나 나는 김경승이 친일파라는 문제보다도 그가 동경 미술학교에서 공부하던 시기에 주목한다. 1930년대는 일제가 군국주의로 치달아 만주를 침공하고 중일 전쟁으로 확전을 꾀하던 시기였다. 이때 일본의 미술계에는 독일 제3제국, 즉 나치 체제의 파시즘 미술 사조가 풍미했다. 미술 사학자 정무정에 따르면 조각 분야에서는 게오르그 콜베, 요제프 토라크, 아르노 브레커 들의 작품이 널리 알려졌다고 한다. 이때 그곳에서 공부한 김경승도 일본인 스승들을 통해 그들의 작품을 접했을 것이라고 정무정은 추론한다.

그 가운데 나치 독일의 공식 조각가였던 요제프 토라크의 '동지애'라는 작품이 찍힌 사진이 뮌헨 나치 기록관에 걸려 있다. '동지애' 작품을 사진에서 본 순간 어디에선가 본 듯한 느낌이 들었는데, 바로 수유리에 있는 '수호자상'이었다. 또한 수호자상은 게오르그 콜베의 작품 '조각상'과 구도가 모방이라도 한 듯 비슷하다. 1960년대 한국 청년의 체격과 전혀 어울리지 않는 수호자상의 이미지는 작가 김경승이 일본에서 공부하면서 습득한 독일 제3제국 조각 사조의 흔적이라는 주장에 나도 동의한다.

독일에서는 파시즘 예술의 증거로 나치 기록관에서 소개하고 있는 작품과 비슷한 작품을, 우리는 4월혁명을 기념하는 장소에서 실물로 접하고 있다. 나는 수호자상을 철거하자고 주장하지 않는다. 오

1937년 히틀러의 지시로 설립된 '독일 예술의 전당'에서 열린 〈위대한 독일 미술〉 전시회. 독일 민족의 신체적 우수성을 강조했다. 아래는 같은 시기에 인근에서 모더니즘 작품들을 모아 연 〈퇴폐 미술전〉. 작품들이 헝클어져 보이게 전시하고 헐뜯는 해설을 달았다.

히려 절대 철거하지 말고 그 작품에 진실된 설명을 붙여 놓아야 한다고 생각한다. 4·19기념탑 앞에서 우리가 새겨야 할 것은 4·19 당시만이 아니어야 하며 4월혁명 이후 우리가 4월혁명을 다루어 온 과정 또한 우리가 기억해야 할 역사라고 보기 때문이다.

나치 기록관 2층의 마지막 전시실에 이르러서 강한 인상을 남기는 사진을 만났다. 10여 명의 사람들이 야간에 횃불을 들고 집회를 하는 장면이었다. 때는 1987년 8월 18일이고 장소는 뮌헨 오데온 광장에 있는 펠트헤른할레라는 곳이다.

펠트헤른할레는 원래 루드비히 1세가 이탈리아 피렌체의 우피치 미술관 옆에 딸린 '로지야'를 본떠서 만든 시설이다. 로지야는 광장 한쪽에 있는 건물 벽 앞에 기둥을 세우고 지붕을 얹어 벽에 덧대 만든 공간이다. 그 안에 여러 조각상들을 전시했다. 피렌체의 로지야는 르네상스 시대 조각상들이 늘어서 있는 관광 명소이다. 루드비히 1세는 펠트헤른할레에 나폴레옹에 맞서 싸운 바이에른 군대 장군들의 조각상을 설치하고 그들을 기리는 장소로 만들었다.

정권을 잡은 히틀러는 이곳을 1923년 맥주홀 폭동 때 전사한 나치 당원 16명을 기리는 장소로 삼았다. 따라서 전시 사진 속의 시위자들은 네오나치 대원들이었다. 사진 찍기 바로 전날인 1987년 8월 17일, 히틀러의 이인자 루돌프 헤스가 뉘른베르크 전범 재판에서 종신형을 선고받고 슈판다우 감옥에서 복역 중 자살로 생을 마감했다. 이 소식을 들은 네오나치 대원들이 이튿날 나치 시대를 상징하는 펠트헤른할레에서 루돌프 헤스를 추모하는 행사를 연 것이었다.

큰 사진 위에 있는 작은 사진은 유혈이 낭자한 장면을 보여 준다. 설명에는 1980년 9월 26일 뮌헨의 맥주 축제 옥토버 페스트의 행사장에서 네오나치가 설치한 폭발물이 터져 13명이 죽고 211명이 다쳤다고 쓰여 있다.

이 사진들은 나치의 문제가 1945년 종전과 함께 끝난 것이 아니라 현재에도 진행 중임을 보여 주기 위한 것이었다. 사진에 붙은 제목이 '나치 유산 : 생존과 부활'이었다. 전시는 극우 나치즘의 부활을 경고하면서 마지막으로 이 나치 기록관 개관이 늦어진 사유와 반성, 그리고 다짐으로 끝맺고 있었다. 그 요약은 이러했다.

1987년 8월 18일 뮌헨 펠트헤른할레에서 있었던 네오나치들의 집회 장면. 위의 작은 사진은 1980년 9월 26일 뮌헨 옥토버 페스트에서 네오나치가 가한 테러 현장을 찍은 것이다.

"종전 후 우리는 나치 시대의 희생자와 저항자에게 관심을 기울였지만, 나치 체제를 지지한 우리 자신들에 대한, 또한 생존한 나치 가해자들에 대한 관심은 부족했다. 그것을 깨닫는 데 1세대 이상의 시일이 걸렸다. 뮌헨은 나치의 발상지이자 본부가 있던 곳이지만 그 표지는 어디에서도 볼 수 없었다. 1980년대에 들어와서야 시민들의 힘에 의해서 기억의 문화와 기념관 설립에 관한 논의가 일어났다. 그제야 뮌헨시도 역사적 책임성에 자각이 일기 시작했다. 여기에 조성된 기록관의 형태와 내용은 계속 열띤 논의를 거쳐 발전될 것이다. 그러나 변하지 않을 원칙에 대한 시민적 합의가 있다. 나치 과거를 대중들에게 알리는 것이 곧 시민을 교육하고 이끄는 일이다. 과거는 여전히 중요하다. 나치의 역사를 통해서 시민들은 민주주의는 시민 사회에 의해 지탱되고, 일상생활 속에서 살아 있어야만 유지될 수 있다는 것을 배울 수 있고 또 배워야만 한다."

6

히틀러가 사랑한 도시 뉘른베르크

고도 뉘른베르크

독일에는 중세 시대의 고성 유적이 잘 보존되어 있어 관광객들이 찾는 도시들이 많다. 그중에서도 특별히 잘 보존된 유적의 고풍스러움이 녹진하게 배어 있는 도시들을 엮은 여행 루트가 있는데 이를 '고성가도'라고 부른다. 고성가도를 서쪽에서 동쪽으로 가면서 들르게 되는 유명한 고성 도시로 만하임, 하이델베르크, 로텐부르크, 뉘른베르크, 밤베르크 들이 있다. 어디 하나 섣부르게 지나치고 싶지 않은 그림같이 아름다운 도시들이다. 고성가도에는 유로파 버스라는 노선버스가 하루에 두세 차례 왕복으로 운행하고 있어 이 버스를 이용하여 일주 여행을 즐기는 이들이 많다. 원한다면 밤베르크에서 국경을 넘어 체코 프라하까지 코스를 연장할 수도 있다.

고성가도에 있는 도시 중에서 가장 크고 볼 것이 많은 도시가 뉘른베르크이다. 앞에서는 뉘른베르크 전범 재판이 열렸던 장소로 소개했지만, 사실 관광의 매력이 많은 곳이다. 우선 먹을 것으로는 송아지고기로 만든 하얀 소시지와 진저 브레드라고 하는 생강이 들어간 케이크가 유명하다. 볼거리로는 크리스마스 마켓이 으뜸일 것이다. 크리스마스트리를 장식하는 아기자기한 소품들을 파는 장터가 대략 크리스마스 한 달 전부터 열린다.

뉘른베르크 크리스마스 마켓이 유명한 데는 역사적 유래가 있다고 한다. 뉘른베르크는 마르틴 루터가 종교 개혁을 외쳤을 때 가장 열렬하게 그를 지지하고 후원한 도시였다. 마르틴 루터는 종교 개혁가답게 크리스마스이브에 산타클로스가 어린아이들에게 선물을 가져다준다고 하는 전래의 믿음에 반기를 들어, 선물은 산타클로스가 아니라 성령이 직접 가져다준다고 주장했다고 한다. 이러한 역사적 배경에서 크리스마스 한 달 전 대림절이 시작될 때 어린아이들을 위해 크리스마스트리를 장식할 수공예 소품들을 파는 장터를 여는 풍습이 생겼다는 것이다.

또한 중세 시대에 뉘른베르크는 수공업이 발달한 도시였는데, 루터가 번역한 성서를 인쇄하여 널리 보급하는 데 뉘른베르크가 큰 역할을 했다. 이 점 또한 크리스마스 마켓이 발달하는 데 영향을 미쳤을 것이다.

또 10월에는 맥주 축제가 열리는데, 뮌헨의 옥토버 페스트 다음으로 유명한 축제이다. 뉘른베르크의 나치 유적을 방문한 때가 마침 맥주 축제 기간이어서 나도 축제에 참가한 경험이 있다.

축제가 열리는 장소가 특이하다. 뉘른베르크 구시가지 주위는

뉘른베르크 맥주 축제. 옛 성벽 바깥쪽을 빙 두르고 있던 해자 자리에서 매년 10월 맥주 축제가 열린다.

성벽으로 둘러싸여 있고, 그 외벽과 성 바깥세상 사이에는 옛 해자 자리가 빙 둘러서 남아 있다. 지금은 물은 없고 성 둘레를 도는 산책로로 쓰이고 있는데, 바로 이곳에서 축제가 열린다. 성 둘레의 움푹 파인 해자 자리에 인파가 가득 차서 연기를 피워 대며 소시지를 굽고 맥주잔을 들어 건배하며 왁자지껄한다. 마치 술꾼들이 성을 포위하고 공성전을 벌이는 형국이다.

뉘른베르크와 히틀러

아름다운 뉘른베르크는 한편으로는 '히틀러가 사랑한 도시'라고도 불린다. 히틀러는 권력을 장악한 뒤 이곳 뉘른베르크에서 수십 만 군중이 참석한 성대한 전당 대회를 열어 나치당의 힘을 과시했다. 오늘날 우리가 필름으로 흔히 접하는 대규모 군중집회와 그곳에서의 히틀러 연설은 대부분 뉘른베르크에서 일어난 일들이다.

히틀러가 왜 뉘른베르크를 사랑했는지 정확하게 알려져 있지는 않다. 다만 추론해 볼 수 있는 것은 뉘른베르크가 그의 정치적 고향인 뮌헨과 가까운 데다 바이마르의 경우와 비슷하게 독일 국토의 거의 한가운데에 자리하고 있다는 점이다. 그러나 무엇보다도 히틀러가 이곳을 택하게 된 까닭은 이곳 주민들의 나치 지지도가 높고, 그 결과 이곳 지방 정부의 지도자들이 나치에 기꺼이 편의를 제공해 줄 태세가 되어 있기 때문이었을 것이라고 보는 이들이 많다. 사실 오늘날까지도 비밀스럽게 활동하는 네오나치 그룹들의 본거지가 이곳이다. 중세의 정취가 풍기는 아름다운 고도와 나치의 대규모 군중 집회, 좀처럼 어울리지 않게 보이는 역사의 풍경이 겹치는 곳이 뉘른베르크이다.

히틀러가 뉘른베르크를 사랑한 이유에는 역사적이고 정치적인 점도 있었던 듯하다. 히틀러는 자신이 통치하는 독일을 '제3제국'이라고 불렀다. 그렇다면 제1, 제2제국은 어느 시대일까. 히틀러는 자신의 존재를 독일 역사 전체 속에 자리매김하고 싶어 했다. 그래서 제2

제국은 1871년에 탄생한 독일 제국을, 제1제국은 고대 로마 제국이 멸망한 뒤 유럽에 성립한 신성 로마 제국을 뜻하는 것으로 설정했다.

신성 로마 제국에 대해서는 조금 더 자세히 설명할 필요가 있다. 신성 로마 제국의 기원은 서기 800년 12월 25일 크리스마스 때 로마 성베드로 성당에서 일어난 사건으로 거슬러 올라간다. 이날 교황 레오 3세가 프랑크 왕국 샤를마뉴 왕의 머리에 로마 제국 황제가 쓰는 왕관을 씌워 주는 대관식을 거행했다. 프랑크 왕국의 왕을 로마 황제로 인정한다는 것인데, 이는 당시 정치 상황에서 심상치 않은 일이었다.

고대 로마 제국은 서기 476년에 멸망했다. 그러나 완전히 사라지지는 않았다. 이탈리아 반도의 동쪽, 곧 그리스 반도에서 터키에 이르는 지역은 멸망하지 않고 로마 제국의 법통을 이어받아 존속했고 이를 동로마 제국, 또는 비잔틴 제국이라고 부른다. 이탈리아 반도와 그 서쪽과 북쪽, 곧 오늘날의 유럽 대륙 대부분 지역은 북쪽에서 이주해 온 게르만족 여러 갈래들이 제각기 왕국을 건설해 분할 점령했다. 그중 가장 강력한 왕국으로 성장한 것이 프랑크 왕국이었다. 오늘날 프랑스의 시초이다.

그런데 서기 8세기 무렵 비잔틴 제국에서 세속 황제와 기독교 수장 교황 사이에 심각한 갈등이 발생한다. 황제가 교황의 권한에 속하는 영역을 사사건건 침범해 오자 교황이 강력하게 반발했다. 이를테면 교회에서 예수나 성모 마리아상을 제작하고 숭배의 대상으로 삼는 것을 황제가 금지하는 것과 같은 일이었다. 교황으로서는 교회 안의 일에 황제가 부당하게 간섭하는 처사였다. 교황이 황제의 명령을 거역하자 황제는 교황을 탄압하면서 둘 사이의 관계가 최악으로 치달았다. 이러한 상황에서 800년 크리스마스 날 사건이 일어난다. 교황이 옛 로마 제국의 법통을 이어받은 이는 비잔틴 황제가 아니라 프랑크 왕국 샤를마뉴 대제라는 선언을 한 것이었다. 물론 샤를마뉴는 대관식의 대가로 교황에게 충성할 것을 다짐했다.

그런데 샤를마뉴 대제가 죽은 뒤 그의 자식들 사이에 내분이 일어나 작은 왕국 3개로 쪼개졌고, 각 왕국의 왕들은 로마 교황의 대관식도 받지 않고 제각기 자기가 로마 황제라고 주장했다. 이때 분열된 3개 왕국이 서프랑크, 중프랑크, 동프랑크인데 각기 오늘날의 프랑스, 이탈리아, 독일의 원형이다. 자웅을 겨루던 이들 중 936년에 즉위한 동프랑크 왕 오토 1세가 세력을 크게 확장한다. 오토 1세는 기독교 포교를 열심히 하고 성직자들을 장관으로 임명하는 친기독교 정책을 펴서 교황의 환심을 산다. 이에 감복한 교황 요하네스 12세가 오토 1세에게 로마 황제의 왕관을 씌워 주었다. 이후 동프랑크는 스스로 자신을 '신성 로마 제국'이라고 부르기 시작했다. 사라진 옛 로마 제국이 교황을 통해 자신에게서 부활했다는 뜻이다.

자부심은 대단했지만, 신성 로마 제국의 실상은 그 결속력이 프랑크 왕국보다도 훨씬 느슨해서 단일한 왕국 체제라고 보기 힘들 정도였다. 제국의 영토 안에는 수많은 왕국, 공국, 자치령, 주교 관할령, 자유 도시 들이 각자 자치권을 가지고 독립적으로 살아가고 있었다. 그러던 중 19세기에 이르러 프랑스 대혁명의 여파로 등장한 나폴레

옹이 이 지역을 침공하면서 신성 로마 제국이라는 허울뿐인 체제조차 붕괴되었다.

히틀러가 이러한 역사 배경을 가진 신성 로마 제국을 제1제국으로 규정한 것은 프랑크 왕국의 왕들이 그랬던 것처럼 자신을 영광스러운 로마 제국의 계승자로 자리매김하기 위한 것이었다. 즉 로마 제국 이후 유럽의 역사는 독일 영토 안에 성립했던 신성 로마 제국, 독일 제국, 그리고 나치 독일로 이어졌으며 자신이 제3제국 황제로서 그 완성을 마무리하겠다는 의지의 표현이었다.

그런데 왜 하필 뉘른베르크인가. 신성 로마 제국의 수도는 첫 로마 황제로 대관한 샤를마뉴 대제 때는 오늘날 독일 서부에 있는 아헨이었고, 오토 1세가 대관할 때의 수도는 독일 중북부의 마그데부르크였다. 이후 왕이 바뀔 때마다 수도는 수시로 바뀌어 왔는데, 신성 로마 제국이 해체되기 이전 약 4백 년 동안 사실상의 수도 역할을 해 온 도시가 바로 뉘른베르크였다. 이 시기에 신성 로마 제국 황제는 선거권을 가진 제후들이 모여 투표로 선출했는데, 이 선제후 회의가 뉘른베르크에서 열렸다.

오늘날 뉘른베르크의 명소 가운데 하나로 프라우엔 교회가 있다. 이곳은 신성 로마 제국 황제가 예배를 드린 장소였고, 황제의 3대 보물인 왕관, 창, 칼을 보존하고 있다. 이 점에서도 뉘른베르크는 히틀러 자신이 신성 로마 제국의 계승자라는 것을 보여 주기 위한 최적의 장소였다. 실제로 히틀러는 '신성 로마 제국 의회 장소를 제3제국 당 대회 장소로'라는 구호를 내걸기도 했다.

나치당 단지 개발 계획

히틀러가 개발하고 싶어한 도시로 뉘른베르크가 유일한 곳은 아니었다. 그는 자신의 정치적 고향인 뮌헨을 제3제국의 중심 도시로 재개발할 생각을 했다. 맥주홀 폭동으로 수감 생활을 하다가 정치 활동 자제를 약속하고 출감한 뒤에는 뮌헨에서의 운신 폭이 좁아서 바이마르로 장소를 옮겨 활동한 적이 있었는데, 그때는 바이마르를 나치의 도시로 재개발하려는 계획을 세웠다. 심지어 히틀러는 자신의 고향인 오스트리아의 작은 도시 린츠를 빈을 능가하는 대도시로 개발하려고도 했다. 젊은 시절의 자신에게 낙방의 설움을 안긴 빈에 대한 복수심이 발동한 면도 있었을 것이다.

그렇다면 히틀러가 나치당의 도시로 유독 뉘른베르크를 개발하기로 선택한 데는 또 다른 이유가 있었다고 보아야 한다. 독일 국토 한가운데에 있으면서도 히틀러가 특별히 선호하는 대규모 군중집회가 열릴 수 있는 공간이 필요했는데, 뉘른베르크 교외에 적합한 장소가 있었다. 실제로 1927년과 1929년에 연이어 당 대회를 이곳에서 치러 본 결과 히틀러의 마음에 흡족했다.

뉘른베르크 개발이 결정된 것은 1933년인데, 히틀러가 수권법을 통해 권력을 장악한 시기였다. 이때 아직은 연방 정부가 지방 정부들에 대한 통치권까지 장악한 것은 아니었는데, 때마침 뉘른베르크 지구당 책임자였던 율리우스 슈트라이허라는 자는 히틀러와 함께 맥주홀 폭동에 참여한 히틀러 열렬 지지자였다. 또한 뉘른베르크 경찰 총

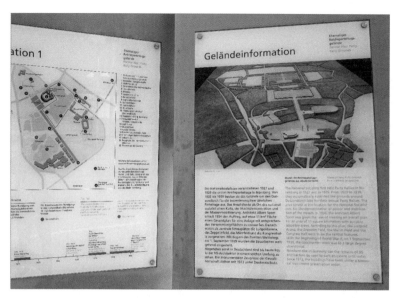

뉘른베르크 전당 대회장 기록관에 전시돼 있는 '나치 단지' 조감도. 왼쪽과 오른쪽에서 보이는 말발굽 모양의 건축물이 전당 대회장이다.

수는 나치당 활동에 상당히 우호적이었다. 즉 뉘른베르크는 보수색이 강한 바이에른주 안에서도 나치에 대한 지지도가 상대적으로 높은 곳이었다. 어떤 이념이나 명분보다도 이러한 현실적인 요인들이 장소를 결정하는 데 중요하게 작용했을 것이다.

개발 부지는 뉘른베르크시 동남쪽 약 4제곱킬로미터에 걸쳐 펼쳐져 있는 평지였다. 히틀러는 이곳을 '나치 전당 대회 도시'로 명명했다. 설계는 건축에 관해서는 히틀러의 분신과 같은 건축가 알베르트 슈페어에게 맡겼다. 부지에는 1주일 동안 진행되는 전당 대회 동안에 참가자들이 머물 천막과 막사가 설치될 광장, 약 2킬로미터에 달하는 행진로, 5만 명을 수용할 수 있는 의사당 건물, 수만 명의 청년들이 총통 앞에서 열정을 선보일 스타디움, 그리고 히틀러가 거대한 연단에서 자신을 칭송하는 지지자들을 사열할 광장이 건설될 것이었다.

파시즘의 어원

파시즘 건축은 독특한 특성을 지니고 있다. 이를 이해하기 위해서 잠시 파시즘의 어원을 살펴보자. 그 기원은 고대 로마 제국으로 거슬러 올라간다. 로마 시대에 사용된 '파시즈 fasces (라틴어로 파스케스)'라는 용어에서 유래한다. 파시즈는 최고 통치자이자 재판관인 집정관이 행차할 때 그의 권위를 상징하기 위해 지니는 물건이다. 한 자루의 도끼와 그 도끼 자루에 여러 개의 막대를 두르고 가죽 끈으로 묶은 것이다. 여기서 도끼는 지도자의 권위를, 여러 개의 막대는 시민들의 단결을 상징한다. 그러므로 파시즈는 '지도자를 중심으로 한 시민들의 단결', 곧 로마 공화정을 상징하는 물건이다.

이 파시즈의 실제 모습을 우리는 뜻밖에도 미국에서 볼 수 있다. 뉴욕 맨해튼 월스트리트에는 미국을 건국한 조지 워싱턴 동상이 있다. 동상은 서 있는 모습인데 오른손 뒤편에 옷자락이 얹어져 있는 둥근 통이 있다. 여러 개의 둥근 막대들을 가죽 끈으로 묶은 것으로 바로 파시즈이다. 수도 워싱턴 D.C.의 링컨 기념관에 링컨 동상이 있는

뉴욕에 있는 조지 워싱턴 동상. 옷자락이 걸쳐진 둥근 통을 자세히 살펴보면 여러 개의 막대를 가죽끈으로 묶은 파시즈를 볼 수 있다. (©Alamy stock photo)

워싱턴 링컨 기념관의 링컨 동상. 역시 팔걸이 앞면에 파시즈가 조각돼 있다. (© Alamy stock photo)

데, 의자에 앉아서 양손을 팔걸이에 올려놓고 있다. 이 양 팔걸이 앞면을 잘 보면 역시 파시즈가 조각돼 있는 것을 볼 수 있다.

워싱턴과 링컨이 파시스트였다는 말인가. 그럴 리는 없다. 우선 미국 대통령들의 파시즈에는 도끼가 없다. 미국은 구대륙인 유럽에서 신대륙 아메리카로 이주한 이들이 세운 나라이다. 건국의 주체들이 식민 종주국인 영국과 싸워 이겨서 영국을 몰아내고 새 나라를 건국할 때, 어떤 나라를 세울 것인지 서로 머리를 맞대고 토론했다. 새 나라는 구대륙에서와 같이 왕이 통치하는 나라여서는 안 된다는 데 마음이 모아졌다. 그렇다면 어떤 나라여야 할 것인가.

1770년대 당대에서 참조할 사례는 없었으므로 역사 속에서 답을 찾았다. 역사 속에서 찾아낸 정치 체제는 고대 아테네의 민주정과 로마의 공화정이었다. 두 체제를 비교한 끝에 결론은 로마 공화정으로 모아졌다. 아테네의 민주정처럼 모든 시민이 정치에 참여할 권리를 갖는 체제는 너무 과격하게 보였다. '미국 헌법의 아버지'로 불리는 제임스 매디슨은 헌법을 기초하는 과정에서 이렇게 말했다.

모든 사회는 빈자, 채무자, 노동자로 구성되는 다수와 부자, 채권자, 고상한 직업을 가진 자로 구성되는 소수로 이루어져 있다. 신대륙의 사회 경제적 현실도 마찬가지인데, 이런 상황에서 말 그대로 직접 민주주의가 실시된다면 다수가 파당을 만들어 부자들의 재산과 채권과 신분을 빼앗으려 들 것은 불을 보듯 뻔하다. 더 심각한 문제는 인민의 집단성이다. 다수는 파당을 만들어 소수를 압제하게 될 것이다.

따라서 매디슨은 아테네식 직접 민주주의의 폐해를 교정하여 만들어진 것으로 판단한 로마식 공화정에 더 매력을 느꼈다. 이렇게 미국 건국자들이 로마 공화정을 모델로 삼았기 때문에, 로마 지도자들의 상징인 파시즈를 그대로 미국 대통령의 상징으로 사용한 것이다. 워싱턴과 링컨의 동상이 그 사실을 보여 주고 있다.

미국 건국자들이 아테네식 민주주의를 버리고 로마식 공화정을 선택한 결과 '다수에 의한 민주주의'보다는 '지도자의 덕성'을 강조하게 된다. 그것을 상징적으로 보여 주는 예가 '킨키나투스Cincinnatus 전설'이다. 킨키나투스는 기원전 5세기에 실존했던 로마의 정치인이다. 그는 한때 집정관으로 선출돼 공화정을 이끌기도 했는데, 평민의 권리를 강화하고 집정관의 권한을 제한하려는 정치적 움직임에 반대하는 보수주의자였다.

그런 킨키나투스에 관한 일화가 전설이 되어 전해진다. 그는 집정관에서 물러난 뒤 고향에 낙향하여 농사를 짓고 있었는데, 외적이 침입해 오자 원로원이 킨키나투스에게 독재관을 맡아 줄 것을 요청한다. 독재관은 국가가 위기 상황에 처했을 때 전권을 행사하여 위기를 해결하기 위해 마련해 둔 직책으로 임기는 6개월이었다. 독재관을 맡은 킨키나투스는 능력을 발휘해 2주 만에 외적을 물리친다. 아직 임기가 남았지만 주어진 역할을 마친 킨키나투스는 그 자리에서 독재관 자리를 내던지고 고향으로 돌아갔다. 이후에도 공화정에 반란이 일어나 이를 수습하기 위해 또 다시 독재관에 임명됐는데 이때에도 3주 만에 일을 해결하고 고향으로 돌아가 농사를 짓다가 생을 마감했다고 한다.

그의 두 차례에 걸친 독재관 일화는 역사 사실로 확인되지는 않지만 이후 로마는 물론 중세 시대에까지 로마 공화정의 정신을 구현한 위인으로 칭송의 대상이 되었다.

미국의 건국자들은 로마 공화정에 매료되면서 킨키나투스를 모범으로 삼자는 운동을 벌인다. 그들은 킨키나투스를 영어식으로 발음한 '신시내티 협회'를 만들었고, 협회를 창설한 도시의 이름을 아예 신시내티로 짓기도 했다. 오늘날 오하이오주에 있는 신시내티시이다. 그리고 신시내티시에 한 손에는 농기구를 들고 다른 한 손에는 공화정의 상징인 파시즈를 들고 있는 킨키나투스의 동상을 세웠는데 오늘날도 신시내티를 방문하면 볼 수 있다.

누구보다도 킨키나투스를 존경했던 사람이 초대 대통령 조지 워싱턴이었다. 워싱턴은 두 번의 임기를 마친 뒤 갑자기 고별사를 발표한다. 제정 당시의 미국 헌법에는 대통령 연임을 제한하는 규정이 없었다. 대다수 미국 국민들은 당연히 워싱턴이 계속 대통령직을 맡아야 한다고 생각하고 있었다. 그런데 워싱턴은 고별사에서 "대통령직을 수행한 해가 쌓일수록 나의 부족함에 대한 자책의 무게가 날로 커지면서, 급기야 퇴임이라는 선택은 나로서도 더는 피할 수 없는 상황이 되었다"고 하며 더 이상 연임하지 않겠다는 결심을 밝혔다. 국민들에게는 폭탄선언이었다. 이러한 결심을 하게 된 워싱턴의 뇌리에 킨키나투스 일화가 영향을 미쳤음이 틀림없을 것이다.

미국 건국자들의 로마 공화정 사랑은 건축으로까지 번져 새 나라의 새 공공 건축물을 모두 고대 로마의 신전 건물을 모방해 지었다. 전면에 둥근 기둥들이 열을 지어 있고 지붕에 삼각형 박공을 장식하는 것이 특징이다. 대표적인 예가 워싱턴에 지은 국회 의사당 건물로 이러한 특징을 잘 보여 주고 있다. 건축사에서는 이를 신고전주의 사조라 부른다. 이후 약 1백여 년에 걸쳐 미국 각지에 건설된 공공건물이 이러한 신고전주의 양식에 따라 지어졌다. 미국에서는 이를 아예 '연방 건축 양식Federal Architecture'이라고 부른다.

무솔리니의 파시즘

미국은 로마의 공화정을 모델로 삼았고 그에 따라 로마의 파시즈나 건축 양식을 모방했다. 그러나 이탈리아의 무솔리니는 다른 의미에서 로마를 끌어들였다. 1차 대전 패전 이후 혼란한 상황 속에 있던 국민들을 향해 자신이 옛 로마 제국의 영광을 부활시키겠다며 지지를 호소했다.

무솔리니는 로마 집정관의 파시즈에서 공화정 정신이 아닌 독재의 그림자를 찾아냈다. 무솔리니에게 파시즈의 도끼는 최고 통치자의 권위와 힘을, 그리고 묶인 나무 막대들은 국민들의 지도자에 대한 충성을 상징했다. 실제로 무솔리니는 자신이 이끄는 정당의 명칭을 공화파시스트당으로 정했고, 국기에는 파시즈 위에 독수리가 앉아 있는 문양을 넣었다. 로마의 공화정이 미국에서는 삼권 분립의 민주 체제를 낳았다면 이탈리아에서는 총통의 1인 독재 체제, 즉 파시즘을 낳았다.

무솔리니도 로마 제국의 건축 양식을 흠모했다. 그러나 미국과는 다르게 거기에서 위엄과 복종의 정신을 찾아냈다. 그것은 신고전주의와는 전혀 다른 파시즘 건축 양식이 되었다. 파시즘은 지도자의 권위과 대중의 충성을 그 이념의 뼈대로 하고 있고, 이는 건축에도 그대로 반영되었다. 그래서 파시즘 건축물은 장대하고 엄숙하다. 그 형태는 세밀한 장식적 화려함 없이 단순성과 대칭성을 강조한다. 건축물 앞에 선 이들은 건축물이 주는 아름다움을 감상할 여유가 없어야 한다. 오로지 힘과 권위에 압도당하고 군중들의 일체감 속에서 단결의 희열을 느껴야 한다.

이탈리아에 남아 있는 대표적인 파시즘 건축물은 밀라노 철도역 건물이다. 나는 처음 밀라노역을 보았을 때 이것이 무솔리니 체제의 산물이라는 사실을 알지 못했다. 다만 거대한 석조 기둥이 주는 웅장함, 단순하면서도 힘이 느껴지는 건물에 매료되어 연신 사진을 찍어 댔다. 그러나 기차를 타기 위해 역사 안으로 들어가서는 저절로 불평이 터져 나왔다. 웅장함의 매력 뒤에는 목적하는 곳에 다다르기 위해 무척 많이 걸어야 하는 불편함이 있었던 것이다. 내가 보기에 파시즘 건축의 특징 중 하나는 사용자의 불편함이다.

히틀러의 파시즘 건축

히틀러는 무솔리니처럼 고대 로마 제국을 모델로 삼지는 않았다. 그는 독일의 독자적인 모델로 가상의 아리안족을 내세웠다. 하지만 건축 양식만큼은 무솔리니와 다르지 않아 고대 로마 양식을 차용한 파시즘 건축을 수용했다. 히틀러가 총애한 파시즘 건축가는 슈페어였고 그에게 뉘른베르크 전당 대회장 단지 설계를 맡겼다.

슈페어의 뉘른베르크 전당 대회 단지 건축 디자인 콘셉트는 '독일 민족의 우수성'과 '장대함'이었다. 단지의 핵심 건물은 대의원들이 모여 당 대회를 열 전당 대회장이었다. 슈페어가 히틀러의 지침에 따라 모델로 삼은 건축물은 고대 로마의 콜로세움이었다. 실제로 오늘날 바깥에서 전당 대회장 건물 외벽을 바라보면 로마의 콜로세움과 닮아 있다는 것을 알 수 있다.

히틀러는 콜로세움에서 더 나아갔다. 5만 명을 수용할 말굽 모양 대회장에 지붕을 씌우는 것이었다. 1939년에 2차 대전을 일으키는 바람에 공사가 중단되어 완공하지 못한 채 현재의 모습으로 남았는데, 만약 완공했다면 세계 최대의 돔으로 기록됐을 것이다.

전당 대회장 건물은 말굽 모양의 열린 쪽으로 좌우 두 개의 부속 건물을 붙여 짓고 그 사이에 정문을 만들었다. 현재 그중 오른쪽 건물은 나치 기록관으로 사용되고 있다. 기록관은 붉은 벽돌로 지은 원래 건물을 보존하면서도 내부를 전시에 알맞도록 과감하게 새로 고쳤다. 유적을 보존해야 한다는 관점에서 보면 엄청나게 파격적인 변

뉘른베르크 전당 대회장 외관. 로마에 있는 콜로세움 유적을 모방해서 만들었다.

신이다. 우선 외부에서 보면 옆의 사진처럼 속이 빈 거대한 사각 기둥 모양의 철제 빔이 날아오는 창이 되어 건물을 비스듬하게 치고 들어가 박힌 듯한 모습이다. 이는 원래의 내부 공간이 층고가 상당히 높은 공간이어서 층을 나누어 많은 전시 공간을 만들면서 예술적 기법을 가미한 것이다. 내부로 들어가 보면 원래의 붉은 벽돌 담벽을 보존하면서도 철제로 층을 나누어 전시실들을 조성해 놓았다. 옥상에는 대회장 전체를 조망하는 테라스를 만들었다.

입구의 왼쪽 건물은 뉘른베르크 심포니의 공연장으로 사용되고 있다. 공연장 규모는 5백여 석으로 작은 편이어서 큰 규모 연주회는 옥외의 전당 대회장 공간을 사용하기도 한다. 이곳을 보면 독일의 나

전당 대회장의 나치 기록관. 기존 건물을 그대로 사용하되 파격적인 변형을 가했다.

뉘른베르크 심포니 하우스. 뉘른베르크 전당 대회장 일부는 오늘날 심포니 오케스트라 하우스로 사용되고 있다.

치 유적에 조성된 기념관이나 기록관이 반드시 보존을 원칙으로 하여 원형에 손대지 않는 것은 아니며, 사정과 상황에 따라 융통성 있게 대응한다는 것을 알 수 있다. 하지만 변하지 않는 원칙은 전체적인 경관과 그 경관이 자아내는 아우라는 훼손하지 않는다는 것이다.

단지 안에서 가장 큰 규모의 건축물은 올림픽 경기장이다. 무려 40만 명의 관객이 아리안족 육체의 우월성을 경연하는 경기가 열릴 장소였다. 그 많은 관객을 수용하려면 맨 뒤 관람석은 지표면으로부터 무려 130미터 높이에 설치되어야 했다. 당연히 엄청난 양의 석재가 필요했고 건축적 안정성을 위해 단단한 기초 공사와 여러 실험이 필요했다. 이 공사에 석재를 공급하기 위해 인근 플로센뷔르크 채석장에 강제 수용소를 건설하기도 했다. 이 난공사는 결국 기초 공사만 약간 진행하다 전쟁으로 중단되었고 끝내 그 실체를 세상에 드러내지는 못했다.

단지 안에는 히틀러가 이곳을 개발하기로 결정하기 전 바이마르 공화국 때 건설된 시설인 시립 운동장이 있었다. 관객석 3만 7천 석의 축구장이었는데, 슈페어는 이곳을 개량하여 5만 명에서 6만 명의 히틀러 유겐트가 히틀러 앞에서 퍼레이드를 벌이는 장소로 사용했다. 이곳은 종전 후에 보수하여 계속 축구장으로 사용되고 있다. 2006년 독일 월드컵 때도 경기장으로 사용됐으니 이미 이곳에 히틀러의 흔적은 남아 있지 않고, 이 장소에서 히틀러를 기억하는 이들도 거의 없을 것 같다.

단지 안에서 완공되었고 현재까지 남아 있는 가장 큰 유적은 체펠린 광장이다. 원래 이곳은 20세기 초에 페르디난드 폰 체펠린이 비행선을 개발하여 그 비행장으로 사용하던 곳이다. 슈페어는 넓은 광장의 한쪽 끝에 일직선으로 길이가 360미터 되는 주 연단을 만들었다. 연단 상단 중앙에 거대한 석조 건축물을 두고 그 좌우로 연단 끝까지 기둥들이 떠받치고 있는 회랑을 조성했다. 이 열주가 있는 회랑은 1960년대 말 독일 정부가 철거해 버려 지금은 남아 있지 않다. 그리고 연단 중앙 석조 건물 위에 나치 문양인 거대한 하켄크로이츠(또는 스바스티카라고도 불린다.)를 설치했으나 연합군이 폭파해 버려 남아 있지 않다.

하켄크로이츠 문양은 우리나라 절에서 흔하게 보는 문양과 같다. 나치가 이 기호에 부여한 뜻도 불교의 그것과 크게 다르지 않아 '행운' 또는 '복'을 상징한다. 나치 집권 이전부터 이미 유럽 곳곳에서 이런 의미로 사용됐으나, 나치가 공식적인 당 문양으로 사용한 뒤 나치를 상징하는 아이콘이 되었다. 1945년 종전과 함께 진주한 연합군에 의해 이러한 나치 상징 문양 사용은 금지되었고 이후 들어선 동서독일 양 정부에서도 법률로 사용을 금지했다. 오늘날도 독일에서 하켄크로이츠 문양을 오프라인이나 인터넷에서 사용하면 형사 처벌의 대상이 된다.

그런데 거의 유일하게 하켄크로이츠 문양을 남겨 둔 곳이 이곳에 있다. 주 스탠드의 좌석 아랫부분에 '황금 홀'이라 불리는 공간으로 나치를 위해 활동하다 희생된 이들을 기리는 용도로 조성해 놓았다. 천정을 황금빛으로 칠하고 하켄크로이츠 문양이 연이어 반복돼

체펠린 광장. 회랑은 철거되고 중앙 정면에 마련된 거대한 연단만 현재 모습으로 남아 있다.

연결된 무늬를 새겨 놓아서 마치 우리나라 옛 한옥의 문창살을 연상
시킨다. 단독 하켄크로이츠가 아니어서인지 이곳은 무늬를 제거하지
않고 놓아 두었다.

　주 연단 이외에 광장 주위를 둘러싼 관람석이 특이하다. 체펠린
광장 바깥에서 보면 성채와 같은 느낌이다. 보루같이 생긴 34개 시설
물들이 있고 그 사이에 계단을 만들어 안으로 입장하도록 했다. 계단
을 올라가면 안쪽 광장을 향해 경사진 관람석이 마련돼 있다. 관람석
이나 광장에서 바깥을 향해 바라보면 전혀 성채 느낌이 나지 않지만
밖에서 보면 거대하고 견고한 성채 모습이다. 슈페어가 나치 당원들
의 일체감을 극대화시키기 위해 고안한 디자인이라고 한다.

1935년 전당 대회 때 연출된 '빛의 성전'. 이 시설 가운데 좌우 회랑은 철거됐고 현재는 중앙 연단만 남아 있다. (© Alamy stock photo)

30만 명을 수용할 공간으로 조성했으니 그 크기가 정말로 광대하다. 나치당은 이곳에서 해마다 대규모 군중을 동원해 전당 대회를 열었는데 야간 행사로 열린 '빛의 성전'이 압도적이었다. 슈페어는 체펠린 광장의 주 연단과 주변 성채 보루 모양 둘레에 총 152개의 고성능 방공용 서치라이트를 설치하고 하늘을 향해 수직으로 빛을 쏘아 올렸다. 8킬로미터 밖에서도 알아볼 수 있는 150여 개 빛줄기가 일제히 하늘을 향해 발사되자 광장을 가득 메운 수십만 군중들은 거의 환각에 빠져들 정도로 감명을 받았다. 광장 멀리에서 이곳은 빛으로 둘러싸인 성스러운 장소로 보였다. 슈페어와 선전부 장관 괴벨스가 합작한 나치 선전 선동의 극한을 보여 주는 장면이다.

특히 1935년 독일의 유명 여배우이자 영화감독이었던 레니 리펜슈탈이 전당 대회에서 연출한 '빛의 성전'과 히틀러의 연설을 다큐멘터리로 제작한 〈의지의 승리〉는 히틀러 집권 시기 내내 전국 곳곳에서 방영되었다. 이 다큐멘터리에서 히틀러는 거의 하늘에서 내려온 초인이자 메시아로 그려졌다. 이 필름은 오늘날까지도 독일에서 상영이 금지되어 있다.

워낙 넓은 공간인 만큼 종전 후 이곳을 그냥 보존만 하고 있기에는 아까웠는지 이곳은 여러 용도로 활용돼 왔다. 종전 직후에는 미군이 이곳에서 퍼레이드를 벌이고 미식축구를 했다. 독일인들은 노동조합에서 5월 1일 노동절 행사를 이곳에서 했고, 가끔은 정치 행사가 열려 히틀러가 연설했던 그 자리에서 다른 이들이 다른 주제로 정치 연설을 하기도 했다. 장소가 넓어서 대규모 종교 행사 자리로 활용되기도 했다. 1963년에는 미국의 빌리 그레이엄 목사가 기독교 집회를 가졌고, 1969년에는 여호와의 증인이 무려 15만 명이 모여 행사를 가졌다. 히틀러가 탄압한 주요 대상 중 하나였던 그들이었으니 감회가 남달랐을 것이다.

히피 열풍이 불던 1978년엔 가수 밥 딜런이 이곳에서 8만 청중이 모인 가운데 연주회를 열었다. 밥 딜런은 그 자신이 유대인이기도 했다. 그래서 공연 기획자는 히틀러 연단의 반대편에 무대를 만들고 밥 딜런에게 "8만 명의 독일 젊은이들이 히틀러에 등을 돌리고 당신을 바라본다"며 공연 수락을 요청했다고 한다. 이후 롤링 스톤즈, 티나 터너 같은 쟁쟁한 록스타들이 이곳에서 공연했는데 1980년대에는 록 음악 공연 중 과도한 소음, 음주, 마약으로 사회 문제가 되기도 했다. 하지만 오늘날까지 해마다 약 6만 명이 참가하는 야외 록음악 페스티벌이 열리고 있다.

완공되지 못한 채 중단됐지만, 만약 완공되었다면 장대한 경관을 연출했을 시설물들이 더 있다. 먼저 전당 대회장에서 시작하여 남쪽으로 곧게 뻗은 대로이다. 폭이 약 40미터로 우리나라로 치면 12차선 정도 되는 도로가 2킬로미터 일직선으로 나 있다. 1939년에 공사는 마무리됐지만 히틀러가 2차 대전을 일으키는 바람에 한 번도 사용되지 않은 미완성의 도로이다. 도로 표면은 인근 플로센뷔르크 강제 수용소에서 공수해 온 넓은 화강암 판석을 깔았다.

만약 이 대로가 사용되었다면, 히틀러가 전당 대회장에서 출발하여 이 대로를 따라 행진하여 그 끝에 있는 메르츠 광장에 도달했을 것이다. 히틀러는 장기적으로 전당 대회장에서 북으로 이 대로를 연장하여 뉘른베르크 구시가지까지 연결할 계획이었다고 한다. 오늘날에는 오토바이와 자동차 경주장으로 쓰이지만 평소에는 그 어떤 시가지로도 연결되지 않는 2킬로미터 길이의 공터에 불과하다. 내가 방문했을 때는 겨울이었는데, 그 광활한 쓸쓸함이 묘한 아우라를 풍기고 있었다.

대로의 남쪽 끝은 메르츠 광장이라고 하는 단지 내 최대 시설로 연결된다. 독일어 메르츠März는 영어로 마르스Mars인데 로마 신화에

뉘른베르크 전당 대회장 대로. 가끔 자동차 경주가 열릴 뿐 평소에는 한적하다.

서 전쟁의 신과 화성을 가리킨다. 전쟁의 상징색이라고 하면 아무래도 피의 색깔인 붉은색일 터이다. 그래서 때때로 붉은색을 띠는 천체를 관찰한 고대인들이 전쟁의 신 이름을 거기에 붙인 것이다.

히틀러도 하켄크로이츠가 들어간 나치당 깃발의 바탕 색깔을 핏빛 붉은색으로 정할 만큼 붉은색을 좋아했고, 또한 전쟁의 미학에 심취했다. 메르츠 광장은 곧 전쟁의 신을 위한 광장이니 독일 군인들이 퍼레이드를 벌일 장소였다. 독일은 1차 대전 패전으로 맺은 베르사유 조약에 의해 군대 규모에 엄격한 제한을 받고 있었다. 히틀러가 권력을 잡은 뒤 1935년에 재군비 선언을 하여 군사 주권을 회복했다. 이후 강한 군대를 역설해 온 히틀러가 자신의 업적을 선전하기 위해 마련한 행사 공간이 메르츠 광장이다.

메르츠 광장은 기본 틀은 체펠린 광장과 비슷하지만 규모가 훨씬 크다. 전체 크기는 직사각형 모양인데 긴 변이 거의 1킬로미터에 달하고 짧은 변이 7백 미터이다. 관람석 규모만 15만 명이고 광장에 들어찰 군인들을 포함하면 수십만 명이 집결할 장소였다. 중앙 주 연단에는 두 개의 높은 탑을 세우기로 했는데 절반 정도의 공사가 진행된 채 전쟁이 끝나고 말았다. 남은 미완성 탑은 1960년대에 서독 정부가 도시 계획 차원에서 철거했다. 지금 남은 것은 일부 기초 구조들뿐이고 전체 흔적은 알아볼 수 없다.

사라진 또 하나의 중요한 장소가 있는데 루이트폴트 경기장이다. 현재는 전당 대회장 옆에 녹지와 숲으로 조성돼 시민들의 휴식 공간으로 사용되고 있다. 이곳에는 '명예의 전당'이라고 부르는 추모 시설이 있는데, 원래는 1차 대전 때 전사한 뉘른베르크 출신 병사들을 기리는 곳이었다. 나치는 이 시설의 의미를 '나치운동을 하다 목숨을 잃은 영웅들'을 위한 명예의 전당으로 바꾸고 이 시설을 중심으로 약 15만 명이 집회를 할 수 있는 경기장을 조성했다. 명예의 전당 맞은편에 주 연단을 만들었는데 당시 사진을 보면, 주 연단 중앙에 나치 깃발 3개가 세로로 길게 걸리고 경기장에 십수만 명의 친위대와 돌격대가 정렬한 가운데 히틀러가 명예의 전당 앞에서 추모식을 거행하는 모습을 볼 수 있다. 명예의 전당을 제외하고는 오늘날 모두 철거됐다.

이렇게 보면 전당 대회장 단지는 그 어느 시설이든 수만에서 수십만 군중을 수용할 수 있는 대형 건축물들이다. 거대한 건축물의 위용과 그곳에 모인 수십만 군중의 우뢰와 같은 함성 이외에 이 장소에서 느낄 것은 없어 보인다. 파시즘 건축의 특징을 이만큼 노골적으로 보여 주는 장소는 없을 것이다.

우리 안의 파시즘

파시즘 건축물들은 이탈리아와 독일만이 아니라 우리 주변에도 있다. 북한이다. 평양에 있는 거대한 김일성 동상, 그 앞에 서면 주눅이 들 것만 같은 거대한 주체사상탑, 마치 SF영화에 나올 정도로 크고 장대한 류경 호텔 등은 전형적인 파시즘 건축물로 보인다.

한국에도 있다. 광화문에 있는 세종문화회관이다. 1970년대에 독재자 박정희가 북한의 거대 건축물에 대한 경쟁의식에서 지은 것이니 당연히 같은 계열이다. 이 건축물이 감상자에게 강요하는 두 개념은 '민족'과 '거대함'이다. 한옥의 기둥을 모티브로 한 장대한 기둥, 그 위에 한옥 처마에서 영감을 얻었다는 거대한 지붕이 그것을 드러낸다. 그 기둥 밑에서 위를 올려다보면 고개가 꺾여 아플 지경이다.

세종문화회관이 크게 지어진 데는 박정희의 정치적 계산도 있었다고 한다. 박정희는 유신 체제를 선포하고 2천5백여 명으로 구성된 통일주체국민회의라는 것을 설치하여 이곳에서 대통령을 선출하도록 했다. 사실상 박정희 종신 집권 체제였다. 당시 세종문화회관은 아

광화문에 있는 세종문화회관. 한옥을 바탕으로 지었지만 보통의 한옥과 달리 위압적이다.

직 없었고, 2천5백명 규모의 집회가 가능한 장소로 장충체육관이 있었다. 남북통일 이후에는 5천 명 규모가 될 것으로 예상하여 더 큰 집회 장소가 필요했는데 그것이 세종문화회관 건축에 반영된 것이다. 현재 대극장의 객석은 3천여 석 정도로 조정돼 있지만, 공간의 넓이는 거의 세계 최대급이다. 덕분에 대극장 3층 뒷자리에 앉아서 공연을 관람할 경우 소리는 음반으로 듣는 것보다 훨씬 못하고 거리 때문에 무대 위 인물의 표정도 읽을 수 없을 정도이다.

　박정희를 이은 전두환도 같은 건축관을 가졌던 것 같다. 전두환이 천안 목천에 지은 독립기념관을 보면 알 수 있다. 이곳은 부지 넓이가 무려 120만 평이다. 너무 넓어서 셔틀버스를 타고 이동해야 한다. 입구에 세워진 '겨레의 탑'은 50미터가 넘는 높이로 하늘을 찌를 듯이 솟아 있다. 이 밑에 서면 누구든 압도당하지 않을 수 없다. 압도를 당하고 탑을 지나 한참을 걸어야 '겨레의 집'에 도달한다. 한옥 모양의 이 건축물 역시 무지막지하게 크다. 준공 당시 '동양 최대의 한옥'이라고 홍보했을 정도이다. 또 한 번 압도당한다. 이곳을 찾는 많은 이들이 이렇게 압도당한 결과 걸어서 이동하기에 불편하다는 사실은 잊는다. 이렇게 '민족'과 '거대함'을 자랑하는 건축물을 우리는 파시즘 건축이라고 부른다.

나치 단지 보존과 극우주의

뉘른베르크 나치 단지에서 지금 남아 있는 시설은 전당 대회장, 체펠린 광장, 행진 대로 정도이다. 나는 2018년에 이곳을 답사했는데 현재 나치 기록관과 필하모니 공연장으로 쓰이고 있는 장소를 제외하면 모든 시설물들이 세월의 힘을 이기지 못하고 붕괴되고 있었다. 이를테면 체펠린 광장 주 연단은 곳곳이 허물어져 내리고 있어 울타리를 쳐서 사람들의 접근을 막고 있었다. 광장 안으로 들어가는 입구에는 "위험은 각자의 책임"이라는 문구가 적혀 있어 잠시 걸음을 멈추게 했다.

때마침 당시 독일의 언론 보도에서도 이 시설물들의 노후화가 문제가 되고 있었다. 이 시설들은 나치의 악몽을 기억하고 기록한다는 취지에서 법률에 의해 보존이 결정됐고 따라서 그 누구도 훼손할 수 없었다. 그런데 자연이 위법을 저지르고 있다는 것이다. 2018년 현재 이곳에는 매년 약 25만 명의 관람객이 방문하고 있고 뉘른베르크 시는 유지와 보수를 위해 매년 10만 유로 이상을 지출하고 있다. 그럼에도 시설들은 자연적으로 허물어져 내리고 있다. 이런 상태가 계속된다면 결국 일반인들의 출입을 금지해야 할 지경에 이를 것이다. 결국 당국은 더 많은 예산을 투입해서 시설물들을 보존하는 방안을 검토하기 시작했다.

그러나 당국의 결정에 학계 일부에서 강력하게 반발하고 나섰다. 예나 대학 역사학 교수 노르베르트 프라이Norbert Frei는 이곳은 아직도 네오나치에게 칭송과 경배의 대상이라며 유적을 보수하는 것을 비판했다. "총통의 아우라를 그리워하는 이들을 기쁘게 해 줄 뿐인 괴건축물을 보수할 합리적, 정치적, 사회적, 미학적 근거가 있는가?"라는 것이 프라이의 지적이다.

일부 건축가들은 이곳 유적에 대한 대안으로 '통제된 붕괴' 정책을 제안했다. 그들은 이곳을 정치적인 체르노빌이라고 불렀다. 체르노빌 원자력 발전소 사고 이후 그곳을 되살리는 방법이 그대로 두어 오염이 사라지고 자연을 회복하도록 하는 것이었듯이, 이곳도 일정하게 관리하며 스스로 붕괴되도록 방치하여 최종적으로 자연으로 돌아가도록 해야 한다는 것이었다.

사실 뉘른베르크는 아직도 생존하고 있는 네오나치들에게 정신적 고향이라고 한다. 이와 관련해 2013년 독일을 깜짝 놀라게 한 사건이 있었다.

2000년대 초, 뉘른베르크를 비롯해 인근에서 발생한 여러 건의 외국인 이주자 살해 사건의 진범들이 잡혀 재판에 회부되었다. 피살자는 터키인 8명, 그리스인 1명, 여성 경찰 1명이며 두 건의 폭발물 공격으로 수십 명 부상자들이 영구 장애를 입은 사건이었다. 경찰은 공격 배후로 이슬람주의자나 이민자 마피아에 혐의를 두었다. 네오나치가 개입되었을 가능성은 염두에 두지 않았다. 범인이 잡히지 않자 2012년에 독일 정보기관의 수장이 책임을 지고 사퇴하기도 했다. 마침내 2013년 남자 4명과 여자 1명이 공범으로 검거됐다. 예상 밖으로 이들은 네오나치 조직원임이 밝혀졌다. 독일 사회는 독일이 아직도 나치의 망령에서 벗어나지 못하고 있다는 현실 앞에 경악했다.

당시 재판을 보도한 언론은 범인들의 인상착의를 통해 그들이 네오나치임을 묘사했다. 범인 중 한 명인 동독 출신 33세 안드레 에밍거의 배에는 "Die Jew Die", 곧 "유대인에게 죽음을"이라는 문신이 새겨져 있었다. 에밍거는 발에 새긴 3개의 나치 문양 하켄크로이츠 문신을 자랑스럽게 내보였다. 그의 팔에는 나치 시대 독일 병사 이미지가, 가슴에는 나치가 영웅으로 떠받들던 호르스트 베셀의 얼굴이 새겨져 있었다.

호르스트 베셀은 1920년대 말에 나치당에 가입하여 공산당 소탕에 혁혁한 공을 세운 나치 영웅이었다. 반면에 공산주의자들 사이에서는 악명이 높았고, 결국 1930년 공산주의자들에게 살해당했다. 히틀러는 그의 장례식을 성대하게 치러 주고 그를 나치의 영웅으로 선전했다. 이때 장례식에서 불렀던 노래(나치는 베셀이 작사하고 작곡했다고 주장했으나 불명확하다.)를 나치당가로 삼아 널리 부르게 했다. 오늘날 이 노래를 부르거나 연주하는 것은 법으로 금지돼 있다.

연쇄 살해의 주범은 여성인 베아테 체페Beate Zschäpe로 밝혀졌다. 그는 1990년대 중반에 민족사회주의지하당National Socialistic Underground을 결성했는데 명칭에서도 알 수 있듯이 나치당을 계승한다는 조직이었다. 그는 평소 노르웨이인 안데르스 브라이비크Anders Breivik를 존경한다고 말했다고 한다. 브라이비크는 2011년 7월 노르웨이 수도 오슬로 시내에서 폭탄 테러로 8명을 살해하고, 뒤이어 노동당 계열 청년 노동자 단체의 여름 캠프를 습격해 69명을 사살한 인물이다. 이들 극우주의자들은 나치가 유대인을 말살한 것과 마찬가지로 외국인 이주자들을 제거하는 것을 자신의 임무로 여겼다.

흥미로운 것은 체페가 공산주의 체제 동독에서 홀어머니 밑에서 자란 불우한 처지였다는 사실이다. 체페는 베를린 장벽 붕괴 이후 동독 지역에 닥친 대량 실업 사태를 겪었고 통일 독일에 환멸을 느꼈다고 말했다. 독일 통일로 조성된 전혀 새로운 정치 환경 속에서 오히려 나치즘이 그 생존 터전을 찾은 것이다. 독일 통일의 아이러니이다. 체페는 재판에서 묵비권을 행사했고 2018년 종료된 재판에서 종신형을 선고받았다.

충격은 2019년에도 이어졌다. 그해 2월, 10여 명이 무리를 지어 뉘른베르크 체펠린 광장에 나타나 횃불 행진을 벌인 사건이 보도

되었다. 보도에 따르면, 그들이 집결했을 때 경찰이 발견하고 검문을 하자 그들은 민족민주당NPD과 '오딘의 게르만 병사들Wodans Erben Germanien'이라는 조직의 구성원들이라고 밝혔다고 한다. 민족민주당은 합법 정당 가운데 나치의 강령과 가장 유사한 강령을 갖고 있고, '오딘의 게르만 병사들'은 이주민들을 배격하는 극우주의 단체이다.

극우주의자들임을 안 경찰은 그들에게 해산할 것을 명령하고 현장을 떠났다. 그러나 그들은 흩어졌다가 다시 모여 횃불을 들고 체펠린 광장을 행진하면서 히틀러가 섰던 연단에서 지금은 없어진 나치 문양 하켄크로이츠가 있던 곳을 향해 경의를 표했다. 그들은 자신들의 행동을 촬영하여 온라인에 공개했고 이 장면을 본 이들에게서 거센 비판이 일었다. 특히 그들의 행동을 제지하지 못한 경찰에 비난의 화살이 가해졌다. 급기야 뉘른베르크 시장과 검찰이 나서서 그들을 처벌할 수 있는지 조사하겠다고 했으나, 그들이 대중을 향해 선동한 증거가 없다면 처벌하기가 쉽지 않을 것이라는 전망이 많았고 실제로 사건은 유야무야됐다.

이렇게 독일에서 나치의 뿌리는 제거되지 않았고 도처에서 그 싹을 드러내고 있다. 특히 뉘른베르크가 가장 싹이 돋아나기 좋은 토양을 갖고 있다. 프리드리히 에베르트 재단이 2016년 실시한 연구에 따르면 옛 동독 인구의 16퍼센트가 극우 견해를 지지한다고 한다. 이 재단은 2017년 인권상을 한국의 '촛불 국민'에게 수상한 바 있다. 재단의 조사에 따르면 전국적으로 약 2만 3천 명의 극우 동조자들이 있고, 최근 정부 발표에 따르면 불행하게도 네오나치주의자들은 더 젊어지고 있고 더 폭력적, 군사적으로 되어 가고 있다고 했다. 이에 대해 〈슈피겔〉지는 극우주의가 사회적 토론의 주요 주제로 다루어지지 않는 현실을 개탄하며, 극우주의 문제를 근원적으로 해결하려는 강력한 사회 조치가 필요하다고 경고했다.

극우주의가 극성을 부리는 상황에서 결국 뉘른베르크 나치 유적의 철거, 혹은 폐쇄 주장이 나온 것이다. 그래서 뉘른베르크시는 2018년 이 문제를 해결하기 위해 전 유럽의 역사학자, 연구자, 건축가가 참여한 심포지엄을 열었고 열띤 토론이 벌어졌다.

토론자 다수는 어떤 경우에도 뉘른베르크 나치 유적은 후대를 위해 보존돼야 한다는 편이었다. 이곳에는 매년 체험 학습으로 수천 명의 독일 학생들이 방문하고 있는데 그들을 인솔한 경험이 있는 한 교사는 "이곳을 잊어서는 안 된다. 유적이 없어지는 것은 미래 세대에게서 악의 증거를 빼앗는 것과 같다"고 주장했다. 독일에는 2014년 태동한 페기다PEGIDA 운동, 즉 '서양의 이슬람화를 반대하는 애국유럽인 운동'이 날로 세력을 키워 가고 있고 그들로 인해 난민을 공격하는 인종주의가 범람하고 있는데, 그러한 흐름이 어떤 결과를 가져올지 보여 주는 공포의 장소가 바로 뉘른베르크 나치 유적이라는 의견도 강하다. 한편 유적을 폐쇄하는 것은 시민들은 접근하지 못하면서 오히려 네오나치주의자들에게 '신성한 장소'가 되는 효과를 발휘할 위험성도 있다고 지적되었다.

토론을 통해서 대체로 두 가지 합의점이 도출됐다. 첫째, 2차 대전 종전 뒤 파괴되거나 유실된 전당 대회장 유적을 재건하거나 복원해서는 안 된다. 둘째, 히틀러가 섰던 체펠린 광장 연단을 비롯한 주요 유적은 일반인이 접근 가능하도록 유지되어야 한다.

2019년 뉘른베르크시 당국은 유적을 거액을 들여 보수하여 유지하는 것으로 결정을 내렸다. 이곳은 독일 역사, 특히 뉘른베르크 역사의 곤혹스런 장면을 연출하고 있지만 이를 지워버리지 않기로, 또한 폐쇄하지도 않기로 한 것이다. 보존 계획에는 구조물 내부에서 습기를 제거하기 위한 방수 공사, 계단과 건물이 더 이상 붕괴하지 않도록 일부 벽면의 석재를 교체하는 공사들이 들어 있다. 또한 2001년 문을 연 나치 전당 대회장 기록관을 확장하고 부지 전체를 관리할 안내소도 설치하기로 했다. 나 또한 처음 이곳을 방문했을 때 넓은 부지 전체에 어떤 유적들이 배치되어 있는지 알 수 없었고, 딱히 물어볼 사람도 보이지 않아 고생했던 경험이 있다. 혼자 이쪽으로 걸어갔다가 아니어서 방향을 바꾸어 저쪽으로 가는 식으로 숱한 헛걸음질을 하다가 지쳤던 기억이 있다.

당국이 복구에서 특히 강조하고 있는 것은 나치 유적을 복구하는 것이 나치의 과거 영광을 되살리자는 뜻이 아니라는 점이다. 담당자는 "우리는 재건축도, 복원도 하지 않을 것이며 단지 보존만 할 것이다. 우리는 사람들이 부지 주위를 자유롭게 돌아다닐 수 있기를 바란다. 이곳은 한 시대에 대한 중요한 증언자이며, 독재 체제가 어떻게 자신을 치장하는지 보여 준다. 그것이 오늘날의 교육적 가치이다"라고 말했다.

조선 총독부 건물 철거 논란

부끄러운 과거를 연상시키는 유적을 철거할 것이냐, 보존할 것이냐는 문제는 우리에게도 있었다. 아마도 가장 뜨거웠던 대상은 현재의 경복궁 정문인 광화문 뒤편에 있었던 조선 총독부 건물이었을 것이다.

1910년 일본이 조선을 식민지화함에 따라 일본은 조선을 통치할 기관으로 조선 총독부를 설치했는데 처음에는 1905년부터 남산에 설치돼 있던 통감부 건물을 계속 청사로 사용했다. 그러나 해가 감에 따라 업무량이 늘고 남산 청사의 공간이 비좁아지자 1916년 신청사를 신축할 계획을 세우는데, 그 장소가 바로 광화문 뒤편, 근정전 앞 공간이었다. 10년의 공사 끝에 세종로 북쪽 정면에 있는 북악산 자락에 자리 잡은 신청사가 완공되었다. 이때 광화문은 경복궁 동쪽으로 이전하여 세종로 시야에서 사라졌다.

조선 총독부 신청사는 애초 독일인이 설계한 석조 건물로 당시 일본과 조선을 통틀어서 가장 큰 서양식 건물이었다. 중앙에 둥근 돔을 가진 외형이 뒤편의 북악산과 어우러져서 인상적인 경관을 연출했다.

이렇게 건축학적으로 우수한 건물이었기 때문에 1945년 해방이 되고 나서도 별다른 저항감 없이 계속 사용되었다. 먼저 남한에 진주한 미군이 군정청으로 사용했고 뒤이어 우리나라 제헌의회가 헌법을 제정한 곳도 이곳이다. 새 헌법에 따라 초대 대통령에 선출된 이승만

이 취임식을 거행한 곳도 이곳이고, 그 뒤 이곳은 정부 청사이자 국회 의사당으로 쓰였다.

당시엔 정부 청사인 이곳을 중앙청으로 불렀다. 중앙청은 한국 전쟁으로 서울이 쑥대밭이 되는 와중에도 용케 파괴되지 않고 살아 남았다. 그리고 1980년대 중반 정부 청사가 다른 곳으로 이전한 뒤에 는 국립 중앙 박물관으로 사용되었다. 이렇게 구 조선 총독부 청사는 일제강점기뿐 아니라 그 이후의 한국 현대사까지 그 격동의 현장 한 가운데를 차지하고 묵묵히 지켜본 역사의 증인이라고 할 수 있다.

그러나 이 건물을 철거해야 한다는 주장이 간간이 제기되곤 했 다. 특히 이승만 시대에 친일파 청산이 좌절되고 오히려 친일파들이 다시 득세하는 현실을 지켜본 이들 가운데 친일의 상징인 이 건물을 철거해야 한다는 주장이 강하게 제기되었다. 하지만 현실 정치권력 에 친일파와 그 후손들이 포진해 있는 상황에서 친일파 청산 맥락으 로 건물 철거를 주장하는 이들의 의견을 들어줄 이는 없었다.

그런 가운데 1993년 김영삼 정부가 들어선다. 그리고 1995년 전 격적으로 조선 총독부 청사 철거를 의제로 내걸었다. 거기에는 김영 삼 나름의 정치적 계산이 들어 있었다.

김영삼은 정치 역정 대부분을 야당에서 반정부 투쟁을 전개해 온 정치인이었지만, 대통령 자리는 군부 세력의 정당인 민정당과 합 당하여 여당 후보로서 차지했다. 그렇지만 그는 자신을 정치군인들 과 구분 짓고 싶어 했다. 그래서 자신의 정부 이름을 굳이 '문민정부' 라고 칭했다. 그는 집권 여당과 합당할 때 자신은 "호랑이를 잡기 위해 호랑이 굴에 들어간다"고 변명했는데, 실제로 대통령에 취임하자마자 호랑이를 때려잡기 시작한다. 호랑이는 1961년 5·16쿠데타 이래 권력을 잡아온 정치군인들과 그 비호 세력을 가리켰다. 그 프로젝트를 '역사 바로 세우기'라고 명명했다.

김영삼의 역사 바로 세우기는 기세 좋게 출발했다. 박정희와 전두환의 집권을 쿠데타로 규정했고, 군부 내 정치군인들의 모임인 하나회를 제거했다. 그런데 문제가 생겼다. 박정희는 이미 죽고 없었지만, 1980년 쿠데타 주역인 전두환과 노태우는 전직 대통령의 예우를 받으며 멀쩡하게 살아 있었다. 둘을 형법상 반란죄로 처벌해야 마땅하지만 같은 집권당 소속인 데다 그들 휘하에 있는 정치 세력도 만만치 않았다. 그들을 법정에 세우는 일은 여의치 않았다. 그러자 곧바로 역사 바로 세우기가 말만으로 그치는 것 아니냐는 비판에 직면하게 되었다.

그러자 김영삼은 역사 바로 세우기의 범위를 쿠데타에 한정하지 않았다. 친일파 청산에 실패한 역사로까지 거슬러 올라가서 친일파를 제대로 청산하고 '민족정기'를 회복하는 것이야말로 진정한 역사 바로 세우기의 완성이라고 주장했다. 그러나 여기에도 문제가 있었다. 김영삼이 속한 집권 여당이 바로 친일파의 소굴이었다. 친일파들을 색출하여 처단하는 것은 전두환과 노태우를 처벌하는 것만큼이나 정치적으로 난감한 일이었다. 사람을 청산하는 것이 어렵다면 물질을 제거하는 것이 훨씬 쉬운 일이었다. 조선 왕조의 정궁인 경복궁의 주 건물인 근정전을 가로막고 서 있는 조선 총독부 청사 건물을 철거

하는 것만큼 역사 바로 세우기의 성과를 가시적으로 과시할 이벤트
는 없었다.

　김영삼이 조선 총독부 철거 의제를 제기하자 광복회와 한글학회
같은 민족주의적 성향의 단체들이 환영하고 나섰다. 그들의 찬성 논
거도 역시 '민족정기'의 회복으로 모아졌다. 이에 대해 보수적인 인사
들과 보수적인 언론들이 반대론을 들고 나왔다. 그들은 우선 국립 중
앙 박물관을 대체할 만한 장소가 없다는 현실론을 제기했다. 이는 정
부에서 새로운 부지에 새 건물을 지어서 이전할 계획을 발표하면서
설득력을 잃었다. 그러자 이 건물의 용도는 조선 총독부에 한정되지
않으며 해방과 제헌, 한국전쟁과 제1공화국에 걸치는 현대사의 유적
이기도 하다는 점을 지적하면서 보존 가치가 있다고 주장했다. 또 일
부에서는 건물 하나를 철거하는 이벤트로 일제강점기의 역사가 청산
될 수는 없다며 반대했다.

　이러한 반대론에 대해 찬성론 측에서는 이 건물을 보존하자는
것은 우리의 정신을 혼란에 빠뜨려 우리 민족을 말살하려는 저의가
있는 것이라며 공격했다. 식민 통치의 유물인 조선 총독부 건물을 철
거하는 것은 치욕적인 역사에서 벗어나기 위한 최소한의 민족 자존
심이라는 것이었다. 1990년대 중반이라는 시대적 환경 속에서 '민족
정기'라는 화두로 전개된 논쟁에서 어느 쪽이 승리할지는 이미 정해
져 있었다. 더구나 반대론 측이 주로 보수 기득권층이었기 때문에 여
론은 더욱 찬성 쪽으로 기울었다. 결국 1995년 8월 15일, 광복 50주년
행사를 광화문 광장에서 열고 그 자리에서 조선 총독부 건물 철거가

선포되었다. 그리고 상징적으로 중앙 돔 위에 솟은 탑을 기중기로 들어 내는 퍼포먼스가 행해졌다. 당시 철거를 선포하며 낭독된 '고유문' 내용은 이러했다

"우리 민족의 언어와 역사를 말살하고/ 겨레의 생존까지도 박탈했던 식민 정책의 본산/ 조선 총독부 건물을 철거하여/ 암울했던 과거를 청산하고 민족의 정기를 바로 세워/ 통일과 밝은 미래를 지향하는/ 정궁 복원 작업과 새 문화거리 건설을/ 오늘부터 시작함을 엄숙히 고합니다."

'민족정기'의 정체

앞서 말했듯 내가 이 책을 쓰는 이유는 독일이 스스로 치욕이라고 생각하는 나치 시대를 반성하기 위해 나치의 시설들을 어떻게 보존하고 활용하는지 살펴보는 데 있다. 그런 맥락에서 나는 조선 총독부 건물은 철거하지 말았어야 한다고 생각한다. 우선 식민 시대를 상징하는 건물을 철거하는 것과 그 시대를 청산하는 것 사이에는 모래알 한 알과 드넓은 백사장만큼이나 차이가 있다고 본다. 건물도 철거하고 과거 청산도 하면 되지 않냐고? 그렇지 않다. 과거 청산을 위해서 건물을 보존해야 하는 것이다.

오늘날 광화문 앞에 서 보자. 21세기에 출생한 이들이 거기에서 '야만적이고 폭압적인 일제의 식민 통치'가 있었다는 역사를 느낄 수

있는가. 만약 그 자리에 조선 총독부 건물이 남아 있고, 그 내부 공간이 '일제강점기 박물관'으로 활용되고 있다고 생각해 보자. 어느 편이 일제 과거를 청산하는 데 효용이 있을지는 설명이 필요 없을 것이다. 일제를 청산하기 위해 굳이 일제가 조선 왕궁의 정면을 가로막고 세운 건물을 보존해야 하느냐는 반론이 있을 수 있다. 그러나 바로 그점, 일제가 경복궁을 가로막고 세운 그 건물만큼 일제의 폭압성을 생생하게 보여 주는 장치가 어디 있겠는가.

조선 총독부 건물을 허물고 경복궁을 복원하여 '민족정기'를 회복하자는 주장도 나에게는 해괴하게 들린다. 우선 경복궁을 복원해야 하는 당위성이 과연 있는지 의문이다.

경복궁은 조선 왕조의 개창과 함께 정궁으로 지어진 궁궐이다. 하지만 곧이어 창덕궁을 지어 조선 국왕들은 두 곳을 오가며 지냈다. 그리고 임진왜란 때 경복궁이 화재로 소실된 이후로는 전쟁이 끝난 뒤에도 복구하지 않았으며 정궁 역할은 창덕궁이 대신했다. 그리고 거의 3백 년이 지난 19세기에 고종이 즉위하면서 흥선 대원군이 대규모 공사를 벌여 경복궁을 복원했다. 대원군은 근대 초기에 쇄국 정책을 펴며 서양 문물의 도입을 저지한 인물이다. 그리고 쓰러져 가는 조선 왕조의 영광을 되살리겠다며 무리하게 경복궁 공사를 벌여 국가 재정을 곤경에 처하게 했다. 사정이 이러할진대, 경복궁을 복원한다는 것은 흥선 대원군의 의중을 회복하는 것일 수는 있어도 민족정기와는 별 관계가 없어 보인다.

사실 민족정기라는 용어 자체도 문제이다. 일제강점기 때 독립운동을 고취하기 위하여 '민족정신'이라는 용어를 자주 사용했다. 특히 일제가 우리 민족을 일본 민족에 동화시키려고 했기 때문에 우리의 정체성에 대한 각성이 필요했다. 하지만 민족정기는 민족정신과는 느낌이 다르다. '정기'는 국어사전에 "천지만물을 생성하는 근원이 되는 기운", 또는 "심신을 활동시키는 근원이 되는 힘"이라고 돼있다. 따라서 민족정기는 우리 민족만이 갖고 있는 신령한 기운을 말하는 듯하다. 실제로 민족정기를 말하는 이들은 다른 민족들에게도 각자의 정기가 있다고는 말하지 않는다. 그렇다면 이는 히틀러가 '아리안족의 우월성'을 설파하는 것과 비슷한 사고 구조가 아닐까.

우리의 민족정기는 일제의 압제에 저항하는 차원에서 나온 말이므로 타민족에 대한 침략의 용어로 사용한 히틀러의 경우와는 다르다고 항변할지 모르겠다. 그렇다면 민족정기는 일제의 압제가 사라진 상황에서는 용도 폐기되어야 할 한시적인 용어여야 한다. 21세기 지구촌 시대에 세계 여러 민족들과 어울려 지내면서 우리의 민족정기를 말하는 것은 자연스럽지 않다.

김영삼 정부가 조선 총독부 건물을 철거할 즈음에 또 다른 '민족정기' 소동이 일어났다. 일제가 우리 민족의 '정기'를 끊기 위해 전국 명산 꼭대기 바위에 쇠말뚝을 박아 놓았다는 것이었다. 거의 모든 언론에서 그 현장을 소개했고, 많은 국민들이 일제의 치졸한 만행에 분개했다. 그래서 쇠말뚝을 찾아내 뽑아 버리자는 운동이 곳곳에서 일어났다. 급기야 김영삼 정부의 사업이 되어 전국에 걸쳐 쇠말뚝 제거 작업이 펼쳐졌다. 그리고 이때 수거된 쇠말뚝들은 전임 대통령 전두환이 세운 천안 독립기념관에 전시되었다.

그러나 이들 쇠말뚝 가운데 애초의 주장대로 일제가 우리 민족 정기를 끊기 위해 박았다는 증거로 확인된 경우는 단 한 개도 없다. 대개 풍수가나 무속인, 또는 마을 원로의 진술에 의존해 쇠말뚝의 존재를 확인했는데, 많은 경우 토지 측량이나 등산로 안전 설비로 설치된 것으로 밝혀졌다. 또 철의 성분을 분석해 보니 일제강점기가 아닌 그 이후의 것으로 밝혀진 경우도 있었다. 아직도 논란이 종결된 것은 아니지만, 사실로 확정된 바가 없으므로 한바탕 소동으로 끝났다고 보아야 한다.

이 소동은 무엇보다도 일제에 대한 무지에서 출발했다. 일본은 19세기 중반 메이지 유신을 단행하면서 열심히 서양을 따라 배웠다. 그때 내세웠던 구호가 '탈아입구脫亞入歐', 곧 아시아를 벗어나 서구로 향하겠다는 것이었다. 아시아의 것은 구식이고 전근대적인 것이므로 모두 버리고 발달된 서양의 문물을 받아들여야 한다는 것이다. 이때 버린 것 중에는 음력 달력도 있었다. 강제로 서양식 양력을 사용하도록 해서 오늘날 일본에는 음력 달력이란 것이 존재하지 않는다. 일제 강점기에 총독부가 그것을 우리에게도 실시했다. 이때 우리 민족은 일제에 대한 저항 차원에서 양력을 거부하고 음력을 고수했다. 음력 사용이 곧 반일 저항운동이었다. 그 흐름이 해방 후에도 이어져 정부가 아무리 노력해도 음력을 없앨 수 없었고, 오늘 우리는 양력설과 음력설, 한 해에 1월 1일이 두 번 있는 이상한 세상에 살고 있다.

이렇게 근대화에 목을 맨 일본이 전근대적인 풍수지리에 입각해서 명산 정상에 쇠말뚝을 박는다는 것은 상상할 수 없다. 한민족의 정기를 끊기 위해 쇠말뚝을 박았다는 총독부 문헌을 아무리 뒤져도 발견되지 않는 것이 당연하다. 최근에는 일본이 우리를 근대화시켜 주었다는 이른바 식민지 근대화론자들이 이 사건을 언급하며 '민족정기'주의자들을 조롱하고 있다. 식민지근대화론에 찬성하지 않는 나는 우리 민족을 사랑하는 이들이 그들로부터 조롱당하지 않기를 진정으로 바란다. 그러기 위해서는 우리 민족이 다른 민족에게는 없는 특별한 '정기'를 가지고 있다는 허황된 믿음부터 벗어던져야 한다.

1990년대 중반은 아직 세계화가 크게 진전되지 않았고, 그런 시대 상황 속에서 민족정기론이 상당한 호소력을 가지고 있었다. 그래서 조선 총독부 건물 철거를 지지하는 여론이 다수를 차지할 수 있었다. 보존이냐 철거냐 하는 정책 판단도 민주주의 영역이어서 국민의 다수 여론에 따라 결정되는 것이 합리적이다. 현재의 시점에서 그것이 잘못된 결정이었다고 해서 그 결정을 부정하고 다시 복원하자고 주장해서는 안 될 것이다. 다만 일제 만행의 중요한 증거가 보존되지 못한 것을 안타까워할 따름이다.

군산 근대문화유산거리

시간이 흐르고 세계화가 더욱 빠르게 진전됨에 따라 사람들의 생각도 바뀌기 시작했다. 일제강점기의 흔적을 철거해야 할 대상이 아니라 보존해야 할 유적으로 보는 커다란 전환이 2000년대에 일어나기 시작했다. 그 대표적인 곳이 군산이다.

군산은 일제강점기에 호남 지방의 쌀을 일본으로 수출하기 위한 항구 도시로 개발됐다. 해방 당시 많은 일제의 흔적이 남았는데, 1960년대부터 시작된 경제 개발이 경상도 지역에 집중되는 바람에 군산의 일제 흔적은 손상되지 않고 남을 수 있었다. 의도적으로 보존된 것이 아니라 정부의 무관심 아래 방치되었다고 해야 할 것이다.

2000년대에 들어와서 군산 시민들은 방치된 채로 있던 일제의 흔적이 보존될 가치가 있는 문화유산이라고 인식하기 시작한다. 그래서 일제가 남기고 간 각종 건물들을 문화재로 등록하고 조사를 벌였다. 이러한 조사를 토대로 2011년 근대역사박물관을 개관하고 문화재로 등록된 일제의 각종 건축물들을 답사하는 근대문화유산거리를 조성했다. 이 거리에서는 일제의 세관, 은행, 일본인 가옥 들이 잘 보존된 상태로 탐방객을 맞이한다.

나는 이 거리에 갔을 때 당시의 일본식 절인 동국사가 보존돼 있는 것이 인상 깊었다. 현재 우리나라 조계종 산하의 사찰로 운영되고 있는데도 사찰의 건축 상태를 일제 당시 그대로 보존하고 있는 것이 대단하게 보였다.

총독부가 조선 농민들을 수탈하던 상징적 기관인 세관과 은행이 압제의 상징으로 철거되어야 한다고 주장하는 이는 이제는 없다. 조선 불교를 압살하고 일본식 불교를 강요했던 역사를 기억하고 있는 조계종에서 동국사를 철거해 민족정기를 되살리자고 주장하지도 않

군산 동국사. 한국에서 유일하게 일본식 건축 양식으로 지어진 사찰이다.

는다. 오히려 군산 근대문화유산거리에는 매년 전국에서 5백만 명이 찾아와 일제강점기의 압제와 수탈을 상상하고 기억 속에 저장한다.

아픈 과거의 흔적을 없애는 것은 당대를 살았던 이들에게는 가슴 후련한 일이다. 하지만 그로부터 몇 세대가 지난 뒤 일제강점기를 경험하지도 알지도 못하는 이들은 그런 아픈 과거가 있었다는 사실 자체를 인식하지 못할 것이다. 그런 그들에게 책 1백 권을 읽게 하는 것보다 군산의 근대문화유산거리를 단 한 번 답사하도록 안내하는 것이 더 좋은 교육 아니겠는가.

7

바이마르와 부헨발트 강제 수용소

바이마르시와 히틀러

히틀러가 민족사회주의독일노동자당, 곧 나치당의 당권을 장악한 뒤 첫 당 대회는 당이 결성된 도시인 뮌헨에서 열렸다. 그리고 1927년 열린 3차 당 대회에서부터 1939년 2차 대전을 개전하기 전까지의 모든 당 대회는 당 대회를 위해 건설된 뉘른베르크 전당 대회장에서 열렸다. 나치당의 전당 대회가 뮌헨과 뉘른베르크 이외의 장소에서 열린 것은 1926년의 제2차 당 대회 때가 유일한데, 그때 열린 장소는 바이마르시였다.

히틀러는 이때 왜 바이마르에서 당 대회를 연 것일까? 그 까닭은 독일 민족의 자부심에 대한 히틀러의 독특한 역사관과 관련이 있다. 그리고 그 결과로 바이마르시 교외에 나치 시대 최악의 수용소 가운데 하나인 부헨발트 강제 수용소가 건설됐다.

바이마르는 1919년 독일 최초의 공화국 헌법이 제정된 장소임을 앞에서 언급했다. 수도 베를린의 정치 상황이 불안했기 때문에 바이마르로 헌법 제정 회의 장소를 옮긴 것인데, 그때 바이마르가 선택된 데는 국토의 정중앙에 위치하고 있을 뿐만 아니라 괴테와 실러가 활동했던 고장으로 독일의 문화 수도로 불리는 곳이라는 점이 함께 고려됐다. 히틀러 역시 똑같은 이유로 바이마르를 전당 대회 장소로 선택했다. 하지만 1926년 당시 히틀러가 처했던 특별한 정치적 여건이 작용한 것이기도 했다.

히틀러의 정치적 고향은 뮌헨이며, 1923년 그곳에서 이른바 맥주홀 폭동을 일으켰다가 실패하여 히틀러는 반란죄로 구속 수감되었다. 그러나 겨우 1년 만에 대중을 선동하는 정치 집회를 하지 않겠다는 각서를 쓰고 사면을 받아 석방되었다. 풀려난 히틀러는 맨 먼저 흩어진 당 대열을 복구하는 일에 전력을 쏟는다. 이를 위해 바이에른주 총리를 만나 법 준수를 서약하며 불법화된 나치당의 합법화를 이루어 냈다. 바이에른주의 당을 재건한 다음에는 수도 베를린이 있는 북부와 가장 많은 인구가 있는 서부의 당 조직을 추스르는 데 정치력을 발휘했다. 당 재건 작업이 어느 정도 이루어지자 제2차 당 대회를 갖기로 하는데 대중 연설과 행진이 금지된 뮌헨에서 열 수는 없었다. 바이에른주를 벗어나 그것을 허용하는 곳을 찾았는데 그때 포착된 곳이 튀링겐주의 바이마르시였다.

히틀러는 바이마르가 대중 집회가 가능할 뿐만 아니라 독일 민족의 자부심을 상징하는 괴테와 실러의 도시라는 점에서 마음에 들었다. 이미 이 무렵부터 히틀러는 자신의 저서 《나의 투쟁》을 통해서

"역사는 한 민족의 생존을 위한 투쟁의 과정, 그 이상도 그 이하도 아니다"라는 사회진화론적 역사관을 설파하고 있었다. 그러므로 독일 민족의 문화적 위대성을 보여 주는 도시에서 나치당의 재건 당 대회를 여는 것은 선전 효과를 극대화할 것이었다.

당 대회는 1926년 7월 3일부터 다음 날까지 이틀 동안, 괴테와 실러의 동상이 서 있는 국립 극장에서 열렸다. 전국의 당 간부들이 참석했고 전국 3만 5천 당원의 약 10%인 3천6백 명의 당원들이 모여들었다. 당 대회는 히틀러가 복구한 당의 위세를 과시했고, 히틀러가 당의 최고 지도자임을 추인하는 자리가 되었다.

엘리펀트 호텔

히틀러가 바이마르에서 활동하면서 머물렀던 곳은 엘리펀트 호텔이었다. 당 대회 때 히틀러는 이 호텔 정문 앞에 서서 그 앞을 행진하는 돌격대의 사열을 받았다. 이 호텔은 지금도 거의 모습을 바꾸지 않고 남아 있다. 히틀러가 남긴 흔적도 그대로 간직한 채로.

히틀러가 1926년 이 호텔에 머물 때 현관 입구 위에는 건물에서 돌출되어 설치된 지붕 구조물이 있었다. 그 지붕 위에는 호텔의 상징인 코끼리 조형물이 설치돼 있었다. 히틀러는 이 현관 앞에서 오픈카에 올라 탄 채로 자신을 보려고 몰려든 군중들에게 연설을 하곤 했다. 또는 당의 돌격대와 친위대가 히틀러 앞을 행진하며 히틀러에게 경례를 하기도 했다. 그런데 오픈카는 군중들을 내려다보기에는 높이가 너무 낮았다. 그래서 현관 앞 지붕 구조물을 철거하고 현관 바로 위 2층 창문 앞에 작은 발코니를 설치했다. 이후 그 발코니에 서서 군중들을 내려다보며 연설했다. 엘리펀트 호텔은 오늘날도 운영되고 있으며 히틀러가 설치한 발코니도 그대로 남아 있다.

히틀러가 만든 발코니를 남겨 놓은 이유는 무엇일까. 강제 수용소 기념관과 같은 이유로 어두운 과거를 기억하기 위한 하나의 장소일까. 호텔 현관이나 발코니에 아무런 설명도 붙어 있지 않은 것을 보면 그렇지는 않다. 전후 과정을 살펴보면 이렇다.

엘리펀트 호텔은 1696년에 문을 열었으니 유서가 깊다. 1700년대에 괴테와 실러가 이 호텔 바에서 술잔을 기울이며 담소를 나누었던 역사적 장소이기도 하다. 히틀러도 그것을 알고 호텔에 묵었을 것이다. 히틀러를 연상시키는 이 호텔은 2차 대전이 끝난 뒤 문을 닫았다. 몇 년 뒤인 1955년 호텔이 다시 문을 열게 되는데 그것은 괴테의 계보를 이은 독일의 세계적 문호 토마스 만과의 인연 때문이었다.

1955년 실러 서거 150주년을 맞이하여 바이마르시에서 토마스 만에게 특별히 실러 상을 수여하기로 결정했다. 토마스 만은 수상을 위한 바이마르 방문을 앞두고 남다른 감회에 젖는다.

토마스 만이 쓴 소설 《로테, 바이마르에 오다》(원제 《Lotte in Weimar》)는 괴테가 자신이 쓴 《젊은 베르테르의 고뇌》 속 주인공 로테의 모델이었던 인물을, 그 모델이 60대 노부인이 된 뒤에 바이마르에서 실제로 재회한 사건을 소재로 삼아서 쓴 작품이었다. 괴테와 토마스 만이 이번에 받을 상의 이름 주인공인 실러가 모두 바이마르에서 활동했고, 따라서 두 사람 모두 특히 엘리펀트 호텔에서 문인들과 만나 담소를 나누었을 터였다. 토마스 만은 바로 그 현장인 엘리펀트 호텔에 묵고 싶다고 주최 측에 요청했다. 주최 측은 토마스 만을 위해서 급히 문 닫은 호텔을 재단장해서 문을 열고 첫 손님으로 토마스 만을 맞이했다.

이때 토마스 만이 숙박했던 방이 바로 입구 현관 위 발코니가 있는 넓은 방이었다. 아마도 토마스 만은 이 발코니에 서서 광장을 바라보며 괴테와 실러를 상상했을 것이다. 그 자리가 히틀러가 서 있던 곳이라는 생각은 없었던 것 같다. 호텔 측도 히틀러는 잊고 토마스 만을 기념하기 위해 이 발코니를 보존했다. 하지만 나치 시대에 저항 운동에 참여했던 토마스 만이 히틀러가 잠들었던 방에서 잠을 자고 히틀러가 군중을 사열하던 발코니에 서 있는 모습은 역사의 아이러니였다.

어쨌든 토마스 만 이후 엘리펀트 호텔에는 유명한 문인과 예술인들이 다녀갔고, 요즘에는 호텔 발코니에 이곳을 다녀간 유명 예술인들과 역사적 인물들의 조각상을 일정 기간을 주기로 바꾸어 가며 전시하고 있다. 토마스 만은 물론 발터 그로피우스, 마틴 루터 같은 이들의 조각상이다. 물론 히틀러가 전시된 적은 없고, 이곳을 히틀러의 유적으로 인식하는 이들은 가이드의 해설 덕분인 경우가 대부분일 것이다.

나치 도시 바이마르

히틀러는 당을 재건하면서 전국의 당 조직을 정비했는데 이때 지구당 단위로 가우Gau라는 용어를 사용했다. 우리말로는 대개 '관구'라고 해석한다. 가우는 원래 중세 시대에 지방 행정 단위를 가리키는 용어였는데, 히틀러는 이것이 아리안족이 고대 때부터 사용해 온 민족 문화의 원형이라고 주장하며 되살려 낸 것이었다. 요즘도 독일의 일부 지역에는 어미에 '가우'가 붙은 지명들이 남아 있다.

히틀러는 집권한 뒤인 1936년 무렵, 독일 전국을 33개 관구로 나누고 각 관구의 중심 도시에 관구 광장을 조성하는 건축 계획을 수립한다. 이때 히틀러가 가장 애착을 갖고 지시한 곳이 바로 바이마르 관구 광장 계획이었다.

이 계획은 시 중심부에 부지를 선정한 뒤 기존 건물들을 철거하고 완전히 새로운 단지를 개발하는 것이었다. 설계도에 따르면 사각형 광장의 남쪽에는 주 행정부와 가우 지도자 집무실 건물을 짓고 건물 옆에는 지역 통치자의 권위를 상징하는 높은 종탑을 세우기로 했다. 반대편 북쪽에는 나치 지구 당사 건물을 배치했다. 광장 동쪽에는 2만 명을 수용하는 '민족공동체관'을 짓고, 맞은편 서쪽에는 나치의 노동자 조직인 '노동전선'이 들어설 건물을 건축하기로 했다. 그리고 광장의 이름은 '아돌프 히틀러 광장'으로 정했다.

설계가 끝나자 1937년부터 공사에 들어가 1939년 2차 대전을 개전할 때까지 공사가 계속되었다. 히틀러는 독일 여러 곳에 관구 광장 계획을 세웠는데, 그중 바이마르 계획이 가장 많이 진척된 경우였다. 대부분의 건물이 완공되었지만 종탑은 결국 완공되지 못한 채 전쟁이 끝나 절반 높이까지만 건설돼 어중간한 건물로 남게 됐다. 현재 모든 건물들이 보존됐고 원래 목적한 것과는 다른 용도로 사용되고 있다. 광장의 이름도 바뀌었고 이곳이 더는 시의 중심도 아니다.

그런데 관구 광장을 조성하면서 자재 생산과 노동력 조달이 문제가 됐다. 나치당은 이를 강제 수용소를 건설하여 해결하기로 한다. 그래서 바이마르시 인근에 강제 수용소를 만들 부지를 찾았는데, 바이마르시에서 약 7킬로미터 떨어진 곳의 작은 산 에테르스베르크가 안성맞춤이었다. 산이라고는 하지만, 독일은 워낙 높은 산이 없는 지형이라서 우리가 보기에는 그저 작은 언덕 정도이다. 언덕을 오르면 낮은 구릉 정도의 정상 너머로 반대편 기슭이 내려다보인다. 시가지에서 바라보는 시선이 미치지 못하는 이곳이 적지였다.

부헨발트 강제 수용소

수용소 설계는 당시 베를린 강제 수용소 감독관으로서 베를린 인근에 작센하우젠 수용소를 설계하고 이를 전국 수용소의 모델로 삼도록 했던 테어도르 아이케의 지침에 따랐다. 그래서 오늘날 에테르스베르크, 곧 부헨발트 수용소의 전체 구도는 작센하우젠 수용소와 거의 비슷하다. 시계탑이 있는 정문이 있고, 정문을 통과하면 반원형 모양으로 질서 정연하게 배치된 막사 터를 만난다.

수용소를 설계할 때의 명칭은 산의 이름을 따서 에테르스베르크 수용소였다. 그런데 이 명칭에 바이마르 시민들로부터 거센 반대가 일어났다. 에테르스베르크산은 괴테가 이 산의 너도밤나무 숲을 거닐면서 그의 명작 《파우스트》를 구상한 것으로 전해져 오고 있었다. 그것은 바이마르 시민들의 자부심이었다. 그런 이름을 수용소에 사용하는 것은 괴테에 대한 일종의 모독이라는 것이었다. 그래서 이 산에 많이 자라고 있는 너도밤나무의 숲이라는 뜻인 '부헨발트 Buchenbald'를 수용소의 이름으로 사용하게 되었다. 그러나 단지 이름을 바꾼다고 괴테의 숨결을 없앨 수는 없었다. 앞으로 설명하겠지만 부헨발트 수용소는 괴테의 망령과 질긴 갈등을 피할 수 없었다.

어쨌든 부헨발트 수용소는 바이마르시를 나치당의 중심 관구로 삼기 위한 재개발에 필요한 노동력 동원 부대로 창설되었다. 독일의 강제 수용소는 처음에는 공산주의자와 사회주의자 같은 사회 변혁 세력을 사회로부터 격리하기 위한 시설이었다. 그러다 1930년대 후반부터 재소자들의 노동력을 징발하여 각종 개발 사업에 동원했다. 히틀러가 1939년 2차 대전을 개시하고 동유럽 지역을 점령해 나가면서 유대인 처리 문제가 본격적으로 제기되고, 결국 1941년에 이른바 '최종적 해결책'으로서 유대인 절멸 정책을 결정한다.

이후부터 수용소에서 집단 학살이 본격화된다. 물론 그 이전에도 국내 각 수용소에서는 가혹한 노동으로 사망에 이르는 재소자들이 속출했고, 강제 노동에 저항하거나 탈출을 시도하다 실패하여 처형당하는 경우도 많았다. 그러나 본격적인 대학살Genocide이 자행되는 것은 1941년 이후이다.

아이케는 전국의 수용소 정문 철문에 〈ARBEIT MACHT FREI〉, 곧 "노동이 너희를 자유롭게 하리라"라는 문구를 새겨 넣도록 했다. 그런데 유독 부헨발트 수용소의 문구는 달랐다. 부헨발트 수용소 정문에서 만나는 문구는 독일어 〈JEDEM DAS SEINE〉이다. 영어로 번역하면 "to each his own"이고, 우리말로는 "각자에게 자신의 몫을" 정도가 된다. 이 문구는 고대 로마의 법철학에서 언급된 원칙이고, 독일에서 예로부터 격언으로 사용해 왔다. 마르틴 루터의 글에도 나오고, 바흐가 자작한 곡의 가사에도 나온다. 각자 자신에게 주어진 몫을 다하면 사회 정의가 이루어진다는 뜻이다. 하지만 이 문구를 강제 수용소의 정문에 새겨 놓으면 사정이 달라진다. 마치 강제 수용소에 수감되는 것이 당신의 운명이라는 뜻으로 읽힐 것이다.

더욱 특이한 것은 〈ARBEIT MACHT FREI〉라는 문구는 밖에서 안으로 들어가며 읽도록 새겨 있는 반면에, 〈JEDEM DAS SEINE〉는 수용소 안에서 밖을 향해 볼 때 읽히도록 쓰여 있다. 왜 이렇게 해 놓은 것일까. 탈출할 생각을 말라는 뜻인가.

추측컨대 이랬을 것이다. 부헨발트 수용소 재소자들은 바이마르 관구 광장 공사에 동원되어 출역하는 경우가 많았다. 그런 경우 탈출할 마음이 생길 수도 있었다. 바로 그런 재소자의 마음에 이 문구가 쐐기를 박은 것이 아닐까. 출역을 하려고 정문을 통과할 때마다 이 문구를 읽으면서 탈출할 생각을 접고 고분고분하게 일하고 다시 돌아오라는 다짐을 강요하는 문구였을 것이다.

그런데 이 문구가 새겨진 정문을 디자인한 그래픽 디자이너가 논란의 대상이 되었다. 문구의 글자체가 일반적으로 역사적 건물에서 볼 수 있는 것과는 다소 생소하게 느껴지는데, 논란의 디자이너는 프란츠 에를리히Franz Ehrlich였다. 그는 당시 독일의 진보적인 건축학 및 디자인 학교 바우하우스 출신이었는데, 공산주의운동에 가담했다가 체포되어 이제 막 건설 중인 부헨발트 수용소에 수감되었다. 수용소의 친위대 간부들은 그가 명문 학교 출신임을 알아보고는 에를리히에게 정문 설계를 해 보라고 시켰다. 에를리히는 스승에게서 배운 대로 바우하우스 학풍에 따른 디자인을 선보였다.

바우하우스는 근대 건축의 창시자로 여겨지는 발터 그로피우스가 1919년에 바이마르에 설립한 학교이다. 바우하우스 학파의 건축이념을 간단히 요약하자면, 근대 이전의 장식적인 건축과 결별하고 오로지 실용성에 입각한 건축을 지향한다는 것이었다. 오늘날 우리 주위에서 보는 사방이 네모반듯한 직육면체 모양의 건축 양식이 바우하우스로부터 시작되었다고 말할 수 있다. 바우하우스 디자인 역시 장식을 배제한 실용성을 앞세웠는데, 글씨체의 경우 획의 끝에서 장식적인 삐침을 하던 종래의 관습을 버리고 담백하게 획을 마감했다. 이를 프랑스어로 '삐침 없는 글씨'라는 뜻으로 '산세리페'체라고 부른다. 에를리히는 부헨발트 정문의 문구를 바로 이러한 산세리페 글씨체로 시공했던 것이다.

부헨발트 수용소 친위대 측은 에를리히의 디자인이 퍽 마음에

부헨발트 수용소 입구 전경. 바이마르시에서 바라보는 에테르스부르크산 정상쯤에 수용소 정문이 있고, 수용소 시설들은 정상 너머에 있어 바이마르시에서는 보이지 않는다.

부헨발트 수용소 입구. 수용소 안에서 바깥을 향해 찍은 사진이다. 정문에 새겨진 문구는 "각자에게 자신의 몫을"이란 뜻이다.

들었던 모양이다. 그의 디자인을 채택한 것은 물론이고 이후 에를리히에게 친위대 간부들 집의 건축과 인테리어를 맡겼다. 일을 잘하자 부헨발트 수용소 건축 설계를 전담해 맡겼다. 나중에는 아예 그를 석방한 뒤 수용소의 전속 건축 책임자로 고용하기도 했다. 말하자면 에를리히는 나치 부역자가 되었다.

나중에 에를리히는 자신에게 쏠린 부역자 책임론에 대해 강하게 변명했다. 수용소 철문에 〈ARBEIT MACHT FREI〉가 아니라 고대 로마의 법 정신을 표현한 〈JEDEM DAS SEINE〉를 새긴 것은 자신의 공이며, 자신은 친위대 몰래 수용소의 저항 세력과 연계를 맺고 그들을 도왔다고 주장했다. 그러나 에를리히와 친했던 극소수를 제외하면 그의 주장을 입증해 주는 증언은 없다.

오히려 에를리히는 나치로부터 능력을 인정받아 베를린의 작센하우젠 수용소 설계에까지 관여했고, 부헨발트 수용소 증축 공사도 그의 작품이었다. 특히 친위대를 위한 시설들도 많이 디자인했는데, 그중에는 부헨발트 수용소 담장 바깥에 조성한 친위대용 동물원도 있었다. 이 동물원에는 동물들에 해를 끼치는 어떠한 행동도 하지 말라는 주의 문구가 붙어 있었다고 한다. 그런데 바로 담장 너머에서는 그가 설계한 시설 안에서 동물이 아닌 그의 동료들이 날마다 해로운 일을 당하고 있었다. 이보다 더한 아이러니가 있을까.

에를리히의 아이러니는 여기에서 끝나지 않는다. 전쟁이 끝나고 독일이 분단되었을 때 바이마르 일대는 동독 영역에 들어갔다. 동독 정부는 전쟁으로 인한 폐허를 딛고 재건에 온 힘을 쏟아야 했다. 에를리히의 재능과 기술도 필요로 하게 됐다. 그래서 그가 비록 나치에 고용됐지만 가스실, 소각장, 생체 실험실 같은 최악의 시설을 디자인한 것은 아니고 또 자신이 나치의 눈을 피해 저항 세력을 도왔다고 주장하는 것을 받아들여 과거를 묻지 않기로 한다. 에를리히는 동독에서도 공습 피해가 극심했던 드레스덴시의 건축 책임자로 일하는 등 1984년 죽을 때까지 영예를 누렸다.

남영동 대공분실과 김수근

에를리히의 사례는 우리나라의 남영동 대공분실을 설계한 건축가 김수근을 연상시킨다. 김수근은 우리나라 현대 건축의 창시자라고 불리는 대표적인 건축가이다. 그가 자신의 사옥으로 서울 안국동에 지은 '공간 사옥'이 작품으로 널리 알려져 있다. 그 밖에도 수많은 우리나라의 대표적인 건물들을 설계했는데, 특히 김수근이 활동하던 시대의 독재자 박정희와 가까운 사이여서 박정희의 정치적 의도를 반영한 건축물도 몇몇 있다. 서울 아차산 기슭에 세운 워커힐 호텔은 박정희가 주한 미군의 휴양 시설을 요청해서 설계한 작품이고, 서울 남산에 지은 자유센터는 북한과의 대결 의식에서 주문한 건축물이었다. 김수근의 설계는 워낙 독특해서 누가 보아도 그의 작품임을 알아볼 수 있는 독특한 조형미를 띠고 있다.

그 많은 작품 목록 중에 공포의 건물 남영동 대공분실도 들어 있다. 김수근이 1976년에 설계한 건물이다. 당시는 박정희가 1972년, 이른바 유신 체제를 선포하고 종신 대통령제를 구축한 다음 그에 대한 저항운동이 점차 거세지고 있던 때였다. 저항 세력을 억누를 치안 기구를 강화하기 위한 조치로 박정희는 경찰국을 치안본부로 승격시키고 특히 그 안에 이른바 '대공수사' 역량을 대폭 증원한다. 대공수사는 글자 그대로라면 북한 공산주의자들이 대상이지만, 실제로는 유신 체제에 저항하는 학생운동과 재야 정치 세력이 표적이었다. 그리고 일상적인 치안 경찰 업무 속에서는 대공수사를 진행할 수 없다고 보고 별도의 건물, 즉 대공분실을 전국 곳곳에 마련하는데 가장 큰 건물이 서울 남영동에 세워졌다. 당시 내부무 장관 김치열은 그 공사 설계를 우리나라 최고의 건축가 김수근에게 맡았다.

김수근이 설계한 남영동 대공분실은 그곳에서 연행자들에게 가한 악랄한 고문으로 유명하다. 1979년 이른바 '남조선민족해방전선준비위원회' 사건으로 연행된 이재문 씨는 모진 고문을 받고 감옥으로 이송되었으나 고문의 후유증을 이기지 못하고 옥사했다. 1985년에는 김근태 민주화운동청년연합 의장이 연행돼 10여 일 동안 거의 매일 물고문과 전기 고문을 받아 만신창이가 되었다. 그 역시 고문의 후유증으로 파킨슨병을 앓던 중 2011년 병사했다. 1987년에는 서울대 학생 박종철이 연행돼 물고문을 받던 도중 사망했다. 이들 세 명은 그야말로 빙산의 일각일 뿐이다. 알려지지 않은 수많은 이들이 이곳에서 고문을 받고 육체적 정신적으로 깊은 상처를 받고 나갔으나 아직까지도 그 실체와 진실은 다 밝혀지지 않고 있다.

그런데 남영동 대공분실의 구조를 자세히 살펴보면 단지 일반적인 수사실을 수사관들이 고문 장소로 사용한 것이 아니라, 설계자 김수근이 애초부터 고문을 위한 시설로 세심하게 배려해 건축했다는 것을 알 수 있다. 우선 이곳에 연행돼 온 이들이 5층 조사실로 가는 경로를 보자. 연행자들은 대개 눈이 가려진 채 승용차 뒷좌석 가운데 자리에 실려 고개를 바닥에 처박힌 상태로 도착한다. 이들은 건물 정면의 현관이 아니라 건물 뒤편에 따로 마련된 문을 통해 건물로 들어와 그곳에서 1차 검색을 당한다. 그리고 눈이 가려진 채로 유럽의 중세 성당이나 성채에서 볼 수 있는 좁고 긴 나선형 철계단을 빙빙 돌아 5층까지 올라간다. 중간에 다른 층으로 나가는 문이 없기 때문에 연행자는 자신이 몇 층으로 올라가는지 알 수 없다.

5층에 있는 15개 방 중 하나로 들어가야 비로소 눈가리개가 풀리고 주변을 볼 수 있게 된다. 이때 보이는 것은 우선 욕조이고 그 옆에 있는 변기이다. 물론 이곳에서 씻을 수 있게 배려한 것은 결코 아니다. 욕조는 물고문을 위한 도구이고, 변기는 최악의 고문 끝에 구토할 때를 대비한 것이다. 변기 옆에는 무릎 높이의 턱이 있을 뿐이어서 개인 인권 같은 것은 아예 고려조차 되어 있지 않다.

그 밖에 철제 책상과 철제 의자, 그리고 작은 침상이 있다. 책상은 바닥에 고정되어 움직이지 않는다. 벽에는 이곳에서 나는 소리가 밖으로 새어 나가지 않도록 방음벽이 시공되어 있다. 그리고 입구 쪽 천정에는 시커먼 유리가 보이는데, 1970년대 중반 일반 사회에서는 최첨단 기기였을 CCTV이다. 이를 통해 이 건물 3층에 마련된 모니

남영동 대공분실 5층 조사실. 5층에는 조사실이 총 15개 있다. 각 문마다 눈높이 위치에 일반 아파트에서 볼 수 있는 외시경이 달려 있는데, 방향이 반대여서 밖에서 안을 들여다보도록 돼 있다.

터실에서 연행자의 24시간을 감시한다.

어떤 이들은 이 모든 고문 행위는 수사관들이 저지른 일이지 설계자 김수근의 의도는 아니었을 것이라고 말한다. 그러나 이 모든 시설이 애초의 설계 도면에 꼼꼼하게 표시되어 있다. 대한민국 최고의 건축가 김수근이 자신의 뛰어난 재능을 총동원해 고문에 최적화된 시설을 설계한 것이다. 김수근에게 남산 자유센터 설계를 발주한 당시 중앙정보부장 김종필은 자유센터를 "자유의 냄새가 물씬 나도록 설계해 달라"고 주문했다고 한다. 남영동 대공분실을 발주한 내무부 장관 김치열은 아마도 '고문을 맘껏 할 수 있도록 설계해 달라'고 했던 것은 아닐까.

어떤 사회든 그 사회를 운영하기 위해서는 재능 있는 전문가를 필요로 한다. 악마의 주문을 받아 악마의 의도대로 만들어 준 전문가가 단지 발주자의 의도를 충족시켜 주었을 뿐이라며 자신을 변명하면 면책이 되는 것일까. 에를리히와 김수근은 이미 고인이 되어서 이 질문을 던져도 대답을 들을 수 없다. 다만 이제 미래를 준비하는 청년들에게 이 질문을 곰곰이 되새겨 보길 권하고 싶다.

부헨발트 강제 수용소와 괴테

부헨발트 강제 수용소 기념관 정문을 통과해 처음 보이는 풍경은 여느 수용소 기념관들처럼 지금은 사라지고 없는 막사들이 있던 빈터이다. 나는 겨울철 해질 무렵에 이곳에 도착했는데, 싸늘한 날씨의 어두침침한 석양 아래 폐허처럼 펼쳐진 막사들의 빈터가, 그 주변을 감싸고 있는 거무스름한 너도밤나무숲과 어우러져서 등골이 서늘해지는 느낌이었다. 빈터 곳곳에는 희생자들을 기리는 작은 기념비와 장소를 설명해 주는 안내판들이 설치돼 있는데, 한결같이 그 높이가 나지막하다. 전체 경관이 자아내는 아우라를 해치지 않기 위한 세심한 전시 기법으로 보였다.

이 적막한 수용소 기념관 안에 괴테의 흔적이 남아 있다. 이른바 '괴테의 떡갈나무'로 불리는 나무 등걸이다. 상당히 오랜 나이테를 가

부헨발트 수용소에 있는 괴테의 떡갈나무. 많은 사연을 품고 있으나 지금은 밑둥만 남아 탐방자가 알아볼 수 있는 것은 '괴테의 떡갈나무'라는 표지뿐이다.

졌을 것으로 보이는 이 나무 등걸은 재소자들의 식당과 세탁소 건물로 쓰이던 공간 사이에 줄기가 부러진 채 밑둥만 남아 있다. 옆에 있는 돌 안내판에는 GOETHE EICHE, 곧 '괴테의 떡갈나무'라고만 쓰여 있다. 이 나무에는 전해져 내려오는 이야기가 있다.

괴테는 젊은 시절 바이마르에 머물 때 에테르스베르크산을 찾아 숲속을 거닐면서 시를 짓고는 했다고 한다. 숲을 거닐다가 아름드리 떡갈나무 아래에서 〈나그네의 밤노래〉라는 시를 썼다거나, 그의 명저 《파우스트》 1부에 나오는 '발푸르기스의 밤' 대목을 집필했다거나 하는 이야기가 전해진다.

〈나그네의 밤노래〉는 숲속의 고요함 속에서 인생의 고달픔을 잊고자 하는 시인의 마음을 담았는데, 이후 슈베르트가 이 시를 노랫말로 가곡을 작곡하여 널리 불려졌다. '발푸르기스의 밤'은 독일에서 예로부터 4월 30일에서 5월 1일 사이에 행해지던 축제를 가리키는 말로, 설화 속에서 이 밤의 축제는 마녀들이 모여 벌이는 음탕한 의식으로 묘사된다. 괴테는 이 설화를 빌려서 파우스트가 마녀들의 축제에 참여하는 모습을 그렸다. 이 대목이《파우스트》전체의 주제를 나타내는 중요한 부분이라고 한다. 그래서 괴테가 앉았던 그 떡갈나무는 독일인들이 소중하게 여기는 명소였다. 그러나 정확히 어떤 특정한 나무가 지정된 것이 아니라 "그런 떡갈나무가 있다"는 정도의 이야기만 전해지고 있었다.

그런데 1937년에 나치 친위대가 강제 수용소를 건설하기 위해 에테르스베르크산 부지에서 너도밤나무를 벌채하던 중 커다란 떡갈나무를 발견했다. 친위대원들 사이에서는 "이 나무가 바로 그 괴테의 떡갈나무다"라는 말이 돌았고 그래서 이 나무만은 벌채를 하지 않고 남겨 두었다. 그리고 이 나무를 중심으로 한쪽에는 재소자들을 위한 식당이, 다른 쪽엔 세탁 건물이 들어섰다.

생존한 수감자들의 증언에 따르면 친위대는 재소자들 앞에서 이 나무에 얽힌 이야기를 들려주며 독일 문학의 위대함을 자랑하곤 했다고 한다. 그렇게 자랑하면서 친위대원은 수감자들의 머릿속에 독일의 위대함을 주입하고 싶었을 것이다. 그러나 아무 잘못도 없이 끌려와 고된 강제 노동에 시달리던 수감자의 처지에서는 문학적 감수성이 그토록 풍부한 작가 괴테를 낳은 독일이 왜 자신에게는 이토록 무자비한 폭력을 가하고 있는지 이해할 수 없는 노릇이었다. 더구나 친위대원들은 규칙을 위반하거나 저항하는 수감자들을 이 떡갈나무 가지에 매달아 때리고 고문했다. 그래서 생존자들의 뇌리에 남은 괴테의 떡갈나무는 그 가지에 매달린 채 고통을 당하던 기억으로 각인됐다. 그들은 괴테에게 고문을 당하는 기분이었을 것이다.

부헨발트 수용소 생존자 중 한 명인 세르비아인 작가 이반 이반지Ivan Ivanji는 당시의 상황을 회상하며 자신은 혹시 괴테라는 인물 그 자체에 폭력성이 깃들어 있는 것은 아닐까 의심했다고 토로했다. 이반지는 그 의심을 확인하기 위해서 괴테의 《파우스트》에 등장하는 여주인공 그레트헨에 얽힌 이야기를 추적했다.

그레트헨은 파우스트가 사랑에 빠진 14살 소녀이다. 일종의 금지된 사랑이다. 금지된 사랑은 비극을 몰고 오기 마련이듯, 파우스트는 그레트헨을 차지하기 위해 그레트헨의 오빠를 죽이고 그레트헨과 공모하여 소녀의 어머니마저 살해한다. 그레트헨은 파우스트와의 육체적 사랑 끝에 임신을 하게 된다. 원하지 않은 아기를 낳은 어린 소녀 그레트헨은 어쩔 줄 몰라 하다가 결국 아기를 우물에 던져 죽게 한다. 영아 살해죄로 체포된 그레트헨은 마녀로 몰린다.

중세 유럽 시대에는 처녀가 아이를 낳는 경우 살해하는 일이 흔했고, 가부장제 사회는 살인자 미혼모를 마녀로 몰아 화형에 처하는 것이 일반적이었다. 괴테는 그러한 중세의 관습을 《파우스트》에서 그레트헨을 빌어서 묘사했다. 괴테가 그 묘사를 통해서 말하고 싶었던 것은 무엇일까. 많은 평론가들이 괴테가 중세 마녀 재판의 비인간성을 고발하는 것이라고 해석했다. 미혼모의 영아 살해는 분명히 죄이지만, 거기에는 그 미혼모가 그런 선택을 할 수밖에 없었던 사회 환경과 사정이 있으므로 정상을 참작해야 한다는 근대적 인권 의식이 괴테의 내면에서 움트고 있었다는 것이다.

작가 이반지는 이와 관련해 1783년에 바이마르에서 실제로 일어났던 요한나 카타리나 횐Johanna Catharina Höhn 사건을 끄집어내 대비시킨다. 횐은 하층민 가정에서 태어나 방앗간에서 일꾼으로 일하며 살았다. 그러던 중 23살이 된 1782년에 임신을 했다. 아기의 아버지가 누구인지는 밝혀지지 않았다. 전전긍긍하던 횐은 출산 직전에 주인에게 임신 사실을 털어놓았지만 주인은 아무 조치도 취해 주지 않았다. 결국 1783년 4월, 횐은 자신의 방에서 홀로 아기를 출산했고 스스로 탯줄을 끊었다. 당시 미혼모의 사생아 출산은 불법으로 처벌 대상이었다. 전전긍긍하던 횐은 결국 칼로 아기의 목을 찔러 숨을 거두게 한 뒤 침상 매트리스로 쓰던 지푸라기 더미 속에 숨겼다. 하지만 주인에게 발각됐고 영아 살해범으로 체포됐다.

그런데 당시 바이마르 지방에서는 이미 1700년대 중반부터 영아 살해범을 처벌하는 수위를 놓고 사회적 논의가 진행되고 있었다. 이전에는 영아 살해범은 산 채로 땅에 묻거나, 나무에 묶은 채로 불에 태워 죽이는 형벌을 받았다. 하지만 이러한 형벌이 지나치게 가혹하다는 여론이 일어났고 무엇보다도 이러한 형벌이 실제로 영아 살해를 줄이는 데는 별 효과가 없다는 것이 밝혀졌다. 그래서 "영아 살해를 줄이는 가장 효과적인 방안은 무엇인가"라는 주제로 논문을 공모하기까지 했다. 이러한 사회 분위기 속에서 휜 사건이 발생한 것이다.

바로 이 지점에서 괴테가 등장한다. 당시 바이마르 지방을 다스리던 카를 아우구스트 대공은 영아 살해범에 대한 처벌을 완화해야 한다는 의식을 갖고 있는 인물이었다. 그리고 그에게 정치적 조언을 하는 추밀원 고문들 중 한 사람이 괴테였다. 아우구스트 대공은 휜을 처형하라는 강경한 여론을 막무가내로 무시할 수도 없는 터여서 추밀원 고문들에게 의견을 구했다. 아마도 처벌 완화를 생각하고 있는 자신에게 힘을 실어 달라는 뜻이 담겨 있었을 것이다. 그런데 뜻밖에도 추밀원 고문들은 휜을 처형해야 한다는 강경한 주문을 내놓았고, 거기에는 괴테의 서명도 포함되어 있었다. 결국 휜은 그해 겨울, 목이 잘리는 효수형으로 처형됐다.

여기에서 작가 이반지는 문제를 제기한다. 사실 이 문제는 1920년대 이후 독일 문단에서 뜨겁게 다루어진 논쟁이기도 하다. 《파우스트》에서 영아 살해범 그레트헨에 대해 동정 어린 시선으로 바라보는 괴테와, 현실에 존재했던 영아 살해범 요한나 카타리나 휜의 처형을 주장한 괴테 중 어느 괴테가 진정한 괴테의 모습인가.

괴테가 《파우스트》의 '발푸르기스의 밤'에서 마녀들이 축제를 즐기는 모습을 담아 노골적인 외설스러움을 묘사한 것은 괴테의 여성관을 드러낸 것이 아닐까. 즉 여성을 성적 대상으로 바라보고, 여성의 강렬한 성적 욕구를 충족시켜 주지 못하는 능력 부족의 남성성에 느끼는 열등감 속에서 여성에 대한 차별과 폭력을 옹호하는 여성 혐오

의식을 갖고 있었던 것은 아닐까. 그렇기에 성차별을 옹호하는 나치주의자들이 괴테를 좋아한 것은 아닐까.

이것은 정색을 하고 논한 학문적 비평이 아니라 그저 이반지 개인의 의심일 뿐이다. 그는 의심할 권리를 갖고 있었다. 왜냐하면 이반지는 부헨발트 수용소의 수감자로서 괴테의 떡갈나무 아래에서 나치 친위대원으로부터 귀로는 괴테 자랑을 들으며, 눈으로는 처절하게 고문당하는 동료들을 바라본 당사자이기 때문이다.

나는 이반지의 의심에 동감을 표할 생각은 없다. 하지만 독일 낭만주의 문학을 대표하는 괴테를 그토록 좋아하고 자랑스러워하는 나치 독일인들이 그와 같은 정서를 그대로 간직한 채로 강제 수용소를 만들고 그 안에서 재소자들에게 끔찍한 고문자로 행세할 수 있었다는 사실은 나에게 인간 존재에 대한 아이러니를 불러일으킨다.

괴테의 떡갈나무는 1944년 8월, 연합군의 공습으로 부러지고 불에 탔다. 그 결과 현재 모습처럼 나무 등걸만 남았다. 이러한 모습을 바라보는 감상은 양측의 인간들이 각기 달랐을 것이다. 나치 친위대원들은 이 나무가 부러진 것에서 나치 독일의 운명에 대한 불안감을 감지했을지 모른다. 독일 민족의 자부심이 꺾였으니 말이다. 그에 견주어 재소자들은 자신들을 괴롭히던 고문 도구가 사라진 것에 마음속으로 박수를 쳤을 것이다. 나치 체제의 붕괴를 너무나도 애타게 원했기 때문에 괴테의 흔적이 사라졌다는 데에 아쉬움 같은 것을 느낄 여유는 없었을 것이다.

서로 느끼는 감정은 달랐지만 변하지 않는 하나의 사실은 남았다. 전쟁이 끝나 나치는 사라졌고 수용소의 고통도 사라졌지만, 세계적 대문호로서 괴테의 지위는 조금도 상처 받지 않은 채 살아남았다.

실러의 가구

나치가 독일 민족 문화의 아이콘으로 내세운 또 한 명의 문학가는 시인이자 극작가 프리드리히 실러였다. 나치당의 이념을 선전하는 데는 오히려 괴테보다 실러를 더 내세웠다. 괴테는 문학가로서는 위대한 업적을 이루었지만, 정치인으로서는 구세대의 무능과 부패를 상징하는 귀족의 아래로 들어가 귀족을 위해 봉사했다. 그런 인물을 나치의 정치적 선전대 위에 세우는 것은 탐탁지 않았다.

이와는 달리 실러는 나치의 입맛에 딱 맞았다. 실러는 중세 질서를 무너뜨리는 혁명을 주장했으며 구체제의 속박에서 해방된 인민의 자유를 갈망했다. 그러나 정작 나치에게 중요한 것은 그런것이 아니었다. 실러는 구체제의 타파를 원했지만, 그의 나이 30대 초반에 이웃 나라에서 일어난 프랑스 대혁명을 지켜보고 나서는 고개를 가로저었다. 특히 광기에 찬 분노로 이성을 잃은 군중들이 국왕 루이 16세를 처형하는 것을 보고서는 프랑스식 인민 혁명에 실러는 완전히 등을 돌렸다.

이 무렵 실러가 쓴 희곡 작품이 《오를레앙의 처녀》이다. 15세기 프랑스가 잉글랜드와 백년 전쟁을 벌일 때 혜성처럼 나타난 잔 다르크가 곤경에 빠진 프랑스를 구했다는 이야기를 토대로 한 작품이다. 줄거리에서 알 수 있듯이 실러에게 역사를 이끄는 주체는 민중이 아니라 영웅적인 지도자였다. 히틀러의 마음에 쏙 드는 설정이었다.

실러는 당대 독일의 많은 지식인들과 마찬가지로 수백 개 영방으로 나뉘어 단일 민족 국가를 형성하지 못하고 있던 독일을 자책하며 분발을 촉구했다. 그가 원하는 국가는 "성스러운 쟁기를 보호하는 왕, 가축 떼를 보호하고 땅을 비옥하게 만드는 왕, 예속된 노예들을 자유로 이끄는 왕"이 다스려야 했다. 따라서 실러는 이후 독일에서 부흥하는 민족주의 열망의 최초 주창자라고 할 수 있다. 히틀러라는 강력한 지도자를 중심으로 유럽의 강대국으로 발돋움하겠다는 나치 당에게 실러만큼 적당한 아이콘은 없었다.

오늘날 바이마르를 방문하는 이들이 반드시 들르는 명소 중 괴테 하우스와 실러 하우스가 빠지지 않을 것이다. 두 사람이 독일의 자랑인 작품들을 생산하고 목숨을 다한 장소이기 때문이다. 두 기념관은 나치 시대에도 이미 있었다. 그런데 1939년에 나치가 2차 대전을 개시한 뒤 1940년부터 연합군 폭격기에 의한 공습을 받게 되었다. 이때 바이마르의 나치 당국은 근심거리가 생겼다. 나치가 특별히 우대하며 선전하고 있던 두 기념관이 공습으로 폭파되거나 불이 나면 큰일이었다. 나중에 부헨발트 수용소에 있던 괴테의 떡갈나무가 공습으로 부러져 나갔을 때 불행한 운명의 조짐이 아닌가 불안했듯이, 두 건물이 무너지는 것은 두려운 일이었다.

나무는 보호할 방법이 없지만 건물은 보호 조치를 취할 수 있었

SCHILLER HOUSE INTERIOR
CONTEMPORARY POSTCARD

부헨발트 수용소의 실러 가구들. 실러 생가의 가구들과 수용소 수감자들이 복제한 제품들이 섞여 있다. 기념관 전시 도록에 실린 사진이다.

다. 우선 괴테 하우스는 보호망을 씌워서 공습에 대비했다. 실러 하우스는 나치에게 격이 더 높았기 때문에 좀 더 특별한 대책을 마련했다. 건물을 폐쇄하는 것은 생각할 수 없었다. 독일 민족 문화의 아이콘인 실러 하우스는 전쟁 중에도 늘 국민들이 찾아와 자부심을 얻고 돌아가는 장소여야 했다. 그래서 공습으로 건물이 손상돼도 나중에 복원할 수 있도록 소실될 우려가 있는 내부 가구들을 다른 곳으로 옮겨 두기로 하고, 그 대신 원가구를 그대로 본뜬 복제품을 만들어 원가구가 있던 자리에 가져다두기로 한다.

이때 가구를 복제할 목공 작업장으로 선택된 곳이 부헨발트 수용소였다. 목공 작업은 수감자 중 목수 기술자들에게 시켰다. 목수 수감자들은 40여 개 나무 상자를 만들어 실러 하우스의 가구들을 실어 날랐다. 그리고 원제품과 구별이 어려울 정도로 정밀하게 복제된 가구들을 만들어 냈다. 오늘날 부헨발트 수용소 기념관에는 당시 만든 나무 상자 몇 개, 책상과 책장, 목제 오르간이 전시돼 있다.

원가구들을 옮겨 놓은 곳은 교외에 있는 특별한 건물이었는데 바로 니체 기록관의 창고였다. 니체 기록관은 나치가 니체를 기념하기 위해 특별히 마련한 시설이었다. 니체는 죽기 전 10여 년 동안 뇌종양으로 인한 심한 정신병을 앓다가 1900년 바이마르에서 사망했다. 그러나 니체는 삶 속에서나 그의 사상 속에서나 나치즘과 아무 관련이 없었다. 사상으로 말하자면 학자들은 니체가 국가주의나 민족주의에 비판적이었으므로 더욱 나치즘과는 거리가 멀다고 한다.

그럼에도 나치가 니체의 기록관을 건립해 준 것은 그의 누이동생 엘리자베스 때문이었다. 엘리자베스는 니체가 투병하는 동안 그를 보살폈고 그의 임종을 지키고 장례를 치른 인물이다. 그런데 엘리자베스는 나치주의자와 결혼했고 본인 또한 나치주의자가 되었다. 니체가 죽은 뒤 엘리자베스는 나치즘의 관점에서 니체의 '권력에의 의지'라든가 '초인' 개념이 바로 히틀러와 같은 인물을 지칭하는 것으로 해석했다. 히틀러로서는 자신의 정치 활동이 저명한 철학자로부터 이론적 근거를 획득한 셈이었으니 엘리자베스가 얼마나 고마웠겠는가. 그래서 니체가 말년에 바이마르에 거주했던 사택을 '니체 기록관'으로 조성해 주는 예우를 베풀었다. 물론 이 기록관의 전시는 니체의 사상이 나치즘과 연결돼 있다는 것을 강조했다. 히틀러가 직접 이 기록관을 방문하여 엘리자베스에게 감사를 표하기도 했다.

2차 대전이 끝난 뒤 독일이 동서로 분단되면서 바이마르는 동독 영역에 속하게 되었다. 동독 정부는 나치 청산 작업을 진행하면서 니체 기록관을 해체시켰다. 그뿐만 아니라 니체의 서적을 금서로 지정해 일반인들이 읽지 못하도록 조치했다. 당시 동독 정부는 실제로 니체 사상이 나치즘과 연결된다고 믿었던 것이다. 독일이 통일된 이후 이 기록관은 다시 부활되어서 방문자를 받고 있다. 죽은 니체가 억울하게 나치즘의 누명을 썼다고나 할까.

아무튼 니체 기록관은 교외에 있어 공습으로부터 안전했고 또한 나치당으로서는 믿을 수 있는 기관이었기 때문에 그곳에 실러의 가구를 보관했다. 전쟁이 끝난 뒤 동독 정부가 이 기록관을 해체하면서 실러의 가구는 바이마르 시청 창고로 옮겨졌고 이후 수십 년 동안 사람들에게서 잊혔다. 바이마르의 실러 하우스를 찾는 이들은 그곳의 가구가 실제 실러가 사용했던 것으로만 알았다.

독일이 통일되고 한참 지난 1990년대 말에 실러 하우스에서 열린 전시에서 비로소 가구에 눈길이 쏠렸다. 실러 하우스의 가구들은 부헨발트 수용소 수감자들의 강제 노동에 의해 제작된 모조품이라는 것이 밝혀졌고, 바이마르시는 이 모조품 가구들을 그것이 만들어졌던 현장인 부헨발트 수용소에 기증하기로 결정했다. 그 덕분에 오늘날 우리는 부헨발트 수용소 기념관에 전시된 실러 가구 모조품들을 만날 수 있다.

탐방자들은 이 가구들에서 실러를 느끼기보다는 아마도 이곳에서 목숨을 잃었을지도 모르는 수용소 희생자들을 기억할 것이다. 나는 여기에서도 역사의 아이러니를 실감했다. 실러는 괴테와 함께 독일이 자랑하는 문인이자, 독일이라는 국민 국가를 창설하는 철학적 기초를 놓아 준 사상가이다. 하지만 실러는 타민족을 침략하고 민족 내부에 이견을 가진 자들을 배척하는 국가를 상상한 적이 없다. 나치가 그를 독일 민족의 영웅으로 숭배한 데에 실러의 책임은 없다.

하지만 나치는 실러의 이름 아래 수용소를 건설했고 수감자들에게 실러의 가구를 복제하도록 노동을 시켰다. 아마도 그들 중 일부는 가스실에서 죽음을 당했을 것이다. 죽어 가면서 수감자들은 실러에게 어떤 감정을 가졌을까. 자신들이 남긴 가구를 보는 이들이 그것에서 실러를 느끼기 이전에 자신들을 기억해 주기를 바라지는 않았을까. 오늘날 그 기대는 이루어졌다. 그렇다면 실러는 자신의 가구가 이런 식으로 기억되는 상황을 받아들일 수 있을까. 나치가 초래한 역사의 아이러니이다.

방관자 또는 동조자로서의 시민

바이마르와 부헨발트 수용소 사이의 아이러니는 전쟁이 끝난 뒤에도 연출되었다. 1945년 4월 11일 미군이 부헨발트 수용소에 도착했다. 나치가 운영한 강제 수용소에 연합군이 최초로 진입한 순간이었다. 당시 나치 친위대는 이미 도주했고 수감자 2만 1천 명이 수용소를 접수한 상태였다.

수용소의 상황은 참담했다. 1945년 한 해에만 이 수용소에서 1만 5천 명이 사망했고, 나치 친위대가 수용소를 비우기 위해 '죽음의 행진'을 감행하면서 죽은 사람의 숫자는 아무도 알 수 없었다. 남아 있는 수감자들의 건강 상태도 아주 나빠서 해방된 직후에도 4백여 명이 죽어 나갔다.

미군 사령관 패튼 장군은 처참한 광경을 보고 충격을 받았다. 막사의 침상에 누워 있는 수감자들은 일어날 기운조차 없었다. 처음 미군 병사가 막사에 등장했을 때 수감자들이 몰려들어 해방군을 환영한다면서 그 병사를 그들의 어깨 위로 들어올려 헹가래를 치려고 했지만 그들에게는 그럴 힘도 없었다. 막사 뒤편 소각장에는 아직 소각하지 못하고 남겨진 시체들이 짐짝처럼 차곡차곡 쌓여 있었다.

패튼 장군은 이러한 만행에 독일인들이 책임감을 느껴야 한다고 생각했다. 그래서 4월 16일 바이마르시의 중류층 남녀 1천 명을 모아서 부헨발트로 데려와 구경을 시켰다. 참상을 목격한 바이마르 시민들은 모두 얼굴이 어두워지고 굳어졌다. 그러나 시민들은 이곳에서 이러한 일이 벌어지고 있다는 사실을 알고 있었느냐는 질문에 대해 한결같이 "나는 몰랐다"고 대답했다. 그들이 막사에 들어갔을 때 침상에 누워 있던 수감자가 발을 감싸고 있는 천을 풀어서 보여 주었다. 발가락들이 모두 썩어 문드러지고 뼈가 드러나 있었다. 바이마르 시민들은 차마 볼 수 없어 고개를 돌리면서도 "우리는 모르고 있었다"며 책임을 회피했다.

그들은 정말 모르고 있었을까? 그럴 수 없었다. 부헨발트 수용소는 바이마르시 재개발 공사를 위해 만들어졌고, 시내 곳곳에서 이들이 강제 노동을 하는 것을 시민들이 지켜보았다. 어떤 생존자는 부인하는 그들에게 자신이 시내에서 일하며 만난 시민들에게 자신의 처지를 호소하며 도움을 요청한 적이 여러 번인데 어떻게 모를 수 있느냐며 항변했다. 그러나 바이마르 시민들은 생존자들에게서 얼굴을 돌렸다. 그들이 정말 몰랐다고 한다면 그것은 집단 폭력의 광기가 사회를 지배하는 가운데, 아무 죄의식 없이 그 폭력에 동조했기 때문일 것이다. 이른바 악의 평범성이자 이 또한 역사의 아이러니이다.

해방된 강제 수용소 생존자들은 시민들의 자각이 필요하다고 생각했다. 그래서 부헨발트 수용소 견학팀을 조직해서 시민들을 이곳으로 데려왔다. 한 생존자가 남긴 글이 당시 상황을 전한다.

4월 어느 맑은 봄날, 따듯한 햇볕이 내리쬐는 오후에 견학팀을 이끌고 정문을 들어선 생존자는 순간 당혹감에 휩싸였다. 누더기 같은 죄수복을 입은 재소자들로 북적이던 연병장에는 단 한 사람도 보이지 않고 적막감만 감돌았다. 이제는 텅 비어 있는 막사 지붕들 위로는 따듯한 햇살이 정겨울 정도로 내려앉고 있었다. 너무나도 평화로운 정경이었다. 때마침 견학 온 바이마르 시민들 중 한 명이 "이 정도면 나쁘지 않았을 것 같은데"라고 말하는 것이 들렸다. 생존자는 절망했다. 도대체 어떤 방법으로 자신이 겪었던 참혹함을 설명해 낼 수 있을지 막막했다고 썼다.

생존자들은 그저 수용소에서 해방된 것에 만족해서는 안 되고 무언가 행동을 해야 한다고 생각했다. 가만히 있는다면 수용소에서 벌어진 만행은 점차 잊힐 것이고 나치의 악몽은 다시 현실이 될 수도 있을 것이었다. 생존자들 중 투쟁적인 사회주의자들을 중심으로 '부헨발트 인민전선위원회'가 구성되었다. 단순히 나치가 수용소에서 저지른 만행을 알리는 데서 그치지 않고 생존자들이 앞장서서 민주주의를 수호하는 운동을 벌여 나가겠다는 목표를 세웠다. 그들은 자신들의 의지를 모아 성명서를 작성했는데 그 제목은 〈부헨발트의 맹서〉였다. 1945년 4월 19일 부헨발트 수용소 정문 앞 광장에 생존자 2만여 명이 모여 희생자들에 대한 추도식을 열고 그 자리에서 〈부헨발트의 맹서〉를 낭독했다. 그 마지막 대목은 다음과 같았다.

투쟁은 아직 끝나지 않았다. 히틀러의 깃발은 여전히 나부끼고 있고, 우리 동지들을 살인한 자들은 아직 살아 있다! 새디스트 고문자들은 여전히 거리를 활보하고 있다. 이런 까닭에 우리는 우중충한 파시즘 건물 앞 이 광장에서 전 세계를 향해 맹서한다. 우리는 마지막 죄인이 인민의 법정 앞에 설 때까지 우리의 투쟁을 멈추지 않을 것이다. 나치즘은 물론 그 뿌리까지 소멸시키는 것이 우리의 지침이다. 평화와 자유의 새 세계를 재건하는 것이 우리의 유일한 목표이다. 그것이 살해당한 우리 동지와 그 가족들에 대한 우리의 임무이다.

이날 광장에 집결한 생존자 대열의 맨 앞 단상에는 사각뿔 모양의 나무 탑이 세워졌다. 부헨발트 희생자를 위한 추모비를 임시로 만든 것이었다. 탑 정면에는 'K.L.B'라는 글자와 그 밑에 51,000이라는 숫자가 새겨졌다. 부헨발트 강제 수용소의 독일어 약자와 이곳에서 목숨을 잃은 희생자의 숫자를 뜻했다.

분단 속의 부헨발트

생존자들의 결의는 강했지만 부헨발트 부지의 운명은 그 뒤 우여곡절을 겪게 된다. 바이마르와 부헨발트 점령군은 미군에서 소련군으로 바뀌었고 소련군은 부헨발트 수용소를 자신들의 특별 수용소로 사용했다. 1949년 소련군이 철수하면서 이후 들어설 동독 정부에게 이곳에 나치의 만행을 알리는 박물관을 세울 것을 권유한다. 그러나 동독 정부의 생각은 달랐다. 부헨발트 수용소의 핵심은 희생자들이 머물던 숙소 건물이나 담장 같은 것이 아니었다. 수감자들의 동지애, 죽음을 무릅쓴 투쟁, 승리에 대한 확신 같은 것이야말로 부헨발트가 기념해야 할 핵심이었다. 이런 관점에서 이곳에 수감되었다가 1944년에 처형당한 독일 공산당 지도자 에른스트 텔만을 기리는 장소가 되어야 마땅하다고 생각했다.

이러한 결의에 따라 수용소의 수감자 막사 대부분은 철거됐다. 남긴 것은 텔만이 처형당한 후 불태워진 소각장 건물, 수용소 입구 시계탑 건물, 그리고 동쪽과 서쪽의 감시탑 2개 정도였다. 넓은 수감자 숙소와 시설들은 철거되어 절반은 녹지로 조성하고 절반은 방치했다. 상상해 보면 위대한 공산당 지도자 텔만을 기념하기에는 너무 초라한 공간이었을 것이다.

동독 공산주의자들에게는 무언가 웅장한 기념물이 필요했다. 그래서 1954년에 수용소 터 옆에 대규모의 '국립 부헨발트 기념관'을 새로 조성하기로 결정한다. 나치는 부헨발트 수용소를 에테르스베르크 산 너머 시내에서 보이지 않는 북쪽 기슭에 조성했다. 새 기념관은 반대로 시내에서 보이는 남쪽 기슭에 조성했다. 바이마르 시민들이 멀리에서도 볼 수 있도록. 이 공사는 1958년에 준공되어 일반인에게 공개되었다. 이 기념관은 기존의 부헨발트 수용소 부지와 결합하여 일종의 국립 공원이 되었다.

서독에서는 나치 과거사 청산에 관한 논의가 1948년 무렵 뉘른베르크 재판이 종결되고 결국 나치 청산 자체가 실패로 돌아간 이후 20여 년 동안 거의 금기 사항이 되어 버렸다. 1968년 학생운동에 의해 그 금기가 깨어지고 과거사 청산의 관점에서 강제 수용소 기념관을 건립하기 시작한 것은 1980년대에 이르러서였다.

동독의 나치 과거 청산은 서독과는 사뭇 달랐다. 사회주의 국가인 동독은 자본주의 세계에 적대적 자세를 취했다. 마르크스·레닌주의에 따르면 파시즘은 자본주의가 발전하는 과정에서 도달하는 자본주의의 한 변형이었다. 따라서 동독이 적대하고 있던 자본주의 서독은 나치 파시즘 체제와 본질적으로 다르지 않은 체제였다. 따라서 동독은 자국민은 물론 세계 노동 계급을 향해 서독을 비롯한 서방 자본주의 국가들을 대상으로 한 '반파쇼 투쟁'을 전개할 것을 일관되게 주장했다. 국립 부헨발트 기념관은 이러한 반파쇼 투쟁의 일환으로 추진된 것이다. 곧 이 기념관의 초점은 나치 과거사의 청산에 있는 것이 아니라 현실 자본주의 세계에 대한 투쟁을 고취하는 데 있었다.

이 국립 공원은 동독이 붕괴한 다음에도 그대로 보존되어 오늘날도 탐방할 수 있다. 동독이 이곳을 조성할 당시에 설정한 기념관 탐방 코스는 이렇다.

탐방의 출발점은 부헨발트 수용소 시체 소각실이다. 동독은 탐방자에게 이곳에서 공산주의 지도자 텔만의 죽음을 애도할 것을 요구했겠지만, 오늘날 우리는 그저 이름 없이 죽어 간 수많은 희생자를 기억한다. 이어서 탐방로는 수용소 건물터로 향한다. 죽은 이들이 살아서 생활하던 현장이다. 수용소를 나오면 길은 에테르스베르크산의 산마루를 넘어 남쪽 기슭 아래로 이어진다. 완만한 계단을 내려가면 멀리 바이마르 시가지를 바라보면서 희생자 묘역을 지나게 된다. 희생자 묘역은 큰 원 모양의 공동묘지로 세 개가 조성돼 있다.

세 묘역을 지나면 다시 돌아서 오르는 계단이 나오는데 그 계단 끝에 거대한 사각기둥 모양의 탑이 서 있다. 1945년 4월 19일 부헨발트인민전선이 〈부헨발트의 맹서〉를 낭독하던 곳에 서 있던 나무탑을 기본형으로 해서 거대하게 돌로 쌓아 세운 것이다. 명칭은 희생자와 그들의 투쟁, 그리고 승리를 상징하는 '자유의 탑'이다. 이 탑은 바이마르 시내 어디에서나 보일 정도로 높고 크다. 동독 시대에 이곳에서는 매년 4월 11일 해방일에 생존자를 비롯해 많은 시민들이 참석한 가운데 성대한 기념식이 열렸다.

이 기념관 공원은 여러 가지 면에서 1980년대 이후 서독에서 조성한 강제 수용소 기념관들과는 다른 면모를 갖고 있다. 무엇보다도 서독의 수용소 기념관은 경관을 변경시키는 건물 신축은 최소한도로 자제하며 기념관 조성 당시의 모습 그대로를 보존하고 있다. 기본 콘셉트를 '기억'에 두었기 때문이다. 반면에 동독이 조성한 기념관은 공산주의 이념과는 어울리지 않게 '인민'보다는 '영웅'에 초점을 두고 있다. 그래서 수용소 건물과 경관에 대한 보존이라는 관점은 부족하고 거대한 기념물을 새로 조성하여 그 웅장함 앞에서 '인민'의 머리를 인위적으로 숙이게 하고 있다. 나는 동독 체제의 실패 원인 중 하나는 바로 이러한 공산당식 문화의 저급함에서 비롯됐다고 본다.

독일 통일과 부헨발트

1990년 동독이 붕괴되어 서독에 흡수 통합된 사건은 이곳 부헨발트 기념관에도 영향을 미쳤다. 통일 독일은 동독 방식의 기념관을 철거하고 서독 방식으로 개조하려고 했을까? 그렇지 않았다. 대부분의 시설과 경관을 그대로 보존한 채로 공산주의 운동을 이끈 영웅들에게 맞추어져 있던 초점을 수감자 인민에게로 옮겼을 뿐이다.

수용소에 있던 수감자 막사들은 모두 철거되었으므로 그 자리에

터가 있던 표시만 해 놓았다. 그리고 부지의 끄트머리에 남아 있는 3층짜리 창고 건물에 전시관을 조성했다. 이 전시관은 2016년에 문을 열었는데 생존자, 역사학자, 박물관 학자, 역사 교육자들이 모여 머리를 맞대고 논의한 결과 탄생한 것이라고 한다.

전시관에 들어가면 하얀 벽면에 〈부헨발트 : 배제와 폭력 1937-1945〉라고 쓰인 영구 전시 명칭을 만난다. 나는 '배제와 폭력'이라는 개념이 나치라는 특정 시대의 특정 정치 세력에만 한정되는 용어가 아니라는 점에서 약간 생소하면서도 설계자의 어떤 의도를 감지할 수 있었다. 물론 여기에서 말하는 '배제'는 나치가 아리안 민족의 우월성을 강조하면서 타민족과 아리안 민족의 순수성에 방해가 되는 이들을 배척한 역사를 가리키는 것이고, '폭력'은 그러한 배척의 과정에서 행사된 야만적인 학살을 뜻하는 것이다. 나중에 자료를 통해 알게 됐는데, '배제와 폭력'이라는 일반화된 개념으로 표현한 것은 이 전시가 과거를 박제화하는 것을 경계하며 미래로 나아가고자 하는 의지를 담은 것이었다.

부헨발트 기념관 재단의 대표인 폴크하르트 크니게Volkhard Knigge에 의하면 전시의 콘셉트는 '과거와 결별하고 미래로 나아가는 것'이라고 한다. 물론 과거와 결별한다는 것이 과거를 덮고 잊자는 것은 아니고 나치 과거사에 대한 기억에 생명력을 불어넣어 미래 세대에게 전달하자는 것이다. 그의 주장 중 인상 깊은 대목은 이곳의 전시가 관람자들에게 전달하고자 하는 것은 '무엇을 할 것인가'보다는 '무엇을 하지 않아야 하는가'에 있다는 부분이다. 하지 않아야 할 덕목의 핵심이 바로 '배제와 폭력'이다.

과거의 박제화에 대한 경계심은 사실 기념관 1층에 들어서면서 물리적으로 실감할 수 있다. 천정에서 바닥을 향해 비정형의 벽체와 같은 구조물이 비스듬하게 설치돼 있다. 건물 설계도를 보면 3층에서 1층까지 사선으로 관통한 벽체 구조물이다. 이 구조물에 의해 각 층의 공간은 부자연스럽게 분할되어 있다. 이 부자연스러움은 강제 수용소를 찾는 이들이 이곳에서 벌어졌던 참상에 공감하도록 하기 위한 물리적 장치이다. 그리고 과거의 공간과 미래의 공간을 구분하는 개념적 분할이기도 하다.

전시 공간은 크게 세 부분으로 나뉘어 있다.

첫 번째는 생존자와 가해자의 증언, 유물, 사진, 문서 자료 들을 활용해 부헨발트 수용소의 역사를 다루고 있다. 수용소 역사는 이곳만의 고립된 연대기를 다루지 않는다. 당시 독일 사회 전체의 맥락 속에서 수용소를 이해하도록 신경을 쓰고 있다. 수용소가 당대 독일인들의 일상생활과 무관한 특별한 장소가 아니라 나치 체제를 지탱하는 중요한 한 기관이었으며, 독일인들 또한 그것을 용인하고 지지했다는 사실을 강조한다. 나에게 인상 깊었던 것은 1945년 종전 이후 이 수용소가 어떻게 변모해 왔는가도 전시의 대상이라는 점이었다. 이를 통해 독일의 오늘날과 같은 과거사 청산과 반성의 문화가 지난한 과정을 통해 쟁취되었다는 것을 볼 수 있었다.

두 번째는 80명 이상의 수감자들에 대한 일대기로 꾸며져 있다. 수용소에 수감되었던 이들의 삶과 죽음에 관한 이야기이다. 이 이야기를 통해 수용소가 어떤 방식으로 운영되었으며 수감자들이 어떻게 죽어 갔는지 들려준다.

세 번째는 수감자들의 소지품 유물들이다. 이 유물들을 통해 수감자들이 일상생활을 어떻게 이어 나갔는지 알 수 있다. 어떤 옷을 입었으며, 영양 상태는 얼마나 열악했는지, 살아남기 위해 스스로 어떤 노력을 했는지 유물들이 생생하게 전달하고 있다.

독일의 홀로코스트 연구자와 교육자들이 한결같이 고민하고 있는 주제는 미래 세대를 위한 교육이라고 한다. 독일에서 나치 과거사가 종료된 지 이미 80년에 이르고 있다. 요즘 태어난 세대는 그들 자신은 물론 그들의 부모조차도 나치 시대에 관해 잘 알지 못한다. 그들 중 일부는 이른바 역사 수정주의자들이 펼치는, 나치 시대에 홀로코스트는 없었다는 주장에 현혹되기도 한다. 그러한 그들에게 나치 시대에 일어났던 참혹한 일들을 어떻게 설명하고 이해시킬 것인가는 점점 더 어려운 문제가 되고 있다는 것이다.

미래 세대를 위한 전시

나는 이 점에서 과거를 '박제화'시키는 것과 과거를 '재생'시키는 것의 차이를 구별해야 한다고 생각한다. 내가 서대문형무소역사관과 앞으로 남영동 대공분실에 조성될 기념관의 전시를 두고 전문가들과 논의할 때 자주 듣게 되는 말 중에, 과거의 장소를 보존하고 과거에 있었던 일을 설명하는 것을 곧 과거사의 박제화로 규정하고 그런 방식은 미래 세대에게 설득력이 없다는 의견이 있다. 그런 이들은 과거사를 있는 그대로 보여 주기보다는 예술적으로 승화된 형태의 전시를 선호한다.

예를 들어 남영동에 들어설 기념관의 전시 연구 프로젝트에서 제안된 한 사례를 보자. 남영동 대공분실 건물 5층에는 연행자들에게 고문이 행해졌던 15개 조사실이 있다. 조사실이 복도 양 옆으로 줄지어 있는 구조이다. 연행자들은 눈이 가려진 채 이곳에 끌려와서 어느 한 방에 들어가서야 비로소 가리개를 풀고 자신이 도와줄 사람 없는 독방에 갇힌 것을 깨닫는다. 그리고 보통 수십 일에 걸친 모진 고문을 받고 만신창이가 되어 구치소로 이감될 때 처음으로 복도로 나와 이곳이 어떤 구조인지 알게 된다.

그리 밝지 않은 차가운 형광등 불빛 아래 양옆으로 짙은 색 철문들이 늘어선 복도를 본다. 그 당시 연행자가 느꼈던 공포와 절망의 감정을 오늘날 이곳을 찾는 이들에게 어떻게 전달할 것인가는 어려운 문제이다. 연구 프로젝트에서는 복도의 조명을 완전히 제거하고 외부의 빛도 차단한 암실 같은 분위기를 연출할 것을 제안했다. 그러나 문제는 그렇게 연출된 공간은 과거의 사실과 다르다는 점이다. 고문 현장을 방문하는 것이 공포 영화를 관람하는 것과는 전혀 다른 차원이라는 것을 제안자는 이해하지 못한 것은 아닐까.

고문이나 학살과 같은 참혹한 과거사를 알지 못하는 미래 세대에게 그러한 과거사를 교육할 때 가장 중요한 것은 사실 그 자체를 잘 설명하는 것이다. 이때 '사실'은 현장의 구체적인 사실만이어서는 부족하다. 그러한 국가폭력이 행사될 수 있었던 사회적, 정치적 맥락이야말로 관람자가 반드시 알아야 할 중요한 사실이다. 이렇게 전체적인 맥락을 이해할 때 피해자가 느꼈을 공포감과 절망감에 더욱 공감할 수 있게 될 것이다. 요컨대 미래 세대에게 과거사를 다루는 어떤 전시를 기획할 때 우리가 가장 우선순위에 두어야 할 것은 있었던 사실 그 자체와, 그 사실을 둘러싸고 있는 시대 상황을 충분히 설득력 있게 설명해 줄 수 있어야 한다는 점이다.

예술적으로 승화된 전시도 필요하겠지만 그것은 사실 전달 다음의 일이라고 생각한다. 2019년 6월에서 9월까지 여러 명의 젊은 예술가들이 남영동 대공분실 건물에서 〈잠금해제〉라는 제목으로 전시회를 열었다. 그 가운데 한 작품은 5층 조사실의 가늘고 긴 창문에 붉은색 테이프를 붙여 놓았다. 수사 기관이 저항운동가들을 붙잡아 와서 이들 조사실에서 고문을 통해 빨갱이로 조작했다는 것을 은유적으로 표현한 것으로 보였다.

1970년대와 80년대에 우리 사회에서 '빨갱이', 곧 공산주의자 낙인이 찍힌다는 것은 사실상 사회로부터의 추방을 의미했다. 장기간의 투옥에서 풀려나도 '신원 조회'에 의해 취업길이 막히고 늘 공안기관에 의해 '보호관찰'을 받아야 한다. 주변 사람들은 물론 가족까지도 연좌제의 두려움 속에서 그를 기피한다. 결혼한 사람들의 경우 대부분 이혼을 당해 가정마저 파탄 난다. 나치가 반대자들을 강제 수용소의 가스실에서 죽여 없앴다면, 우리나라 독재 정권은 반대자들을

〈잠금해제〉 전시회 가운데 진달래&박우혁의 작품인 '적색 사각형틀'. 사진에서는 잘 보이지 않지만 5층 조사실의 좁은 창문 유리창에 붉은색 테이프를 붙여 감각적으로 '빨갱이' 조작을 은유한 작품이다.

사회 속에서 서서히 말라 죽게 만들었다고 할 수 있다. 이러한 처절한 삶의 파괴를 단지 창문에 붙인 빨간색 테이프의 은유를 통해 얼마나 공감을 얻어 낼 수 있을까. 다른 어떤 설명 장치를 더 고민해야 하지 않았을까. 그저 색깔로서의 빨간색이 21세기에 태어난 세대에게 어떤 의미를 전달할 것인지 나는 의심스러웠다.

이 점에서 우리가 독일의 기념관에서 배울 최소한의 지침들이 있다. 우선 과거사의 현장은 가능한 한 현재의 상태로 보존해야 하며, 현장의 경관과 아우라를 깨뜨리는 인위적인 변형을 가해서는 안 된다는 것이다. 전시에서도 예술적인 변형과 같은 행위는 자제하는 것이 좋다. 오히려 그곳에서 있었던 일들을 '잘' 설명해야 한다. 여기서 '잘'은 한 글자이지만 거기에 이루 말할 수 없는 수고와 노력이 들어 있다고 할 것이다.

8
함부르크와 노이엔가메 수용소 기념관

항구 도시 함부르크

독일에서 함부르크는 특별한 도시이다. 우리나라는 삼면이 바다이고 북쪽만 육지에 접해 있지만, 독일은 반대로 삼면이 육지이고 북쪽만 바다에 접해 있다. 그 북해안에서 가장 큰 항구 도시가 함부르크이다. 독일이 바다를 통해 외부 세계로 나아갈 때 관문 역할을 하는 곳이다. 18세기 중반부터 이 도시에서 배를 타고 미국으로 이주한 이들이 많았는데, 그들이 미국에 전한 함부르크 음식이 뒤에 '함부르크 사람'을 영어식으로 발음한 '햄버거'가 됐다는 이야기가 전한다. 하지만 확실한 근거가 있는 이야기는 아니다.

오히려 함부르크에서 즐길 수 있는 음식은 해산물 요리이다. 독일에서 유일하게 바닷가에 위치한 대도시이기 때문에 함부르크를 찾는 독일 사람들은 꼭 해산물 요리를 맛보고 싶어 한다. 부둣가에 가면 다른 지방에서는 볼 수 없는 수산물 시장이 있고 부근에는 오랜 전통을 자랑하는 해산물 전문 레스토랑이 있다.

　나는 이곳을 방문하기 전에 인터넷에서 고등어 샌드위치가 이곳의 특산물이라며 반드시 맛을 보라고 권하는 글을 읽었다. 그래서 부둣가 간이식당에서 주문해서 먹어 보았는데, 기대와는 달리 맛이 별로였다. 날로 발효시킨 고등어를 샌드위치 빵 사이에 끼우고 약간의 소스를 곁들여서 나오는데 생선 비린내와 빵이 어우러진 음식은 어느 외국에 가서든 현지 음식을 잘 먹는 편인 나에게도 먹기가 고역이었다. 다음에 다시 함부르크를 방문했을 때는 해산물 전문 레스토랑에서 다양한 해산물 요리를 맛보았는데 그제서야 함부르크의 별미를 맛볼 수 있었다.

　함부르크 항구의 풍경은 우리나라의 부산과 비슷하다. 엄청난 규모의 배와 컨테이너들, 그리고 거대한 크레인이 항구에 줄지어 있다. 해안에서 운행하는 유람선을 타고 있던 때의 일이다. 가이드가 영어로 설명하는 중에 언뜻 낯익은 말이 들렸는데, '부산'이라는 단어였다. 함부르크가 자매결연을 맺고 있는 세계의 항구 도시 중에 부산도 들어 있었다.

　항구에서 유람선을 타는 이유 가운데 하나는 바닷가에 세워진 아주 유명한 건축물을 보기 위해서이다. 엘프 필하모니이다. 함부르크 바닷가에는 오래전부터 무역과 관련된 업무를 해 오던 붉은색 벽돌 건물들이 있는데, 엘프 필하모니는 그중 한 건물 위에 증축한 오케스트라 공연장이다. 그래서 건물 높이가 꽤 높다.

　건물의 색은 푸른빛을 띠고 있는데 바다색 같기도 하고 하늘색

함부르크 엘프 필하모니. 항구의 기존 건물 위에 하늘과 맞닿은 독특한 윤곽선을 형성한 오케스트라 공연장을 지었고 함부르크의 상징 표지가 되었다.

같기도 하다. 건물의 백미는 하늘과 맞닿은 위 끝선이다. 마치 파도가 치는 모양을 표현한 것 같기도 하고 지휘자가 연주 중 지휘봉을 휘젓는 모양 같기도 하다. 아마도 그 둘 모두를 동시에 표현했을 것 같다. 이 건물은 2017년에 완공되어 비로소 모습을 드러냈으니 세계에는 아직 이 멋진 건축 예술품을 못 본 이들이 많을 것이다. 이곳을 방문하는 사람들을 위해 공연을 감상하지 않더라도 입장료를 받고 둘러볼 수 있도록 하고 있다. 전망대에 올라가면 함부르크 항구 일대를 시원하게 조망할 수 있다.

함부르크는 일찍부터 항구라는 이점을 활용해 큰 도시로 성장했다. 중세 시대에 북독일 해안의 도시들은 북해에서 발트해로 이어지는 해상 교역로를 장악하고 많은 부를 축적했다. 특히 함부르크는 엘베강 하구에 자리하고 있어서 해상 교역로를 엘베 강 운하를 통해 내륙으로 연결하는 무역 거점이 되었다. 이 엘베강 운하에 자리 잡은 도시들이 신성 로마 제국의 수도이기도 했던 마그데부르크, 독일의 피렌체로 불리기도 했던 문화의 도시 드레스덴, 그리고 체코의 수도 프라하 들이다.

함부르크가 무역 도시로서 막강한 재력을 갖게 되자 당시 독일을 통치하던 신성 로마 제국 왕실은 이 도시를 무시할 수 없었다. 그래서 함부르크를 직접 통치로부터 자유로운 자치 도시로 인정해 주고 세금도 면제해 주었다. 자치권을 획득한 함부르크는 교역 거점으로 부를 축적한 이웃 해안 도시들과 연합해 14세기 초 '한자Hansa 동맹'을 결성한다. 한자 동맹은 하나의 국가와 같은 규율을 갖춘 조직체는 아니었지만, 각자 자치권을 유지하면서 상호간에 관세를 면제하고 무역 업무를 분담하는 협의체였다.

이 한자 동맹 도시들에 의해 북유럽의 목재, 모피, 해산물 들이 유럽 내륙으로 전해지고 반대로 내륙의 곡류와 맥주 같은 것이 북유럽으로 운반됐다. 또 동유럽의 철과 석탄 같은 광산물이 서유럽의 수공업 지대로 공급되기도 했다. 무엇보다도 오리엔트를 통해 수입된 향신료는 중요한 무역 물품이었다. 또 영국의 양모가 이들에 의해 이탈리아로 전해져 이탈리아 모직물 산업을 일으키기도 했다. 함부르크는 한자 동맹을 통해 성장한 대표적인 도시이다. 그래서 오늘날도 함부르크의 정식 명칭은 '함부르크 한자 자유시'이다. 1871년 독일 최초의 국민 국가 독일 제국이 성립될 때까지 함부르크는 자치 도시의 지위를 유지했다.

유럽의 도시들에는 반드시 유서 깊은 교회 건물이 있는데, 함부르크에서는 세인트 니콜라스 교회가 유명하다. 12세기에 처음 건설된 뒤 여러 차례에 걸쳐 중건되었는데, 중건을 거듭하면서 첨탑의 높이가 점점 더 높아졌다. 1874년 중건될 당시의 첨탑 높이는 147미터인데 당시 기준으로는 세계에서 가장 높은 건축물이었다고 한다. 이집트의 기자 피라미드와 거의 같은 높이이다. 그러나 이 교회가 인상적인 까닭은 높이보다도 색깔 때문이다. 높이 솟은 첨탑이 불에 그을려 새까맣다. 2차 대전 때 연합군의 공습으로 불타고 파괴된 모습을 그대로 남겨 둔 것이다.

독일의 도시들에는 이렇게 2차 대전 때 부서진 교회들을 그대로 보존하여 기념관으로 삼은 곳이 몇 곳 있다. 대표적인 곳이 수도 베를린에 있는 카이저 빌헬름 교회이다. 1871년 수립된 독일 제국의 초대 황제 빌헬름 1세를 기념하여 지은 교회인데 1943년에 연합군의 공습으로 교회 본당이 파괴되고 첨탑의 상부가 부서졌다. 부서진 첨탑 모습 그대로 현재 2차 대전의 참상을 알리는 기념관으로 보존되고 있다. 부서진 첨탑 바로 한쪽 옆에는 새로 건축한 교회가, 다른 편에는 새로 세운 탑이 자리 잡고 있다. 신축한 교회 건물은 정팔각형 모양이며 8면이 모두 푸른색 색유리로 되어 있어 내부에 들어가면 푸른빛에 휩싸여 신비로운 감상에 젖게 된다.

세인트 니콜라스 교회(위 왼쪽). 제2차 대전 때 새까맣게
불탄 첨탑을 그대로 남겨 두었다.
베를린에 있는 카이저 빌헬름 교회(위 오른쪽).
드레스덴 왕실 교회(아래). 폭격으로 불타 검게 된 구조물
을 그대로 두었다.
세 도시의 교회 모두 전쟁의 상처를 그대로 보존하여 기
억 문화의 한 양식을 보여 주고 있다.

드레스덴시의 왕궁 옆에 있는 왕실 성당도 비슷한 경우이다. 이 성당은 1945년의 폭격으로 일부가 파손되었고, 전후 복원 사업을 벌여 대부분의 기능을 회복했다. 그러나 복원 공사를 할 때 불에 타 검게 된 원래 구조물은 그대로 두었기 때문에 역시 외관은 시커먼 색깔을 띠고 있다. 어떤 이들에게는 이 모습이 무언가 부자연스럽고 불편하게 느껴질지도 모르겠지만, 이것이 독일인들이 2차 대전을 기억하는 방식 중 하나이다.

게슈타포 본부 건물

나는 함부르크를 방문해서 대표적인 명소를 둘러보기는 했지만 그런 일반적인 관광을 하려고 거기에 간 것은 아니었다. 함부르크 교외에 있는 노이엔가메 강제 수용소 기념관을 탐방하기 위해서였다. 그런데 내가 함부르크를 찾은 2016년과 2018년에 뜻하지 않게도 함부르크에서 나치의 흔적을 보존하는 문제와 관련해서 논쟁이 벌어지고 있다는 사실을 알게 됐다. 논쟁의 대상은 함부르크 시청사 단지 안에 있던 게슈타포 본부 건물이었다.

앞에서 히틀러가 사랑한 도시로 뮌헨, 뉘른베르크, 바이마르를 소개했는데, 실제로 히틀러는 특별히 애착을 두어 개발하려고 한 5개 도시들을 '지도자Führer 도시'로 명명하고 집중적인 개발을 하려고 했다. 그 다섯 도시는 히틀러가 유년 시절을 보낸 오스트리아의 린츠,

독일의 수도로 아리안 민족의 위용을 자랑할 목적으로 건설할 베를린, 나치당을 창설한 도시인 뮌헨, 나치 전당 대회 도시로 개발한 뉘른베르크, 그리고 독일 조선 산업의 수도 함부르크였다. 히틀러가 함부르크를 얼마나 중요하게 생각하고 애착을 보였는가는 2차 대전을 일으키기 전까지 히틀러가 수도 베를린 이외에 가장 많이 방문한 도시였다는 데서 알 수 있다. 함부르크 시민들은 히틀러를 열렬하게 지지하는 것으로 보답했다. 따라서 함부르크는 히틀러 반대자에게 탄압이 극심했던 지역 중 하나이며 그것을 증거하고 있는 장소가 교외에 있는 노이엔가메 강제 수용소 기념관이다.

함부르크시에서 반대자를 탄압한 중추 기관은 비밀경찰 게슈타포였다. 함부르크 시내에는 한자 자유시의 영광을 자랑하는 화려한 옛 시청사 건물이 있는데, 그 주변에 시청 별관으로 사용하던 건물로 이루어진 타운하우스Stadthaus가 있다. 운하들을 사이에 두고 총 8개 건물이 연결된 단지이고, 그 안에는 작은 광장이 4개나 있다.

이 단지 안에는 원래부터 경찰서가 있었는데 히틀러는 1933년에 집권한 뒤 기존 경찰서를 게슈타포 함부르크 본부로 변경하여 사용하기 시작했다. 게슈타포 본부는 사회주의 반체제 인사와 유대인, 집시처럼 나치가 제거하려고 한 집단들을 연행하여 고문하고 그다음 노이엔가메 수용소로 보내는 것이 정해진 차례였다.

연행자 중에는 수용소로 가기 전에 이미 조사 과정에서 당한 고문으로 목숨을 잃는 경우도 많았다고 한다. 1981년에 그들 희생자를 기려 건물 입구 앞 보도에 세 개의 '슈톨퍼슈타인Stolperstein'을 조성했다. 슈톨퍼슈타인은 보도블럭 사이에 희생자의 인적 사항을 적은 블록을 박아 놓은 것이다.

독일어 슈톨퍼슈타인을 글자 그대로 해석하면 '걸려서 비틀거리게 하는 돌', 곧 우리말로 '걸림돌'이다. 물론 진짜로 걸려서 넘어지라는 뜻은 아니고 이 돌부리에 차여 잠시 멈추고 이 돌에 새겨진 사람을 생각하자는 뜻이다. 본격적인 슈톨퍼슈타인 운동은 1992년에 예술가 군터 뎀니히 Gunter Demnig가 시작했다. 1992년 12월 16일, 나치 시대인 1942년 같은 날짜에 하인리히 히믈러가 집시들을 아우슈비츠로 이송하여 학살하라는 명령을 내린 지 50년이 되는 날을 기념하여 쾰른 시청사 앞에 첫 슈톨퍼슈타인을 만들었다. 이후 그는 나치 희생자를 조사하다가 희생자의 이웃조차 희생자가 거기에 살았다는 사실을 모르고 있는 것을 보고 충격을 받았다. 그래서 희생자가 붙잡혀 가기 전 마지막 살았던 집이나 직장 앞 보도에 그 희생자를 기리는 블록을 놓는 운동을 시작했다.

표면을 동으로 덮은 블록에는 희생자의 이름, 생년월일, 붙잡혀 간 날짜, 처형된 수용소를 새겼다. 그 뒤 많은 시민들이 동참하여 독일을 비롯 유럽 전역에 약 7만 5천 개의 슈톨퍼슈타인이 설치되었다. 독일에서는 뮌헨시만이 이 시민운동을 반대해 설치가 안 되어 있는데, 시의 공식 입장은 발로 밟아서 훼손될 우려 때문이라고 하지만 뮌헨의 보수적 정치 분위기 탓일 수도 있다.

내가 가장 많이 다닌 베를린시 거리에서는 조금만 눈을 아래로 향하면 얼마 걷지 않아서 슈톨퍼슈타인을 발견할 수 있었다. 또한 인

독일의 어느 도시에서나 발밑을 조금만
살피며 걷는다면 사진에 보이는 슈톨퍼
슈타인을 발견할 수 있다.

터넷 슈톨퍼슈타인운동 홈페이지에서도 각 슈톨퍼슈타인이 설치된
구체적 장소를 알려 주고 있다.

함부르크 게슈타포 건물 앞에서 발견한 슈톨퍼슈타인 가운데 두
개는 조선소 노동자의 것이었고 세 번째 것이 특히 눈길을 끌었다. 죄
목이 동성애자였기 때문이었다. 나치는 유독 동성애자들을 혐오했
고, 강제 수용소로 보내 그들을 절멸시키려고 했다는 것을 다시금 확
인시켜 주는 표지이다.

시청 별관 건물들은 전쟁 중 연합군의 공습으로 많이 파괴되었
는데, 종전 뒤 시정부는 유서 깊은 이 건물들을 복원하여 계속 사용하

기로 한다. 특히 단지의 상징이었던 길 모퉁이에 자리 잡은 돔 탑을 복원하고 건물들에 시정부 관련 부서들이 입주했다.

이 무렵 독일 전역에서는 뉘른베르크 전범 재판을 끝으로 사실상 과거 청산 논의가 자취를 감추었고, 그러한 사정은 함부르크에서도 마찬가지였다. 68학생운동 이후 새 세대에 의해 과거 청산 논의가 다시 일어날 때까지 나치 과거사에 대해 함부르크 시민 사회는 함구했다. 물론 게슈타포 본부 건물에도 피해 당사자들 이외에는 관심을 보이지 않았다.

함부르크에서 과거 청산 논의는 68운동의 파도가 닥치고도 한참 뒤인 1980년대에 주로 나치 피해 당사자들이 주도하여 일어났다. 이들의 1차적 관심 대상이 바로 게슈타포 본부 건물의 보존과 기념관 건립이었다. 건물 앞 보도에 슈톨퍼슈타인이 설치된 것도 이들의 노력에 의한 결과였다.

이때 피해 생존자 단체들은 이 건물이 게슈타포가 자행한 국가 폭력의 현장이라는 사실을 알리는 표지를 설치할 것을 요구했다. 이들의 요구에 사민당 소속 진보 정치인들이 화답했고 그 결과 건물 입구에 이곳을 알리는 동판을 붙여 놓게 되었다. 오늘날 건물에 들어가는 사람들 모두가 볼 수 있는 이 동판에 새겨진 문구는 이렇다.

"우리는 희생자들을 기억합니다. 나치 독재 치하 이곳 국가 비밀 경찰에서 고통당한 이들을. 많은 이들에게 이곳은 강제 수용소로 가는 고통의 여정 중 첫 관문이었습니다."

피해 생존자들의 원래 의견은 동판을 설치하는 데 그치지 않고

게슈타포 건물 입구. 왼쪽 벽면에 희생자들을 기리는 현판이 보인다. 원래 입구 위쪽 아치를 가로질러 〈BIENVENUE MOIN MOIN(안녕하세요. 환영합니다.)〉이라는 글자가 철물로 걸려 있었으나 철거되었다.

건물 지하에 있던 수감 시설을 포함해 게슈타포 관련 시설들을 보존하여 대규모 기념관을 설립하라는 것이었다. 그곳 지하 감방은 많은 이들이 고문을 당했고 죽기도 했던 장소였으니 보존할 가치가 충분했고, 후대에 그러한 사실을 알리는 교육 공간이 되어야 한다는 주장이었다. 그러나 그들의 주장은 좀처럼 받아들여지지 않았다. 시청과 정치인들은 시내 중심의 금싸라기 땅을 개발하지 않고 나치의 기념관으로 보존한다는 데에 썩 내켜하지 않았다.

신세대 예술가들의 시도

그런데 시민 사회 일부, 특히 예술계에서 피해자 측의 기념관 건립 주장에 다른 의견을 제시해 논란이 되었다. 특히 젊은 예술가들이 색다른 경향을 선보였다. 그들은 자신들이 나치 세대와는 결이 다른 세대임을 보여 주고 싶어 했다. 나치는 나라 곳곳에 웅장함을 기본 콘셉트로 하는 파시스트 건축물을 세웠다. 새 세대 예술가들은 그러한 웅장함으로부터 벗어나는 것이 자신들이 할 일이라고 여겼다.

이러한 경향은 한편으로 나치 피해자들이 희생자들을 추모하는 거대 기념물을 건립하고자 하는 욕구와도 충돌하는 것이었다. 젊은 예술가들은 피해자들이 선호하는 선동적 장엄함과 역사 법칙에 대한 확신 같은 것은 다름 아닌 나치의 유산이기도 하다고 보았다. 즉 대규모의 기념물을 만드는 것은 파시스트나 독재자가 좋아했던 바로 그 양식이므로 거부했고, 자신들의 반파시즘 가치를 구현할 새로운 양식을 개발하려고 했다. 이것이 전후 서독 예술계에서 일어난 '반기념물운동'이다.

구세대가 선호하는 것은 도덕적이고, 높이 솟아 있고, 때로는 남근 숭배 느낌을 주는 형태를 통해 장엄함을 뽐내는 기념물이었다. 이에 반해 신세대 반기념물운동 예술가들은 공공장소에 우뚝 솟은 물체를 설치하기보다는 수집된 문서들을 보여 주고 다양한 전시 기법을 통해 공공의 담론을 자극하는 형태의 공공 예술을 모색했다.

신세대 반기념물운동의 정신을 잘 보여 주는 작품이 함부르크에 등장했다. 1979년에 함부르크시는 나치 희생자를 기리는 기념물 건축에 관한 공공 토론을 제안했다. 1986년 이 제안에 따라 실시된 공모전에 예술가 요헨 게르츠Jochen Gerz와 에스터 샬레브Esther Shalev-Gerz 부부의 작품이 당선되었다. 함부르크 외곽 하르부르크 거리에 전시된 작품은 높이 12미터의 거대한 사각형 탑이었다. 알루미늄 재료의 표면에 납을 입혔으며 작품의 제목은 '반파시즘 기념비'였다. 기념비를 준공하는 날, 작가들은 함부르크 시민들을 초청하여 철필을 나눠 주고 비 표면에 자신의 이름을 새기도록 했다.

결국 과거를 답습한 작품 아니냐는 반문이 나올 법한 작품이었다. 그러나 이 기념비는 사람들의 서명으로 비면이 가득 차자 그다음부터 매년 2미터씩 기념비가 땅속으로 꺼져 들어가도록 설계됐다. 기념비를 찾는 관람객들은 해마다 높이가 낮아지고 거기에 적힌 이름들도 사라져 가는 것을 지켜보았다. 마침내 1993년 탑은 완전히 땅속

함부르크시 하르부르크에 있는 반파시즘 기념비 자리. 처음 설치된 12미터의 기념비가 지금은 흔적만 남기고 지면 아래로 들어가 버렸다.

반파시즘 기념비가 빈 자리에는 매년 기념비가 낮아지다 사라져 간 모습을 보여 주는 안내판이 마련돼 있다.

으로 자취를 감추었다. 작가들은 이 작품의 의도를 "파시즘에 대해 저항하고 싸울 주체는 비에 새겨진 이름이 아니라 살아 있는 우리 자신"이라는 것을 은유한 것이라고 설명했다.

작가들의 의도에 따라 기념비는 사라졌지만 그 터 또한 없어진 것은 아니다. 오늘날 기념비가 있던 자리는 울타리를 쳐서 표시해 두었고 이 기념비에 대한 설명을 적은 안내판도 설치돼 있다. 작가들의 뜻대로 이곳을 찾는 이들이 기념비라는 물체보다는 자기 자신을 돌아보는 시간을 갖기를 바란다. 적어도 내가 보기에는 작가들의 의도가 성공했다.

이러한 공공 예술에서의 반기념물운동은 오늘날까지 이어지고 있다. 이들의 작품은 대부분 일회성 연출로 이루어지고 영구적으로 전시되는 기념물 같은 것들은 만들지 않는 것이 일반적이다. 예를 들면 2018년 뮌헨에서는 예술가들이 '뮌헨공공예술Public Art Munchen 2018'(약칭 PAM 2018)이라는 프로젝트 기획 조직을 결성하고 '게임 체인저Game Changers'라는 주제로 예술 행사를 진행했다. 3개월에 걸쳐 20개 설치 미술과 행위 예술을 공연했는데 개막 공연에서부터 사람들의 관심을 끌었다.

개막 공연은 뮌헨 올림픽 경기장에서 열렸는데, 1974년 서독 월드컵 때 벌어졌던 서독 대 동독의 역사적인 경기를 재연하는 것이었다. 냉전의 한가운데에서 펼쳐진 분단 국가 사이의 경기여서 양쪽 독일인들의 응원 열기는 대단했다고 한다. 월드컵 역사에서도 둘 사이 경기는 이때 단 한 번뿐이었다. 당시 실력은 서독이 동독을 훨씬 앞섰다. 서독은 결과적으로 이 대회에서 우승했다. 그러나 약체인 동독은 예선에서 만난 서독과 대등한 경기를 펼치다가 후반전 중반에 1골을 넣어 1 대 0으로 승리했다. 동독 시민들은 환호했고 서독 시민들은 하늘이 무너지는 느낌이었을 것이다. 남한과 북한이 월드컵에서 맞붙었을 경우를 상상하면 쉽게 이해되는 장면이다.

2018년에 펼쳐진 경기의 재연 공연은 동독 공격수 1명과 서독 골키퍼 1명이 축구 경기를 연기하는 것이었다. 관람자들에게 제공된 헤드폰에서는 74년 당시의 라디오 중계와 해설이 흘러나왔다. 관람자들은 버튼을 이용해 74년 중계와 현실의 중계를 왔다 갔다 하며 들을 수 있다. 이제는 통일된 독일의 국민인 관람자는 옛 분단된 시절에 서로를 향해 가졌던 증오와 편견을 실감했을 것이다. 연출 감독도 이 작품의 의도는 독일인들이 국민이나 민족이라는 개념을 다시금 생각해 보도록 하는 계기를 제공하는 데 있다고 말했다.

당시 동서독 국민들은 이 경기를 단순한 축구로 본 것이 아니라 어느 체제가 더 강한가, 더 우월한가를 증명하는 리트머스 시험지로 보았다. 우리 또한 남북한이 축구 경기를 할 때 이와 같은 감정으로 대하고 있다. 작품은 그러한 국민감정, 또는 민족 감정은 흐르는 시간과 함께 덧없는 것이 될 수 있다는 자각을 자극하고 있는 듯하다.

2018 게임 체인저 기획의 대상은 과거사 기억에 한정되어 있지 않다. 냉전 시기에 뮌헨에 건설된 이슬람 모스크를 소재로, 그 모스크가 세워진 배경에 대해 이슬람 신도들과 주민들을 인터뷰하는 방식으로 설명하는 프로그램도 있다. 그 과정에서 미국 정보기관 CIA가

공산주의에 대항하기 위한 목적으로 이슬람 과격 단체 이슬람형제단을 지원한 사실이 '폭로'되기도 했다. 또한 뮌헨에 소재하고 있는 독일 정보기관의 비밀 조사 시설을 내부 고발자를 인터뷰해 찾아내 대중에게 공개하는 '퍼포먼스'도 있었다.

이 모든 '예술 행위'의 목표는 단순히 기념물을 세워서 시민들을 한 방향으로 이끄는 것에 반대하고 시민들 스스로 생각하고 반응하도록 자극하는 데 있다. PAM 2018의 한 기획자는 "우리가 하는 예술은 면적을 통해서가 아니라 시간을 통해서 관람자에게 전달된다"고 말했다. 함부르크에 세워졌던 사라진 기념비도 그러한 종류의 예술이다.

함부르크 게슈타포 건물의 운명

반기념물운동 예술가들의 의도가 이윤을 추구하는 부동산 사업가와 만나면 어떻게 될까. 불행하게도 함부르크에서 그런 일이 일어났고 최악의 결과가 나왔다. 2009년 함부르크시는 도시 재개발 차원에서 게슈타포 본부가 있던 시청사 별관 단지를 개발업체인 퀀텀 임모빌리엔이라는 기업에 매각했다. 퀀텀은 10만 제곱미터에 달하는 단지 전체를 새로 고쳐 고급 복합 상업 지구로 개발하겠다는 계획을 발표했다. 상업 단지의 명칭은 '삶에의 경의Hommage to Life'였다.

나치 피해자 단체와 진보 정치인들은 시에 재개발로 게슈타포의 흔적이 사라질 것에 우려를 표했다. 이곳에 붙여질 명칭인 '삶에의 경의'가 실제로는 나치에 희생된 이들의 흔적을 지움으로써 '삶에의 경멸'을 뜻하게 될지도 모른다는 우려였다.

시청은 이러한 뜻을 개발자 측에 전하고 공간의 일정한 부분을 기념관으로 조성할 것을 계약 조건으로 요구했다. 개발자 측에서 이를 받아들여 부지의 10분의 1인 1만 제곱미터의 공간을 기념관에 할애하겠다고 약속했다. 그러나 개발이 진행되면서 이 약속은 점차 휴지 조각으로 변해 갔다. 이 과정에서 아마도 개발자 측은 '반기념물운동'이 내세운 논리를 이용했을 것이다. 거대 기념물과 기념관을 조성하는 것은 신세대 예술과는 맞지 않는다고.

2014년 재개발 사업이 시공됐고 2016년이 되자 새 단지의 모습이 드러나기 시작했다. 동시에 나치 피해자 단체들의 우려와 항의도 터져 나오기 시작했다. 특히 몇 가지 시설물이 항의의 발단이 되었다.

첫 번째는 건물 1층에 호텔 로비를 조성했는데, 밖에서 보았을 때 그 1층 호텔의 반지하 부분에 해당하는 곳에 있던 창문에 새긴 글귀였다. 세 개의 창문에 한 단어씩 쓰여진 글귀는 독일어 함부르크 사투리로 "Kopp hoch, Cherie!" 영어로 번역하면 "Cheer up, Cherie!"인데, 우리말로 의역을 한다면 "자기야, 얼굴을 펴!" 정도일 것이다. 멋진 호텔 레스토랑에 연인을 데리고 와서 기분 전환을 하라는 선전 문구로 보이는데, 문제는 그 글귀가 쓰여 있는 창문이 달린 지하실은 바로 나치 시대 게슈타포 본부 건물에 딸린 지하 조사실이라는 사실이었다. 따라서 이 글귀를 본 나치 피해자라면 마치 험악한 조사관이 잔뜩 위축되어 있는 연행자에게 조롱투로 들이댄 말로 오해할 수 있었다.

이와 비슷하지만 피해자들이 더욱 심각하게 받아들인 것이 있었다. 건물 입구 위에 만들어 놓은 철제 현판인데, 쓰여진 글귀는 〈BIENVENUE MOIN MOIN〉이었다. 번역하자면 "안녕하세요, 환영합니다"인데, 언뜻 보아서는 문제될 것이 없어 보인다. 그런데 글자를 철물로 만들어 붙이고 앞뒤가 통하여 보이게 하는 이 현판의 디자인이 나치 시대 강제 수용소들의 정문에 새겨놓은 〈ARBEIT MACHT FREI〉의 디자인과 꼭 닮았다. 나치 피해자들은 이 현판에서도 이곳에 입주해 있던 게슈타포 본부가 연행자들을 향해 "안녕, 어서 와" 하고 조롱하는 것으로 읽혔다고 증언했다. 이곳에서 조사를 받았던 피해자들은 이 문 앞에서 현판을 규탄하는 1인 시위를 이어 나갔고, 시민 단체와 진보 정치인들도 규탄에 가세했다. 결국 시공사 측은 비판을 받아들여 현판 구조물을 철거하기로 했다.

문제는 시공사 측이 나치 공포 기관에 보인 무지와 무관심이었다. 그들은 자신들에게 가해지는 비판에 대해 신세대 예술가들의 반기념물운동의 논리를 빌려 와서 방어했다. 심지어 방어에 그치지 않고 공세를 취했다. 애초에 기념관 조성을 위해 1만 제곱미터를 할애하겠다는 약속을 뒤집고 고작 750제곱미터를 제안한 것이다. 약속의 10분의 1도 되지 않는 면적이었다. 그것도 면적의 대부분은 서점 공간으로 운영되며 서점 한구석에 초등학교 교실 한 칸에도 미치지 못하는 작은 공간만을 전용 기념관으로 남겼다. 시공사 측은 서점의 특성을 나치 과거사 청산이라는 주제에 맞추어 운영되도록 하면 오히려 신세대 예술가들이 주장하는 창의적인 기념관이 될 수 있다고 강변했다. 말하자면 상업적인 서점에게 게슈타포 기념관 전체 운영을 맡기자는 것이었다.

나치 피해자 단체와 진보 정치인들은 여러 차례 건물 앞에서 시위를 벌였다. 그들은 함부르크보다 훨씬 작은 도시에서도 기념관은 이보다 크다고 항의했다. 그러나 그들은 자본을 이기지 못했다. 2018년 개관한 기념관은 서점, 카페, 기념관으로 옹졸하게 구성됐고, 장소가 모자라 상점가 복도 일부로까지 넓혀서 전시 공간으로 활용하고 있었다. 2018년 내가 방문했을 때 갖고 있던 함부르크시 기념관들을 소개하는 책자에는 이곳이 아예 없었을 정도로 존재감이 없는 기념관이다.

이 기념관이 개관할 무렵 서점 주인 이야기가 언론에 보도되기도 했다. 시민 단체에서 이러한 방식의 기념관에 재고를 요구하는 시점에 서점 운영권을 따낸 여성이 자신의 할머니가 나치 시절에 이곳 게슈타포에 붙잡혀 와서 조사를 받은 적이 있다는 사실을 알리고, 할머니라면 이 기념관을 마음에 들어 할 것이라고 말했다. 기념관에 실망하던 이들에게 이는 작은 위안이 되었을 것이다.

그러나 시민 단체에서 그 여성의 가계를 조사했는데, 결과가 놀라웠다. 서점 운영자의 조부모 모두 나치 당원이었다는 사실이 밝혀졌다. 서점 운영자는 자신은 할머니에게 직접 들은 것이 아니라 가족 사이에 전해져 오는 이야기를 들은 것이라며 변명했고, 조부모의 전력을 변호할 생각은 없다고 말했다. 하지만 이 작은 에피소드로 인해 게슈타포 기념관에 대한 평판은 더욱 악화되었다.

이 기념관에 상설 전시관이 완공된 것은 2020년 1월이 되어서였다. 전시의 제목은 〈나치 치하의 시청사 및 공포의 본부〉이며, 나치의 게슈타포 시절부터 현재에 이르기까지 장소의 역사를 기록하고 있다. 그나마 다행인 것은 기존의 서점과 기념관 이외에 보존 시설이 추가되었다는 점이었다.

나치 게슈타포 본부 시절, 연행된 이들은 운하 건너편 건물의 지하 감옥에 구금되었고 거기에서 운하를 건너는 통로를 걸어서 게슈타포 조사실을 오갔다. 연행자는 이 통로를 걸어서 조사실로 가면서 자신에게 닥칠 무시무시한 고문을 연상했고, 혹시 죽을지도 모른다는 공포에 몸을 떨었다. 그래서 연행자들은 이 통로를 '한숨의 길'이라고 불렀다고 한다. 기념관 측은 이 통로를 나치 시대 그대로 보존하고 설명판을 붙여서 일반에 공개했다. 게슈타포 기념관을 찾는 이들에게 가장 깊은 인상을 남기는 장소가 되었다.

퀀텀 사가 개발한 이 단지의 최종 명칭은 'Stadthöfe'로 우리말로 번역하면 '마을 안뜰' 정도가 될 것이다. 게슈타포 기념관 명칭도 단지의 이름을 붙여서 '마을 안뜰 기념관'으로 불린다. 직접 방문하지 않고 명칭만으로는 그 정체성을 알 수 없다. 그나마 시내의 값비싼 땅에 이 정도의 기념관이 존재하게 된 것은 피해자 단체들과 그를 지원한 진보 정치인들이 최대한 노력한 덕분이었다. 이익을 추구하는 부동산 개발자와 나치 과거사를 기억할 장소를 보존해야 한다는 시민

운하를 건너는 통로인 '한숨의 길'. 게슈타포 본부로 끌려온 연행자들은 감방에 갇혀 있다가 수면 위 가로로 좁은 창이 있는 통로를 걸어서 맞은편 조사실로 끌려갔다.

사회와의 갈등이 물리적, 물량적으로 절충된 현실이 오늘날의 기념관 모습이라고 할 수 있다.

뮌헨을 비롯한 독일의 다른 도시와는 다르게 함부르크에서 나치 과거사 기념관이 축소된 것은 단지 자본의 힘에 밀린 것이라기보다는, 당시 신세대 예술가들이 주장한 '반기념물운동'의 영향을 받은 탓도 있다고 나는 생각한다. 따라서 피해자 단체와 신세대 예술가들 사이에 좀 더 진지한 대화와 소통이 이루어졌다면 기념관의 모습이 지금과 달라졌을 수도 있다는 아쉬움이 있다.

남영동 대공분실의 장소성

함부르크 게슈타포 기념관의 사례를 보면서 내가 참여하고 있는 남영동 대공분실 기념관 사업과 비교해 보게 된다. 남영동 대공분실 또한 서울시가 의욕적으로 추진하고 있는 용산 개발 사업에 포함되는 곳에 위치하고 있다. 2018년 12월 경찰이 이곳에서 철수하기 전까지 경찰 측은 낡은 대공분실 건물을 허물고 그 자리에 현대식 빌딩을 건축해서 첨단 과학 수사를 위한 센터로 활용할 계획을 갖고 있었다. 대공분실과 붙어 있는 미군 부대 '캠프 킴'도 이전할 예정이고 그 자리에는 초고층 주상 복합 단지가 들어설 예정이다. 경찰의 계획대로 되었다면 대공분실 부근은 조만간 '서울의 마천루'로 완전히 탈바꿈될 것이었다.

남영동 대공분실 부지가 자본의 힘을 이겨 내고 보존된 것은 내가 속한 시민 단체의 운동이 작용한 것도 있지만 무엇보다도 2017년 집권한 문재인 정부의 결단이 결정적이었다. 일찍이 2005년 노무현 정부도 이와 같은 결단을 추진했지만 당시의 정치 지형 속에서 끝내 관철해 내지 못하고 주저앉았다. 문재인 정부가 해낼 수 있었던 것은 전적으로 박근혜 대통령을 탄핵시킨 촛불시민의 힘이 뒷받침되고 있었기 때문이었다. 요컨대 오늘날 남영동 대공분실을 용산이라는 자본주의 바다에서 과거사 보존의 작은 섬으로 생존시킨 주체는 촛불시민이다.

남영동 대공분실이 직면한 장애물은 자본, 혹은 신세대 예술가들이 아니라 시민 사회 내부에 존재했다. 한국 사회를 장기간에 걸친 시계로 바라보면 몇 차례의 변혁 계기를 만들면서 민주화를 향해 전진해 왔다. 4·19혁명, 6월항쟁, 촛불시위가 그것들이다. 그런데 이 사건들은 변혁을 변혁답게 완결한 것이 아니라 늘 과거 세력이 온존한 가운데 엇비슷한 균형을 이룬 상태로 귀결되었다. 그래서 정치 정세는 늘 보수와 진보가 팽팽하게 대결하고 갈등하는 구조를 유지했다. 특히 1992년 김대중 정부가 여야 정권 교체를 이룬 뒤에는 진보 세력 집권 10년, 그에 뒤이은 보수 세력 집권 10년이 경과했고 다시 진보 세력인 문재인 정부가 집권했다.

따라서 시민 사회 안에는 또 다시 보수 세력으로 정권이 교체될 차례가 올 수 있다는 조바심이 있고, 이 조바심이 문재인 정부 임기 안에 가능한 한 많은 것을 이루어 놓아야 한다는 강박을 낳고 있다. 남영동 대공분실의 경우에 이러한 강박은 지금까지 번듯한 민주화운동 기념관 하나 없는 현실을 개탄하며 남영동 대공분실 부지를 얻게 된 소중한 기회를 활용하여 이곳에 한국 민주화운동의 찬란한 업적을 기리는 기념관을 세워야 한다는 주장으로 표면화되었다.

이러한 주장은 독일에 비교하자면 베를린 작센하우젠 수용소에, 뮌헨의 다하우 수용소에, 바이마르의 부헨발트 수용소에 저항 기념관을 세우겠다는 것과 같다고 할 수 있다. 그것은 불가피하게 수용소의 폭력적 공간을 훼손하게 되고 예술적으로 치장된 새로운 공간을 창출하게 될 것이다. 지금까지 설명한 대로 독일 사람들은 절대로 그렇게 해서는 안 된다고 다짐하고 있다. 우리도 마찬가지이다. 음습한 수사 기관이 시민 대중의 시선이 닿지 않는 곳에 분실을 만들고 그곳에서 연행자들에게 무지막지한 고문을 자행했던 그 장소를 찬란한 민주화운동을 기념할 시설로 대체한다는 것은 역사에 또 다른 차원의 폭력을 가하는 행위일 것이다. 이 기회가 아니면 서울 시내에 한국 민주화운동을 기념하는 시설을 갖지 못할 것이라는 생각을 마냥 비난할 수는 없지만 말이다.

결국 시민 사회 내부에서 대립하던 이견을 적절하게 절충하는 방식으로 귀결되었다. 즉 남영동 대공분실이라는 부지 안에 국가폭력의 장소라는 측면과 민주화운동을 기념한다는 측면이 공존하는 방식을 택했고 그러한 관점에서 기념관 건물을 신축하기로 했다.

다행히 새 건물 설계안 공모 과정에서 보존을 주장하는 시민 단체와 공모에 응모한 젊은 건축가들 사이에 바람직한 소통이 이루어졌다. 공모에 당선된 건축가 정현아는 남영동 대공분실 부지가 갖고 있는 국가폭력의 현장이라는 아우라를 최대한 보존해야 한다는 관점에서 기념관을 설계했다. 그래서 기존의 짙은 회색 7층 건물의 반대편 끝에 그 높이의 절반 정도에 해당하는 3층 건물을 신축하도록 했으며, 신축 건물의 색조는 기존 건물 색깔과 충돌하지 않도록 비슷한 계열의 색조를 사용하도록 배려하고, 신축 건물의 3층은 기존 건물을 조망하는 일종의 전망대로 활용했다. 이에 따라 신축 건물의 전시 공간은 대부분 지하로 내려갔다. 또한 보존론 측이 강력하게 주장한 테니스 코트의 보존을 위해 그 자리에 건물을 신축하지 않고 녹지로 활용하는 방안을 제시했다. 보존론자들은 고문 가해자들이 고문 행위를 하는 중간에 체력 단련 혹은 여가 선용이라는 목적으로 테니스를 쳤다며 따라서 테니스 코트는 '악의 평범성'을 보여 주는 전형적인 시설이므로 반드시 보존해야 한다고 주장했다.

이렇게 공모에 당선된 설계는 남영동 대공분실 부지가 갖고 있는 국가폭력의 현장이라는 정체성을 최대한 보존하는 것을 원칙으로 삼았다. 나는 '불행 중 다행'이라고 생각한다. 남영동 대공분실 부지가 온전하게 보전되는 것이 바람직하지만 그럴 수 없게 된 사정에서 그나마 받아들일 수 있는 차선책이다. 함부르크의 게슈타포 기념관과 비교한다면 남영동 기념관이 더 바람직한 결과일 것이다.

노이엔가메 강제 수용소 기념관

이제 내가 원래 함부르크를 방문한 목적인 노이엔가메 강제 수용소 기념관을 찾아갈 차례다. 기념관은 함부르크 중심가에서 전철을 타고 20분쯤 간 다음 버스로 갈아타고 40분을 더 가야 한다. 대중교통을 통해 가기에 편리한 곳은 아니다. 한적한 교외인 만큼 주변이 너른 들판일 뿐인 곳에 자리 잡고 있다.

노이엔가메 수용소 기념관은 이전에 내가 찾았던 다른 수용소 기념관과 사뭇 다른 풍경으로 나를 맞이했다. 대개 수용소를 방문하면 먼저 입구에 2층짜리 감시탑과 그 1층에 있는 철제 정문을 만나게 된다. 그런데 노이엔가메에는 감시탑 건물은 없고 각목으로 엉성하

노이엔가메 강제 수용소 정문. 당시 있던 건물이 아니라 오늘날의 수용소 입구다.

전시실로 옮겨 놓은 옛날 노이엔가메 수용소 시절의 정문.

게 만든 나무문과 그 양옆에 투명 유리로 둘러싸인 탐방객 안내소가 있다. 이는 원래 있던 감시탑과 정문이 없어진 것이 아니라 원래부터 입구가 이런 식의 시설이었다. 나중에 전시관에 들어가면 당시의 철조망으로 덮인 나무문이 보존돼 있는 것을 볼 수 있다.

이것은 이 수용소가 애초에 다른 수용소와는 용도가 달랐다는 것을 말해 준다. 나치 수용소는 본 수용소와 그에 딸린 수십 개에서 수백 개에 이르는 부속 수용소가 주변 지역에 있는 방식으로 조직되어 있었다. 이곳은 베를린의 작센하우젠 수용소를 본부로 하고 그에 부속된 작은 수용소였다. 입구가 허술한 것은 이러한 수용소의 지위를 말해 주는 것이다.

입구를 통과하면 여느 수용소 기념관들처럼 이제는 없어진 막사의 터에 잡석을 깔아 놓았는데, 이곳이 다른 것은 그 너머로 멀리 큰 건물들이 보인다는 것이다. 그것이 이 수용소의 특징을 말해 준다. 이 수용소의 용도는 기본적으로는 물론 나치 통치에 걸림돌이 되는 분자들의 격리 수용에 있었지만, 아울러 그들을 활용한 강제 노동을 통해서 물자를 생산하는 것이 주목적이었다. 곧 작센하우젠 수용소에 수감된 이들 중 건장한 이들을 이곳에 분산 수용해서 강제 노동을 시켰다. 주로 생산한 것은 처음엔 붉은 벽돌, 다음엔 무기 같은 군수 물자들이었다. 입구에서 정면으로 막사 터를 넘어 보이는 낮은 지붕의 건물들은 군수 물자 생산 공장이고, 막사 터 왼편으로 멀리 보이는 지붕이 높고 덩치가 커 보이는 건물들은 벽돌 공장이다.

벽돌 공장 부근을 걷다 보면 나치 시대보다는 최근에 세워진 것

노이엔가메 수용소 공장 건물. 수감자 막사들과 달리 공장 건물들은 철거되지 않고 남았다.

으로 보이는 높은 담장을 만나게 된다. 그 담장 위에는 둥글게 철조망이 말아져 있어 범상하지 않은 시설임을 알 수 있다. 왠지 익숙하다 싶은데, 요즘 감옥 시설에서 흔히 볼 수 있는 담장이다. 그렇다. 이것은 종전 이후 서독 정부가 함부르크시에서 운영하던 감옥이 있던 자리이다.

함부르크시의 감옥이 이곳에 있게 된 사정은 이렇다. 1945년 5월 영국군이 함부르크에 진주해 노이엔가메 수용소를 점령했다. 당시 나치 친위대는 수감자들을 데리고 모두 철수하여 수용소는 텅 비어 있었다. 영국군은 이후 이 수용소를 나치 친위대, 나치 전범자, 나치에 협력한 민간인들을 전범 재판에 넘길 때까지 임시로 수용하는 시설로 사용했다.

1948년 전범 재판이 마무리되자 함부르크시가 이 시설을 인수한
다. 이때 함부르크시는 이 시설을 어떻게 처리할 것인가 논의를 한 끝
에 교도소로 사용하기로 결정한다. 당시 시가 시의회에 보낸 제안서
에는 이렇게 쓰여 있다.

"노이엔가메 강제 수용소의 존재는 함부르크의 명예와 평판에
짐이 되고 있습니다. 악평의 대상입니다. 수용소의 끔찍한 공포
와 비인도성에 대한 비난을 우리 시대의 기억에서 말끔히 지워
버릴 필요가 있습니다. 이제 그럴 기회가 왔습니다. 이곳에 모범
적인 교도소를 세워 함부르크시와 노이엔가메 마을의 명예를 회
복하는 것입니다."

시의회의 승인을 받아 계획이 확정되자 목재로 지은 이전의 막
사를 허물고 벽돌로 새 건물을 세웠고 기존의 벽돌 건물들은 그대로
활용하여 교도소로 운영하기 시작했다. 기존 수용소의 작업장들도
교도소 작업장으로 활용됐고, 상태가 좋은 친위대 건물들은 교도소
직원들이 사용했다. 1960년대 말이 되자 교도소 수용 인원이 포화 상
태가 되었다. 그래서 벽돌 공장 건너편에 제2의 새 교도소를 건축했
다. 오늘날 벽돌 공장 부근에 남아 있는 철조망 있는 높은 담장은 바
로 이 제2 교도소의 흔적이다.

함부르크시의 이러한 교도소 운영에 대해 나치 생존자 단체들은
시종일관 비판했다. 우리나라의 서대문형무소와 경우가 비슷하다.
일제강점기에 유관순을 비롯한 독립운동가들을 가두었던 서대문형

무소는 해방이 되고 나서는 서울 형무소, 서울 구치소로 명칭을 바꿔가며 남북 분단을 반대했던 좌익 운동가들, 4·19혁명 시위대들과 그 이후에는 민주화운동가들을 가두는 장소가 되었다. 나와 같은 연배로 1980년대에 민주화운동을 하다가 이곳에 수감된 이들은 일제강점기 때와 크게 달라지지 않은 시설에서 독립운동가들이 갇혔던 그 방에 자신 또한 갇혀 있다는 사실에서 당시의 전두환 정부를 일제 총독부와 다르지 않게 바라보았다. 나치 시대 노이엔가메 수용소 생존자들 또한 전후에 이곳이 여전히 사회로부터 격리된 자들의 수용 시설로 사용되는 것에 비슷한 심정이었을 것이다.

참다 못한 생존자들은 교도소 부근에 작은 건물을 짓고 나치의 만행을 고발하고 희생자들을 추모하는 기념관을 세웠다. 오늘날 수용소 기념관 정문에서 버스로 한 정거장을 더 가면 이 기념관이 그대로 남아 있어 탐방할 수 있다. 나는 처음 이곳을 보고 '왜 기념관이 두 곳에 있지?' 하는 의문을 가졌는데 그 배경을 알고 나서 이해하게 되었다.

생존자들의 비판은 거대한 68학생운동의 파도가 밀려오자 더는 작은 목소리가 아니게 되었다. 그런 가운데 시 당국이 교도소 시설을 추가로 건축하려고 하자 피해자들의 반대운동이 더욱 거세졌고 그에 대한 국제적 지지 여론도 높아졌다. 결국 함부르크 시의회가 움직였고 그 결과 1989년 함부르크시는 교도소 이전과 강제 수용소 기념관 건립을 약속하기에 이른다. 그럼에도 일은 지지부진하게 진행되어 구교도소는 2003년까지, 신교도소는 2005년까지 운영되었다. 그리고 2007년 옛 수용소 막사와 작업장을 포함한 전체 부지를 포함하는 기념관이 개관되었다. 벽돌 공장과 군수 물자 공장 같은 작업장이 차지한 면적이 상당히 넓기 때문에 노이엔가메 기념관은 독일에서도 가장 규모가 큰 기념관에 속하게 되었다.

2016년 내가 처음 방문했을 때 기념관 모습은 다른 지역의 강제 수용소 기념관과 크게 다르지 않았다. 이전에 있었던 막사 터를 보존하여 잡석을 깔아 놓았고, 연병장 한쪽에는 수감자를 처벌한 징벌 감옥 터를 모형 사진과 함께 표시해 놓았다. 또 한쪽 구석에는 처형장과 소각장 시설의 흔적을 보존해 놓았다. 막사 터 양 끝에는 2층짜리 건물 두 개를 남겨 하나는 전시관으로 다른 하나는 도서관과 연구 센터로 사용하고 있었다.

전시관에서 인상 깊었던 것은 탐방자들이 자유롭게 펼쳐 볼 수 있도록 비치한 삽화집들이었다. 독일의 강제 수용소 기념관들은 사라진 시설을 모조품으로 복원하는 경우를 거의 볼 수 없다. 그냥 빈 터와 빈 건물 내부를 보여 줄 뿐이다. 내가 활동하고 있는 남영동 대공분실 인권기념관추진위원회에서 이러한 독일 방식의 전시 기법을 소개한 적이 있는데, 어떤 이들은 그러한 방식은 서양의 사고방식인 것 같다며 아시아인의 사고방식은 다를 수 있다고 반박했다.

나는 그 주장에 이론적 근거가 있다고는 생각하지 않지만, 어쨌든 과거의 국가폭력 상황을 복원해서 보여 주고 싶은 심정은 나도 이해하는 바였다. 독일 사람들도 마찬가지 아니었나 싶다. 텅 빈 공간의 아쉬움을 보완하기 위해서인지 신원이 확인된 옛 수감자들 개개인의 캐리커쳐를 그리고 그가 묵었던 막사의 내부와 잔혹한 고문 장면 따위를 그림으로 그려서 보여 주고 있었다. 특히 이곳을 찾는 중등 과정 학생들을 위한 배려로 읽혔다.

노이엔가메 수용소 작업장

노이엔가메 기념관은 다른 지역과 다른 점이 있다. 바로 작업장 시설들이다. 그중 벽돌 공장은 건물 바닥 면적이 상당히 넓고 층고도 상당히 높다. 들어가 보니 그 넓은 내부 공간은 일부 시설 빼고는 수감자들이 작업하던 공간이 모두 텅 비어 있었다. 그런데 조금 있더니 교사로 보이는 사람이 중학생 정도로 보이는 학생을 20여 명을 데리고 들어왔다. 교사는 빈 공간의 한쪽에 학생들을 둥그렇게 앉도록 하고 학생들과 대화를 나누었다. 아마도 기념관 탐방을 마치고 마지막으로 이 자리에서 질문과 대답을 하거나 소감을 말하는 자리 같았다. 나중에 조사를 통해 알게 되었는데, 독일 대부분의 주에서는 학교 교육 과정에 나치 과거사 시설을 탐방하는 과정이 들어 있었다. 내가 본 것은 그러한 현장 체험 학습 풍경이었던 것 같았다.

벽돌 공장 내부 공간은 내가 본 것 정도로만 활용되는 것이 아니었다. 내부 공간의 한쪽에 전시된 안내판에는 이곳의 이력과 사용에 관해 소개하고 있었다. 기념관이 본격적으로 개관되기 전인 1998년 5월에 수용소 해방 53주년을 맞아 이곳에서 〈노이엔가메 수용소의 벽

노이엔가메 수용소 벽돌 공장. 지금은 빈터가 된 공장 안에서 현장 탐방을 한 뒤 이야기를 나누고 있는 학생들이 보인다.

돌 공장〉이라는 전시가 있었고 그날 이후 일반에게 공개되는 '이벤트 센터 및 기록관'으로 사용되고 있다고 한다. 2005년과 2011년에 전시 공간을 재단장하여 오늘에 이르고 있다.

　무엇보다도 이 벽돌 공장의 내부 공간은 각종 공연장으로 활용되고 있다. 우선 이 지역 합창단인 노이엔가메 성요한 합창단이 이곳에서 정규 공연을 연다. 그 밖에도 독일 국내외에 널리 알려진 대규모 공연이 열리고 있다. 2007년에는 슐레스비히·홀슈타인 클래식 음악제가 열리는 공연장 중 하나가 되었다. 슐레스비히·홀슈타인은 독일과 덴마크의 접경 지대로 오랜 기간 동안 분쟁 지역이었고, 특히 독일이 1차 대전 패전 후 덴마크에게 빼앗긴 영토이기도 하다. 히틀러가 2차 대전을 발발하게 된 원인 가운데 하나가 이곳을 수복하기 위한 것이었다. 1980년대 중반에 두 나라 사이의 갈등과 분쟁을 치유하기 위한 행사로 클래식 음악을 연주하는 음악 축제가 열렸고 이후 이 지역 일대의 고성과 문화 유적지에서 해마다 여름철에 축제가 열려 왔다. 그리고 2007년에 노이엔가메 강제 수용소 기념관이 처음 이 축제 장소로 지정된 것이다.

전시된 사진에는 매년 열리는 함부르크시 '박물관의 밤' 축제에 기념관이 참가한 장면도 있다. '박물관의 밤' 축제는 참가하는 모든 박물관과 문화 시설을 단 한 장의 티켓으로 출입하며 각종 공연을 즐기는 연례 행사이다. 2003년에 노이엔가메 기념관도 참가했는데, 당시 〈0시, 어제와 오늘 사이〉라는 제목으로 재즈 음악과 시 낭송회를 벽돌 공장에서 열고 있는 공연 모습이 사진으로 남아 있다.

2005년 5월 3일자 사진은, 이곳이 나치로부터 해방된 지 60주년을 기념하는 행사가 생존자 240여 명과 그 가족 800여 명 등 모두 1,200여 명이 참석한 가운데 성대하게 열린 모습이 찍혀 있다. 이 행사가 열린 다음 날 같은 장소에서 〈노동과 절멸 : 벽돌 공장에서의 강제 노동〉 특별전이 열렸다. 이때의 전시 기획이 오늘날까지 기념관 전체의 콘셉트로 자리 잡게 되었다.

이 밖에도 벽돌 공장 공간은 지역의 다양한 행사와 모임의 장소로 활용되고 있다. 우리나라 같으면 주변 땅값이 떨어진다며 기피할 장소일지도 모르지만, 이곳에서는 시민들이 수준 높은 문화 공연을 감상하기 위해 즐겨 찾는 곳이며, 마을 회관처럼 마을 사람들이 수시로 모이는 장소이다.

함부르크 시내의 게슈타포 기념관과 노이엔가메 수용소 기념관을 같이 놓고 보면, 함부르크 지방의 나치 과거사 청산에 대한 의지가 다른 지방에 비해 약한 것은 아닐까 하는 생각이 든다. 함부르크 사람들은 나치의 흔적을 보존하는 것 자체보다는 그 흔적을 실용적으로 활용하는 데 관심이 있는 것처럼 보인다.

그러나 이러한 태도를 과거사 청산에 대한 거부, 혹은 불철저함으로만 해석해서는 안 될지도 모른다. 오늘날 박물관이나 기념관의 전시 기법은 단순히 과거의 사물이나 기록을 전시하고 탐방자는 그것을 감상하는 일방적인 관계를 벗어나기 위해 노력하고 있다. '공포의 지형도' 기록관에서 살펴보았듯이 이러한 종류의 기념관과 기록관은 시민의 공간, 스스로 목소리를 내는 공간이 되어야 한다고 주장한다.

어떤 이들은 나치의 국가폭력이 자행된 비극의 공간에서 아름답고 행복한 예술 활동을 벌이는 것에 거부감을 갖기도 한다. 그러나 이곳을 찾는 이들이 항상 희생자들을 위해 머리를 숙이고 경건한 자세를 갖추어야만 한다면 그것은 과거의 공간, 박제된 공간, 심지어 죽은 공간이라고도 말할 수 있다. 현재를 살아가는 시민들이 그 장소를 자신의 이해와 목적을 위해 활용한다면 자연스럽게 어두운 과거를 늘

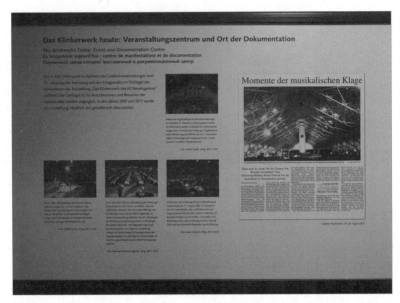

노이엔가메 수용소 공연 장면을 보여 주는 안내판. 공장 한쪽에 안내판을 세워 이곳에서 있었던 여러 공연 행사들을 소개하고 있다.

잊지 않고 기억하게 된다. 그것은 독일이 나치의 과거로 되돌아가지 못하게 하는 시민들의 강력한 퇴행 방지턱이 된다. 이것이 바로 '기억 문화' 담론이 주장하고자 하는 바일 것이다. 그렇다면 노이엔가메 기념관은 다른 지역의 기념관보다는 다소 늦게 조성되었지만 그 활용의 측면에서는 가장 앞서 나가고 있다고도 볼 수 있다.

9

베를린 반제 기념관

반유대주의의 기원

베를린 교외에는 '반제 기념관'이라는 특별한 기념관이 있다. 내가 2020년에 오랜 친구를 안내하여 이곳을 방문했을 때, 친구는 처음에 내가 '반제국주의' 기념관에 데려가는 줄로 오해했다. 물론 곧바로 그것이 아님을 설명했다. 독일어에서 '제see'는 '호수'라는 뜻이다. 따라서 반제 기념관은 반제라는 호숫가에 있는 아름다운 별장 건물에 조성된 기념관을 말한다.

이 기념관은 다른 기념관들과 마찬가지로 어떤 중요한 사건이 벌어진 장소를 그대로 보존하여 설립되었다. 바로 1942년 1월 20일 나치 수뇌부 15명이 이곳에 모여 회의를 열고 유대인에 대한 '최종 해결책'을 논의한 사건이다.

앞에서 나치의 초기 수용소 건설은 유대인을 향한 것이 아니라 공산주의자와 사회주의자처럼 나치 집권에 방해가 되는 정치 세력들을 사회로부터 격리시키기 위한 것이었다고 설명했다. 그러나 나치는 뒤이어 대중들에게 반유대주의를 격렬하게 선동했고 결국 유대인 대량 학살을 자행했다. 히틀러와 나치당은 왜 그랬을까.

사실 반유대주의는 히틀러와 나치만의 전유물이 아니었다. 반유대주의 정서는 오래전부터 유럽 사회에 뿌리 깊게 존재해 온 일종의 기존 관념이라고 할 수 있다. 유럽 사람들이 유대인을 그토록 싫어했던 이유를 찾아내는 것은 그리 어려운 일이 아니다.

고대에 팔레스타인 지방에 왕조를 세운 유대인들은 여러 차례 이민족 왕조에게 정복당하며 '디아스포라Diaspora', 곧 이산을 겪었는데, 마지막 디아스포라는 로마 제국의 속주가 되어 있던 유대인들이 서기 66년 반란을 일으켰다가 70년에 최종적으로 진압되고 유대인 공동체가 해체된 때이다. 그 뒤 유대인이 유럽 사회에 본격적으로 이주하기 시작했다.

유럽에 이주한 유대인들은 자신들의 종교인 유대교를 지키며 유대인 공동체를 이루어 살았다. 그러던 중 4세기에 로마 제국이 그리스도교를 국교화했고, 그 뒤 중세 시대에 프랑크 왕국과 신성 로마 제국을 비롯해 유럽 전체가 그리스도교 단일 종교 사회가 되었다. 이때에도 유대인들은 그리스도교로 개종하지 않고 여전히 유대교를 고수했다. 아마도 이 무렵부터 유럽 사람들은 유대인들을 다른 종교를 믿는 이방인들로 인식했을 것이다. 유대교와 그리스도교는 같은 신 야훼를 섬기는 종교로서 서로 형제 사이로도 볼 수 있었지만, 유대교는 그리스도교의 신앙 대상인 예수를 로마 제국에 팔아넘겨 십자가에 못 박혀 죽게 한 배신자 유다의 종교였으므로 오히려 더 적대적인 배척의 대상이 되었다.

중세 유럽은 사람들이 장원이라는 영토 단위에 속박된 사회였는데, 이방인이자 이교도인 유대인들에게는 토지를 소유할 권리를 인정해 주지 않았다. 그래서 유대인들은 어쩔 수 없이 주로 상업에 종사해야 했다. 요즘 우리 사회에서도 종종 볼 수 있지만, 어떤 이유로 물가가 폭등하면 거의 모든 언론이 폭리를 취하는 상인들을 규탄의 표적으로 삼는다. 중세 유럽에서도 유대인들은 돈만 밝히는 야비한 인간들로 여겨졌다. 특히 고리대금업을 하는 유대인들이 표적이 되었다. 셰익스피어가 《베니스의 상인》에서 유대인 고리대금업자 샤일록을 사악한 인간의 표상으로 묘사한 것도 이런 배경에서였다.

유대인들은 기존 토착 사회에서 배척당했기 때문에 서로 더욱 뭉쳐서 공동체를 이루어야 했고, 그럴수록 토착 사회와 유대인 사회와의 갈등의 골은 깊어졌다. 십자군 전쟁은 그리스도교의 최고 성지 예루살렘을 이교도들이 점령했다는 분노에서 시작되었는데, 이때 유럽 사회 안에 존재하던 이교도인 유대인들이 큰 박해를 받았다. 또 흑사병이 퍼져 세상이 흉흉해지자 그 원인을 유대인에게 돌려 유대인들을 공격하는 사태가 벌어지기도 했다.

유럽에서 유대인에 대한 편견과 혐오가 완화되기 시작한 때는 대략 18세기에서 19세기 무렵이었다. 구체적 계기로 작용한 사건은 경제적으로는 사람들을 토지의 속박에서 풀려나게 한 산업 혁명이었고, 정치적으로는 중세 정치 질서를 전복한 프랑스 대혁명, 문화적으로는 사람들을 그리스도교의 도그마로부터 해방시켜 주며 당시 사회를 풍미한 계몽사상이었다.

유대인 문제

유럽이 근대 사회로 접어들면서 유대인들은 거의 2천년에 걸친 차별로부터 해방되었다. 그런데 '문제'는 해결되지 않았다. 일찍부터 상업에 종사해 온 유대인들은 산업 혁명이 일으킨 자본주의 사회에 더 잘 적응했다. 부유해진 유대인들은 자식들의 교육에 많은 돈을 투자했고 그 결과 유대인 출신의 의사, 변호사, 회계사 들이 득세했다. 뛰어난 과학자를 비롯해 학문 영역에서도 유대인들이 크게 활약했다. 음악, 문학, 미술 같은 문화계에서도 유대인들의 활약이 두드러졌다. 그러자 자본주의에 채 적응하지 못한 전통 유럽인들은 유대인에게 시기심이 발동했다. 이제는 유대인들이 하층 계급이 아니었기 때문에 더욱 문제였다. 실제로 1843년 독일 철학자 부르노 바우어 Bruno Bauer는 《유대인 문제》라는 제목의 책을 쓰기도 했다.

나치가 유대인에게 내린 '최종 해결책'이란 자신들이 몇 년 전부터 유대인들을 격리해 온 것 같은 미시적인 대책이 아니라, 2천년 전부터 유럽 사회에서 제기되어 온 '유대인 문제에 대한' 대책이었다. 말하자면 2천 년 된 숙제를 자신들이 풀겠다는 것이었다. 그러나 나치의 해결책은 난데없었다. 유대인을 '절멸'시키자는 것이었기 때문이다. 유럽 사람들이 오랫동안 유대인을 배척하고 증오해 온 것은 사실이지만, 1940년대 유럽 사람들 가운데 유대인을 지구상에서 멸종시켜야 한다는 엄청난 생각을 하는 이들은 없었다. 유대인들이 유독 돈을 잘 벌고 재능도 뛰어나서 시기심이 들기는 했지만, 유럽에서 그들을 모조리 없애는 것은 상상할 수 없는 일이었다.

우리 경우와 비교해 보면 이해하기 쉽다. 우리나라에서도 박정희 독재 시대에 권력 측에서 특정 지역, 곧 호남 사람들에 대한 혐오 감정을 선동한 적이 있었다. 당시 상당히 많은 사람들이 그러한 선동에 현혹되어 호남 사람들은 원래부터 나쁜 기질을 갖고 태어난다는 비이성적인 정서에 휘둘렸다. 그러나 그렇다고 해서 호남 사람들을 한반도에서 사라지게 해야 한다는 생각을 한 이들은 없었다. 유럽 사람들의 유대인에 대한 생각도 마찬가지였을 것이다.

여기에 히틀러와 나치즘이 유대인을 대하는 독특한 면이 있다. 그것은 논리적으로 설명될 수 없는 비논리였다. 히틀러의 역사관은 사회 진화론을 빌려와 인류의 역사는 민족들이 각자의 생존 공간을 차지하기 위해 투쟁해 온 과정에 다름 아니라는 것이었다. 이 자체도 문제가 있는 주장이지만, 이 주장에 동의하더라도 유독 유대인만을 멸종시켜야 할 이유는 도출되지 않는다. 차라리 아리안 민족 이외의 모든 민족을 도태시켜야 한다고 주장하는 것이 논리에 맞을 터이다.

《히틀러에 붙이는 주석》을 쓴 제바스티안 하프너는 히틀러의 유대인 학살을 그가 저지른 최악의 실수 가운데 하나로 꼽는다. 유대인 중에는 히틀러에게 기꺼이 자금을 댈 재력가가 얼마든지 있었고, 그가 저지른 전쟁에 기여할 뛰어난 과학자들도 많았으며, 독일 문화를 풍성하게 해 줄 예술인들도 많았다. 끔찍한 상상이지만, 만약 그들과 손을 잡았다면 히틀러는 망하지 않고 큰 성공을 거두었을지도 모를 일이었다. 나치의 정치적 공격 대상은 공산주의자와 사회주의자로 한정해도 충분했다. 히틀러가 왜 손해가 되는 방향으로 사태를 끌고 갔는지 도저히 이해할 수 없다고 했다.

그렇다면 히틀러는 어떤 논리로 유대인을 제거해야 할 적으로 삼게 되었는지 히틀러가 쓴 책《나의 투쟁》을 통해 살펴보자.

히틀러가 보기에 유대인이라는 적과의 전쟁은, 그의 역사관인 민족과 민족 사이의 생존 공간을 차지하기 위한 전쟁과는 별개의 전쟁이었다. 왜냐하면 유대인은 원래부터 생존 공간을 차지하고 있지 않았고 그것을 추구하지도 않았기 때문이다. 유대인은 중세 시대에 토지를 소유한 적이 없었고, 소유하려고 하지도 않았다. 그런 유대인이 왜 문제인가? 오히려 바로 그 점, 자신들의 생존 공간을 위해 싸우지 않는다는 점이 문제였다.

히틀러가 보기에 유대인은 민족 국가 개념 자체를 거부하는 국제주의자들이었다. 아니면 민족 국가를 형성할 능력이 없는 자들이었다. 어쨌든 유대인은 자신들의 국제주의 사고방식을 아리안 민족을 비롯해 유럽 모든 민족들에게 병균처럼 퍼뜨리고 있었다. 유대인의 목적이 완성되면 지구상에는 민족 국가가 사라질 것이었다. 히틀러에게 유대인은 그의 표현을 빌리면 '민족의 독살자'였다. 히틀러가 보기에 유대인 중에는 공산주의자들이 많았는데, 국가를 소멸 대상으로 보는 공산주의에 유대인들이 가담하는 것은 자연스러운 일이었다. 여기에서 유대인과 공산주의자는 한편이라는 명제가 성립한다.

유대인이 민족 국가를 거부하고 국제주의를 지향한다는 주장은 사실로 입증된 명제가 아니다. 유대인 중에 국제주의자가 있을 수는 있겠지만 유대인이라는 속성 자체가 국제주의라는 것은 억지 주장이었다. 그러나 일반 대중들에게는 논리가 중요하지 않았다. 평소 품고 있던 유대인 혐오 정서가 히틀러의 선동과 만나자 급격하게 증폭되었다. 히틀러와 나치는 그 증폭된 혐오가 인명 살상으로 나아가도록 열심히 인도했다. 그리고 많은 유럽인들이 그 인도를 따랐다. 이로 인해 일어난 유대인 학살을 '포그롬pogrom'이라고 부른다.

'수정의 밤' 포그롬

포그롬은 '폭동'이라는 뜻의 러시아어인데, 특히 1881년 러시아 차르 알렉산더 2세가 암살당한 사건에서 비롯된 유대인 박해를 가리키는 용어로 사용됐다. 알렉산더 2세는 진보 정치 세력에게 암살당했지만 집권 세력이 이를 유대인의 소행이라고 유언비어를 퍼뜨렸고, 이에 흥분한 민중들이 유대인 거주 구역인 게토와 유대교 회당을 습격하여 많은 유대인들이 목숨을 잃거나 부상을 당하고 재산 피해를 입는 사태가 벌어졌다. 이러한 유대인을 향한 민중 폭동을 포그롬이라고 불렀는데, 이후 20세기에 이르기까지 러시아와 동유럽 곳곳에서 수백 건에 걸친 포그롬이 일어났다. 대부분 집권 세력이 민중들의 유대인에 대한 평소의 혐오 정서를 자극해 폭동을 일으키도록 사주한 결과였다.

1923년 9월 일본 간토 지방에서 대지진이 일어났을 때 우리 민족 또한 포그롬의 희생자가 된 바 있다. 당시 일본 당국은 조선인들이 지진으로 혼란한 틈을 타 방화를 하고 약탈을 한다는 근거 없는 소문을 퍼뜨렸고 이에 따라 일본인들이 스스로 자경단을 결성하여 조선인을 마구잡이로 학살했다. 정확한 통계는 없지만 대략 6천여 명이 희생당한 것으로 알려져 있다. 일본판 포그롬이라고 할 수 있다.

나치도 이러한 포그롬 방식을 이용했다. 그 대표적인 것이 1938년 11월 9일에 일어난 '수정의 밤' 포그롬이다.

이 포그롬에 앞서 나치당은 유대인에 대한 탄압 수위를 점차 높여 왔다. 히틀러는 집권 직후인 1933년 5월에 베를린 오페라 하우스 앞에서 좌익 서적들을 불태우는 분서 행사를 열었는데, 거기에 유대인 작가의 책들도 포함되었다. 이후 히틀러는 유대인과 사업 거래를 금지하고 유대인의 공무원 채용도 금지했다. 1935년 뉘른베르크 전당 대회에서 채택한 이른바 '뉘른베르크 법'에 의해 유대인의 시민권을 박탈했으며 아리안과 유대인 사이의 결혼을 금지했다.

그러나 이 모든 조치들은 유대인에게 직접 폭력을 가하는 것은 아니었다. 즉 유대인들의 삶이 불편해지기는 했지만 유대인이 없어지는 것은 아니었다. 히틀러는 유대인을 없앨 방법을 궁리했다. 그러던 중 기회가 찾아왔다. 1938년 11월 7일 프랑스 파리에서 독일 외교관이 피살당하는 사건이 발생했다. 범인은 헤르셸 그린즈판이라는 17세의 독일 태생 유대인이었다. 그린즈판은 최근 자신이 태어난 독일 하노버에 살고 있던 부모가 나치에 의해 폴란드로 추방되었다는 소식을 듣고 분노하고 있던 참이었다. 때마침 파리를 방문한 독일 외교관이 그 분노를 풀 표적이 되었던 것이다.

히틀러는 피살된 외교관의 장례를 크게 치러 주고 이 기회에 유대인에 대한 대대적인 포그롬을 일으키기로 한다. 11월 9일 히틀러는 성명을 발표하여 짐짓 유대인을 규탄하는 시위는 금지한다고 하면서도 넌지시 개인이 분노를 표출하는 것까지 막을 수는 없다고 말했다. 보통의 독일인들은 이 성명을 분노를 마음껏 표출하라는 뜻으로 받아들였다. 그리고 히틀러는 선전부 장관 괴벨스를 통해 각 지방에서 은밀하게 유대인에 대한 포그롬을 조직할 것을 지시했다.

그 결과 11월 9일부터 10일 사이에 독일 전국에서 시민들이 봉기하여 유대인을 공격했다. 7천여 개 상점들이 파괴됐고 2천 곳에 이르는 유대교당이 불에 탔다. 가정집과 학교와 시장도 무사하지 않았다. 9일 밤을 지나고 10일 아침이 밝아오자 유대인 게토 거리는 상점들에서 깨져 나온 유리창으로 뒤덮였다. 그래서 처음에는 '깨진 유리창의 밤'이라고 했는데, 독일 사람들은 아침 햇빛에 빛나는 유리 조각들이 마치 수정같이 보인다며 자랑이라도 하듯 '수정의 밤'이라고 고쳐 불렀다.

폭동은 엄청났지만 실제로 수정의 밤 포그롬 과정에서 살해된 유대인은 1백 명에 조금 못 미치는 숫자였다. 다만 약 3만 명의 유대인들이 체포되어 뮌헨 다하우 수용소 등지로 이송되었다. 히틀러는 만족하지 못했다. 그는 단지 유대인을 차별하고 격리시키기를 바란 것이 아니었다. 독일이라는 나라가 유대인이 없는 순수한 아리안의 땅이 되기를 원했다.

　나치 수뇌부가 모여 궁리를 했는데, 2차 대전을 개전한 지 1년 뒤인 1940년에 기상천외한 방법이 제안되었다. 이때까지만 해도 유대인을 모두 죽인다는 생각은 못 했다. 그래서 유대인 모두를 통째로 배에 실어 멀리 보내 버리는 안을 냈다. 대상지는 아프리카 남동쪽에 있는 마다가스카르섬이었다. 만약 이 안이 실행되었더라면 종전 후 팔레스타인에 이스라엘이 건국되지 않았을 터이니 중동 문제로 골머리를 앓아 온 세계사가 전혀 다르게 바뀌었을 것이다.

　마다가스카르섬 이주안은 실행 초기 단계까지는 갔다. 우선 독일 서부에 거주하던 유대인 7천5백 명을 섬으로 실어 나르기 위해 프랑스로 이동시켰다. 그런데 바로 이즈음 독일은 소련과의 평화 조약을 깨고 소련 지역으로 진군하기 시작했다. 동유럽과 소련에는 약 5백만 명의 유대인이 살고 있는 것으로 추정되었다. 전쟁 중에 대서양을 종단해서 5백만 명을 추가로 이송하는 것은 엄청난 일이었다. 게다가 결정적으로 마다가스카르섬은 독일 영토도 아니었다.

　마다가스카르 이주안은 없던 일로 되었고, '유대인 문제'는 여전히 미해결로 남았다. 이 무렵 동유럽을 침공한 독일은 루마니아, 폴란드, 보스니아·헤르체고비나, 우크라이나 같은 점령지에서 주민들이 포그롬을 일으키도록 열심히 사주했다. 반제 회의 기념관에는 이 당

반제 기념관에 전시된 포그롬 사진. 설명문에 따르면 1941년 독일군은 리투아니아 카우나스시를 점령하고 리투아니아인들을 선동하여 유대인에 대한 포그롬을 일으키도록 사주했다. 6월 25일에서 27일 사이로 추정되는 날짜에 리투아니아 민족주의자들이 독일군이 멀찌서서 지켜보는 가운데 유대인을 학살하고 있다.

시 독일이 점령했던 리투아니아에서 일어난 포그롬 광경을 담은 사진이 전시되어 있다. 나치 군인과 친위대들이 멀찌감치 서서 지켜보는 가운데 평범한 시민들이 유대인을 길거리에서 폭행하여 죽이는 장면이다. 길거리에는 맞아 죽은 시신들이 나뒹굴고 있다.

나는 제복을 입은 나치 군인이나 친위대가 아니라 평범해 보이는 민간인들이 길거리에서 유대인을 무차별 폭행하는 장면에서 섬뜩

한 느낌이 들었다. 모든 개개인의 심성 안에 어쩌면 저런 폭력성이 잠재되어 있는 것은 아닐까 생각하니 마음이 불편해졌다.

최종 해결책

독일이 동유럽 점령지에서 현지 주민들을 부추겨서 일으킨 포그롬은 기록에 의하면 상당히 성공적이었다고 한다. 거기에는 그럴 만한 배경이 있었다. 예를 들면 라트비아, 에스토니아, 리투아니아 같은 발트해 연안 국가들은 2차 대전이 발발하면서 소련에 점령되어 강제로 사회주의 정부가 들어섰다. 국민들은 겉으로 표현은 못 하지만 반소련 정서를 품게 되었다. 이런 정세에서 독일군이 진주해서 점령하자 많은 주민들이 독일군을 해방군으로 여겨 환영했다. 이번에는 독일의 후원 아래 친나치 정부가 들어선다. 나치 친위대는 친나치 정부의 관료들을 통해 반유대 포그롬을 선동했다. 선동의 논리는 간단했다. 소련 공산당을 이끄는 골수분자들은 모두 유대인들이라는 것이었다. 반소 정서와 유대인 혐오 정서가 결합되고 그 폭력성이 증폭되었다. 발트해 연안뿐 아니라 동유럽 대부분에서 이러한 유형의 포그롬이 일어났다.

그러나 포그롬으로 유대인이 모두 제거되는 것은 아니었다. 살해되는 유대인들이 있었지만 그 숫자는 한 포그롬에 수십 명 정도에 그쳤다. 효과라면 유대인들을 모두 게토에서 몰아내 강제 수용소에 격리하는 정도였다. 그러나 수용소가 감당할 인원에도 한계가 있었다. 폴란드에 세운 6만 평 규모의 아우슈비츠가 포화 상태가 되어서 인근 51만 평 부지에 제2의 아우슈비츠, 즉 '아우슈비츠 비르케나우 Auschwitz Birkenau'를 추가로 만들었지만 그래도 수백만 명을 다 수용소에 가둔다는 것은 엄청난 공간을 필요로 했고 유지 비용도 엄청날 것이었다.

이러한 고민 끝에 히틀러는 결심했다. 유대인을 전부 죽여서 유대인 없는 세계를 만들기로. 대체로 1941년 중반 무렵에 이러한 결심을 한 것으로 추정된다. 이것이 '최종 해결책'이다. 그러나 이 최종 해결책은 공식적인 행정 문서나 명령서의 형태로는 남아 있지 않다. 남아 있지 않은 이유는 두 가지일 것이다. 하나는 나치가 패전 직전에 모든 문서들을 폐기했거나, 아니면 애초에 그런 문서는 존재하지 않았거나. 오늘날까지 어느 쪽이 사실인지 밝혀지지 않았다.

이러한 상황은 우리나라의 1980년 광주항쟁에서 발포 책임자를 묻는 논란과 비슷하다. 많은 연구자들은 당시 보안 사령관으로서 실권자였던 전두환이 광주에 출동한 군대에게 시민을 향한 발포 명령을 내렸을 것이라고 추론하고 있다. 이에 대해 전두환은 광주의 군 지휘관이 시위대의 위협 아래에서 자위권 차원에서 발포한 것이라고 반박하고 있다. 이 역시 오늘날까지 사실이 밝혀지지 않고 있는데, 나는 독일의 논쟁을 대입해서 답을 찾을 수 있지 않을까 생각한다.

독일에서 1980년대까지 주류 역사학자들은 히틀러가 유대인 절멸 정책을 결정했고, 그 결정은 괴링과 히믈러와 아이히만 같은 지휘

체계를 거쳐 하달되어 일사분란하게 실행됐다고 보았다. 이런 주장을 한 역사가들을 '의도주의 학파'라고 불렀는데, 나치 독일에서 히틀러는 절대 권력을 행사한 독재자였으므로 그의 의도가 저 말단 강제수용소의 친위대원에게까지 관철되었다고 보았기 때문에 붙여진 호칭이다.

한편 1969년 역사학자 마르틴 브로샤트Martin Broszat가 《히틀러 국가》라는 역작을 저술했다. 브로샤트는 의도주의를 전면 비판하면서 히틀러의 나치 체제는 기존에 생각해 온 것만큼 일사분란하지 않았음을 실증적으로 밝혀냈다. 특히 유대인 문제와 관련해서 히틀러가 혐오 정서를 선동한 것은 사실이지만, 유대인에 대한 박해와 학살은 상당 부분 각 지역에서 자율적으로 진행됐다고 주장했다. 곧 나치 독일 체제 자체가 어디에서든 유대인 학살이 일어날 수 있는 구조와 기능을 갖추고 있었다고 본 것이다. 그래서 이들을 '기능주의 학파'라고 불렀다. 브로샤트와 의견을 같이 한 역사학자 한스 몸젠Hans Mommsen은 '의도주의'는 홀로코스트의 책임을 히틀러 한 사람에게 귀속시킴으로써 학살을 실행한 많은 나치주의자들에게 면죄부를 주는 효과를 발생시킨다며 비판했다.

1980년대에 의도주의 학파와 기능주의 학파 사이의 논쟁은 '역사가 논쟁'이라는 이름으로 뜨겁게 전개됐고, 그 논쟁의 결과가 90년대에 들어와 종합되고 정리되기에 이른다. 이 시기에 동독과 소련이 붕괴되면서 알려지지 않았던 나치 관련 문서들이 공개되었고, 독일에서도 이전에 비해 훨씬 많은 양의 문서 자료들이 발굴됨으로써 논쟁은 합의점에 이를 수 있었다.

합의된 핵심은 홀로코스트를 주도한 자가 권력의 중심 히틀러냐 지역의 관료들이냐는 식의 이분법으로 바라보아서는 안 된다는 점이었다. 히틀러를 중심으로 한 중앙 권력은 과격한 반유대주의를 선동했고, 그에 따라 지역에서 자발적인 유대인 학살이 시작되었다. 이때 중앙 권력은 지역의 학살 주도자를 친위대나 지방 정부의 간부로 승진시켰다. 학살에 보상을 한 것이었다. 승진 보상을 받은 자는 권력이 자신을 승진시킨 의도를 잘 알았다. 따라서 보다 더 의욕적으로 학살에 임했다. 또한 중앙에서 지역에게 학살을 일임한 것도 아니었다. 홀로코스트의 기획자인 하인리히 히믈러는 계속해서 독일 점령지를 돌아다니며 지역 학살 책임자들을 부추기고 이러저러한 지시들을 내렸다. 말하자면 중앙과 지역이 서로 상승 작용을 일으키는 방향으로 협력했다는 것이다.

나는 1980년 광주항쟁의 발포 명령도 이와 비슷하지 않을까 추론해 본다. 전두환이 공식적인 발포 명령을 내리지 않았다고 하더라도 민주화를 요구하는 시민들의 시위를 무력을 사용해서라도 진압해야 한다는 것에 전두환과 현지 공수 부대 지휘관 사이에 충분한 공감대가 형성돼 있었을 것이다. 발포 명령을 실행하기 직전까지 전두환과 지휘관 사이에 여러 차례 의사소통이 있었음도 충분히 상상할 수 있다. 그 과정에서 양측의 과격함이 상승 작용을 일으켜 발포에까지 이르게 된 것은 아닐까. 다만 독일과는 달리 우리는 이러한 추론을 논증할 충분한 자료들을 갖고 있지는 못하다.

이러한 상승 작용 이론은 2차 대전 중 유대인 학살이 주로 독일이 점령한 동유럽과 소련 지역에서 일어난 것을 어느 정도 설명해 준다. 이들 지역에서 유독 유대인 학살이 광범위하게 일어난 이유를 티머시 스나이더Timothy Snyder는 2015년 자신이 쓴 책 《블랙 어스Black Earth》에서 분석했다. 《블랙 어스》, 즉 '검은 지구'라는 제목은 직접적으로는 히틀러가 차지하고자 했던 우크라이나의 비옥한 땅 흑토 지대를 가리키는 것이지만 한편으로는 결국 히틀러의 계획이 암울한 결말로 끝났다는 것을 은유하기도 한다.

스나이더가 보기에 히틀러가 자행한 홀로코스트는 '주권'의 상태와 관련이 있다. 동유럽 지역은 1917년 볼셰비키 혁명으로 탄생한 소련의 점령과 간섭 아래, 위로부터 사회주의 체제를 강제로 이식당했다. 그 과정에서 일부 토착 사회주의자들은 권력을 획득했지만 대부분 주민들의 의사는 무시되었다. 주민들은 주권을 빼앗겼다고 느꼈다. 그러던 중 독일이 침공해 왔다. 상당수 주민들이 독일군을 해방자로 맞이했다. 그러나 해방은 되었으나 정부 권력은 소수 나치주의자들에게 돌아갔다. 이번에도 주민들은 주권 행사에서 소외되었다. 이러한 상황은 소련 지역이라고 해도 크게 다르지 않았다. 결국 독일이 점령한 동유럽과 소련 지역은 국가의 주인이 두 번이나 바뀌는 과정에서 주권이 존재하지 않는 상황이 조성되었다는 것이다.

주권이 존재하지 않는 점령지에서 독일군은 크게 두 가지 부담에 직면한다. 하나는 해당 지역의 주민들에게 식량을 조달해 줘야 한다는 부담, 또 하나는 독일군과 독일 이주민, 그리고 지역의 친독일

정부 관료들에게 주거를 마련해 줘야 한다는 부담이었다. 이러한 부담들을 '실용적으로' 해결하기 위해 고안해 낸 것이 기아 작전, 곧 점령지 주민들을 굶겨 죽이는 작전이었다. 그러나 여러 가지 제약 요인들로 이 작전은 실행되지 못했다. 그래서 마침내 '일시에 처형하는' 작전을 선택한다. 이때 주민들 가운데 먼저 유대인을 대상으로 선택한 이유는 설명이 필요하지 않을 것이다.

처형 작전이 가능했던 가장 결정적 요인은 이 지역에 주권이 존재하지 않는다는 상황이었다. 이는 독일이 점령한 주권 있는 다른 지역과 비교해 보면 명확해진다. 독일은 네덜란드와 프랑스를 점령하고 그곳에서도 유대인 혐오 정서를 선동하고 포그롬을 부추겼다. 그럼에도 독일이 직접 나서서 유대인을 대량 학살하는 일은 감행하지 못했다. 그곳은 모두 주권이 확립돼 있는 지역이었고, 학살에 대한 주권자들의 저항을 감안해야 했기 때문이다. 반면에 동유럽 지역은 그러한 주권자의 저항이 미미했고 그만큼 거리낌 없이 대량 학살을 자행할 수 있었다는 것이다.

절멸 수용소

스나이더의 주장은 학계에서 거센 논쟁을 불러일으켰고, 그에 반대하는 학자들도 많았다. 그렇지만 현상적으로 유대인을 멸종시키기 위한 절멸 수용소가 세워지고 홀로코스트가 집중적으로 일어난 곳이 동유럽 지역인 것은 사실이다. 대략 1941년 중반 무렵 동유럽 유대인들을 절멸시킨다는 '최종 해결책'이 결정됐고, 독일군과 특수 부대에 의한 체계적인 살인 정책이 시행되기 시작했다.

그렇다면 1942년 1월에 열린 '반제 회의'에서 '최종 해결책'을 논의했다는 말은 무엇인가. 반제 회의는 유대인을 멸종시키기로 한다는 결정을 의결하지 않았다. 앞에서도 설명했듯이 그런 의결을 명문화한 공식 문서는 존재하지 않으며, 이미 1941년 중반 소련을 침공할 무렵에 결정된 것으로 추정되고 있다. 반제 회의는 이렇게 명문화되지 않은 유대인 절멸 정책을 시행하기 위한 일종의 실무 회의였다.

반제 회의 이전에 이미 절멸 정책이 시행되고 있었다는 증거는 아주 많다. 반제 회의에는 유럽 각국에 거주하고 있는 유대인 수를 기록한 목록이 제출되었고 오늘날까지 보존되고 있다. 그런데 이 목록에서 유일하게 발트해 연안 에스토니아에는 '유대인 없음'이라고 표기되어 있다. 이웃한 라트비아에 3천5백 명, 리투아니아에 3만 4천 명이라고 기록되어 있는 것에 비해 에스토니아에는 단 한 명도 없다는 것은 이상한 일이다. 실제로는 1941년 10월 독일군이 점령할 당시 에스토니아에 유대인이 약 1천 명 거주하고 있었다. 다만 그 뒤 반제 회의가 열리기 전까지 전원 살해당한 것이다.

가장 결정적인 증거는 1941년 후반 폴란드 중부에 세운 헤움노 Chelmno 절멸 수용소이다. 독일식 명칭은 쿨름호프 Kulmhof이다. 1933년 의사당 방화 사건 이후 헤움노 수용소 이전까지 세워진 많은 강제 수용소들은 비록 그곳에서 많은 인명 살상이 있었지만, 기본적으로는 격리를 목적으로 했고 전쟁 이후에는 강제 노동이라는 목적이 추가됐다. 수용소들을 기능별로 분류한다면 다른 큰 수용소로 보내기 전의 임시 집결지인 이송 대기 수용소, 강제 노동을 통해 군수 물자를 생산하던 강제 노동 수용소, 그리고 반체제 인사들을 수용하는 격리 수용소가 있었다. 앞에서 설명한 수용소들이 대개 이 범주 안에 있다. 그런데 헤움노 수용소는 오로지 대량 살인을 목적으로 세워진 최초의 절멸 수용소였다.

헤움노는 오로지 인명 살상을 목적으로 했기 때문에 구조가 다른 수용소들과는 달랐다. 수용소는 두 곳으로 분리됐는데, 하나는 이 지방 영주의 성을 개조한 것이었고 다른 하나는 인근 숲에 마련했다. 막사를 새로 짓지 않고 영주의 저택을 사용한 것은 수감자들은 어차피 이송돼 오자마자 살해될 것이었고, 따라서 대규모 수감 시설이 필요하지 않았기 때문이다. 숲에 마련된 시설은 살해된 시체들을 매립하는 장소였다.

사실 이 무렵 동유럽 점령지 곳곳에서 이미 대량 학살이 벌어지고 있었다. 가장 흔한 방법이 대상 유대인들을 숲으로 데려가 땅을 파게 한 다음 그들을 그 구덩이 속에 들어가 일렬로 엎드리게 하고 연발 소총을 난사하여 사살하고 흙을 덮는 방식이었다. 그런데 헤움노에서는 이보다 좀 더 효율적인 방식을 개발했다. 영주 저택 수용소에서 숲 시설까지 버스를 개조한 차량을 통해 이동하면서 차량 안에서 가스로 살상하는 방식이었다. 말하자면 이동식 가스실이었다.

헤움노 수용소 친위대는 이송되어 온 수감자들을 오스트리아의 더 좋은 곳으로 보내 줄 것이라고 거짓말로 속였다. 그리고 그곳으로 가기 전에 목욕을 해야 한다며 창문이 없도록 개조한 버스의 이동식 목욕탕에 옷을 벗고 들어가라고 했다. 수십 명이 들어가면 밖에서 문을 걸어 잠그고 버스에 시동을 걸어 엔진을 공회전시킨다. 이때 뒤로 뿜어져 나오는 배기가스를 호스로 연결해 다시 버스 안으로 흘러 들어가도록 했다. 십여 분 이내에 모두 일산화탄소 중독으로 사망했다. 그러면 버스가 이동하여 숲 시설에 도착하고 문을 열어 바로 시신들을 미리 파 놓은 구덩이에 던져 매장했다.

친위대는 이 버스의 살인 효율을 높이기 위해 여러 차례 개량을 했다. 그것이 나중에 아우슈비츠의 가스실에 반영되었고, 일산화탄소보다 훨씬 살상력이 강한 시안화가스가 개발되었다. 헤움노 시설이 최초로 가동된 것은 1941년 12월 8일이다. 이후 1942년 1월 20일 반제 회의가 열리기 전까지 이미 약 4천 명의 유대인과 4천 명의 집시들이 이곳에서 '처리'되었다. 반제 회의가 열리기 이전에 이미 절멸 정책은 시행되고 있었던 것이다.

반제 회의

그렇다면 반제 회의가 열린 이유는 무엇일까? 이미 히틀러가 유대인 절멸 정책을 결정하고 실행하고 있는 마당에 별도로 반제에 모여 회의를 할 어떤 필요가 있었던 것일까?

먼저 반제 회의가 열렸던 장소를 살펴보자. 반제는 베를린의 서남쪽 끝에 있는 커다란 호수이다. 처음 이곳을 방문했을 때 나는 베를린 시내나 교외에서 보지 못했던 풍경과 만났다. 호숫가 숲이 우거진 동네에 지어진 집들은 일반적인 개인 주택과는 차원이 달랐다. 최상류층이나 소유할 법한 고급 빌라들이 즐비했다. 이곳은 19세기 말 무렵에 이미 지금과 같은 상류층 빌라촌으로 개발되었다고 한다. 알고 보니 이곳이 고급 주택가로 선택된 이유가 있었다. 반제 호수에서 서쪽으로 다리 하나만 건너면 포츠담으로 연결된다. 포츠담은 프로이센의 계몽 군주 프리드리히 대제가 여름휴가를 보내기 위해 지은 상수시 궁전이 있는 곳이다. 반제 호숫가는 상수시 궁전에는 못 미치지만 그에 버금가는 저택을 짓고 부와 권력을 과시하고 싶은 상류층에게 적합한 지역이었다.

반제 회의가 열린 저택은 주변 저택들 중에서도 단연 아름답게 지어졌고 호수를 바라보는 전망도 좋다. 정원에서 호수를 바라보면 요트들이 떠 있고, 건너편 모래사장은 해수욕장인지 파라솔들이 펼쳐져 있다. 1940년까지는 베를린의 성공한 기업가가 이 저택의 주인이었다. 한 자선 재단이 이 저택을 매입했는데, 사실은 나치 정부의 보안총국에서 위장 매입을 한 것이었다. 이 무렵 나치의 각 정보기관들이 이 일대에 건물을 사들여 사무실로 사용했다. 아마도 사람들이나 언론의 눈에 띄지 않게 모여서 회의를 할 목적이었을 것이다.

반제 회의 저택도 보안총국과 친위대 요인들을 위한 게스트 하우스 용도로 사들였다. 현재 전시실에는 1941년 11월 보안총국 명의

반제 회의 기념관 전경. 나치가 쓰기 전에는 베를린의 부호가 살던 대저택이었다.

로 배포된 회람이 전시돼 있는데, 정보기관 요원들이 베를린에 출장 오면 시내 호텔에 숙박할 방을 구하기 힘들고 가격도 비싸서 이 시설을 마련했으니 마음 편히 사용하라는 내용이 적혀 있다. 베를린에서 오가는 교통은 픽업 서비스를 제공한다는 안내도 있다.

1942년 1월 20일 아침, 이 건물의 1층 식당에서 나치 간부 15명이 모여 약 90분 동안 회의를 했다. 소집자는 국가보안총국 책임자 라인하르트 하이드리히Reinhard Heydrich였고 참석자는 친위대, 당, 관련 행정부 장관을 비롯한 총 15명이었다. 히틀러는 참석하지 않았다. 참석자 중 나중에 널리 알려진 인물로는 히틀러의 의중에 따라 유대인 학살을 기획한 아돌프 아이히만이 있었다.

반제 회의에 참석한 15인 가운데 몇몇은 전쟁 중에 사망했고 다른 일부는 종전 후 전범 재판에 회부되어 처형되거나 수감되었다. 아이히만은 종전과 함께 체포되어 수용소에 수감되었으나 탈출하여 국외로 도피했다. 행방이 묘연했던 그는 이스라엘 정보기관 모사드에 의해 1960년 아르헨티나에서 체포되었다. 예루살렘으로 이송되어 세계의 이목을 집중시킨 재판을 받았고, 사형에 처해졌다.

　　한나 아렌트는 예루살렘의 재판정에 선 아이히만을 관찰한 결과를 토대로《예루살렘의 아이히만》이란 책을 썼는데, 여기에 나중에 널리 쓰이게 되는 '악의 평범성'이라는 용어가 처음 등장한다. 아렌트에 따르면 아이히만은 악마나 괴물이 아닌 지극히 평범한 사람이었다. 그는 단지 나치 친위대에서 출세하기를 원했으며 그것을 위해서 위에서부터 내려진 명령과 법을 충실하게 따랐을 뿐이었다. 거대한 악의 구조 속에서 한 인간은 손쉽게 그 구조의 도구로 전락할 수 있다는 경고였다.

　　그러나 이 책이 출간된 뒤 격렬한 비판도 잇따랐다. 실제로 아이히만은 극렬한 유대인 혐오주의자였으며 재판에서 보인 평범함은 재판관에게 그렇게 보이기 위해 치밀하게 준비하여 연출한 모습일 뿐이라는 주장도 나왔다. 어느 한쪽이 맞거나 틀리는 것이 아니라, 아마도 인간 내부의 심연에는 착한 심성과 악마적 본능이 공존하고 있는 것일지도 모른다. 반제 회의 기념관을 탐방하는 내내 내게 떠올랐던 생각이다.

　　반제 회의의 주제는 '유대인 문제에 대한 최종 해결책'이었다.

그러나 유대인을 멸종시키기로 한 최종 해결책이 이 자리에서 결정된 것은 아니었다. 히틀러가 참석하지 않은 것도 그런 이유에서였다. 이 회의는 이미 결정되어 시행에 들어간 절멸 정책을 좀 더 효율적으로 진행시키기 위해 각 부서 사이에 업무를 조정하고 시행 규정을 구체화하는 작업을 하는 실무 회의였다. 그런데도 오늘날 이 회의를 중요시하는 이유는 실제로 절멸 정책을 결정한 회의나 문서는 알려져 있지 않은 가운데 유독 반제 회의만은 상세한 관련 기록과 문서가 보존돼 있기 때문이다.

회의 내용은 이런 것들이었다. 우선 유럽 각국에 소재하고 있는 유대인 숫자를 기록한 목록을 참석한 각 부서가 모두 공유했다. 그런데 이때 유대인의 범주를 정하는 것이 안건으로 제기됐다. 인간의 생명을 제거하는 논의를 하고 있는데, 어떤 사람이 그 대상인지 아닌지 모호하다면 큰일일 터였다. 이를테면 유대인 피가 반만 섞인 혼혈인 경우 어떻게 보아야 하는가. 강경 나치주의자들은 50퍼센트 혼혈도 '최종 해결책'의 대상이 되어야 한다고 주장했다. 그러나 회의에서는 만약 그 혼혈이 유대인과 혼인도 하지 않았고, 유대인 공동체에 참여하지도 않고 유대인처럼 처신하지도 않는다면, 절멸 수용소로 가는 것과 불임 시술을 받는 것 중에서 선택해야 한다는 안이 나왔다. 회의에서 어느 쪽으로 결정됐는지 확실하지는 않지만, 이후 상당수의 유대인 혼혈들이 불임 시술을 당했다.

유대인과 결혼한 '아리안', 특히 유대인 남성과 결혼한 여성 '아리안'이 남편과 헤어질 것을 거부할 경우는 어떻게 해야 할까. 그 여성의 피에는 유대인 피가 한 방울도 섞이지 않았으니 절멸 대상은 아니어야 하지 않을까. 회의 참석자들은 그 여성은 이미 유대인과의 결혼을 금지한 뉘른베르크 법을 어겼으므로 '최종 해결책'의 대상에 포함된다고 판결했다. 많은 독일인 여성들이 이 조항에 따라 희생되었다.

회의에서는 유대인들을 어떠한 운송 수단으로 중간 집결지까지 이송할 것이며 그 책임은 어느 부서에서 맡을 것인지 구체적인 실무 논의도 이루어졌다. 중간 집결지에 이송한 유대인들을 마지막 처형 장소로 이송하기로 했는데, 회의 당일까지 건설돼 있는 절멸 수용소는 헤움노 한 곳뿐이었다. 그 한 곳으로는 도저히 감당할 수 없었다. 그래서 폴란드 영토 안에 추가로 베우제츠, 소비보르, 트레블린카 절멸 수용소를 세우기로 했다.

제노사이드

1942년 상반기에 건설된 이 수용소들에는 헤움노와는 달리 더욱 대규모 학살이 가능하도록 가스실을 만들었다. 가스는 처음엔 자동차 배기가스인 일산화탄소를 이용하다가 점차 독성이 강한 화학물질을 개발해 나갔다. 1943년까지 이 절멸 수용소들에서 희생된 유대인은 헤움노 32만 명, 베우제츠 50만 명, 소비보르 25만 명, 트레블린카 84만 명이다. 180만 명이 넘는 유대인들이 이들 네 곳 절멸 수용소에서 흙에 묻히거나 재로 변했다.

유대인의 완전한 절멸을 위해서는 이 네 곳으로는 부족했다. 그래서 애초에 강제 노동 수용소로 세워진 곳들을 절멸 수용소로 전환시키기 시작했다. 폴란드의 마이다네크 수용소가 그런 경우로 유대인 20만 명을 '처리'했다. 가장 대표적인 곳이 오늘날 잘 보존되고 있는 아우슈비츠다. 원래 아우슈비츠는 폴란드를 침공한 뒤 폴란드인 포로들을 수용하기 위해 세운 수용소였고, 소련과 개전한 다음에는 소련군 포로들을 수용하는 곳이었다. 그러나 1942년부터 절멸 수용소로 전환해 아우슈비츠 비르케나우에 4개 가스실을 만들고 대량 학살을 시작했다. 아우슈비츠에서는 대략 90만에서 125만 명 사이의 유대인들이 학살당한 것으로 추정되고 있다.

오늘날 아우슈비츠가 유명한 것은 그곳에서 가장 많은 유대인이 희생됐기 때문이라기보다는, 트레블린카 같은 다른 절멸 수용소들이 1943년부터 소련군의 반격을 받은 독일군이 후퇴하면서 홀로코스트의 증거를 없애기 위해 스스로 파괴해 버려 시설이 남아 있지 않기 때문이다. 그래도 오늘날 흔적을 발굴하여 기념관으로 조성해 놓기는 했지만, 아우슈비츠 비르케나우와 같이 장대한 수용소 막사 광경을 보여 주지 못한다는 점도 그곳들이 주목을 덜 받는 이유일 것이다. 사실 절멸 수용소들은 강제 노동 없이 곧바로 학살하는 장소였기 때문에 넓은 면적을 차지할 필요도 없었다.

내가 아우슈비츠 비르케나우를 탐방했을 때 가스실 터 앞에서 폴란드인 가이드로부터 들은 이야기가 기억에서 사라지지 않고 남아 있다. 다른 수용소들과 마찬가지로 아우슈비츠에서도 수감자들에

아우슈비츠 비르케나우 입구. 제1 아우슈비츠와 제2 아우슈비츠가 있는데, 제2 아우슈비츠를 '아우슈비츠 비르케나우'라고도 부른다. 입구로 가는 길에 유대인들을 실어 나르던 기차가 보존돼 있다.

아우슈비츠 비르케나우. 독일의 수용소들은 막사를 철거해 남아 있지 않지만, 폴란드인들은 나치의 흔적을 그대로 보존했다. 나중에 아우슈비츠 제3수용소 모노비츠가 근처에 세워졌다.

게 가스실을 목욕탕이라고 속였다. 친위대원들은 수감자들에게 목욕을 시켜 주겠다며 탈의실로 데려가 옷을 벗도록 했다. 탈의실에는 벽면에 가지런히 옷걸이가 부착돼 있었는데, 친위대원은 수감자들에게 목욕을 하고 나왔을 때 자기 옷을 쉽게 찾을 수 있도록 배당된 옷걸이에 차곡차곡 잘 걸어 놓으라고 지시했다. 사실은 부유한 유대인들의 옷과 소지품을 재사용하기 위해 회수할 때 편리하도록 거짓말을 한 것이다.

수백 명 단위로 목욕탕에 들어가면 밖에서 걸어 잠그고 잠시 후 천정에 달린 샤워 꼭지같이 생긴 구멍에서 자이클론B, 즉 청산 가스가 흘러나와 바닥으로 가라앉기 시작한다. 죽음의 샤워였다. 이때 폴란드인 가이드가 설명을 멈추고 탐방자들에게 물었다. 몇 분 뒤 모두 죽고 문을 열었을 때 그 안의 광경이 어떠했을지 상상해 보라고 했다. 아무도 선뜻 말하지 않자, 설명을 이어 나갔다.

흔히 바닥 곳곳에 시신들이 널브러져 있을 것이라고 상상할 것이다. 하지만 실제로는 놀라운 광경이 보였다. 군데군데 사람으로 이루어진 작은 피라미드들이 만들어져 있었다. 청산 가스는 공기보다 무거워서 먼저 바닥에 가라앉은 뒤 점차 차오른다. 이때 사람들은 마지막 남은 생존 본능으로 좀 더 높은 곳으로 올라가 독가스를 피하려고 한다. 결국 먼저 죽은 시신들을 밟고 올라선다. 그들이 죽으면 다음 사람들이 그 위로, 또 그 위로. 그렇게 해서 만들어진 인간 피라미드의 가장 아래에는 노인과 아이들이, 그 위층에는 여자들이, 가장 위에는 혈기 왕성한 젊은이가 차지했다. 그 광경을 상상하며 가슴이 울

컥해지는 순간 살기 위해 안간힘을 쓰며 손톱으로 가스실의 벽면을 긁은 자국들이 내 눈을 긁었다.

히틀러와 나치의 유대인 절멸 정책이 언제 어디에서 어떤 과정을 거쳐 결정되었는지 확실하게 알 수는 없다. 그러나 그러한 원칙적인 결정보다 더 중요한 것이 학살 실무를 논의한 반제 회의가 아닐까. 반제 회의는 이미 살인을 결심한 살인자들이 모여서 대상자들을 어떤 방법으로 죽일 것인가 구체적인 논의를 한 모임인 것이다. 상상해 보면 이쪽이 훨씬 더 등골이 오싹해진다.

요셉 불프

내가 반제 회의 기념관을 찾은 목적에는 반제 회의의 내용을 조사하는 것과 아울러 이곳이 기념관으로 조성된 과정을 알고 싶었던 것도 있었다. 앞서 독일의 진지한 과거사 반성이 전후 곧바로 이루어지지 않았으며 종전 20년이 경과한 뒤 새 세대가 일으킨 68학생운동이 사실상의 과거 청산의 시작점이었다고 이야기했다. 반제 회의 기념관도 마찬가지 궤적을 거쳤다.

종전 당시 이곳은 처음엔 소련군이, 다음엔 미군이 접수했다. 한때 병원으로 쓰이기도 하고 비워져 있기도 하다가 1950년대에 사회민주당이 인수해서 청소년을 위한 유스 호스텔로 사용했다. 그리고 지역의 초등학교에 배당되어 학생들을 위한 레크리에이션 센터가 되

Sonderausstellung
Special Exhibition

Meine eigentliche
Universität
war Auschwitz.

Joseph Wulf (1912–1974) und
das Haus der Wannsee-Konferenz
Joseph Wulf (1912–1974) and the
House of the Wannsee Conference

반제 기념관 2층 입구. 2층은 이 기념관 건립을 위해 몸을 바친 요셉 불프 전시관으로 꾸며져 있다.

었다. 이곳이 반제 회의 장소라는 사실에 독일의 역사학계에서는 관심을 보이지 않았고, 그나마 과거 청산이 침묵의 시기로 접어들자 사람들의 기억에서 잊혀 갔다.

　이때 잊혀 가던 역사적 장소에 관심을 환기시킨 한 사람이 등장한다. 이름은 요셉 불프Joseph Wulf, 폴란드 태생 유대인으로 아우슈비츠에 수감되었으나 탈출하여 생존한 이력을 갖고 있다. 불프는 종전 이후 폴란드와 프랑스를 거쳐 베를린에 정착하여 나치의 유대인 학살에 관한 역사를 저술하고 있었다. 불프는 나치 치하의 유대인 문제와 학살에 관해 정력적으로 연구하여 많은 저작을 남겼는데, 1950년대에 독일 사회에 작은 기여를 하기도 했다. 정부 부처에서 나치 전력자를 채용하려고 하자 논란이 일어났는데, 불프의 저술이 주요 근거가 되어 채용이 좌절된 일이 있었다.

그러나 요셉 불프의 저술은 피해 당사자의 당대사 서술을 어떻게 볼 것인가 하는 문제를 던졌다. 그의 저작을 진보적인 동료 학자들마저 비판했는데, 그 이유는 불프가 나치에게 직접 피해를 당했기 때문에 그의 관점이 한쪽으로 치우쳐 사실을 객관적으로 바라보지 못할 것이라는 선입견이었다. 그중에는 불프와 친하게 지냈던 《히틀러 국가》의 저자 마르틴 브로샤트도 있었다. 사실 마르틴 브로샤트는 나치 말기 어린 시절에 히틀러 유겐트에 가입했고 나치 당원이 되기까지 한 이력을 갖고 있었다. 그런 자가 자신을 편향되었다고 바라보는 것에 불프는 너무나 억울했다.

불프는 죽기 얼마 전에 아들에게 편지를 썼는데 자신의 억울한 심정을 조목조목 적었다. 그 가운데 이런 내용이 있다.

"소련에서는 유대인 학살에 관한 책을 출판하지 못하도록 한다는데 나는 이곳에서 나치에 관한 책을 18권이나 냈으니 얼마나 좋은 세상인가. 그런데 아무 반향이 없다. 서독은 민주주의 국가여서 살인자들도 자유롭게 돌아다니고, 자기 집을 소유하고 마당에 꽃을 가꾼다."

과거사를 직면하기를 거부하는 세태에 대한 절망감이 짙게 배어 있는 글이다.

1965년 불프는 동료들과 나치의 유대인 학살을 연구하는 단체를 조직하고, 베를린 시정부에게 반제 회의가 열린 건물을 보존하여 기록관을 조성할 것을 제안했다. 독일 사회에서 반제 회의 건물에 한 첫 문제 제기였다. 그러나 베를린 시의회와 정치인들은 들은 척도 하지 않았다. 1960년대 중반인 당시는 강제 수용소들도 모두 철거하여 흔적을 없앤 시기였다. 일반인들은 독일이 구가하던 이른바 '경제 기적(우리나라 표현으로 라인강의 기적)' 속에서 기억하기 싫은 과거사를 들추어내는 불프와 같은 목소리에 귀를 기울이지 않았다.

불프는 이후에도 여러 책을 출판하고, 정치권을 향해 반제 회의 기념관 건립을 줄기차게 요구했다. 그러나 돌아오는 반향은 없었다. 오히려 마르틴 브로샤트와 같은 친구이자 저명한 학자로부터 핀잔을 듣기만 했다. 때마침 아내가 죽어 홀로 된 그는 외로움과 좌절감에 괴로워한 끝에 1974년 자살로 생을 마감했다.

생전엔 외로웠으나 죽은 뒤에 상황이 반전되기 시작했다. 68운동의 영향이 사회 각 분야에 미쳐 역사학계에서도 나치 과거사에 대한 청산 운동이 일어났다. 그러자 나치의 유대인 학살을 학문 연구의 대상이 될 수 있도록 정리한 불프의 저술이 각광을 받았다. 그리고 불프의 반제 회의 기념관 건립 주장에도 힘이 실리기 시작했다. 불프가 조직한 단체는 1982년 1월 20일 반제 회의 40주년을 맞아 회의가 열렸던 건물에서 처음으로 피해자들을 위한 추모 행사를 열었다. 나중에 연방 대통령이 되는 바이츠제커가 당시 서베를린 시장으로서 행사를 지원했다. 이후 의회도 움직여 건물을 사용하던 학교를 철수시키고 기념관을 조성하기로 결의했다.

반제 회의 50주년을 맞은 1992년, 마침내 기념관이 개관하고 상설 전시관이 문을 열었다. 이날을 누구보다도 반겼을 사람은 저세상에 가 있는 요셉 불프였을 것이다. 살아서는 비록 빛을 보지 못했고 뜻을 이루지 못했지만 그의 죽음이 동료들의 결의를 더욱 굳게 해 주었고 그 결실이 드디어 맺어졌다. 개관식 날 기념관에는 불프의 이름이 헌정되었다.

　　내가 처음 이곳을 방문했을 때는 건물 입구에 자리한 관리 사무소 비슷한 작은 건물을 통째로 조셉 불프 한 사람을 위한 기념관으로 조성해 놓았다. 몇 년 뒤 두 번째로 방문했을 때는 불프 전시관이 본 건물 2층으로 옮겨져 있었다. 2층짜리 건물의 1층은 반제 회의를 주제로 한 상설 전시관이고 2층은 '조셉 불프 기념관'인 셈이었다. 오늘날 반제 회의 기념관이 그곳에 존재하는 것은 전적으로 조셉 불프의 노력 덕분이라는 것을 보여 주고 있다.

　　2019년에는 2014년부터 재임해 온 전시 책임자가 교체되어 2020년부터 개편된 전시가 공개되고 있는데, 이 전시에 약간의 논란이 있다고 한다. 새 전시가 기존의 전시물들 일부를 교체하고 첨단 기술을 활용한 새로운 전시 기법을 선보였는데 그에 대한 비판이 제기된 것이다. 이를테면 원래 반제 회의 때 15명이 사용했던 테이블을 철거하고 첨단 기술을 이용한 전시 공간으로 바꾸었다든지, 생존자의 증언을 전문 배우의 목소리를 빌어 재연해 좀 더 듣기 쉽도록 한 것 따위이다. 비판자들은 이러한 조치들이 원형을 훼손하여 반제 회의 당시의 분위기를 실감하지 못하도록 한다고 주장한다.

반제 회의 기념관 내부. 전시 해설판 외에는 대부분의 나치 당시 시설을 그대로 보존하고 있다.

남영동 대공분실에 기념관을 조성하는 일에 관여하는 나에게는
우리나 독일이나 상황과 고민이 비슷하다고 느낀다. 다행히도 현재
우리는 죽음으로 호소할 정도로 조건이 열악하지는 않다.

10
슈타지 박물관, 호헨쇤하우젠 기념관

동독 청산 문제

지금까지 히틀러와 나치 체제가 남긴 부정적인 유산을 극복하려는 독일인들의 시설과 노력을 살펴보았다. 그런데 1990년 10월 3일 이후 독일인들에게는 또 하나의 과거 청산 숙제가 주어졌다. 바로 무너진 동독 체제가 남긴 부정적인 유산이었다.

나치 청산과 동독 청산은 서로 비슷하다고 주장하는 학자도 있고, 전혀 이질적이라고 주장하는 학자도 있다. 비슷하다는 쪽은 나치 체제와 동독 체제 모두 전체주의 성격을 지녔으며 인권을 유린한 '범죄'를 저질렀으므로 인도주의적 관점에서 두 체제는 질적으로 동일하다고 주장한다. 반면에 다르다는 쪽은 나치 체제는 유럽을 상대로 전쟁을 일으키고 유대인 대량 학살이라는 그 누구도 부인하지 못할 반인도적 범죄를 저질렀지만, 동독은 그러한 나치를 청산하는 데 있어 서독보다 더 철저했으며, 전후 국제 냉전 질서 아래에서 자신의 체제를 지키려는 이념적인 행동으로 불가피하게 인권 침해를 자행한 측면이 있다고 본다. 따라서 나치 체제는 반인도주의적 체제로서 부정되어 마땅하지만, 동독 체제에 대해서는 정치 견해에 따라 바라보는 시각이 다를 수 있으므로 동독을 무조건 단죄하는 것에는 반대하는 이들도 있다.

우리나라에서는 독일 통일에 관한 논의가 주로 '통일 비용'이라는 관점에서 다루어져 왔다. 독일인들의 동독 체제 청산 논의가 대중적으로 소개된 적은 별로 없다. 우리나라에서도 독일과 비슷하게 북한이 남한에 흡수되는 방식으로 통일되었을 때 남에서 부담해야 할 경제 비용에 국민들이 민감해했기 때문일 것이다. 그러나 통일이 현실로 닥친다면, 그때 북한 체제에 복무하면서 북한 '인민'을 억압하고 인권을 탄압한 이들을 어떻게 처리할 것인지 역시 당면 문제로 떠오를 것이다. 오히려 이것이 경제적인 통일 비용 문제보다 훨씬 즉각적으로 대두될 정치 현안일 것이다.

독일에서도 1990년 통일 이후 동독 체제를 어떻게 바라볼 것이며, 특히 동독 공산주의 체제에 복무한 이들을 어떻게 처리할 것인가를 두고 심각한 논쟁이 전개됐다.

베를린에는 그러한 논쟁의 과정에서 탄생한 두 기념관이 있다. 하나는 슈타지 박물관이고, 또 하나는 슈타지의 구금 시설인 호헨쇤하우젠 기념관이다. 두 기념관을 답사하기에 앞서 1989년 11월 9일 베를린 장벽이 붕괴된 직후부터 동독과 서독 양쪽에서 어떤 일이 벌어졌고 어떤 논쟁이 있었는지 살펴보자.

베를린 장벽 붕괴 사건

1989년 11월 9일 베를린시를 동서로 분단하고 있던 장벽이 동서 베를린 시민들에 의해 무너졌고, 이를 계기로 동독이 서독에 흡수됨으로써 독일이 통일되었다. 베를린 장벽 붕괴 사건은 아마도 20세기를 가장 극적으로 뒤흔든 사변 가운데 하나로 기록될 것이다. 그런데 사실 베를린 장벽 붕괴는 아주 하찮은 우연, 또는 웃지 못할 사연에서 비롯되었다.

이 사건 이전에 동독에서는 9월부터 민주화를 요구하는 시위가 날로 격화되고 있었다. 동독 정부는 1953년 자국에서 일어난 반정부 시위에 대해, 1956년 헝가리가 부다페스트에서 일어난 민주화 시위에 대해, 1968년 체코슬로바키아가 프라하의 민주화 시위에 대해 그랬듯이 진압을 위해 소련에 군 병력 지원을 요청했다. 그러나 소련은 이미 그때의 소련이 아니었다. 고르바초프 서기장이 이른바 페레스트로이카라는 이름으로 개혁 정책을 펴고 있었기 때문에 동독에게 '내정은 알아서 해결하라'는 태도를 취했다. 그러자 동독 시민들의 시위는 더욱 거세어졌다.

동독 시민들이 내건 요구의 핵심에는 언론 자유화와 여행 자유화가 있었다. 여기서 여행 자유화는 동서독 사이의 국경을 개방하여 자유 왕래를 보장하라는 것이었다.

궁지에 몰린 동독 정부는 시위대를 회유할 대책을 발표하기로 한다. 11월 9일 저녁 7시 기자 회견을 통해 새로운 여행 자유화 조치를 발표했는데, 그 내용은 행정 절차를 간소화해서 국경 통과를 원활하게 하겠다는 정도에 그치는 미봉책이었다. 그런데 그 자리에 있던 이탈리아 외신 기자가 발표를 오해하고 "언제부터 국경을 개방하느냐?"고 질문을 했다. 발표하던 관리는 별 생각 없이 "지연 없이"라고 대답했다. 그의 말뜻은 '시위대를 속이기 위해 지연할 생각은 없다'라는 것이었지만, 이탈리아 기자는 "동독, 국경 즉시 개방"이라는 오보를 본국에 타전했고 이는 다시 전 세계 미디어를 통해 '긴급 속보'로 전해졌다.

그날 밤 동서 베를린 시민들도 그 속보를 접했고, '그렇다면 지금 당장 가 보자'며 동서 베를린의 통과 지점인 브란덴부르크문과 찰리 검문소를 향해 달려갔다. 동베를린 쪽에서는 수만 명의 시위대가 몰려오는 것을 보고 경비병들이 기겁해서 물러났다. 이에 동서 베를린 시민들이 합세해서 곡괭이와 망치를 들고 장벽을 부수기 시작했다. 순식간에 철옹성 같기만 하던 냉전의 장벽이 맥없이 허물어졌다. 요즘 찰리 검문소 유적을 방문하면 부근 가게들에서 그때 부순 장벽의 일부라며 작은 시멘트 조각을 포장해서 기념품으로 팔고 있다. 진품인지는 알 길이 없다.

재미있는 것은 그날 장벽을 다 부순 다음 동베를린 시위대는 대거 서베를린 쪽으로 넘어와서 해방감을 만끽했는데, 날이 밝자 그들 대부분이 스스로 동베를린의 집으로 되돌아갔다는 사실이다. 이후 독일 통일 과정은 절차에 따라 질서 있게 진행되어 1년 뒤인 1990년 10월 3일에 완료된다. 이후 10월 3일은 독일 통일 기념일로 정해지고 국경일이 되었다.

　언론의 오보로 말미암아 일어난 해프닝이기는 했지만 어차피 그렇게 될 결말이었을 것이다. 거시적으로 보면 필연이었다고 볼 수 있다. 그 무렵 소련을 중심으로 하는 현실 사회주의 진영은 이미 그 생존력이 고갈되었고, 고르바초프라는 개혁 정치인이 등장하여 체제의 급작스런 붕괴를 간신히 저지하며 질서 있는 전환을 모색하고 있었다. 그런 분위기 속에서 동독 시민들의 저항운동이 점차 세를 키워 나갔고 그 귀결이 베를린 장벽 붕괴로 이어졌던 것이다.

　베를린 장벽을 부수고 서베를린으로 넘어간 동베를린 시민들이 다음 날 대부분 다시 장벽을 넘어 동베를린으로 돌아간 것은 그들이 동독으로부터 탈출을 원한 것이 아니라 동독 체제의 개혁을 원했기 때문이다. 그동안 동독에서 반체제 시위를 조직한 시민 세력이 내걸었던 표어가 "우리가 국민이다!"였는데, 돌아간 그들은 동독 국민으로서 동독을 개혁하기 위한 운동을 더욱 거세게 밀어붙였다.

　시민의 힘에 밀린 동독 집권당 사회주의통일당(여기서 '통일'은 동서독의 통일을 뜻하는 것이 아니라 바이마르 공화국 시기에 분열된 사민당과 공산당이 2차 대전 종전 후 다시 '통일'해 하나의 당이 됐다는 뜻)은 장기 집권하던 호네커 당서기장이 물러난 데 이어 당명도 민주사회당으로 바꾸었다. 그러나 시민 세력의 거센 파도를 막아 내기에는 역부족이었다. 결국 시민 세력과 집권 민주사회당, 곧 민사당은 원탁회의에 마주 앉았고 1990년 3월에 동독 최초의 자유 총선거를 실시하기로 합의했다.

　1990년 3월 18일 치러진 총선에서 시위를 주도해 온 시민 세력은 기존 우익 정당인 기독교민주연합(기민련)과 손을 잡았다. 그리고 이 기민련을 중심으로 한 개혁 세력이 거의 50퍼센트에 가까운 득표로 집권당이 되었다. 그렇게 동독 최초로 평화적으로 정권이 교체되었다. 이 과정은 전적으로 동독 내부에서 이루어졌고 서독은 지켜보기만 했다. 당시 헬무트 콜 서독 수상은 '독일 통일을 위한 10개 항'을 발표했는데, 그 내용은 통일은 아직 머나먼 과정이라는 것을 전제로 한 것이었다.

냉전 시기 소련 진영의 사회주의 국가 가운데 자유선거를 통해 정권이 교체된 경우는 없었다. 있을 수가 없는 것이, 마르크스·레닌주의에서 공산당은 이론 체계상 인구의 대다수를 차지하는 노동자 계급을 대표하는 유일한 정치 단위이므로 논리적으로도, 제도적으로도 정권 교체는 불가능했다. 말하자면 북한의 조선노동당이 선거를 통해 이름뿐인 사회민주당이나 천도교 청우당에 정권을 내주고 김일성의 직계 후손인 백두 혈통들이 야당 정치인이 되는 것을 상상할 수 없는 것과 같다.

그렇게 상상할 수 없는 일이 동독에서 벌어졌으니, 이는 사실 공산주의 동독의 붕괴를 의미한다고 보아도 무방했다. 하지만 그러한 일이 동독의 헌법 체계 안에서 일어났다는 것 또한 사실이다. 동독은 실제로는 붕괴했으나 제도로는 생존한 어정쩡한 상태에 처했다.

동독의 시민 세력이 총선에서 내건 두 가지 슬로건은 사회주의 반대와 서독과의 통합이었다. 동독의 정치 세력이지만 사실상 동독을 부정하는 정치 노선을 내건 것이었다. 이러한 모순된 상황과 태도가 이후 동독 청산에서 일정한 혼란을 불러오게 된다.

집권한 기민련 정부는 공약에 따라 곧바로 서독과의 통일 협상을 개시한다. 협상의 핵심 쟁점은 어떤 경로를 통해 통일에 이를 것인가였다. 두 갈래 길이 있었다. 하나는 동독이 서독에 흡수되는 길이다. 이 경우 동독은 자신의 헌법을 폐지하고 서독의 헌법 체계 안으로 편입하게 된다. 다른 하나는 서로 대등한 관계에서 합병하는 길이다. 이를 위해서는 둘이 합의한 새 헌법을 제정해야 한다. 처음엔 서독이 첫 번째 길을, 동독이 두 번째 길을 선호했지만 토론을 시작한 지 얼마 되지 않아 양측은 두 번째 길이 훨씬 험난하고 시간이 오래 걸리리라는 것에 동의했다.

하지만 동독 측은 흡수 통일을 받아들이는 대신 동독의 위신과 체면에 대한 배려를 요구했다. 이를테면 통일 독일의 국가 명칭을 바꿀 것, 애국가를 수정하여 서독 애국가 첫 소절에 동독 애국가를 삽입할 것, 국기 문양을 바꿀 것, 수도는 동독의 수도였던 베를린으로 할 것 같은 것들이었다. 다소 구차스러워 보이지만 통일을 추동한 구체적인 힘이 동독의 시민 세력이었다는 점을 감안하면 최소한의 요구라고 볼 수도 있었다.

서독은 처음에는 단호하게 거절했다. 하지만 수도 문제에 대해서는 서독 내부에서 격렬한 토론을 거쳐 베를린 안을 받아들이기로 한다. 베를린은 동독 성립 이전에 이미 독일 제국과 바이마르 공화국의 수도였기 때문에 분단 이전으로 회복한다는 명분이 있었다. 동독 측으로서는 가장 큰 수도 문제에서 서독의 양보를 얻어 낸 셈이므로 그런대로 만족할 수 있었다.

이렇게 보면 독일 통일은 서독이 동독으로 진주하여 점령한 결과로 성립된 것은 결코 아니다. 또한 서독이 동독을 흡수했다고 말하는 것도 정확한 표현이 아니다. 정확하게 말한다면, 동독이 통일을 단시간에 이루기 위해 자발적으로 서독과 통합했다.

동독의 동독 청산

통일 독일에 제기된 첫 번째 과제가 동독 독재 체제의 청산 문제였다. 그리고 거기에서 가장 큰 걸림돌은 동독의 법률과 판례를 어떻게 처리할 것인가였다. 통일 논의 과정에서 이 문제는 매우 복잡했고 지리한 법률 논쟁이 이어졌는데, 요약하면 다음과 같이 정리된다.

우선 동독에서 집행된 재판 결과에 대해서는, 동독을 정치적으로는 법치 국가에 반대되는 의미에서 불법 국가로 규정하지만 현실적으로 동독은 유엔을 비롯한 각종 국제기구에 가입한 국제 사회의 일원이었기 때문에 그 효력은 원칙적으로 인정하기로 했다. 통일 이후의 법률 체계에 대해서는 동독이 서독의 헌법 체계 안으로 들어오는 것인 만큼 원칙적으로 서독의 법률이 동독 지역에 적용되고 기존 동독의 법률들은 폐기하는 쪽으로 논의가 진행되었다. 다만 동독 법률이라고 하여 모두 악법은 아니었으므로, 특히 동독 지역의 특수성으로 인해 반드시 필요한 조항도 있었기 때문에 그러한 조항들은 서독의 법률을 개정하여 반영시키기로 했다. 여기에서도 동독 과거 청산이 나치 과거 청산과 상당히 달랐다는 것을 알 수 있다.

동독 과거 청산의 법률 분야 처리와 관련해서 다시 두 가지 문제가 제기되었다. 하나는 동독 체제에서 인권 탄압을 자행했던 당 간부와 행정부 요인들의 처벌 문제였고, 또 하나는 동독 체제에서 부당하게 형사 처벌을 받은 반체제 인사들의 복권과 배상 문제였다. 그런데 이 주제들은 동독에서 1990년 3월 총선으로 집권한 기민련 정부가 이미 선도적으로 처리한 사안들이었다. 즉 기민련 정부는 기존의 동독 법률, 또는 새로 제정한 법률을 통해 구 집권층에 대한 처벌을 이미 진행하고 있었다. 또한 국가폭력 피해자들을 복권시켜 주고 배상할 수 있는 법률 근거들도 마련했다.

그런데 통일 협상이 너무 빨리 진행되어 1990년 8월 31일에 양측이 통일 조약, 정식 명칭으로는 '통일 독일을 창출하기 위한 독일 연방공화국과 독일 민주공화국 간의 조약'에 서명했다. 동독의 새 기민련 정부가 출범한 지 5개월도 안 된 시점이었다. 따라서 기민련 정부가 취한 과거 청산 작업은 매우 한정된 범위에 그칠 수밖에 없었다. 구체적으로는 구동독 정치인과 관료 124명을 기소했고, 1990년 10월 3일 통일이 선포되는 시점까지 41개 사건의 재판이 열려 26명에 대한 판결이 나왔다. 40년 독재 정치에 대한 청산 결과로는 극히 미흡한 숫자였다.

그러나 동독 청산 작업은 통일 이전에 동독 내부에서 이미 시작되었으며, 그 기초적인 법률 장치들도 이때 마련되었다는 사실을 기억해야 한다. 기민련 정부가 마련한 과거 청산 관련 법률들은 통일의 시점에 동독의 것이라고 해서 폐기하지 않고 통일 정부에서 그대로 인계받기로 했다. 안타까움을 뒤로하고 본격적인 청산 작업은 통일 독일 정부로 이관되었다.

슈타지 문서

1989년 11월 베를린 장벽 붕괴 이후 12월에 호네커 당서기장이 사퇴하고 집권당이 시민 세력과 원탁회의를 하면서 동독이 민주화를 향해 나아가고 있는 가운데 전전긍긍하며 불안에 떨던 기관이 있었다. 바로 슈타지Stasi였다. 슈타지는 '국가안전부Ministerium für Staatssicherheit'라는 기관 명칭 중 '국가안전' 부분인 '슈타츠지허하이트'를 줄여서 부른 약칭이다. 우리나라 독재 정권 시절의 중앙정보부, 혹은 국가안전기획부에 해당하는 조직이다.

동독은 1949년 건국 이후 베를린시를 분단하고 동서독 사이의 국경을 봉쇄하여 동독 주민의 이탈을 엄격하게 차단했다. 주민들이 '자유' 세계로 탈출하는 것은 체제 경쟁에서 패하고 있다는 증거일 터였다. 또한 서방의 자본주의 문화가 동독에 침투하여 동독 주민들을 오염시키는 것을 막아야 했다. 특히 1953년 베를린에서 시작되어 전국으로 번져 나간 민주화 시위 이후에는 더욱 시민들의 일거수일투족을 감시해야만 했다. 슈타지가 담당한 이 감시는 해가 갈수록 치밀

슈타지 박물관 입구. 드나드는 사람을 알아보지 못하도록 콘크리트 가림막을 만들어 놓았다.

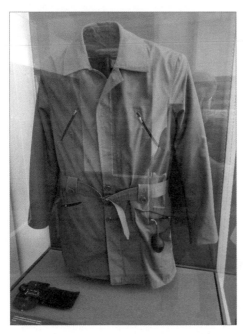

슈타지 감시 장비. 보는 쪽 시각에서 오른쪽 가슴 지퍼 위 끝부분을 자세히 보면 작은 렌즈가 보인다. 아래 주머니의 고무 공을 누르면 사진이 찍히도록 돼 있다.

해지고 촘촘해져서 결국 슈타지는 9만5천 명의 요원과 18만 명의 비공식 요원을 거느린 거대한 공룡 조직으로 성장했다. 동독 시민들은 어디를 가든 주위에 슈타지 요원들이 있는가 살펴보는 것이 생활 습관이 되었다.

슈타지 본부는 베를린 교외에 있었는데 지금은 본부로 운영되던 당시 모습 그대로 보존하여 박물관으로 운영되고 있다. 건물 입구 현관 앞에 그물망처럼 생긴 콘크리트 구조물이 서 있는 것이 특이했는데, 알고 보니 주변에서 이 건물에 드나드는 사람들을 알아볼 수 없도록 하는 일종의 위장막이었다고 한다. 슈타지 사무실로 사용되던 건물의 각 층에는 슈타지 활동의 전모를 보여 주는 물건들과 문서들이 전시돼 있다. 슈타지가 얼마나 섬세하게 주민들을 감시하고 사찰했는지 실감할 수 있다.

한 방에는 요원들이 입던 코트를 걸어 놓았는데, 자세히 보면 그 코트의 앞 단춧구멍 하나에 아주 작은 카메라 렌즈가 보인다. 피감시자를 몰래 촬영하는 장치였다. 당시의 기술 수준에서는 최첨단 장비였을 것이다. 흥미로운 것은 그 렌즈의 제조사가 오늘날 우리가 최고로 꼽는 바로 그 독일산 브랜드였다.

동독이 붕괴하는 과정에서 이렇게 주민들을 감시하던 활동이 드러나는 것을 우려한 슈타지 지도부는 수십 년 동안 축적해 놓은 엄청난 양의 피감시자 서류들을 폐기하기로 결정한다. 그러나 이미 붕괴는 진행 중이어서 그러한 정보가 시민들에게 새어 나갔다. 그동안 시위에 주력하던 시민 세력은 슈타지 문서의 파기를 막아야 한다는 것을 직감으로 느꼈고 당장 군중들을 이끌고 슈타지 건물로 쳐들어갔다. 이러한 일은 전국적으로 일어나서 에르푸르트, 라이프치히, 드레스덴, 마그데부르크, 할레, 로스토크 같은 슈타지 지부들을 시민들이 점거하고 문서 파기를 중단시켰다.

가장 중요한 곳은 수도 베를린에 있던 본부였다. 1990년 1월 15일, 동베를린 시민들이 슈타지 본부로 몰려갔다. 시위 군중은 건물로 진입해 들어가 문서를 폐기하고 있던 슈타지 요원들을 몰아내고 건물 전체를 점거했다. 이렇게 슈타지 문서들은 시위 군중들의 손에 들어갔고 무사히 보존될 수 있었다. 이는 나치의 경우와 대조되는데, 나치는 패전이 임박한 것을 느끼고 거의 모든 문서들을 폐기했다. 종전과 함께 진주한 연합군은 나치 본부는 물론 곳곳의 강제 수용소 시설들에서 텅 빈 캐비닛을 발견했을 뿐이었다.

슈타지 문서의 대부분은 동독 국민 가운데 잠재적인 저항자를 가려내 기록한 인명록이다. 1981년 슈타지 부장 에리히 밀케Erich Mielke는 한 연설에서 이 인명록을 영국에서 매년 세계의 영향력 있는 인물을 실어 발간하는 책《Who is Who》에 비유했다. 밀케가 한 연설의 일부를 들어보자.

"슈타지는 모든 힘과 수단과 방법을 동원해서 정확한《Who is Who》를 작성하기 위해 끊임없이 노력하고 있습니다. 이를 위해서는 국민 한 사람 한 사람의 정치적 태도, 사고방식, 행동 유형을 파악해야만 합니다. 이는 다음과 같은 질문에 대한 답을 구하는 것과 같습니다. 그는 적인가, 그는 정부에 적대적이고 부정적

슈타지 박물관에 전시된 문신한 동독 시
민의 사진. 가까이 보이는 사람의 등에
독일어로 "나는 꿈꿀 때만 자유이다"라
는 문신이 새겨져 있다.

인 태도를 갖고 있는가, 그는 적대적이고 부정적인 세력의 영향
아래에 있는가, 그는 적의 영향력에 굴복할 가능성이 있는가, 그
는 스스로 적에게 이용당할 태세가 되어 있는 것은 아닌가, 그는
오락가락하는 태도를 취한 적이 있는가."

이런 식이라면 동독 국민 그 누구라도 슈타지 인명록에 오를 수
있었을 것이다. 슈타지 박물관은 숨 막혔던 동독 사회를 보여 주는 전
시물들로 가득하다. 이를테면 잠재적 저항 분자들의 체취까지 채취
하여 보관한 증거물이 전시돼 있다. 당시에는 문신을 하는 것도 서방
의 타락한 자본주의 문화에 오염된 것으로 보아서 문신을 한 이들의

사진도 찍어 보관했다. 전시된 한 사진 속의 남자 등에는 이런 문구가 새겨져 있다.

"나는 꿈꿀 때만 자유이다."

슈타지의《Who is Who》에 등재되기에 충분한 글귀였을 것이다.

또한 동독 국민들이 강이나 호수에서 나체로 수영을 하고 일광욕을 즐기는 모습을 찍은 사진도 있다. 1970년대와 80년대에 서독에서도 나체주의는 극소수의 문화였으나 의외로 동독에서는 훨씬 일반적인 문화였다고 한다. 그 해석이 요즘 말로 "웃프다." 사회가 워낙 폐쇄적이고 숨이 막히다 보니 해수욕장에서나마 억압과 폐쇄로부터 해방감을 느끼기 위해 옷을 벗어던지기 시작했고 이것이 동독 특유의 문화가 되었다는 것이다. 과연 그 해석이 맞았는지 통일이 된 뒤 동독 지역에서 나체주의는 급격하게 사라져 갔다고 한다.

오늘날까지 슈타지 문서가 보존된 것은 쉽게 이루어진 일은 아니었다. 격렬한 논쟁과 투쟁 끝에 쟁취된 결과물이다. 논쟁과 투쟁의 상대는 뜻밖에도 서독의 정치인들이었다.

1990년 1월 슈타지 본부를 점령한 동베를린 시민들은 시민위원회를 구성하여 문서들을 봉인한 상태로 점유하고 있다가 3월 총선으로 등장한 새 정부에게 이 사안을 넘겼다. 시민 세력이 주축인 새 정부는 사안의 중대함을 충분히 인식하고 있었으므로 적극적으로 임했다. 슈타지 문서는 곧 동독 독재 체제 그 자체를 보여 주는 물증이었기 때문에 포괄적인 과거 청산 법안을 만들고 그 법률에 근거하여 문서의 보존과 처리 방안을 마련했다.

그런데 새 정부는 서독과 통합을 추진하고 있었기 때문에 장차 이 문서의 보관 주체는 통일된 연방 정부여야 한다고 규정했다. 현실적으로는 방대한 슈타지 문서가 서독 정부에게 넘겨진다는 의미였다. 그런데 이를 접한 서독 정계에서 뜻밖의 논란이 일어난다. 서독 정치인들 중에서 이 문서를 비공개로 해야 한다거나 심지어 파기해야 한다는 주장이 제기되었다. 이유는 이 문서들이 공개되어 피감시자의 명단과 감시 내용이 드러날 경우, 사생활이 폭로되어 당사자들의 명예가 손상될 우려가 있다는 것이었다.

어느 개인을 사찰한 서류 속에는 당사자에게 상당히 치명적인 내용이 들어 있을 수 있고 그로 인해 당사자에게 불명예스러운 낙인이 찍힐 수도 있는 일이었다. 어떤 내용은 누군가에게 보복의 수단으로 악용되기도 할 것이었다. 심지어 사찰 내용이 사실이 아닌 경우도 있을 수 있었다.

이에 대한 반론도 만만치 않았다. 우선 어떤 개인도 자신의 이름이 명단에 있는지, 있다면 어떤 내용이 적혀 있는지, 자기에 관한 정보를 알 권리가 있었다. 또한 이러한 인권 침해 행동을 한 가해자를 조사하고 처벌하기 위해서도 문서는 반드시 공개되어야 한다고 주장했다. 일부에서는 문서에 슈타지가 서독 정계나 사회에 심어 놓은 프락치들 명단이 들어 있기 때문에 그것이 공개될 것을 우려해 덮어 버리자고 하는 것 아니냐고 의심의 눈초리를 보내기도 했다. 아마도 우리나라에서도 북한이 동독과 같은 방식으로 붕괴된다면 북한 문서 공개를 두고 이와 같은 우려를 하는 이들이 있을 것이라고 생각한다.

슈타지 문서 보관청. 옛 슈타지 건물들 가운데 일부는 박물관으로, 또 다른 일부는 문서 보관청으로 사용되고 있다.

서독에서 이러한 논쟁이 일어나는 것을 지켜본 동독 시민 세력, 특히 베를린 슈타지 본부를 점거하고 있던 시민위원회는 격분했다. 시민위원회는 슈타지 본부 점거만을 위한 '반스탈린주의 행동(독일어 약자 ASTAK)'이란 단체로 개편하고 이 단체의 지도부가 문서의 보존과 공개를 요구하며 단식 농성에 들어갔다. 이 단식 농성에 널리 알려진 활동가들이 합세하여 여론에 호소했다. 이렇게 되자 서독 정치인들도 호응하지 않을 수 없게 되었다. 결국 이후 체결되는 통일 조약에 슈타지 문서 보존 조항이 삽입되었다. ASTAK은 그래도 안심이 되지 않아 통일이 되어 문서가 독일 연방으로 이전되더라도 그 관리 책임자는 ASTAK 소속 인사들이 맡아야 한다고 주장했고 관철시켰다.

슈타지 문서는 통일 이후 연방 정부로 이관되었고, 연방 정부는 통일 조약에 따라 '슈타지 문서 관리법'을 제정하고 '슈타지 문서 보관청'이라는 기관을 설립했다. 물론 보관청 책임자는 약속에 따라 ASTAK에서 보낸 이들이 맡았다. 이곳에 보관된 문서철을 한 줄로 늘어놓는다면 무려 42킬로미터에 달한다고 한다. 오늘날까지 슈타지 문서는 법률의 보호를 받으며 보존과 공개, 그리고 조사와 연구가 계속되고 있다. 그 공은 마땅히 1990년 동독 시민들에게 돌려져야 할 것이다.

슈타지 박물관

한편 베를린의 슈타지 본부 건물은 ASTAK이 계속 점유하면서 이곳에서 1990년 11월에 일반 시민들을 대상으로 한 첫 전시회를 열었는데, 제목은 〈잠든 이성을 깨워라Against the sleep of reason〉였다. 시민들이 자신의 이성을 소홀히 할 때 슈타지와 같은 괴물이 활약할 공간이 생긴다는 뜻이었다. 이 전시를 계기로 이 장소는 계속 전시관으로 운영되었고 ASTAK은 일관되게 이 장소에 기념관과 연구소를 건립할 것을 정부에 요구했다. 2000년 이후 연방 정부와 베를린 시정부가 ASTAK의 요구를 받아들여 재정을 지원하기 시작했고 그 지원에 힘입어 2015년에 〈사회주의통일당 독재 체제의 국가 안보〉라는 제목의 상설 전시 체제를 갖추었고 오늘날까지 이어지고 있다. 이후 이곳은 '슈타지 박물관'이라는 호칭으로 불리게 되었다.

슈타지 박물관은 나치 강제 수용소 기념관들과는 달리 입장료가 유료이다. 그럼에도 시설과 운영 상태는 나치 기념관들에 비해 열악해 보인다. 아마도 이곳에 정부의 지원이 상대적으로 적기 때문인 듯하다. 나치 체제와 동독 체제를 대하는 시각의 차이를 반영한 것이리라. 하지만 내가 방문했을 때 매표소를 지키는 관리인이 공무원같이 딱딱하지 않고 동네 아저씨 같은 친근한 느낌이어서 좋았다. 혹시 내 오해일지는 모르지만, 같은 시민운동을 하는 나로서는 정부의 지원이 적으면 비록 운영이 어렵겠지만 그에 반비례해서 자율성이 커지니 일장일단이 있는 것이라고 생각한다.

슈타지 박물관을 탐방하면서 인상 깊었던 것은 슈타지의 최고 책임자, 우리 식으로 국가보안부장의 이력이었다. 슈타지를 창설하고 초대 부장이 된 사람은 빌헬름 차이써Wilhelm Zaisser이다.

차이써는 독일 제국 시절 제1차 대전에 장교로 참전했고 1919년에 공산당에 가입했다. 이후 나치의 탄압을 피해 소련으로 가서 교육을 받고 스페인 내전 때 공화파에 가담하여 참전했다. 그리고 다시 소련으로 돌아와 2차 대전이 끝난 뒤에 세워질 새 독일 건설을 위한 교육을 받았다. 이때 특히 정보 관련 분야의 교육을 집중적으로 받았다. 그리고 동독 건국 후 귀국하여 1950년 슈타지를 창설했다. 차이써는 1953년 동독 전역에서 일어난 민주화 시위를 막지 못한 책임으로 자리에서 물러났다.

차기 부장은 에른스트 볼베버Ernst Wollweber로 목수 노동자의 아들로 태어났고, 청년 시절에 독일 제국 몰락의 도화선이 된 1918년 킬 군항 반란에 가담했다. 곧이어 공산당에 가입했고 소련으로 가서 정보 업무 교육을 받았다. 1936년에는 소련에 반대하는 반코민테른 협정(방공 협정이라고도 한다.)을 맺은 파시스트 국가 독일, 일본, 이탈리아, 스페인의 선박에 파괴 공작을 수행했다. 그리고 동독이 건국된 뒤 소련의 후원 아래 슈타지 부장이 되었다.

볼베버는 민주화운동을 막지 못해 쫓겨난 전임자의 비극을 밟지 않기 위해 정보원 조직을 만들어 반체제 활동 가능성이 있는 이들의 정보를 수집했고, 당 정치국에 정기적으로 보고했다. 이는 이후 슈타지의 중요한 정규 업무가 되었다. 그러나 볼베버는 1957년 당서기장 호네커의 미움을 받아 쫓겨났다.

그 뒤 동독이 붕괴될 때까지 장기간 부장을 역임한 이는 앞서 나온 에리히 밀케이다. 그 역시 가난한 노동자의 집안에서 태어났고 1921년에 공산당에 가입했다. 바이마르 공화국 시절인 1931년, 밀케는 두 명의 우익 경찰관을 살해하고 소련으로 도피했다. 밀케는 소련에서 군사 정치학 교육을 받은 뒤 스페인 내전에 참전했다. 1940년에는 신분을 속이고 나치가 점령한 프랑스 남부로 가서 비합법 독일 공산당 조직에서 일했다. 1944년 게슈타포에 체포되었으나 신분은 탄로 나지 않았고 나치 공병대로 보내졌다. 이후 이것이 그의 약점이 되었다. 전쟁이 끝난 뒤 밀케는 베를린으로 돌아와 동독의 보안 기관을 창설하는 데 주도적인 역할을 했다. 그러나 소련이 나치 시절의 이력을 문제 삼았기 때문에 늘 이인자에 머물러야 했다. 마침내 1957년에 호네커의 신임을 얻어 슈타지 부장에 취임했다.

세 사람의 부장들 이력에서 공통되는 것은 모두 가난한 노동자 집안 출신이며 공산당에 가입해 나치에 대한 저항운동을 열성적으로 펼쳤다는 점이다. 우리 식으로 말하면 운동권 출신들이다. 그런 그들이 동독이라는 체제에서는 동독 체제에 저항하는 운동권을 사찰하고 탄압하는 것을 직업으로 삼았다. 아마도 그들의 머릿속에는 인권이라든가 민주주의라든가 하는 대의가 들어설 자리는 없었고, 체제를 지켜야 한다는 진영 논리만 가득했을 것 같다. 우리나라에서도 흔히 볼 수 있는 인간 유형이 아닌가 싶다.

가장 오랫동안 자리를 지킨 밀케의 경우에는 체제를 지키는 것과 아울러 자신의 자리를 지키는 것도 중요한 인생의 목표였을 것이다. 그것을 증명해 주는 유물이 그의 집무실에 전시되어 있다. 빨간색 가죽 서류 가방이다. 이 안에 무엇이 들어 있었을까. 동독 최고 지도자인 에리히 호네커 서기장의 개인 비리를 담은 문서였다.

이 가방은 시민들이 이곳을 점거하고 있던 1990년 1월 밀케의 집무실에서 발견되었다. 열어 보니 서류가 들어 있었는데, 나치 시절에 있었던 호네커와 몇몇 공산당원들의 재판 기록이었다. 그 내용 중 눈에 확 띄는 것이 있었다. 체포된 호네커가 게슈타포에게 유죄를 인정하는 자백을 하고 용서를 빌었다는 것이었다. 우리로 치면 북한에서 항일 무장 투쟁의 영웅으로 떠받들던 김일성이 사실은 일본 경찰에 붙잡혀서 독립운동은 잘못한 일이라며 용서를 구한다고 사정했다는

슈타지 박물관에 전시된 빨간 가방. 동독 통치자 호네커 서기장의 비리 문건을 이 가방에 넣어 보관했다.

문서에 비유할 수 있다. 이 정도면 북한이나 독일 체제 자체를 뒤흔들 기에 충분한 문서였을 것이다.

　아마도 밀케는 이 서류를 보관하고 있다가 자신이 전임자들처럼 쫓겨날 위험에 처하면 호네커에게 보일 작정이었을 것이다. 아니면 아예 미리 호네커에게 이러한 서류가 있다는 것을 암시하고 호네커 가 이 가방을 찾지 못하도록 감추어 놓았을 수도 있다. 어쨌든 작전이 주효했는지 밀케는 동독이 붕괴되는 날까지 굳건하게 자리를 지킬 수 있었다. 정보기관의 수장다운 처세 비법이었다.

　베를린의 슈타지 본부는 하나의 건물이 아니라 50여 개 건물들로 둘러싸인 커다란 단지였다. 오늘날 박물관으로 쓰이는 건물은 '하우스1'이라고 불리던, 슈타지 부장 근무실이 있는 주 건물이다. 그 옆에는 슈타지 문서를 보관하고 있는 문서 보관청이 자리 잡고 있다. 그리고 여러 건물들이 동독 독재 체제에 대한 연구와 조사, 도서관, 교육, 영상 제작 들을 위한 공간으로 사용되고 있다.

2019년 이곳에서 큰 전시회가 있었는데, 명칭이 〈슈타지 본부, 민주주의 학교〉였다. 동독 정보기관이 시민 상대로 한 사찰의 실상을 낱낱이 드러냄으로써 오늘날 독일 시민들이 누리는 민주주의의 소중함을 느끼게 하고, 나아가 다시는 그러한 반민주적 억압 체제가 반복되지 않도록 학습하는 장소가 바로 슈타지 박물관이다.

호헨쇤하우젠 기념관

슈타지와 관련된 또 하나의 기념관이 슈타지 박물관에서 약 5킬로미터 떨어진 곳에 있다. 호헨쇤하우젠 Hohenschönhausen 기념관이다. 이곳은 슈타지가 요주의 인물을 검거하여 조사를 통하여 재판에 회부하거나 회유하여 석방하기 전까지 구금해 두던 시설이다. 따라서 감옥이라고 할 수는 없고, 일종의 수사와 조사 시설에 해당한다. 우리나라로 치면 남산 중앙정보부 조사실이나 남영동 대공분실과 거의 같은 시설이다. 나는 이곳을 답사하면서 어쩌면 이렇게도 남영동 대공분실과 똑 닮았는지, 독재 정권들의 사고방식엔 서로 통하는 게 있

호헨쇤하우젠 기념관. 나치 시절에 쓰던 건물과 동독 시기에 증축한 건물이 색깔로 구별된다.

나 보다 생각했다. 그래서 이곳에 대한 설명은 남영동 대공분실 설명과 번갈아 비교해 가면서 해 보겠다.

　호헨쇤하우젠 기념관은 나치 시대에는 사기업의 공장 건물이었다. 1945년 종전과 함께 소련군이 진주하여 점령했고, 처음에는 나치 전범자들을 임시 수용하다가 나중에는 소련에 비협조적이거나 적대적인 '분자'들을 수용했다. 그리고 1949년 동독 정부가 수립되고 1950년에 슈타지가 창설되면서 이 건물은 슈타지 관할 아래로 들어갔다. 슈타지가 소련에서 정보 업무 관련 훈련을 받은 이들에 의해 만들어졌던 만큼, 이곳은 공산주의 체제에 저항하거나 저항할 우려가 있는 '분자'들을 수감해서 처벌하거나 '교화'시키는 시설이었다. 시설도 소련이 사용하던 시설을 그대로 물려받아 10년 동안 사용했고, 1960년 무렵 바로 옆에 새 건물을 신축하여 조사실을 확대 이전하고 구건물은 창고로 사용했다.

슈타지는 이곳을 구금 시설로 사용하는 동안 시민들이 알아보지 못하도록 공식 도시 지도에 이곳을 표시하지 않았고, 건물 입구의 문패도 '○○ 공장 작업장'이라고 붙여 놓아 위장했다. 주변은 주택가였는데 충성도가 높은 당원들을 거주하게 하여 이곳에 관한 이야기가 퍼져나가지 못하도록 했다.

오늘날 기념관은 구건물과 신건물 모두를 그대로 보존하여 탐방객에게 공개하고 있다. 기념관 탐방은 유료이며 개인 관람은 안 되고 반드시 가이드의 안내를 받으며 해설을 듣도록 돼 있다. 초중등 학교 학생들이 예약을 통해 단체 관람을 하는 경우가 많고, 외국인들을 위해 영어로 해설하는 프로그램은 하루에 한 번 있다. 나는 2018년과 2020년 두 번 이 기념관을 탐방했는데 처음에는 동독 당시 실제로 이곳에 수감됐던 사람이 해설자였고, 두 번째 해설자는 얼굴 곳곳에 피어싱을 한 젊은 여성이었다.

자신의 이름을 쉬들러Hans-Jochen Scheidler라고 소개한 피해자 출신 해설자가 인솔했을 때, 10여 명의 탐방자들은 자신이 직접 체험한 바를 들려준다는 데 대한 기대로 금세 그에게 몰입되었다. 쉬들러 씨는 1970년대에 2년 6개월 동안 이곳에 구금되어 있었다고 했다. 그는 해설을 시작하면서 탐방자들에게 동독의 정식 국가 명칭이 무엇인지 아느냐고 물었다. 많은 사람들이 잘 몰랐는데 답은 독일민주공화국

호헨쇤하우젠 기념관의 해설자 쉬들러 씨. 쉬들러 씨는 동독 치하에 이곳에 수감돼 고초를 겪은 바 있다.

호헨쇤하우젠 기념관의 해설자로는 타투와 피어싱을 한 신세대 젊은이들도 활동하고 있다. 왼쪽에 가이드 명찰을 걸고 있는 사람이 기념관의 해설자이고, 오른쪽이 글쓴이다.

이다. 서독의 정식 명칭은 독일연방공화국이다. 쉬들러 씨는 나라 이름에 '민주'가 들어간 나라들은 실제로는 민주주의가 없는 경우가 많다고 했다. 북한에도 해당되는 이야기이다.

두 번째로 만난 젊은 세대 해설자는 자신도 공부해서 알게 된 사실들을 설명하는 것이었기 때문에 직접 피해자인 쉬들러 씨와 같은 감명을 주지는 못했다. 그러나 한국의 문화 기준으로 볼 때 과거사에 대해 진지할 것 같지 않은 외모의 독일 젊은 세대가 진솔한 태도로 설명하는 것을 보고 나는 또 다른 감명을 받았다.

구건물과 신건물의 주된 차이는 연행자를 구금한 방이 구건물에서는 지하에, 신건물에서는 지상에 위치하고 있다는 점이다. 구건물의 지하 감방들은 복도에 발을 들여놓는 순간부터 음산한 기운에 한여름에도 서늘하게 느껴진다. 우선 지하이기 때문에 전등 이외에 자연광은 전혀 비치지 않는다. 복도 양옆으로 철문들이 늘어서 있는데 여러 복도에 걸쳐 총 60개 감방이 있다.

각 철문 안의 방은 창문이 없는 콘크리트 벽에 오로지 전등으로만 빛이 공급된다. 그중에는 벽이 까맣게 칠해진 징벌방도 있었는데, 탐방 중 가이드가 밖에서 불을 껐더니 한 뼘 앞도 보이지 않아 주변을 더듬거려야 할 정도로 칠흑 같은 암흑이었다. 각 방에 있는 시설이라고는 목재 침상과 무릎 높이의 철제 드럼통이 전부이다. 이 드럼통은 우리나라 서대문 구치소에 1980년대까지도 있었던, 이른바 '뺑끼통'이라 불리는 바로 그것이다. 즉 대소변을 보는 변기통이다. 수감자에게는 이곳에 갇히는 것 자체가 이미 육체적 정신적 고문이었을 것임을 단박에 느낄 수 있다.

이에 견주어 신축 건물의 감방은 반지하식 건물의 1층이었으므로 지상에서 상당히 높은 위치에 있었고 창이 있어 자연 채광이 됐다. 지하보다는 나아졌지만 수감자가 그저 반겼을 것 같지는 않다. 창은 여닫을 수 없도록 고정돼 있고, 유리가 불투명하고 두툼한 블록 형태여서 바깥 풍경을 전혀 알아볼 수 없기 때문이다. 이곳의 출입문은 하나를 열고 또 다시 하나를 열어야 하는 이중문이고, 두 문의 표면 모

호헨쇤하우젠 구감옥. 남영동 대공분실과 비슷하지만 빛이 전혀 들어오지 않는 지하에 있어 더 음침하다.

두 안에 두툼한 솜 같은 것을 채운 푹신한 재질로 만들어져 있다. 방 안의 소리가 새어 나가지 못하게 하는 것이기도 하고 수감자가 몸으로 부딪쳐도 부서지지 않게 하는 것이기도 하다.

방에는 목재 침상과 수도꼭지가 있는 세면대, 수세식 변기가 있다. 신축 감방은 환경이 더 나아지기는 했지만, 또한 물리적으로 더욱 철저하게 폐쇄된 공간이기도 했다. 이러한 방이 120개가 있다. 감방과 조사실은 분리되어 있다. 조사실은 담당관이 책상을 사이에 두고 수감자와 마주 앉도록 되어 있는데, 이곳의 창문은 여닫이식 일반 창문이었지만 수감자가 머무는 동안에는 반드시 커튼을 쳐서 밖을 보지 못하게 했다고 한다.

남영동 대공분실

남영동 대공분실은 1976년에 지어졌다. 경부선 철로와 전철 1호선 남영역에 인접하고 있지만, 서울역에서 한강대교로 이어지는 한강대로에서는 빗겨 난 뒷길에 있어서 지나는 사람들 눈에 잘 띄지 않는다. 의도적인 배치였을 것이다. 설계는 당시 최고의 건축가로 익히 알려진 김수근이 맡았는데 5층 건물의 외벽 마감재로는 김수근이 유독 선호했던 짙은 회색 벽돌을 사용했다. 우연의 일치인지 검은색에 가까운 그 짙은 회색 외벽은 그곳에서 자행됐던 끔찍한 고문의 어두운 기억들과 어쩌면 그렇게도 잘 어울리는 색조를 이루고 있는지 신기하다.

　남영동 대공분실도 호헨쇤하우젠 시설과 같이 지나는 사람들이 이곳의 정체를 알 수 없도록 '○○ 해양 연구소'라는 위장 문패를 달아 놓았다. 나중에 이곳에서 고문을 받았던 피해자들이 굳이 해양 연구소라는 이름을 붙인 것은 그토록 물고문을 많이 해서 붙인 이름인가 의심했지만 알 수 없는 일이다.

　남영동 대공분실을 들어서면서 처음 접하는 특징은 입구 철문의 두께와 여닫는 방식이다. 하단 폭이 50센티미터나 되는 육중한 철문은 내부에 장치된 모터의 작동으로 레일을 따라 이동하여 여닫히도록 돼 있었다. 외부의 공격을 예상하여 튼튼하게 만들었던 듯하다. 그런데 이곳에 연행되어 오는 이들은 거의 대부분 두 눈을 가린 채 차량에 태워져 철문을 통과했다. 따라서 이곳이 어디인지 연행된 이들은 전혀 알 수 없었다. 그때 오로지 귀를 통해서 마치 탱크 바퀴가 굴러가는 듯한 정체불명의 굉음을 들었고 차에서 내리기도 전에 이미 극도의 공포심에 사로잡혔다고 한다.

　정문을 지나서 원형 화단이 있는 앞마당을 거치면 건물 현관이 나타난다. 하지만 연행자는 이 현관을 통해서 들어오는 경우가 거의 없었다. 건물의 뒤편 으슥한 곳에 연행자를 위한 문이 따로 있다. 눈이 가린 채 뒤편 입구를 통해 들어온 연행자는 그곳에 마련된 대기실과 검문실을 거친 다음 5층에 있는 조사실로 올라갔는데, 이때 두 가지 방법으로 올라갔다.

　하나는 연행자 전용 소형 엘리베이터이고, 또 하나는 유럽의 고

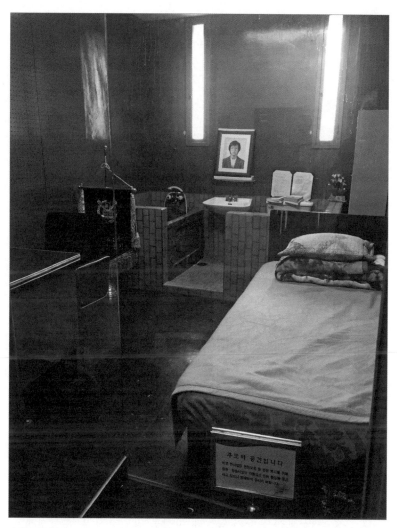

남영동 대공분실 509호. 1987년 서울대생 박종철이 물고문을 받던 중 사망한 장소로 유일하게 이 방만 그때 모습 그대로 보존돼 있다.

성이나 중세 교회의 종탑에서 볼 수 있는 것과 같은 나선형 계단이었다. 철제로 만들어진 이 나선형 계단은 다른 어떤 층과도 연결되지 않고 5층으로만 직접 연결되어 있다. 연행자는 눈이 가려진 채 밟으면 삐걱거리는 소리가 나는 철제 계단을 밟으면서 빙글빙글 셀 수도 없이 돌아 몇 층인지도 모를 곳으로 끌려갔다. 그래서 대부분의 연행자들은 자신이 5층 조사실에 있었다는 사실을 이곳을 떠날 때 비로소 알게 됐다.

남영동 대공분실에는 5층에 15개 조사실, 3층에 특수 조사실과 VIP 조사실이 있었다. 현재 5층 조사실 중 1987년 서울대 학생 박종철이 물고문 도중 사망한 509호실만 당시 상태로 보존돼 있고, 나머지 방들과 3층 조사실들은 이후 여러 차례 고쳐져 원래의 모습을 볼 수 없다. 509호실에는 작은 침상과 철제 책상이 있어 이곳이 구금 시설이자 조사 시설로 사용됐음을 알 수 있다. 한쪽에는 세면대와 수세식 변기, 그리고 그 옆에 욕조가 있다. 욕조가 연행자의 목욕을 위한 시설이 아님은 물론이다. 물고문을 위한 시설이었다.

5층 각 방에는 창문이 있는데, 그 창문의 폭이 20센티미터 정도로 좁은 것이 특징이다. 창문 밖으로 머리를 내밀어 소리를 칠 수 없도록 한 것일까. 고문 피해자들은 고문의 고통을 당하니 차라리 스스로 목숨을 끊고 싶을 때가 있는데 자살을 방지하기 위해 그렇게 만들어 놓은 것 아니겠느냐고 추정한다. 고문자들은 말이 없고, 설계자 김수근은 이 세상에 없으니 확인할 길은 없다.

호헨쇤하우젠 주차장. 당시 호송차 안은 3칸으로 나뉘어 빛이 전혀 들어오지 않게 만들어졌고, 연행자가 주차장에 내리면 온통 하얀 빛깔의 벽과 만나게 된다.

밀폐된 비밀의 장소

호헨쇤하우젠 구금 시설도 남영동 대공분실과 같이 이곳에 연행 되어 온 사람이 이곳이 어디인지 전혀 알 수 없도록 설계됐다. 기념관 에는 당시의 호송차가 전시돼 있는데, 소형 트럭과 같이 생긴 차를 개 조하여 뒷부분에 3명의 연행자를 완전히 밀폐된 공간에 가둘 수 있도 록 했다. 이 차량에 실려 호헨쇤하우젠에 도착하면 사방이 막혀 외부 와 완전히 차단된 주차 공간에 내린다. 이 주차 공간은 사방 벽과 천 정까지 온통 하얀색으로 칠해져 있다. 나는 이곳을 보면서 하얀색이 주는 공포를 처음으로 느꼈다. 마치 괴기스러운 정신 병동에 실려 온 느낌이라고나 할까.

이곳의 방에 수감된 연행자는 어느 날 아무도 모르게 연행돼 왔기 때문에 가족 누구도 그가 여기에 있다는 것을 알지 못했다. 쉬들러 씨는 그것 자체, 즉 조사관들이 자신을 죽인다고 해도 세상에 알려지지 않을 것이라는 생각에 겁먹었다고 말했다. 실제로 조사관이 연행자 앞에서 거짓으로 그의 가족에게 전화를 거는 것처럼 연기하면서 "○○○ 씨가 불의의 사고로 실종되었다"고 하여 연행자의 저항 의지를 꺾으려고 한 경우도 있었다고 한다. 가장 고통스러웠던 것은 언제 이곳에서 풀려날지 알 수 없다는 불안감이었다.

조사관들이 연행자에게 요구한 것은 '전향'이었다. 동독 체제에 대한 비판과 저항을 단념하고 체제에 협조할 것을 요구한 것이다. 끝내 전향을 거부할 경우 재판에 넘겨져 실형을 선고받고 감옥에 갔다. 슈타지는 목적을 위해 연행자를 고문하기도 했는데, 육체적으로 몽둥이나 가죽 채찍으로 때리기도 했지만 그보다는 정신적 고문을 더 많이 사용했다고 한다. 이를테면 밀폐된 방 안에 아무 조치도 없이 며칠씩 가두어 둠으로써 외로움과 공포심 끝에 심리적으로 무너지게 하는 방식이었다.

한국에서는 물고문, 전기 고문 같은 신체에 고통을 가하는 고문이 더 일반적이었다. 세상에 널리 알려진 사례 이외에도 밝혀지지 않은 수없이 더 많은 고문이 있었다. 앞서 말한 이재문, 김근태, 박종철을 비롯해 그 밖에 알려지지 않은 수많은 피해자들이 아직까지도 고문의 후유증과 트라우마에 고통받고 있다. 고문에는 구타와 물고문과 전기 고문만 있었던 것이 아니다. 상상할 수 없는 기막힌 고문 사례들이 있는데, 그중 하나는 여자 연행자에 가한 성적인 고문이다. 수사 기관에서 조사 받던 중에 성폭행을 당했다는 진술이 있기는 하지만, 내가 조사한 사례 가운데에는 그 이상으로 악랄한 성 고문이 있다. 고문 피해자 H씨가 진술한 증언은 남영동에서 자행된 성 고문의 실상을 적나라하게 보여 준다.

전두환 정권 시절이었던 1981년, 당시 이화여대를 막 졸업한 H는 학생운동 조직 사건에 연루되어 남영동에 연행되었고 5층의 한 조사실에서 34일 동안 구금된 채 조사를 받았다. 조사받는 기간 내내 그를 가장 공포에 떨게 한 것은 수시로 가해지는 구타와 폭언보다도 성폭행에 대한 두려움이었다. 4평 정도 되는 작은 공간에서 남자 수사관이 24시간을 함께 있었다. 조사관은 이렇게 협박했다.

"너 남민전 사건 알지. 거기 여자들 여기서 온전하게 수사받고 나간 줄 알아? 다 당했어. 나가서도 찍소리도 못 하던데? 우리가 최대한 자제하고 있으니까 너도 안 당하고 싶으면 불어."

성폭행의 공포에 질린 H는 결국 조사관이 원하는 대로 진술서를 쓸 수밖에 없었다. 4일인가 5일 동안 잠 한숨 못 자고 진술서를 쓰고 또 쓰기를 반복하다 녹초가 되었다. 펜을 든 채로 조는 H에게 조사관은 방 한쪽에 있는 침상에서 눈을 붙이라고 허락했다. H가 침상에 누우려는 순간 조사관이 다가와서 자기도 자야겠다며 같이 누우려고 했다. 화들짝 놀란 H는 침상에서 떨어져 있는 변기 옆으로 가서 쪼그렸다. 담요를 뒤집어쓰고 거기서 잠을 자겠다고 버텼다. 이후 잠은 늘 그렇게 변기 옆에 쪼그리고 앉아서 잤고, 그 방을 나올 때까지 언제 자신을 덮칠지 모른다는 두려움 때문에 결코 깊게 잠들 수 없었다.

성폭행 위협은 그 정도로 그치지 않았다. 담당 조사관은 나이가 좀 많아 보였는데 그가 이렇게 말했다.

"여기서 내가 나이가 제일 많은데 왜 너를 맡은 줄 알아? 여자니까 배려해 준 거야. 내가 나가면 젊은 애들이 너 겁탈하러 들어와. 그날 밤부터 너는 당하는 거야. 그러니까 내 말 잘 들어."

그런데 어느 날 정말로 그 나이 든 조사관이 나갔고, 뒤이어 젊은 조사관이 들어왔다. 그의 손에는 〈플레이보이〉 잡지가 들려 있었다. 조사관은 H 앞에 그 책을 보란 듯이 내려놓고는 '이런 거 본 적 있냐'는 둥, '너 때문에 한 달 동안 집에 못 가서 마누라와 그걸 못 해서 미치겠다'는 둥, 자기는 정력이 세서 마누라와 몇 시간 동안 하는데 너는 버틸 수 있겠느냐는 둥 능글맞게 치근덕댔다. 그 모든 것이 H에게는 위협이요, 협박이요, 공포였다.

그 뒤 나이 든 조사관이 나가기만 하면 젊은 축이 들어와서 같은 소리를 해댔기 때문에, H는 나중엔 나이 든 이가 나가기만 하면 불안해서 안절부절못했다. 그리고 그가 돌아오면 마음이 놓이고 반갑기까지 했다. 제발 나이 든 조사관이 방에서 나가지 않기를 바랄 정도로 그에게 의지하는 마음이 생겼다.

당시 H는 눈치 채지 못했지만, 이는 조사관 측에서 치밀하게 짠 각본에 따라 진행된 일종의 '고문 기술'이었을 것이다. 연행자가 나이

든 조사관에게 심리적으로 동조하는 스톡홀름 증후군에 빠지게 하여 그들이 원하는 진술을 받아 내는 고도의 기법이었을 가능성이 높다. 남영동에서 조사받는 동안 받은 성적인 위협으로 생긴 트라우마 때문에 H는 지금도 자기 알몸을 남에게 보여 주는 공중 목욕탕에는 가지 못한다고 한다.

치안본부가 연행자들을 고문한 이유는 그들에게 자신이 공산주의자라는 자백을 얻어 내고 그것을 증거로 재판에 회부해 유죄 판결을 받게 하여 그들을 사회로부터 격리시키는 데 있었다. 또한 재판 결과를 국민들에게 홍보하여 국민들이 그들의 주장에 동조하지 못하도록 하는 것도 중요한 목적이었다.

하지만 조사 목적에는 슈타지와 같이 전향도 포함돼 있었다. 내가 조사한 바로는 그 대표적인 사례가 치안본부와 국가안전기획부 등이 1983년에 기획했던 야학 연합회 사건이다. 당시 대학생들은 노동자들이 밀집한 서울의 구로 공단이나 성수 공단에서 중고등학교를 졸업하지 못한 노동자들을 상대로 저녁 퇴근 시간 후에 무료로 강습을 하는 봉사 활동을 했다. 그것을 야학이라고 했는데, 여러 야학이 모여서 강의안이나 교재들을 공유하기 위한 논의를 하기도 했다.

수사 기관은 이러한 활동을 포착하고 공산주의 혁명을 위한 활동으로 몰아가기 위해 야학 강사들을 대거 연행해 조사했다. 정확한 기록은 없지만 대략 2백여 명이 연행된 것으로 추정되고 있다. 수사 기관은 연행된 대학생들에게 혹독한 고문을 가해 자백을 받아 내려고 했다. 그런데 어느 순간에 이 사건이 애초의 의도대로 진행되지 않는다고 판단했는지 수사를 중지했다. 그리고 연행자들에 대한 '교육'을 실시했다. 하루 종일 사회주의의 허구성 따위를 강의하고 이어서 당시 집권하고 있던 전두환 정권에 대한 반정부 투쟁을 하지 말 것을 서약하게 하는 것이었다.

수백 명의 연행자들은 교육을 받고 모두 석방되었다. 불법 연행과 고문과 수십 일에 걸친 불법 구금이 있었지만 그들이 재판에 회부되지 않고 석방됨으로써 공식 기록에 남지 않았다. 이렇게 기록에 남지 않은 피해자가 얼마나 더 있는지 우리는 알지 못한다.

야학 연합회 사건 피해자의 한 사람인 문화 평론가 김갑수 씨는 당시에 교육받은 러시아 혁명사가 자신이 어떤 책에서 알게 된 러시아 혁명사보다 가장 깊이가 있었다고 쓴 웃음을 지으며 말했다. 역사가 말해 주듯이 이후의 한국 민주화운동은 러시아 혁명사가 간 길과는 완전히 달랐다. 남영동 대공분실은 김갑수 씨에게 별 필요치 않은 지식만 잔뜩 주입해 주었던 셈이다.

나는 호헨쇤하우젠 기념관 탐방 중에 탐방객들에게 한국에도 호헨쇤하우젠과 같은 시설이 있으며 그곳의 방에는 욕조가 있고 그곳에서 물고문이 가해졌다고 설명해 주었다. 쉴러 씨는 자신도 한국인이 독재 정권을 겪은 사실을 알고 있고 그러한 고문이 행해졌다는 것도 알고 있다고 했다. 세계 여러 나라에서 온 탐방객들은 나의 말을 듣고 놀라운 눈빛을 감추지 못했다. 내가 그곳을 호헨쇤하우젠과 같은 기념관으로 만들기 위해 활동하고 있다고 하자 쉴러 씨는 내 어깨를 두드리며 격려해 주었다. 해설이 끝난 뒤 여러 나라 사람들이 나

2019년부터 2021년까지 남영동 대공분실에서 해설 활동을 한 해설자들. 맨 오른쪽이 유동우 씨이다.

에게 다가와 그런 활동을 해도 괜찮냐고 걱정해 주었다. 나는 웃으면서 한국에 기념관이 문을 열면 꼭 찾아오라고 했다.

　남영동 대공분실에 아직 기념관은 조성되지 않았지만 기존의 시설들을 개방해 두었고 탐방자들을 위한 해설 활동도 하고 있다. 해설자 중에 쉴러 씨와 비교될 만한 분이 있다. 1970년대에 못 배우고 가난한 한 노동자가 한국 사회의 부조리를 고발한《어느 돌멩이의 외침》이란 책을 써서 크게 주목을 받았다. 그 책의 저자 유동우 씨가 저항운동 사건에 연루되어 남영동 대공분실에서 혹독한 고문을 받았다. 그가 자신이 고문당했던 그 건물의 관리인으로 일하며 탐방자들에게 해설도 했다.

동독이 붕괴된 이후 호헨쇤하우젠에서 고문을 자행했던 조사관들에게 처벌은 이루어졌을까. 남영동 대공분실에서 고문을 자행한 수사관들에 대한 처벌이 거의 이루어지지 않았던 것과 똑같이 독일에서도 그들에게 처벌은 극히 미흡했다. 쉬들러 씨는 호헨쇤하우젠 주변 주택에는 충성도 높은 당원들이 거주했는데, 지금도 그대로 살고 있는 이들이 있고 그중에는 호헨쇤하우젠 조사관이었던 이들도 있다고 했다.

한번은 호헨쇤하우젠 기념관 부근에 있는 마트에서 쉬들러 씨는 얼굴을 아는 조사관과 맞닥뜨렸다고 한다. 일부러 동독 식으로 "어이, ○○○ 동무! 요즘 잘 지내는가?" 하고 인사했더니, 얼굴을 외면하고 부리나케 꽁무니를 빼더라고 했다. 우리나라에서 남영동 대공분실 고문 피해자가 전철 1호선 남영역에서 얼굴을 아는 조사관과 만난다면 어떻게 될까 상상해 본다.

독일이나 우리나 이 사안에 관한 한 '이행기 정의'는 아직 실현되지 않았다. 이행기 정의란, 불의한 체제가 붕괴되고 정상적인 체제로 이행되었을 때 불의한 체제에서 벌어졌던 반인도적인 행위들을 처벌하여 정의를 회복하는 일을 말한다. 이행기 정의가 실현되지 않은 체제 변화는 진정한 변화일 수 없으며 언제든 다시 과거로 회귀할 수 있는 불안정한 체제의 사회이다.

사회주의 국가였던 동독의 구금 시설과 우리나라 독재 정권의 수사 시설을 같은 선상에 놓고 비교하는 것은 적절하지 않다는 비판이 있을 수 있다. 물론 동독과 우리나라의 정체성은 전혀 달랐다. 하지만 동독의 국명이 민주공화국으로 민주주의를 내세웠고, 박정희와 전두환 정권 모두 스스로를 민주주의 정부라고 자처했다. 둘 모두 민주주의를 표명하면서 그 내부의 은밀한 곳에서 인권 침해를 자행하며 민주주의를 파괴했다는 공통점이 있다. 그 공통점을 물질적 실체로 증명해 주는 곳이 호헨쇤하우젠 구금 시설과 남영동 대공분실이다.

동독 청산의 과정

슈타지 박물관과 호헨쇤하우젠 기념관이 건립된 것은 동독 체제 청산의 중요한 성과물이지만 그것 자체만으로 청산이 충분한 것은 아니었다. 독일 통일 이후 동독 체제에 대한 청산 과정은 어떻게 진행되었을까.

통일 독일에서 동독 체제 청산 작업은 통일 직전의 동독 개혁 정부가 이미 수립해 시행하던 틀을 이어받기로 했다. 그리고 그 틀에 넣을 구체적 청산 대상을 '구동독 체제 하의 공산주의 범죄'라는 명칭 아래 세분화했다. 첫 번째는 베를린 장벽이 세워진 1961년부터 베를린 장벽이 붕괴된 1989년까지 동독을 탈출하려던 이들에게 발포 및 사살 지시를 내린 지휘자와 그를 실행한 국경 수비대였다. 다음으로는 정치범들에 대한 사형과 처벌, 그리고 감시와 사찰을 지시하고 실행한 이들이 대상이었다. 여기에는 도청, 우편물 감시와 통제, 임의적

베를린 동독 박물관에 있는 동독 시절 슈타지의 도청 시설. 벽에 호네커 서기장의 사진을 걸어 놓은 것이 북한과 닮아 있다.

가택 수색 들이 포함됐다. 물론 호헨쇤하우젠 시설이나 감옥에서의 고문 행위도 대상이었다.

이 밖에도 운동선수들에게 한 육체적, 정신적 가해 행위, 심지어 그들에게 약물 복용을 강요한 행위도 처벌 대상에 포함됐다. 베를린 시내 박물관섬 부근에 '동독 박물관'이 있는데, 동독 주민들의 일상 생활을 위주로 전시하고 있다. 거기에서 흥미로웠던 것은 동독이 서독과 경쟁하면서, 특히 체육 분야에서 앞서기 위해 국가적 노력을 쏟았다는 대목이었다. 올림픽 때마다 동독은 많은 메달을 따기 위해 국가의 온 역량을 쏟아부었고 실제로 늘 서독을 능가하는 성적을 거두었다. 1974년 뮌헨 월드컵 축구 경기 때 예선에서 서독과 만난 동독은 객관적 실력으로는 서독에 뒤처졌지만 사력을 다해 결국 이겼다. 그렇게 과도하게 체육을 육성하는 과정에서 운동선수에 대한 엄청난 인권 침해가 있었으므로 처벌해야 한다는 것이었다.

이렇게 해서 약 7만 5천 건, 10만 명에 대해 조사가 이루어졌다. 그러나 이들 모두를 처벌할 수는 없었다. 법률적 제약 요건 때문이었다. 조사 대상자가 동독에서 한 행위가 당시 동독 법률에 저촉되지 않는다면 처벌은 할 수 없었다. 행위 시 법률에 저촉되었으나 기소가 이루어지지 않았다면 이제 기소하면 되었다. 다만 이때 소멸 시효가 문제였다. 통일 독일의 의회는 나치의 경우와는 달리 구동독에서 한 행위에 소멸 시효를 인정하지 않는 법률을 제정하는 것에 찬성하지 않았다. 구동독에서 불법 행위로 처벌받았으나 너무 가벼웠던 경우에는 재심의 과정을 거쳐 처벌 수위를 높일 수 있었지만 역시 재심의 문턱을 넘기란 어려운 일이었다.

결국 재판에 회부된 인원은 10만여 명 중 1천4백여 명으로 조사 대상의 1.4퍼센트에 불과했다. 그나마도 재판 결과 유죄 판결을 받은 사람은 그중 절반 정도였고, 유죄 판결 중에서 2년 이상의 실형을 선고받은 사람은 다시 그중 7퍼센트 정도였다. 한마디로 동독 체제에서 반인도적 인권 침해 행위를 한 고위층들은 극히 소수만 가벼운 처벌을 받았을 뿐이었다. 흥미로운 것은 동독인 가운데 서독 간첩 활동을 한 사람은 당시 동독 법률에 따라 비교적 가벼운 처벌을 받았는데 견주어 서독인 중 동독 간첩으로 활동한 사실이 밝혀진 경우엔 서독 법률의 적용을 받아 5년 이상의 중형을 선고받았다.

처벌 대상이 줄어든 가장 중요한 이유는 조사 대상 1순위였던 국경 이탈자에 대한 발포와 사살 행위를 동독 당시의 법률로는 처벌할 수 없었기 때문이었다. 그렇다고 그 행위들에 서독 법률을 적용하는 것은 통일 조약의 정신을 위배하는 것이었다. 이러한 결과에 가장 실망한 이들은 동독에서 저항운동을 전개한 시민들이었다. 대표적인 시민운동 지도자였던 베벨 볼레이 Bärbel Bohley는 이런 결과를 두고 "우리는 정의를 원했지만 결국 얻은 것은 법치주의뿐이다"라고 한탄했다. 즉 독일은 통일 과정에서 법적 안정성을 유지할 수 있었지만 이행기 정의는 충분히 실현되지 못했다.

그러나 이렇게 끝난 것은 아니다. 독일 정부는 이행기 정의가 실현되지 못한 실망을 보충하기 위한 조치를 취했다. 그 가운데 하나는 동독에서 탄압받은 이들에 대한 명예회복과 보상이었다. 동독 체제에서 정치적인 이유로 형사 처벌을 받은 이들의 경우 그 판결을 무효화시킴으로써 복권이 되게 하여 명예를 회복시켜 주었다. 동독 체제에서 정치범은 약 25만 명, 정치적인 이유로 불이익을 당한 사람은 약 10만 명으로 추산되었다. 판결 무효화로 대다수 정치범은 전과자라는 이력을 지우고 복권되었다.

아울러 동독 체제에서 수감 및 차별 대우로 당한 불이익에 대한 금전적 보상과 배상도 이루어졌다. 처음엔 보상과 배상 액수가 적어서 피해자들의 불만이 컸으나 여러 차례 법률을 개정하면서 대상을 넓히고 금액을 높여 왔다. 2007년부터는 동독 치하에서 6개월 이상 복역한 정치범의 경우에는 일정액의 종신 연금을 받게 되었다. 하지만 받는 측에서는 늘 불만이 있기 마련이고 이는 어쩌면 영원히 피해자들을 만족시켜 줄 수 없는 사안일 것이다.

동독 출신의 시민운동가들은 금전적 보상보다 동독 체제에서 일어난 인권 침해 범죄를 조사하여 기록으로 남기는 일이 더 중요하다고 주장했다. 그리고 그 조사 기록을 공개하여 시민들이 열람할 수 있도록 하고, 그러한 독재 체제가 다시 되풀이되지 않도록 시민 교육을 실시해야 한다고 했다. 연방 의회는 그들의 주장을 받아들여 조사 위원회를 구성하기로 했다. 독일의 의회에서는 이와 같은 중요 사안에 조사가 필요할 경우 특별 위원회를 두도록 하고 있는데 그 명칭은 '앙케트 위원회'이다.

1992년에 구성된 앙케트 위원회의 명칭은 '사회주의통일당 독재의 귀결과 과거 청산' 위원회였고 1994년까지 활동했다. 이 위원회는 활동 목적을 명확하게 밝혔다. 첫째로 조사 결과로 드러난 동독 독재 체제 적극 가담자는 통일 독일에서 정치 활동의 기회를 박탈하며, 다음으로 동독이 저지른 부정의를 바로잡아 피해자에게 역사 정의를 실현하는 것을 목적으로 한다고 했다. 그리고 동독 체제가 동독과 서독 사회에 끼친 영향을 조사함으로써 통일 독일의 단합에 기여해야 한다는 점, 또한 동독 체제에 대한 심도 깊고 지속적인 연구를 통해 과거 청산을 지속적으로 진행해야 한다는 점을 명시했다.

위원회는 동독의 정당, 비밀경찰, 사법부, 민간단체 들의 문서에 접근할 권리를 부여받아 광범위한 조사 활동을 전개했다. 그리고 1994년 활동을 종료하면서 무려 1만5천여 쪽에 달하는 최종 보고서를 제출했다. 민간 출판사에서 이 보고서를 18권의 책으로 출판해서 일반인들에게 공개했다. 이 책을 접한 독일 국민들과 학자들은 좋은 평가를 주었다. 방대한 분량을 통해 동독 사회의 실상을 구체적으로 그려 냈다는 점이 호평의 근거였다.

그러나 소수이지만 반론도 제기되었다. 반론자들은 대개 동독 체제는 나치 체제와는 질적으로 다르다는 의견을 갖고 있었다. 따라서 서독과 동독을 이분법적으로 대립시켜 한쪽은 선이고 다른 쪽은 악이라는 흑백 논리를 심어 주는 것은 실상을 왜곡시키는 것이고 위험하다는 주장이었다. 사실 보고서 안에도 보고서에 대한 소수 의견을 싣고 있다. 그중에는 이 보고서가 '하나의 진리'를 담고 있는 것이지, '하나의 진리만'을 담고 있다고 보아서는 안 된다는 한 역사학자의 경고가 있었다.

독일 의회는 동독 청산 앙케트 위원회가 성공적으로 마무리됐다고 보았으나 미흡한 점도 발견했다. 보고서가 동독 체제 내부를 세심하게 들여다보는 바람에 유럽 전체를 바라보는 시각은 부족했다. 독일이 통일되는 과정은 단순히 분단된 동독과 서독의 통합이라는 측면만 있었던 것이 아니고, 소련이 붕괴되고 뒤이어 동유럽 사회주의 국가들이 도미노처럼 무너지는 유럽 전체가 격동하는 국면 중의 한 장면이기도 했다. 따라서 이러한 전 유럽의 시각에서 동독 체제 붕괴를 조망해야 할 필요성이 있었다.

이러한 필요에 따라 1995년에 두 번째 앙케트 위원회가 '독일 통일 과정에서 동독 사회주의통일당의 유산 극복'이란 주제로 구성됐다. 이 위원회는 1998년까지 활동하면서 독일 통일이 진행된 과정을 학술적 관점에서 분석하고, 이후 동독 사회가 통일 독일에 편입하는 양상을 사회 분야별로 나누어 설명했다. 제출된 최종 보고서는 분량이 1차에 맞먹는 1만5천여 쪽이고 역시 16권 책으로 편찬돼 일반에 공개됐다. 이러한 성실한 연구와 조사, 그리고 후속 조치들의 실행이 오늘날 독일이 유럽 연합을 이끄는 국가가 되는 데 조금이나마 기여했을 것이다.

6년에 걸쳐 두 번의 위원회 활동이 있었지만 그것은 어디까지나 시한이 정해진 사업이었다. 1998년의 위원회 활동을 끝으로 동독 과거 청산이 마무리되었다고는 그 누구도 생각하지 않았다. 과거 청산이라는 것이 가해자를 처벌하고 피해자에게 보상하는 것이 전부일 수는 없었다. 과거 청산의 궁극적 목적은 잘못된 과거가 미래에 다시

되돌아오지 못하도록 하는 것이다. 그것을 위한 가장 중요한 일은 미래 세대가 과거를 잊지 않도록 하는 시민 교육이다.

그래서 1998년 두 번째 앙케트 위원회는 활동을 정리하면서 항구적인 기구로 '사회주의통일당 독재 청산 연방 재단'을 설립할 것을 권고했고, 연방 의회가 받아들여 재단 설립을 위한 입법을 하고 그 법에 따라 재단이 설립되었다. 이후 재단은 동독 체제와 관련한 연구와 조사, 그리고 시민 교육 프로그램을 진행했다. 또한 목적에 부합하는 외부 프로그램도 지원했다. 피해자들에게 법률 자문과 심리 치료를 지원하는 일도 해 오고 있다. 독일 전역에 걸쳐 이러한 사업을 하기 위해서는 막대한 운영 자금이 필요했는데 이 문제를 연방 의회는 기발한 방법으로 해결했다. 1억 2천만 달러에 달하는 구동독의 사회주의통일당 재산을 몰수하여 이 재단에 넘겨준 것이다.

독일에서 나치 청산은 종전 후 냉전 시대로 접어들면서 중단되고 20년이 지나 68운동에 힘입어 본격적으로 다시 시작됐다. 늦었지만 이후 나치 시설물들을 보존하기로 결정이 되고, 곳곳에 기념관과 기록관이 건립되었다. 그 청산 작업은 끊기지 않고 오늘날까지 이어지는 현재 진행형이다.

이에 견주어 동독 청산은 통일이 이루어지기 전부터 이미 시작되었다. 그러나 나치 청산과는 달리 동독 청산에는 동독 체제를 바라보는 서로 다른 시각 사이에서 격렬한 토론이 발걸음을 늦추었다. 하지만 그 토론 역시 오늘날까지 이어지고 있고 따라서 동독 청산도 현재 진행형이다.

결국 독일에서 나치 체제든 동독 체제든 그 과거 청산은 모두 완결되지 않았다. 과거 청산의 목표가 미래에 그러한 체제가 반복되지 않게 하기 위한 것이라면, 어쩌면 영원히 종료되지 않고 계속되어야 하는 작업일지도 모른다.

우리나라에서는 2005년에 '진실과 화해를 위한 과거사정리위원회'를 구성하고 2010년까지 5년 동안 활동했다. 그리고 2020년에 2년의 기한으로 두 번째 위원회가 출범했다. 그것이 종료되는 2022년을 과거 청산의 종료로 생각해서는 안 될 것이며, 또 그렇게 될 수도 없을 것이다. 독일은 우리에게 그런 점에서 하나의 좋은 모범을 보여 주고 있다.

나가는 글

기념관교육학

현장 교육으로서 기념관교육

지금까지 독일 곳곳을 답사하며 독일인들이 나치와 동독의 과거사를 청산하기 위해 어떤 노력을 하고 있는지 살펴봤다. 독일의 과거사 청산에서 중요한 역할을 하는 것은 엄청나게 많은 기념관들이다.

사실 우리말로 기념관이라는 호칭은 적절하지 않게 들리기도 한다. 이를테면 서울에 있는 전쟁기념관을 두고 "왜 전쟁을 기념하는가"라며 비판하는 이들이 있다. 우리말에서 '기념'은 '긍정적인 대상에 대한 기억'을 의미한다고 생각하기 때문이다. 우리말로 번역한 기념관의 독일어는 'gedenkstätte'인데 직역하면 '생각하는 장소'라는 뜻이다. 그 장소에서 희생당한 피해자를 생각하는 곳이기도 하고, 희생을 초래한 억압 체제를 생각하는 곳이기도 하다. 이에 적합한 우리말 단어는 없기에 일단 기념관으로 부를 수밖에 없다.

독일의 기념관들에는 학교의 정규 수업 과정에 편성된 현장 학

습 프로그램에 따라 초중고교 학생들이 단체 탐방을 하고 있고, 일반
인들을 대상으로 한 해설 탐방도 잘 정비돼 있다. 독일 전국에는 나치
유산과 관련된 공식 기념관이 220여 개, 동독 관련 기념관이 주요한
것만 30여 개 있다. 이 책에서 설명한 기념관들은 그 가운데 일부 대
표적인 곳들이다.

독일은 이렇게 많은 기념관을 건립하고 운영하면서 그곳을 학
교 교육에서 체험 학습의 장으로, 또한 일반 시민들을 대상으로 한
시민 교육의 장으로 활용하고 있다. 따라서 이러한 역사 현장에서
의 교육에 관한 연구가 전문적으로 이루어졌고 그 결과 '기념관교육
학Gedenkstättenpädagogik'이라는 학문이 생겨났다. 사실 이 책의 내용이
"글로 진행된 기념관교육"이라고 할 수 있다.

기념관교육학의 출발점은 나치 기념관들과 마찬가지로 독일이
전후 20여 년 만에 나치 과거사에 대한 청산 논의를 재개하도록 한
68운동이다. 특히 68운동의 사상적 토대를 제공한 프랑크푸르트학
파의 철학자 아도르노의 교육 사상이 영향을 미쳤다. 아도르노는 나
치의 홀로코스트 범죄를 철학적으로 사고하면서 "아우슈비츠 이후
서정시를 쓰는 것은 야만이다"라는 말로 나치 과거사에 대한 성찰을
촉구했다. 아도르노는 《아우슈비츠 이후의 교육》이라는 책을 썼는
데, 그 속에서 "모든 정치, 역사 교육은 아우슈비츠가 다시 반복되어
서는 안 된다는 데서부터 시작되어야 한다"고 말했다. 독일에서 정치
교육은 우리나라의 시민 교육을 가리킨다. 이 아도르노의 교육관에
근거하여 기념관교육학이 태동되었다고 말할 수 있다.

기념관교육이란 무엇인지 가장 쉽게 규정하자면, 교실 교육에 상대되는 개념이다. 학교 교실에서 나치 과거사를 수업할 때 그 교육의 주관자는 교사이고 교육 과정은 교사가 하는 다양한 방식의 설명이다. 토론식 수업을 진행할 수도 있지만 토론의 자료는 교사가 제공한 문서나 사진일 것이다. 이렇게 교실 교육은 교사를 통해서 간접적으로 전달된다는 본질적 한계를 가진다.

반면에 기념관교육은 체제의 국가폭력이 행사된 현장 자체가 교육의 주관자이자 자료이다. 기념관교육은 나치와 동독이 저지른 범죄가 교사를 통해서 전달되는 지식의 형태가 아니라 범죄 현장의 견학을 통해서 직관적으로 학생들에게 전달되도록 하는 방식의 교육이다. 아우슈비츠의 학살을 교실에서 듣는 것과 아우슈비츠 기념관에 가서 시체 소각로 앞에 서는 것의 차이이다. 두말할 것도 없이 기념관교육이 교실 교육보다 교육 효과가 훨씬 크다.

그러나 현장 자체로서 교육의 효과가 크다는 것만으로 기념관교육학이라는 학문이 성립한 것은 아니다. 문제의식의 출발점은 유적은 물질이어서 말이 없다는 것이다. 더구나 그곳에서 학살과 폭력이 자행된 이후 이미 수십 년이 흘러 많은 것들이 변형되었다. 건물, 벽, 울타리, 통로 그 어느 것 하나 변하지 않은 것이 없다. 그래서 설명과 해설이 필요하다. 여기서 어떻게 설명하고 해설할 것인가에 대해서 많은 연구가 진행됐고 그러한 연구가 축적되어 학문으로 정립된 것이다.

기념관교육학에서는 해설자를 부검의에 비유한다. 유적과 마찬가지로 죽은 시신은 말이 없다. 그 시신을 해부하여 사인을 밝혀내 유족과 관계자들에게 전달하는 것이 부검의의 역할이듯 나치 범죄의 현장에서 무슨 일이 일어났으며 그것이 어떠한 사회적 배경과 맥락 속에서 일어났는지 설명해 주는 것이 해설자의 몫이다.

그러나 이 비유에서 주의할 것이 있다. 부검의는 일반인이 접근할 수 없는 전문 지식과 기술을 갖고 있기 때문에 때로 그의 권위가 절대적인 것으로 인식되곤 한다. 나치와 동독 유적의 해설자가 그러한 절대적 권위를 가져도 되는 것일까. 그것은 상당히 위험한 일일 것이다.

보이텔스바흐 합의

이와 관련해서 68운동 이후 독일 교육계에서 있었던 커다란 논쟁을 기억해 둘 필요가 있다. 이른바 '보이텔스바흐Beutelsbacher 논쟁'인데, 이 논쟁에서 도출된 결과를 일반적으로 '보이텔스바흐 합의'라고 부른다. 오늘날 보이텔스바흐 합의는 독일 교육계, 특히 역사 교육계와 시민 교육계에서 교육자가 지켜야 하는 기본 규범으로 통용되고 있다. 우리나라에서는 이것을 보이텔스바흐 협약이라고 부르며 마치 논쟁 당사자들이 합의문을 만들고 서명한 공식 규정처럼 여기는 경우가 있는데 이는 사실과 다르다.

먼저 보이텔스바흐 논쟁의 정치적, 사회적 배경에 대해 살펴보

자. 이 논쟁의 씨앗은 68운동의 거센 파도 속에서 치러진 1969년 독일 연방 의회 선거 결과로 탄생한 사민당 정부에서 뿌려졌다. 이 선거에서 사민당은 42.7퍼센트를 득표하여 46.1퍼센트를 득표한 보수 기민련에 밀려 지금까지 그래 왔던 것처럼 만년 야당이 될 처지였다. 그러나 5.8%를 득표한 다른 보수 정당인 자유민주당과 극적으로 연정에 합의해 전세를 뒤엎고 집권당이 되었고 전후 최초로 사민당이 총리를 맡게 되었다. 총리는 이후 독일인들이 가장 좋아하는 정치인으로 꼽는 사민당 당수 빌리 브란트였다.

빌리 브란트 정부는 그동안 보수 정당이 시행한 보수적인 정책을 크게 손보며 개혁 정책을 밀어붙였다. 그중에는 교육 정책도 포함되었다. 사민당 개혁주의자들이 보기에 기존의 독일 교육은 이미 정해져 있는 정답을 학생들에게 주입시키는 방식이었다. 보수적 교육가들은 이것을 은행 적금에 비유했다. 여기서 통장은 학생들의 머릿속이다. 학생들은 수업을 통해 '진리'라는 현금을 통장에 차곡차곡 적립시킨다. 졸업하고 사회에 진출하면 적립해 놓았던 '진리'를 하나씩 인출하여 사회생활을 영위해 나간다. 이러한 관점에 서게 되면 학교 교육은 어떤 사안에 대해 단 하나의 진리만을 정답으로 학생들에게 주입하게 되는 셈이다.

개혁주의자들은 이는 현실에 순응하는 무기력한 인간형을 양산하는 교육이라며 비판했다. 개혁주의자들의 사고방식은 프랑크푸르트학파에게서 크게 영향을 받았다. 프랑크푸르크학파에 속한 학자들은 하버마스, 마르쿠제, 아도르노, 에리히 프롬 들인데 이들은 전후 냉전 시대의 분위기 속에서도 독일 사회가 진보 방향으로 움직이도록 노력했다.

에리히 프롬은 그의 저서 《자유로부터의 도피》로 우리나라에도 널리 알려진 학자이다. 이 책의 제목이 뜻하는 것은 독일인들이 바이마르 공화국에서 주어진 자유의 세상을 외면하고 히틀러의 나치당에게 표를 몰아준 현상을 표현한 것이다. 독일인들이 그렇게 행동한 원인으로 프롬이 창안해 낸 개념이 '소외'였다. 교육 개혁주의자들은 교육이 학생들로 하여금 이 '소외'를 극복하도록 지원하는 것이어야 한다고 주장했다.

사민당의 개혁주의 교육 정책 입안자들은 기존의 보수적 교육을 이미 정해진 답을 외우게 하는 '정답 교육'이라고 규정하고, 그러한 교육은 학생들을 수동적 인간으로 만들 뿐이라고 비판했다. 그들은 교육의 주체는 교사와 함께 학생이어야 하며 교육은 학생이 스스로 '진리'를 찾아 나가도록 안내하는 과정이어야 한다고 주장했다. 특히 진리를 찾아 나가는 과정에서 현존 제도가 갖고 있는 부조리와 불합리성을 인식하는 것이 중요했다. 학생들을 장차 사회의 일원으로서 단순히 순응하는 인간형이 아니라, 좀 더 나은 사회로 나아가도록 기여하는 개혁적 인간형으로 길러 내려고 했다. 이것을 학생들을 부조리한 현실로부터 해방시키는 '해방 교육'이라고 불렀다.

사민당의 해방 교육 정책은 보수주의 교육학자들로부터 격렬한 반발을 불러왔다. 요점은 미성숙한 학생들을 섣부르게 현실 정치에 오염시킨다는 우려였다. 사민당은 보수 자민당과의 연정으로 겨우 집권한 상황이었으므로 함부로 진보 정책을 밀어붙일 처지가 아니었다. 연방 차원의 논쟁만이 문제가 아니었다. 독일은 16개 주로 이루어진 연방 국가였으므로 연방 정부 교육부가 해방 교육 정책을 결정하더라도 보수 정당이 지배하고 있는 주 정부가 이를 받아들이지 않으면 그만이었다. 물론 보수 정당이 집권한 주 안에도 진보적인 교육관을 가진 교사들이 있었다. 이에 따라 논쟁은 지방 정부인 각 주 차원으로 옮겨져 교사들 사이에서도 격렬하게 진행되었다. 특히 역사 교육계에서 논쟁이 뜨거웠다.

우리나라에서도 이와 아주 비슷한 사례가 있었다. 2015년 박근혜 정부에서 벌어진 한국사 국정 교과서 논쟁이다. 당시 학교 현장에서 한국사 교육은 정부의 검인정을 거친 다양한 교과서를 통해 이루어지고 있었다. 그런데 박근혜 정부는 기존의 교과서들 대부분이 좌편향되어 있다며 국가에서 한국사 교과서를 편찬하여 오로지 이 한 가지 교과서만을 수업 교재로 사용해야 한다고 주장했다. 말하자면 한국사 '정답 교육'이었다. 이를 두고 역사관의 다양성을 인정해야 한다는 비판이 학계와 교사들로부터 제기되어 커다란 사회적 공론장이 펼쳐졌다.

독일에서 논쟁이 진행되는 과정을 유심히 지켜보던 한 사람이 있었다. 독일 서남부 바덴·뷔르템베르크주의 정치 교육 센터(우리나라 식으로는 시민 교육 센터) 책임자였던 지그프리트 실러 Siegfried Schiele 였다. 바덴·뷔르템베르크주는 기민련이 집권하고 있는 보수적인 지역이었다. 실러도 기민련 당원이었다. 그는 평소에 68운동에 대해 비판적인 태도를 갖고 있었고, 교육 정책에서도 '해방 교육'에 반대하는 입장이었다. 하지만 실러는 또한 보수적인 '정답 교육'에도 분명히 문제가 있다고 보았다.

실러는 보수와 진보를 대변하는 학자들이 한자리에 모여 하루든 이틀이든 끝장토론을 하여 결론을 내리면 좋겠다고 생각했다. 그래서 1976년 11월 바덴·뷔르템베르크주의 작은 시골 마을 보이텔스바흐에서 토론 모임을 열었다. 토론에 초대된 학자들은 5명으로 저마다 보수, 중도 보수, 중도, 중도 진보, 진보를 대표하는 이들로 선정했다. 토론은 이틀 동안 이어졌지만 실러가 의도했던 바대로 합의에 이르는 데는 실패했다. 우리나라에서도 흔히 보는 바이지만, 끝장토론을 한다고 해서 실제로 끝장이 나는 경우는 거의 없다. 보이텔스바흐에서도 학자들은 이틀 동안 토론한 뒤 어떠한 합의문도 작성하지 않은 채 돌아갔다.

실러는 아쉬웠다. 사실 그가 보기에 토론에서 아무 성과도 없었던 것은 아니었다. 진보를 대변하는 쪽에서는 교육 과정이 사회 변혁을 위한 인간을 길러 내야 한다는 주장에서 일정하게 후퇴하고, 학생에게 보다 폭넓은 선택권을 부여한다는 선에서 합의할 수 있다는 입장을 보였다. 중도파에서는 교육 정책이 명확한 국가 목표 아래 진행되어야 한다는 의견을 굽히지 않으면서도, 학생들에게 서로 대립되는 견해들을 제공해야 한다는 데에 동의했다.

실러는 이러한 성과들을 정리했다. 그리고 정리된 내용을 책으로 엮어 펴냈다. 이 책의 요지는 보수든 진보든 교육이 정치의 도구가 되어서는 안 되며, 교육의 대원칙은 '학생 중심'이 되어야 한다는 것이었다. 실러는 구체적으로 보이텔스바흐 토론에서 합의되었다고 보는 것을 다음 세 가지로 요약했다.

첫째는 '강압성 금지'의 원칙이다. 하나의 '정답'을 정하고 그것을 교사가 학생들에게 강요해서는 안 된다는 것이다. 그것은 한편으로는 교사의 자율성을 해치고, 다른 한편으로는 학생을 미성숙한 훈육 대상으로만 봄으로써 학생의 주체성을 부정한다. 이로써 교육은 획일화되고 학생의 정신적 성숙은 기대할 수 없게 된다. 학생은 이미 어느 정도 비판 능력과 분석 능력을 갖춘 존재이기 때문에 그러한 강압적 주입은 금지되어야 한다는 것이다.

두 번째는 '논쟁 재현'의 원칙이다. 당시 독일에서는 68운동의 영향으로 학문과 정치의 영역에서 그 어느 때보다도 열띤 논쟁이 일어나고 있었다. 교사들은 그러한 논쟁을 교실에서 소개하는 것은 골치 아픈 문제를 일으킨다고 보았다. 그래서 논쟁이 있는 사안일수록 교과 과정에서 제외하려고 했다. 그러나 그렇게 할 경우 특정한 견해가 '뒷문'으로 들어와 학생들 사이에 무비판적으로 전파될 수 있었다. 또는 특정 교사나 학교의 입장이 일방적으로 학생들에게 전달될 수도 있었다. 보수든 진보든 우려할 만한 일이었다. 따라서 이러한 일을 방지하기 위해서는 학계나 정계에서 논쟁이 되고 있는 문제들을 학교 교실에 그대로 가져와 서로 상반되는 주장을 공정하게 전달하고 설명해야 한다는 것이다. 판단은 학생의 몫이다.

셋째는 '학생 중심'의 원칙이다. 교육의 목적은 학생이 '잘되게'

하는 것이다. 그렇다면 교육은 학생의 이익에 봉사해야 한다. 학생 스스로 자신의 이익이 무엇인지 생각하고 논리적으로 사고하여 선택할 수 있도록 안내하는 것이 교육의 역할이어야 한다는 것이다.

이러한 실러의 정리에 대해 토론회 참석자들 누구도 이의를 제기하지 않았다. 이는 곧 동의한다는 뜻으로 받아들여졌다. 그래서 1980년대부터 이를 '보이텔스바흐 합의'라고 부르며 학교와 시민 교육 현장에서 이를 교육자의 기본 규범으로 삼게 되었다. 이것은 법률이나 협약으로 강제되는 규칙은 전혀 아니며, 어떤 구속력도 없다. 하지만 독일의 교육계, 특히 시민 교육 분야에서는 반드시 지켜지는 일종의 불문율이 되었다.

기념관교육의 사례들

기념관교육학에서도 당연히 나치와 동독 유적의 해설자에게 보이텔스바흐 합의를 준수하도록 권고한다. 그러나 구체적인 현장에서 이를 지키는 것은 쉬운 일이 아니다. 유적이 갖고 있는 여러 특성으로 인해 해설자는 애로를 겪는다.

강제 수용소 같은 곳에 수감되었던 이들은 그 누구나 존엄한 개인이었고, 각자 나름의 이야기와 이상과 머릿속에 품었던 상념들이 있었을 것이다. 그런데 이제는 텅 빈 그곳을 탐방하는 이들은 그러한 개인을 직접 만나는 것이 아니라 특정한 형식의 해설과 필름과 미디

라벤스브뤼크 수용소 전경. 철거되지 않은 수감자 막사 건물들을 그대로 보존하여 교육 공간으로 활용하고 있다.

라벤스브뤼크 수용소의 피에타. 동독 시절 수용소 담장 밖 호숫가에 여성 전용 수용소를 상징하여 세운 조각상이다.

어 등등을 통해 만들어진 선입견을 가진 채 현장을 방문한다. 이를테면 강제 수용소 하면 산더미처럼 쌓여 있는 시체, 줄지어 있는 허름한 막사들, 시체를 태우던 소각로, 가스실 들을 연상한다. 특히 학교에서 단체 방문으로 온 학생 중에는 자신의 의지로 온 것이 아니기 때문에 이러한 경향이 많이 나타난다고 한다. 이때 해설자의 해설은 그러한 선입견을 확인시켜 주는 역할에 그칠 수 있다. 거기에는 어떤 감동도, 감정의 일렁거림도 없을 것이다. 기념관교육학은 바로 이런 난점에 대해 고민한다.

그러한 고민 속에서 나온 대안 몇 가지를 들어보자. 라벤스브뤼크Ravensbrück 강제 수용소 기념관에서 청소년 교육을 위한 책임자로 일하는 마티아스 헤일Matthias Heyl이 제시한 대안이다.

라벤스브뤼크는 베를린 북쪽 약 100킬로미터에 위치한 퓌르스텐베르크·하벨이란 작은 마을 인근에 있는, 나치 독일에서 단 하나 있었던 여자 전용 수용소이다. 주로 독일과 독일 점령지에서 나치에 저항한 정치범들을 검거하여 수용했으며, 수감자들을 대상으로 강제 노동과 생체 실험을 한 것이 밝혀져 전범 재판에 회부됐다. 이곳은 종전 후 동독 관할에 들어갔는데, 동독은 일찍이 1950년대부터 이곳에 저명한 조각가들을 초빙해 희생자 여성들을 추모하는 조각상들을 제작했다. 그중에서 동독 조각가 빌 램머트Will Lammert의 작품 '짐을 진 여자Tragende'는 어머니가 죽은 남자를 안고 서 있는 모습으로 '라벤스브뤼크의 피에타'라는 이름으로 더 널리 알려졌다. 독일 통일 후에는 여자 교도관 숙소 건물을 유스 호스텔이나 청소년을 위한 회합 장소로 활용하고 있다.

마티아스 헤일은 초중고등학교 학생들을 대상으로 일종의 '탐험가 역할 놀이' 프로그램을 만들었다. 먼저 학생들을 1시간 동안 라벤스브뤼크 기념관 안에 풀어 놓고 마음대로 돌아다니게 한다. 그다음 학생들을 모이게 한 뒤에 해설자가 학생들에게 가장 관심을 끌었던 곳이 어디인지 물어본다. 그리고 학생이 직접 해설자를 이끌고 그 장소로 간다. 학생은 "이곳이 뭐하는 데예요?" 하고 물어본다. 해설자는 이를테면 "소독하는 곳"이라고 대답한다. 학생은 다시 "소독을 왜 해요?" 하고 물어본다. 여기까지 오면 이미 교육의 한복판으로 들어온 것이다. 학생 스스로 하는 질문을 통해 수용소에서 지냈던 피해자의 일상을 알게 되고 마지막으로 인권의 소중함을 깨달으면서 프로그램이 마무리된다.

이 방식에서 해설의 내용은 사실 일반적으로 해설자가 인솔하고 다니면서 설명해 주는 것과 크게 다르지 않다. 그러나 방식이 중요하다. 해설자가 준비가 안 돼 있는 학생에게 일방적으로 전달하는 것이 아니라 학생에게 관심을 유발시키고 스스로 질문하도록 유도함으로써 주체적으로 교육에 참여하도록 했다.

이와 비슷한 또 한 가지 방법은 '사진 찍기'였다. 학생들에게 자유롭게 돌아다니며 관심 있는 곳의 사진을 찍어 오도록 한다. 각 학생의 카메라는 해설자의 컴퓨터와 연결되도록 준비해 둔다. 사진을 찍은 다음 교실로 모여 학생들의 사진을 화면에 띄운다. 학생은 자기 사진을 보며 궁금한 것을 질문하고 해설자가 답해 준다.

첫 번째 방식과 다를 것 없어 보이지만, 차이가 있다. 우선 학생들은 자기가 찍은 사진을 다른 친구가 찍은 사진과 비교해 보게 된다. 대개는 사진에 거의 차이가 없다. 거기에서 학생들 스스로 자신들이 이미 수용소에 대한 고정 관념을 갖고 있었다는 것을 자각하게 된다. 때로는 사진에 자신의 깊은 곳에 품고 있던 어떤 '악마적 감성'이 드러나기도 한다. 그것을 객관화시키고 토론 주제로 삼는 것도 중요한 교육이 될 수 있다.

마티아스 헤일은 교육의 현장을 기념관 울타리 안으로 한정하지 않고 확장할 필요도 있다고 제안한다. 그는 탐방의 시작을 기념관 정문이 아니라 마을의 기차역에서 시작한 적이 있다고 했다. 라벤스브뤼크 수감자들이 바로 그 역에 내려서 수용소로 이동했기 때문이다. 수감자들이 지나갔던 길을 탐방자들과 같이 걸으면서 수감자들과 그들을 인솔하고 가던 친위대를 상상하도록 주문했다.

이때 또 하나의 주체, 바로 탐방자와 같이 피해자와 가해자를 지켜보던 길가의 시민도 있었음을 자각하도록 한다. 이 과정을 통해 라벤스브뤼크 수용소라는 나치 국가폭력의 현장에는 가해자와 피해자만 있었던 것이 아니라 제3자, 즉 방관자들이 있었다는 것을 상기시켜 주었다.

탐방자들이 걷는 길은 자갈로 포장돼 있는데, 탐방자들에게 그 자갈길을 포장하는 노동을 바로 수감자들이 했다는 사실을 이야기해 주었다. 이를 통해 제3자인 시민 방관자가 아무 이해관계 없는 구경꾼이 아니며 나치 가해자, 피해자, 시민은 서로 긴밀하게 엮여져 있는 하나의 시스템이었다는 것을 깨닫게 했다.

탐방자들과 마을길을 걸으면서 마티아스 헤일이 들려주는 또 하나의 이야기가 있다고 한다. 나치 시대에 이 마을에 열예닐곱 살 된 푸줏간집 아들이 있었다. 아들은 아버지의 심부름으로 수용소에 고기를 배달하곤 했다. 물론 수감자들을 위한 고기가 아니라 나치 친위대들이 먹을 것이었다. 그 아들은 라벤스브뤼크 수용소에 수용되어 있는 사람들은 범죄자, 반사회적 인간, 국가의 적, 모자란 인간들이라고 생각했다. 가끔 수용소 안으로 들어가 여자 수감자들을 볼 수 있었는데, 머리칼이 하나도 없고 몸은 뼈만 남아 앙상하고 곁에 가까이 가면 지독한 냄새가 났다. 과연 나치가 말하는 대로 '살려 둘 가치가 없는 인간들'이었다.

그런데 어느 날 수용소에 갔을 때 푸줏간집 아들은 때마침 새로 이송되어 온 수감자들이 옷이 모두 벗긴 채 서 있는 것을 보게 되었다. 소년의 눈은 휘둥그레졌다. 수감자의 머리카락은 마을에서 흔히 보는 여자들처럼 풍성했고 몸매는 성적 흥분을 불러올 정도로 풍만했다. 그는 비로소 '정상' 여자가 수용소에 들어와서 '비정상' 여자로 변한다는 사실을 깨달았다.

마티아스 헤일은 이 이야기를 통해서 나치 시대에 독일 국민들이 나치가 주입하는 선전을 무비판적으로 받아들여 사실과 다른 고정 관념을 갖게 된 과정을 설명한 것이다. 탐방자들이 이 이야기를 들으면서 혹시 오늘날 자신은 어떤 잘못된 고정 관념을 갖고 있지 않은지 살펴본다면 교육은 성공일 것이다.

남영동 대공분실 기념관교육

남영동 대공분실에 기념관이 조성되면 많은 탐방자들이 찾아올 것이고 그때 우리 나름의 기념관교육학이 필요할 것이다. 독일의 보이텔스바흐 합의를 남영동 기념관교육에 적용한다면 어떠해야 할 것인지 생각해 보자.

먼저 강압 금지의 원칙. 내가 속한 단체가 남영동에서 탐방자들을 상대로 해설 활동을 하고 있는데, 그에 비추어 보면 여러 가지 문제점이 떠오른다. 아무래도 우리는 피해자, 즉 민주화운동가의 관점에서 해설하고 있다. 독일의 기념관교육에서는 해설자가 탐방자의 출신에 대해 주의하도록 하는 것이 중요한 지침이다. 말하자면 탐방자 자신, 혹은 탐방자의 가족 가운데 나치 전력자가 있을 가능성이 있다. 우리의 경우에도 탐방자의 가족 중에 남영동이나 유사한 기관 종사자가 있을 수 있다. 그들에게도 교육의 효과가 있도록 하기 위해서는 세심한 주의와 배려가 필요할 것이다. 피해자는 무조건 선이고 가해자는 악마라는 흑백 논리를 심어 주는 것이 교육은 아닌데도 이는 우리가 흔히 빠지기 쉬운 함정이다.

다음으로 논쟁 재현의 원칙. 이 점에서는 가해자 측의 주장을 무조건 배척하는 측면이 있다. 남영동에서 자행된 고문 등의 국가폭력은 피해자로부터 공산주의자라는 자백을 얻어 내기 위한 것이었고, 재판에 제출된 공소장은 대부분 그러한 자백을 근거로 한 것이었다. 그러나 이와 같이 일방적으로 '해설'하는 것이 올바른 방법은 아닐 것이다. 가해자 측이 작성한 여러 문서들을 있는 그대로 공개하고 탐방자 스스로 판단할 수 있도록 해야 할 것이다.

사실 우리나라의 경우 문제는 가해자에 대한 조사 자체가 극히 미미하다는 사실이다. 예를 들면 1981년 전두환 정부 아래에서 치안본부는 대학생들의 반정부 시위를 배후 조종한 혐의로 전국민주학생연맹이라는 조직을 적발했다고 발표하고 이태복, 이선근, 이덕희 등 24명을 구속했다. 구속자 모두 남영동 대공분실에서 혹독한 고문을 당했고 주모자들은 재판에서 중형을 선고받았다. 그러나 2010년 재심이 열려 불법 구금과 고문에 의한 조작임을 재판부가 인정해 24명 전원에게 무죄를 선고했다. 30년 만에 정의가 회복된 것이다. 하지만 그동안 수사관들은 사건 수사 공로로 훈장과 표창을 받았고 승진하여 고위직에 오르기도 했다. 피해자들이 무죄가 되었어도 가해자 중 그 누구도 처벌받지 않았으며 훈포장이 취소되지도 않았다. 심지어 수사하고 고문한 이들, 그리고 그것을 지시한 고위급 인사들의 명단 조차도 제대로 작성되어 있지 않다.

숱한 공안 사건들이 이러한 상태에 있다. 가해자에 대한 조사가 제대로 이루어지고, 그 위에서 논쟁 재현의 원칙에 따라 자료가 제공되고, 피교육자들이 스스로 판단하는 시대가 오기까지 도대체 얼마의 시간이 더 필요한 것일까.

마지막으로 학습자 중심의 원칙. 남영동 대공분실에 현직 수사 경찰관들이 탐방을 온 적이 있다. 또한 정보를 담당하는 군부대 수사 요원들이 탐방 온 적도 있다. 학생이나 일반 시민들을 상대하던 해설자들은 아연 긴장했다. 아마도 그들 탐방자들은 해설자의 해설에 만족하지 못했을 것이다. 다양한 직업군에 대해서, 다양한 연령층에 대해서 맞춤형 해설과 교육안을 마련해야 할 것이다.

남영동에는 시설의 문제도 있다. 기존 건물을 보존하는 것을 원칙으로 삼았는데, 엘리베이터는 좁아서 휠체어를 싣지 못한다. 장애인용 엘리베이터를 설치하려면 건물을 크게 훼손해야만 한다. 보존의 원칙과 학습자 중심의 원칙이 충돌하는 경우인데, 이를 어떠한 과정을 거쳐 해결할 것인지가 중요할 것이다.

독일의 강제 수용소 기념관이나 우리의 남영동 대공분실 부지에 들어설 기념관이나 모두 과거를 기억하는 장소이다. 어떤 이들은 미래가 중요하므로 지나치게 과거에 얽매이지 않아야 한다고 주장한다. 그러나 나는 과거를 기억하는 주체는 오늘을 사는 피해자 세대가 아니라 미래 세대라고 생각한다. 우리는 과거를 기억할 장소를 보존하여 남겨 줄 뿐이며, 그 장소를 관리하고 키워 나갈 주인은 미래 세대이다. 미래 세대가 이러한 장소가 필요 없다고 생각하여 없애 버리기로 한다면 그 또한 어쩔 수 없는 일이다.

다만 나는 미래 세대의 행복 조건에서 중요한 한 가지는 과거와 같은 국가폭력이 다시는 되풀이돼서는 안 된다는 점이라고 생각한다. 그래서 국가폭력의 현장을 보존하고 그곳에서 지속적인 시민 교육이 이루어지기를 바란다. 우리가 최선을 다해 준비하여 물려준다면 반드시 미래 세대가 소중하게 받아 줄 것이라고 믿는다.

앞서 말한 라벤스브뤼크의 피에타는 수용소 옆 호숫가에 세워졌는데, 여인은 호수 건너 마을을 향하고 있다. 강제 수용소에 갇혀 고통받고 있는 사람이 이곳에서 무슨 일이 벌어지고 있는지 모를 평온한 마을 사람들을 바라보고 있는 것이다. 마치 '우리의 고통을 알아달라'고 호소하는 것 같다.

나는 라벤스브뤼크의 피에타를 과거 세대, 호수 건너 마을을 현재 세대, 또는 미래 세대에 비유할 수 있다고 생각한다. 그 사이에는 큰 호수가 가로막고 있지만 마을 사람들에게 이곳의 피에타가 늘 마을을 향해 애타는 시선을 보내고 있다는 것을 알려 주어야 하지 않을까. 내가 이 책을 쓴 뜻이 바로 거기에 있다.

2021년 5월, 글쓴이가 라벤스브뤼크 수용소를 방문했을 때 찍은 피에타 사진. 그때 피에타가 향하고 있는
마을 위로 먹구름이 모여들고 소나기가 내려 마치 여인이 흘리는 눈물 같아 보였다.

부록

나치 강제 수용소 지도

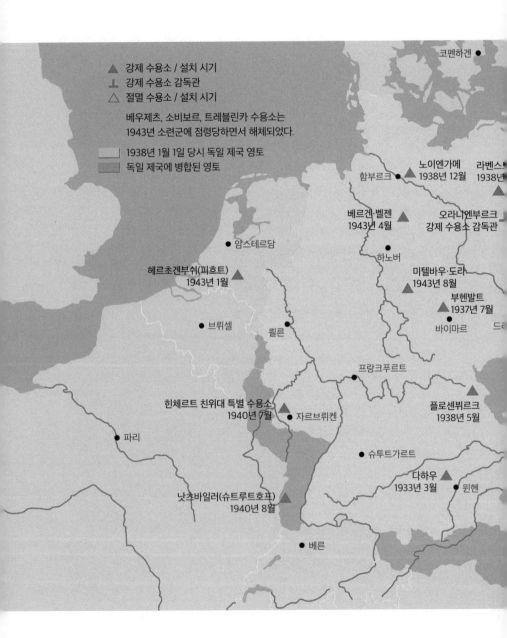

▲ 강제 수용소 / 설치 시기
⊥ 강제 수용소 감독관
△ 절멸 수용소 / 설치 시기

베우제츠, 소비보르, 트레블린카 수용소는
1943년 소련군에 점령당하면서 해체되었다.

▢ 1938년 1월 1일 당시 독일 제국 영토
▢ 독일 제국에 병합된 영토

코펜하겐 ●

함부르크 ● ▲ 노이엔가메
           1938년 12월

라벤스
1938년

베르겐·벨젠 ▲
1943년 4월

오라니엔부르크
강제 수용소 감독관

암스테르담 ●

하노버 ●

미텔바우·도라
1943년 8월 ▲

헤르초겐부쉬(피흐트) ▲
1943년 1월

부헨발트
▲ 1937년 7월

바이마르 ●

드

브뤼셀 ●   쾰른 ●

프랑크푸르트 ●

힌체르트 친위대 특별 수용소
1940년 7월 ⊥ ● 자르브뤼켄

플로센뷔르크
1938년 5월 ▲

파리 ●

슈투트가르트 ●

다하우 ▲
1933년 3월   ● 뮌헨

낫츠바일러(슈트루트호프) ▲
1940년 8월

베른 ●

나치가 세운 강제 수용소가 최대 판도를 이뤘던 1944년 지도. 강제 수용소는 나치 친위대가 운영했으며 그 최고 책임자인 감독관의 거처는 오라니엔부르크의 작센하우젠 수용소에 있었다. 최고 감독관이 독일과 독일 점령지에 건설된 강제 수용소 전체를 지휘했다.

유럽 여러 나라의 강제 수용소 기념관

독일

다하우 강제 수용소 기념관 KZ-Gedenkstätte Dachau

뮌헨시 북서쪽 20킬로미터에 있으며 뮌헨 시내에서 전철과 버스 같은 대중 교통을 통해 1시간 안에 도착할 수 있다. 1933년 2월 27일 발생한 베를린 국회 의사당 방화 사건 뒤, 전국에 걸쳐 펼쳐진 검거 선풍 때 연행된 좌파 사회주의자들을 수용하기 위해 1933년 3월에 최초로 만든 수용소이다. 현재의 규모는 1937년에 이곳 운영을 담당한 나치 친위대가 수감자들의 강제 노동을 통해 증축한 것이다.

누리집 : www.kz-gedenkstaette-dachau.de/en/

작센하우젠 기념관 및 박물관 Gedenkstätte und Museum Sachsenhausen

베를린시 북쪽 35킬로미터에 있는 소도시 오라니엔부르크에 있다. 다하우 수용소와 마찬가지로 1933년 좌익 검거 선풍 때 프로이센 지방에 최초로 세워진 수용소였다. 1936년 친위대 사령관 하인리히 히믈러가 수용소 관리권을 맡고 난 뒤, 폭력적인 정신 병력이 있는 테어도르 아이케를 수용소 감독관으로 임명하고 그에게 수용소의 전국적인 표준을 마련하라는 지침을 내렸다. 아이케는 그러한 관점에서 작센하우젠 수용소를 설계하여 1936년에 완공했다.

누리집 : www.sachsenhausen-sbg.de/en/

부헨발트 기념관 Buchenwald Memorial

바이마르시 인근에 있는 에테르스베르크 산기슭에 1937년에 조성된 수용소. 이곳 수감자들은 나치의 바이마르시 재개발에 동원되기도 했다. 2차 대전 말기에는 독일 내 수용소 중 가장 규모가 커서 연인원 약 28만 명이 수감되었다. 희생자도 많아 5만 6천여 명이 고문과 생체 실험으로 사망했고, 소련군 포로 약 8천 명이 이곳에서 처형당했다. 동독 시기에 동독 정부는 이곳에 희생자 묘역과 거대한 기념탑을 세우고 국립 기념관으로 조성했다.

누리집 : www.buchenwald.de/en/69/

플로센뷔르크 강제 수용소 기념관 KZ-Gedenkstätte Flossenbürg

플로센뷔르크는 독일 중부의 유서 깊은 도시 뉘른베르크로부터 동쪽으로 100킬로미터 떨어져 있으며 체코와 국경을 접하고 있는 소도시이다. 뉘른베르크에서 기차와 버스로 이동할 경우 2시간쯤 걸린다. 플로센뷔르크에는 대규모 화강암 채석장이 있는데, 나치 정부는 이곳 채석장에서 수감자에게 강제 노동을 시켜 석재를 생산할 목적으로 강제 수용소를 세웠다. 히틀러 암살 기도 사건에 가담했던 본회퍼 목사가 2차 대전 종전 직전 이곳에서 처형당했다.

누리집 : www.gedenkstaette-flossenbuerg.de/en/

노이엔가메 강제 수용소 기념관 KZ-Gedenkstätte Neuengamme

독일 북부의 항구 도시 함부르크에서 동남쪽으로 약 30킬로미터에 있으며 함부르크시에서 기차와 버스를 이용하면 1시간 이내에 도착할 수 있다. 벽돌과 군수 물자를 생산하던 대규모 작업장 시설이 있는 것이 특징이다. 2차 대전이 끝난 뒤 함부르크시는 이곳을 교도소로 활용하기도 했으며, 현재는 벽돌 공장 건물이 연주회와 집회 시설로 활용되고 있다.

누리집 : www.kz-gedenkstaette-neuengamme.de/en/

힌체르트 친위대 특별 수용소·강제 수용소 기념관 Gedenkstätte SS-Sonderlager/KZ Hinzert

독일 서남부 라인란트스·팔츠주의 힌체르트스·필러트 마을에 있다. 1938년
에 나치 친위대가 근처 노동자들을 재교육시키기 위해 건설했고, 1940년에
전국 강제 수용소 감독관 휘하의 일반 수용소로 전환됐다. 2차 대전 종전 뒤
프랑스군이 점령하여 시설을 철거했다. 처음에는 근처에서 발굴된 희생자
시신을 안치한 묘역과 작은 교회만 있었으나 1994년에 기념관을 설립했다.
기념관은 추모 건축물과 조각 위주로 조성돼 있다.

누리집 : www.gedenkstaette-hinzert-rlp.de/en/ss-special-camp/concentration-camp-hinzert

라벤스브뤼크 추모 기념관 Mahn·und Gedenkstätte Ravensbrück

베를린 북쪽 약 100킬로미터에 위치한 퓌르슈텐베르그시 주변의 라벤스브
뤼크 마을에 있다. 1939년 나치 친위대가 여성 정치범들을 수용하기 위해
여성 전용 수용소로 건설했다. 굶주림, 질병, 생체 실험 등으로 수천 명이 사
망한 것으로 알려져 있다. 친위대 업무 건물은 재건축해 청소년 교육을 위
해 사용되고 있으며, 입구 부근에 세계 여러 나라에서 오는 청소년들을 위
해 유스호스텔 여러 동을 건설해 놓았다. 수용소 담장 밖 호숫가에 설치된
동독 작가 빌 램머트의 조각상 〈짐을 진 여자〉, 일명 '라벤스브뤼크의 피에
타'가 인상적이다.

누리집 : www.ravensbrueck-sbg.de/en/

베르겐·벨젠 기념관 Gedenkstätte Bergen-Belsen

독일 북서부 니더작센주의 중심 도시인 하노버시 북쪽 약 50킬로미터에 있
다. 처음에는 유럽 각국과 소련의 전쟁 포로들을 수용하는 포로 수용였으
나, 1943년부터 강제 수용소로 전환됐다. 《안네의 일기》를 쓴 안네 프랑크
가 이곳에서 종전 직전 영양실조와 질병으로 사망했다. 종전 후 시설들이
거의 남아 있지 않아 독일인들의 관심 밖에 있었다. 그러나 유대인들이 안
네 프랑크 묘역을 조성하고 유대인 희생을 기리는 기념관을 조성했다. 현재

기념관은 새로 신축한 건물에 조성했고, 부지에는 묘역과 단출한 기념비 정도만 있다.

누리집 : https://bergen-belsen.stiftung-ng.de/en/

미텔바우·도라 강제 수용소 기념관 KZ-Gedenkstätte Mittelbau-Dora

나치는 2차 대전 중 탄도 미사일인 V-1과 V-2를 개발했다. 그러나 연합군의 공습으로 제조 시설이 파괴되자, 공습을 피하기 위해 독일 중부 튀링겐주 노르트하우젠 근처의 콘슈타인산에 터널을 파서 지하에 제조 시설을 만들기로 한다. 여기에 동원할 노동력을 위해 미텔바우·노라 강제 수용소를 건설했다. 현재 터널의 일부를 보존하여 탐방할 수 있으며, 신축된 기념관에서 이곳에서 일어난 강제 노동과 관련된 전시를 하고 있다.

누리집 : www.buchenwald.de/en/29/

프랑스

국립 추방자 기념관 Le Mémorial national de la déportation

1940년 나치 독일이 프랑스를 침공하여 점령한 뒤, 독일 남서부 국경 가까운 프랑스 알사스 지방 스투르트호프에 나츠바일러·스트루트호프 강제 수용소를 건설했다. 이곳은 프랑스에 세운 유일한 강제 수용소로 나치에 저항한 프랑스 레지스탕스들을 수용했다. 2차 대전 종전 뒤 프랑스는 희생된 레지스탕스를 기리기 위해 묘역을 조성했고 1960년에 드골 대통령이 참석한 가운데 기념관을 개관했다.

누리집 : wwww.struthof.fr/

마우트하우젠 강제 수용소 기념관 KZ-Gedenkstätte Mauthausen

1938년 독일 제국은 오스트리아를 합병했다. 그리고 다뉴브 강변에 위치한 마트하우젠 마을에 화강암 채석장이 있어 그곳에서 강제 노동을 할 목적으로 수용소를 건설했다. 가혹한 노동 조건으로 인해 많은 사망자가 발생했다. 2차 대전 종전 이후 오스트리아 공화국은 냉전으로 나치 과거사에 침묵했던 독일과는 다르게 일찍부터 수용소 터에 기념관을 조성하고 희생자를 기리는 공원을 조성했다.

누리집 : wwww.mauthausen-memorial.org/en

네덜란드

국립 퓌흐트 수용소 기념관 Camp Vught National Memorial

1940년 독일이 네덜란드를 점령하고, 네덜란드 남부 도시 세르토겐보쉬(독일어 헤르초겐부쉬)에 수용소를 세우고 네덜란드 유대인과 저항자들을 수감했다. 수감자들 상당수가 아우슈비츠로 이송돼 희생되었다. 수용소 주변을 둘러싼 철조망과 빈터만 남은 막사, 그리고 일부 복원된 건물들처럼 다른 독일의 수용소 기념관들과 비슷한 경관을 갖고 있다.

누리집 : wwww.nmkampvught.nl/

폴란드

슈투토보 슈투트호프 박물관 Museum Stutthof in Sztutowo

독일이 폴란드를 침공한 뒤 폴란드 북부 발트해 연안의 항구 도시 그단스크

(독일어 단치히) 동쪽 약 30킬로미터에 있는 슈투토보(독일어 슈투트호프)에 강제 수용소를 건설했다. 독일 영토 바깥에 세운 최초의 강제 수용소였다. 주로 나치에 저항하는 폴란드 정치인과 지식인들이 수감됐다. 시설은 전쟁 중에 많이 파괴되었으나 일찍이 1962년에 남아 있는 시설들을 보존하여 기념관을 조성했다.

누리집 : whttps://stutthof.org/

로고즈니차 그로스·로젠 박물관 Gross-Rosen Museum in Rogoźnica

폴란드 남부 실레지아 지방의 그로스·로젠에 있던 수용소에 조성된 기념관. 현재 지명은 로고즈니차이다. 처음에는 폴란드 정치범과 소련군 포로를 수용했으나 점차 유대인의 비중이 높아졌다. 폴란드는 2차 대전이 끝난 뒤 독일과 달리 곧바로 기념관을 조성했고, 1950년부터 가장 규모가 큰 아우슈비츠 비르케나우의 관리 아래 운영되었다.

누리집 : whttps://en.gross-rosen.eu/

국립 아우슈비츠·비르케나우 박물관 Auschwitz-Birkenau State Museum

아우슈비츠는 폴란드어 지명 '오시비엥침'을 독일어로 읽은 것이다. 폴란드의 오랜 역사를 간직한 도시 크라쿠프에서 서쪽으로 약 70킬로미터 떨어져 있다. 수용소를 이 위치로 선정한 것은 독일이 점령한 동서유럽 전체 영토의 정중앙 지점이 바로 이곳이기 때문이었다.

박물관은 두 구역으로 나뉘는데 하나는 제1 아우슈비츠로 폴란드 침공 후 1940년에 포로와 유대인을 수용하기 위해 건설했다. 동유럽 점령지에 살던 많은 유대인들을 수용하기 위해 1941년 첫 번째 수용소에서 3킬로미터 떨어진 벌판에 두 번째 수용소, 곧 아우슈비츠 비르케나우를 건설했다. 제1 아우슈비츠의 막사가 30개 규모이고, 제2 아우슈비츠 비르케나우의 막사는 174개였으므로 그 규모의 차이를 짐작할 수 있다. 폴란드 정부의 노력 덕분에 독일과 달리 많은 막사가 철거되지 않은 채 보존되었다. 세계 각지에서 연간 2천5백만 명이 방문하고 있으며, 오전 10시부터 오후 4시 사이에는 가이드 투어만 가능하고, 그 밖의 시간에 개인 입장이 허용된다.

누리집 : whttp://auschwitz.org/

국립 마즈다네크 박물관 The State Museum at Majdanek

마즈다네크 강제 수용소는 1941년 폴란드 동부의 대도시 루블린에 세워졌다. 소련과 국경이 가까워서 1944년 7월 소련군이 진주하여 해방시켰다. 그해 11월에 시설을 보존하고 복원하여 박물관을 세웠다. 나치 점령지에 세워진 최초의 박물관이다.

누리집 : www.majdanek.eu/en

헤움노 절멸 수용소 박물관 Museum of the Former German Kulmhof Death Camp in Chełmno on Ner

나치 독일은 1941년 중반 무렵 유대인에 대한 '최종 해결책'으로 절멸 정책을 결정했고, 그에 따라 폴란드 중부 헤움노(독일어 쿨름호프)에 1941년 12월 최초의 절멸 수용소 쿨름호프 수용소를 건설했다. 강제 노동이 아닌 오로지 처형을 위한 수용소였기 때문에 부지는 넓지 않으며 대규모 막사도 없었다. 오늘날 박물관에는 황량한 터에 남은 외벽 잔해와 그 뒤에 조성된 추모 조형물을 볼 수 있다.

누리집 : whttps://chelmno-muzeum.eu/en/

베우제츠 박물관 및 기념관 Bełżec Museum and Memorial

베우제츠 수용소는 폴란드 동남부 베우제츠시 남쪽에 건설한 절멸 수용소다. 나치는 1941년 유대인 절멸 정책을 결정한 뒤 이를 시행하기 위해 '라인하르트 작전'을 구상하고 베우제츠, 소비보르, 트레블린카 같은 절멸 수용소 3개를 건설한다. 이곳에서 본격적으로 가스실을 만들기 시작했다. 이곳을 운영하던 나치 친위대는 1943년 소련군의 진격에 밀려 후퇴하면서 모든 시설을 파괴하여 흔적을 없앴다. 현재 이곳에는 가스실로 가는 길에 조성된

'죽음의 길' 등 추모 조형물과 신축된 박물관이 있다.

누리집 : wwww.belzec.eu/en

소비보르 박물관 및 기념관 Museum and Memorial in Sobibór

소비보르 절멸 수용소는 폴란드 동부 소련과의 국경 부근 숲속에 건설되었다. 이곳에 도착한 유대인들은 모두 몇 시간 안에 처형되었기 때문에 부지 규모는 넓지 않다. 독일군이 후퇴하면서 모든 시설을 파괴했기 때문에 별다른 흔적은 남아 있지 않다. 유대인 단체들 말고는 오랜 기간 동안 사람들의 기억에서 잊혀 있었고 사회주의 체제가 붕괴된 이후인 1994년에 박물관이 세워졌다. 박물관에는 이곳에서 자행된 홀로코스트의 실상이 발굴된 유물들과 함께 전시되고 있다.

누리집 : wwww.sobibor-memorial.eu/en

트레블린카 박물관 Muzeum Treblinka

나치는 폴란드 수도 바르샤바 북동쪽에 있는 트레블린카 근처 숲속에 최대의 절멸 수용소를 건설했다. 이곳에서 유대인이 70만 명에서 90만 명쯤 학살된 것으로 추정된다. 이 숫자는 아우슈비츠 비르케나우에서 학살된 숫자를 제외하면 가장 규모가 크다. 황폐한 벌판으로 남은 부지에 약 1만 7천 개의 제멋대로 잘려진 화강암을 세워 놓은 광경이 인상적이다.

누리집 : whttps://muzeumtreblinka.eu/en/

참고 문헌

단행본

국내

마르틴 브로샤트, 《히틀러 국가 – 나치 정치혁명의 이념과 현실》, 문학과지성사, 2015.

베네딕트 앤더슨, 《상상의 공동체 – 민족주의의 기원과 전파에 대한 성찰》, 나남, 2003.

브룬힐데 폼젤 지음·토레 D. 한젠 엮음, 《어느 독일인의 삶》, 열린책들, 2018.

이언 커쇼, 《히틀러 I – 의지 1889~1936》, 교양인, 2010.

이언 커쇼, 《히틀러 II – 몰락 1936~1945》, 교양인, 2010.

제바스티안 하프너, 《비스마르크에서 히틀러까지》, 돌베개, 2016.

제바스티안 하프너, 《히틀러에 붙이는 주석》, 돌베개, 2014.

진실의 힘, 《남영동대공분실 고문실태 조사연구》, 민주화운동기념사업회, 2018.

최정환, 《나치의 유대인 대량학살을 위한 계획 '반제회의'》, 퍼플, 2014.

칼 디트리히 브라허, 《바이마르공화국의 해체 1, 2, 3》, 나남, 2011.

티머시 스나이더, 《블랙 어스》, 열린책들, 2018.

외서

Bernd Widdig, 《Culture and Inflation in Weimar Germany》, University of California Press, 2001.

Miklós Nyiszli, 《I WAS DOCTOR MENGELE'S ASSISTANT》, Poligrafia salezjańska, 2000.

Stanislav Zámečník, 《THAT WAS DACHAU 1933-1945》, Comité International de Dachau, 2004.

Yehuda Bauer, 《A HISTORY OF THE HOLOCAUST》, Franklin Watts, 2001.

논문

노명환, 〈서독의 탈나치화와 '새로운 독일'의 방향 1945-1963〉, 『역사문화연구』 제8권, 한국외국어대학교 역사문화연구소, 1998.

성기조, 〈시민회관이 세종문화회관으로 바뀌고(한국문단 남기고 싶은 이야기 28)〉, 『수필시대』 제5호, 문예운동사, 2010.

신유림, 임석재, 〈나치 시대 건축에 나타난 예술 정책적 특성에 관한 연구〉, 『대한건축학회 논문집』 제28집 제7호, 대한건축학회, 2012.

심재무, 〈독일통일조약(獨逸統一條約)에 따른 刑法上의 問題〉, 『형사정책연구』 제6권 제1호, 한국형사정책연구원, 1995.

유지훈, 〈독일통일을 위한 동서독 협상의 과정〉, 『사회과학연구』 제22호, 충북대학교 사회과학연구소, 2005.

이노은, 〈동독 평화혁명의 정점〉, 『인문학연구』 제11호, 인천대학교 인문학연구소, 2008.

이동기, 〈정치 갈등 극복의 교육 원칙 : 독일 보이텔스바흐 합의〉, 『역사교육연구』 제26호, 한국역사교육학회, 2016.

이진모, 〈독일 역사정치 속의 68운동과 과거극복〉, 『역사와 담론』 제50호, 호서사학회, 2008.

이진모, 〈전후 독일의 탈나치화와 과거청산 – 성과와 한계 (1945-1950)〉, 『독일연구』 제5호, 한국독일사학회, 2003.

이희영, 〈독일 '68세대'와 과거극복 – 나치과거에 대한 세대경험의 연속성과 단절에 대하여〉, 『한국사회학』 제40집 3호, 2006.

정경희, 〈제임스 매디슨의 憲政改革案과 헌법의 起草〉, 『역사학보』 제160호, 역사학회, 1998.

정무정, 〈국립 4.19민주묘지 조형물의 변천과 그 의미〉, 『서양미술사학회논문집』 제38호, 서양미술사학회, 2013.

정흥모, 〈독일 연방의회의 동독 사회주의 과거청산: 앙케트 위원회의 활동을 중심으로〉, 『유럽연구』 제33호, 한국유럽학회, 2015.

최선아, 〈바이마르공화국 실업보험법(AVAVG)의 성과와 한계〉, 『역사와 담론』 제36호, 호서사학회, 2003.

최호근, 〈기념시설을 활용한 역사교육 – 독일의 경험에 대한 검토〉, 『역사와 담론』 제66호, 호서사학회, 2013.

도록 및 안내 책자

〈민주인권기념관 전시공간 조성 기본계획 수립 연구 1차 보고서〉, ㈜시월이엔씨, 민주화
　　운동기념사업회, 2020. 8.

〈민주인권기념관 전시공간 조성 기본계획 수립 연구 2차 보고서〉, ㈜시월이엔씨, 민주화
　　운동기념사업회, 2020. 11.

〈70th Anniversary of the End of the Second World War and the Liberation of Concentration
　　Camp – Commemorative Events of the Neuengamme Concentration Camp Memorial
　　April28–May6 2015〉, Ulrike Jensen/Dr. Oliver von Wrochem, Neuengamme
　　Concentration Camp Memorial, 2016.

〈BUCHENWALD OSTRACISM AND VIOLENCE 1937 TO 1945〉, Volkhard Knigge,
　　Druckhaus Gera GmbH, 2017.

〈Flossenbürg Concentration Camp 1938–1945 – Catalogue of the Permanent Exhibition〉,
　　Flossenbürg Memorial/Bavarian Foundation, 2009.

〈German Jews in the Resistance 1933–1945 : The Facts and the Problems〉, Arnold Paucker,
　　German Resistance Memorial Center, 2015.

〈German Resistance Memorial Center〉, German Resistance Memorial Center Foundation,
　　2014.

〈K.L. Buchenwald Post Weimar〉, Buchenwald and Mittelbau–Dora Memorials Foundation,
　　2006.

〈Pergamon Museum〉, Prestel, 2015.

〈Sachsenhausen Concentration camp 1936–1945〉, Günter Morsch & Astrid Ley(ed.),
　　Metropol Verlag, 2013.

〈SITE TOUR TOPOGRAPHY OF TERROR〉, Stiftung Topographie des Terrors, 2016.

〈The Administrative Center of the Concentration Camp Terror〉, Günter Morsch ·Agnes
　　Ohm(eds.), Metropol Verlag, 2015.

〈The Concentration Camp SS 1936–1945 : Excesses and Direct Perpetrators in
　　Sachsenhausen Concentration Camp〉, Günter Morsch(ed.), Metropol Verlag, 2016.

〈···the memories live on···〉, Internationles Auschwitz Komitee Berlin, 2010.

〈The Neuengamme Concentration Camp Memorial – A Guide to the Site's History and the

Memorial〉, Karin Schawe, Neuengamme Concentration Camp Memorial, 2010.

〈The Wannsee Conference and the Genocide of the European Jews〉, House of the Wannsee Conference, 2013.

〈TOPOGRAPHIE DES TERRORS – AUSTELLUNGEN 1987-2017〉, Stiftung Topographie des Terrors, 2017.

기사 및 디지털 문서

안나 카민스키, 〈통일독일에서의 과거 공산주의자 청산 문제〉, 사회주의통일당 독재청산 연방재단, 2011.

Brigit Katz, 〈Nuremberg Decides to Conserve Nazi Rally Grounds〉, smithsonianmag.com, 2019. 5. 21.

Tony Paterson, 〈Neo-Nazi Nuremberg: Germany forced to confront its dark side〉, Independent, 2013. 5. 3.

Tony Paterson, 〈Nuremberg: Germany's dilemma over the Nazis' field of dreams〉, Independent, 2016. 1.

〈Holocaust Education in a Global Context〉, Edited by Karel Fracapane and Matthias Hass In collaboration with the Topography of Terror Foundation, Berlin, United Nations Educational, Scientific and Cultural Organization, 2014.

〈Remembering our past for our future : Recommendations for a culture of remembrance to form an object of historical and political education in schools〉, Sekretariat der Ständigen Konferenz der Kultusminister der Länder in der Bundesrepublik Deutschland, 2017.

*단행본은《 》로, 학술지나 논문집은『 』로, 도록과 논문, 그 밖의 문서는〈 〉로 표기하였다.

찾아보기

김성환

글쓴이는 1958년 서울 동숭동 낙산 언덕에서 태어났다. 서울대학교 인문대학 국사학과 4학년 재학 중에 1981년 교내 시위를 주동하여 제적, 구속되었다. 그 뒤 출소하여 민주화운동청년연합에서 전두환 정권에 저항하는 활동을 했다. 1995년에 국사학과에 복학하여 졸업하였다.

<한겨레> 신문 지국 운영, 반민족문제연구소(현 민족문제연구소) 사무처에서 《친일인명사전》 편찬 작업을 했다. 그 뒤 사계절출판사, 21세기북스, 그레이트북스, 사회평론 같은 출판사에서 편집자로 일했다. 그때 기획한 출판물로는 《역사신문》, 《세계사신문》, 《생활사박물관》, 《역지사지 세계문화》가 있으며, 쓴 책으로는 《교실밖 세계사여행》, 《한국사 천년을 만든 100인》, 《키워드 한국사》가 있다.

현재 남영동 대공분실 인권기념관추진위원회 상임 공동 대표로서 옛 남영동 대공분실 부지에 한국의 독재 과거사 청산을 위한 기념관이 조성되도록 시민운동을 펼치고 있다.

보리 인문학 2

악을 기념하라
-카체트에서 남영동까지, 독일 국가폭력 현장 답사기

2021년 12월 10일 1판 1쇄 펴냄 | 2023년 1월 2일 1판 2쇄 펴냄

글 김성환

편집 김용심, 김로미, 이경희, 임헌 | **교정** 김성재 | **디자인** 서채홍
제작 심준엽 | **영업** 나길훈, 안명선, 양병희, 조현정 | **독자 사업(잡지)** 김빛나래, 정영지
새사업팀 조서연 | **경영 지원** 신종호, 임혜정, 한선희
인쇄와 제본 (주)상지사P&B

펴낸이 유문숙 | **펴낸곳** (주)도서출판 보리 | **출판등록** 1991년 8월 6일 제9-279호
주소 (10881) 경기도 파주시 직지길 492 | **전화** 031-955-3535 | **전송** 031-950-9501
누리집 www.boribook.com | **전자우편** bori@boribook.com

ⓒ김성환, 2021

값 30,000원
ISBN 979-11-6314-226-3 04300
ISBN 979-11-6314-096-2 (세트)

보리는 나무 한 그루를 베어 낼 가치가 있는지 생각하며 책을 만듭니다.